2016年上海市体育社会科学研究成果报告

上海市体育局　编

2016 NIAN SHANGHAISHI

TIYU SHEHUIKEXUE YANJIU CHENGGUO BAOGAO

上海大学出版社

图书在版编目(CIP)数据

2016年上海市体育社会科学研究成果报告/上海市体育局编.—上海：上海大学出版社，2017.5
ISBN 978-7-5671-2748-7

Ⅰ.①2… Ⅱ.①上… Ⅲ.①体育运动社会学—研究报告—上海—2016 Ⅳ.①G80-051

中国版本图书馆CIP数据核字(2017)第078264号

责任编辑 傅玉芳
装帧设计 柯国富
技术编辑 金 鑫 章 斐

2016年上海市体育社会科学研究成果报告

上海市体育局 编
上海大学出版社出版发行
(上海市上大路99号 邮政编码200444)
(http://www.press.shu.edu.cn 发行热线021-66135112)
出版人 戴骏豪

*

南京展望文化发展有限公司排版
上海华业装潢印刷厂有限公司印刷 各地新华书店经销
开本787 mm×960 mm 1/16 印张23.5 字数397千
2017年5月第1版 2017年5月第1次印刷
ISBN 978-7-5671-2748-7/G·2493 定价 65.00元

编委会名单

主　编　黄永平

副主编　孙为民

编　委　（按姓氏笔画排序）

王才兴　肖焕禹　余诗平

张　蓓　陆小聪　陈　雄

赵文杰　胡　红　曹可强

编　辑　陈　雄

务实改革奋发有为，勇于担当持续奋进，全面推进上海体育事业发展迈上新台阶*

（代序）

上海市体育局党委书记、局长　黄永平

党的十八大以来，以习近平同志为核心的党中央高度重视体育工作，从国家发展战略和全局高度进行部署，全面推动体育事业改革发展。习近平总书记关于体育工作的一系列重要论述，是党中央治国理政新理念、新思想、新战略的重要组成部分，指明了中国特色的体育强国之路，为我国体育事业改革发展提供了根本遵循。六中全会提出"四个意识"，特别是核心意识和看齐意识，关键要把总书记讲话精神落实好。我们要坚持改革发展主旋律，坚定不移地推进上海体育领域改革创新，主要的是要想明白"为什么改、改什么、怎么改"这三个问题。

第一，"为什么改"？

推进体育改革是党中央的明确要求。2016 年 8 月 25 日，习近平总书记在会见奥运代表团时强调，要"加快推进体育改革创新步伐，更新体育理念，借鉴国外有益经验，更好地发挥举国体制在攀登顶峰中的重要作用，更好地发挥群众性体育在厚植体育基础中的重要作用，为我国体育事业发展注入新的活力和动力"。党中央、国务院近年来审议通过了一系列体育改革文件，包括足球、体育产业、全民健身、学校体育等各方面。这就要求我们，必须以更大的决心冲破思想观念的障碍、突破利益固化的藩篱，不断完善促进体育事业健康可持续发展的体制机制。

* 本文是上海市体育局党委书记、局长黄永平 2017 年 1 月 5 日在上海市体育系统工作务虚会上的讲话。

推进体育改革是广大市民的殷切需求。2016 年，不论是各类赛场、赛事活动，还是市民运动会，市民参与体育的热情愈发高涨。市民对体育的需求十分旺盛，在职人群积极性很高，很多市民愿意花钱让孩子参与体育项目。2016 年的上海国际马拉松赛，参赛名额 3.8 万名，实际有近 16 万人报名，远远满足不了市民的参与。

推进体育改革是实践的必然选择。上海对党中央、国家体育总局加快改革要求，有准备，有承接的能力。这两年，上海在体育改革路上做了大量探索，有初步尝试。2016 年的第二届市民运动会，第一次组织召开推介会，全市所有感兴趣的单项体育协会、体育企业等纷纷前来招标，各类主体办赛，赛事和活动新颖、有趣，最后由第三方进行评估，取得了十分显著的成效。国务院副总理刘延东、国家体育总局局长苟仲文对上海的做法给予了充分肯定和表扬。实践证明，我们改革的方向、路线是对的，推进改革，我们有基础。

第二，“改什么”?

刘延东副总理在全国体育工作座谈会上，提出了体育发展“四个不适应”：一是体育领导体制和管理模式与激烈的国际竞争博弈不相适应；二是体育公共服务能力和水平与人民群众日益增长的体育健身需求不相适应；三是体育改革的内生动力与中央全面深化改革的要求不相适应；四是体育人才的结构和总量与体育强国建设的要求不相适应。这“四个不适应”在上海也同样存在，我们必须改掉这“四个不适应”，努力从“不适用”走向“适应”。

对训练单位、场馆单位、社会组织、机关等不同主体而言，“改什么”各有不同，但我们必须旗帜鲜明地树立同样一个价值取向，就是“办人民群众满意的体育”。要突破固有的部门利益、个人利益、小团体利益的藩篱，要改变长期以来，部分单位、部分人以自我为中心，关起门来自娱自乐，自己给自己点赞的这样一种状态。我们的改革不是为改而改，而是让工作的出发点、立足点、重心、资源、手段、途径都要聚焦到“办人民群众满意的体育”上。这是唯一的价值取向。

从“办人民群众满意的体育”角度出发，我们的竞技体育就是要出人才，要努力发现培养“上海的高度”“上海的速度”“上海的精度”“上海的深度”。围绕这个价值取向，竞技体育改革要在四个环节上下功夫：一是体制机制。研究符合上海特点，有利于出人才、出成绩的扁平化的体制机制。进一步理顺体职院、项目中心、社会办项目、学校办项目机制间的关系。二是项目布局。要对竞技体育项目布局的规划进行深入研究，按照市民喜爱、基础较好、国际关注等原则，在综合评估基础上，有所取舍，突出重点。同时，对于具备条件的项目，积极推进职业化、社会化、市场化改革进程。对于已经职业化的项目俱乐部，要千方百计地呵护好、帮助好，使其职业联赛的水平与城市的地位相适应。三是科技助力。要抓住科学选材、科学训练、科学保障和情报信息等重要环节，推动上海竞技体育上水平。特别是要努力建设一支高水平的教练员队伍，锻造竞技体育的核心竞争力。四是标杆引领。在建设一支优秀的运动员队伍的过程中，既要在运动成绩上人才辈出，还要突出强调综合素质的培养，努力塑造像姚明、刘翔那样在国内外有着广泛影响和良好声誉的杰出人物。

从“办人民群众满意的体育”角度出发，我们的全民健身国家战略就是要促进全民健康，让市民生命质量更好、健康寿命更长。围绕这个价值取向，全民健身的改革就是要攻难点、补短板。一方面是持之以恒地抓“三类人群”。巩固老年、吸引在职、强化青少年，实现“三类人群”一起推是“十三五”期间全民健身工作的重点。根本的一条是让更多人感受体育魅力，关注体育，参与体育，使体育成为更多人的生活习惯、生活方式，给他们带来快乐和健康。对此，我们形成了一些新的思考与探索。针对在职人群，要增强吸引力，即在策划、组织相关赛事和活动时，注重方式方法，使体育成为一种生活时尚；要提高便利度，即在在职人群集聚度高的开发区、商务楼宇等区域，努力增加体育活动的空间和功能，便于其就近参加体育锻炼；要抓住关注点，即回应在职人群对自身健康的关注，深化体医结合，推广慢性病的运动干预，使运动成为更多人的自身需求。针对青少年人群，则要深化体教结合，抓住教育综合改革试点的契机，让体育成为更多青少年的最爱。

另一方面是千方百计地增加体育设施。上海“寸土寸金”，新建体育场馆设施，确实面临诸多困难和挑战。市委、市政府领导对此高度关注，亲自抓推进，规划上为未来承办顶级国际综合或单项重大体育赛事预留空间；对于已经具备条件的项目，如徐家汇体育公园、浦东专业足球场等，正在全力抓紧推进。许多区的区委、区政府也日益重视此项工作。更为重要的是要加强群众看得见、用得上的身边体育设施建设，大力推进市民健身活动中心、和嵌入式社区体育设施建设。

从“办人民群众满意的体育”角度出发，体育要在丰富人民精神文化生活方面发挥不可替代的作用。体育最基本的功能是人们闲暇时光广泛参与的、能给身心带来愉悦感受的活动，带来快乐的体育，人民就满意。围绕这个价值取向，体育改革就是要把关注度高的三大球搞上去，让球市更加热闹火爆；就是要让上海市民能够在家门口欣赏到更多精彩的体育赛事。2016年，上海三大球取得了很好的成绩，各方面反响都很好。千方百计把公众关注度高的赛事、活动组织好，让人民群众享受更加丰富的精神文化生活。我们要努力吸引更多的国内外观众进赛场看比赛；也要做好赛事的转播报道等工作，宣传上海；还要鼓励赛事承办主体提高商业开发、市场拓展的能力，促进国际一流赛事之都的建设。

第三，“怎么改”？

体育改革核心是怎么样构建好政府、社会、市场三者之间关系。这是体育改革的核心、本质。改对了，体育改革的效应就会成倍释放出来。要用好政府的有形之手，放活社会的无形之手，完善市场的自治之手。

用好政府的有形之手，体育政府部门主要做好三件事：

一是保基本、全覆盖、兜底线。提供好公共产品和公共服务，这是政府体育部门的“责任田”，必须要全力以赴耕耘好。市政府印发了《上海市基本公共服务体系“十三五”规划》，明确了“公共体育设施开放”和“全民健身指导”两个服务项目，我们必须把群众身边的体育设施建起来，并提升健身指导能力。

二是拆“篱笆”，搭平台，促公平。一直以来，一讲体育，人们往往觉得这是体育部门的事。实际上，市、区两级体育部门虽然发挥了重要而积极的作用，但仍然是有限的。坚决拆掉“篱笆墙”，突破部门利益的藩篱，满腔热情地扶持、帮助市场的主体、社会的主体，发挥更大的作用，更好地满足人们个性化、多元化的体育需求。

三是建标准，讲规范，重流程。要建立行业标准、完善行业规范、健全业务流程。体育行业相对比较封闭，管理对象主要是有党政隶属关系、人事关系、经费关系的单位。现在面向全社会，怎么管对于各级体育部门来说都是新问题。“放管服”改革是一场牵一发动全身的深刻变革，它是一个整体，需要综合施策。简政放权绝不是一放了之，该管的事必须管好，关键要创新监管方式。很多同志在事中事后监管上一筹莫展，其他领域的经验告诉我们：一方面，要善用其他法律法规，体育法律法规没有规定的，其他行业的法律法规也许有规定，要善于借力；另一方面，要补充工具箱里的“工具”，加强体育行业标准、规范体系建设，通过标准进行引导、评估。

社会主体在体育改革创新中起到关键性作用，社会组织的发达程度检验着体育改革创新的成效。国家体育总局这次明确，竞技体育做实中国奥委会，奥委会与国际接轨；群众体育做实中华体育总会，与基层接轨。我们同发达国家相比，差距比较大，主要是在三个环节：一是体育文化，二是体育场地、场馆设施，三是各级各类的体育组织、俱乐部。国外很多人同时自发参加多个俱乐部，但是我们很多组织空有牌子，没发挥好作用。要让社会主体在体育事业、体育产业发展过程中发挥出非常重要的功能，要做好以下几方面工作：

一是强基层。总体看来，社会组织发育缓慢，作用有限，这就要求我们千方百计培育、呵护、服务、指导好各类群众身边的体育组织，既要推动各类基层组织建设，又要联系、关心好较为突出的组织。市区两级体育部门要深入基层，了解街道、园区的组织情况，千方百计建立联系，提供好服务、指导和帮助。

二是改协会。认真落实《行业协会商会与行政机关脱钩总体方案》，项目协会要和中心脱钩。协会要把全上海的项目爱好者人群联系、组织起来，让爱好者的需求成为协会的追求，组织好训练、比赛、活动。

三是强总会。总会要换届，功能要做实，发挥好枢纽型作用，积极吸纳行业内相关人士。

市场主体是最活跃、最灵敏、最高效的体育产品供给力量。要千方百计激发市场主体活力，让市场主体在体育产业大发展过程中得到发展。市民运动会中，一些企业组织的活动从爱好者人群需求出发，比系统内单位办得好，充满活力。市场主体发展空间非常大，要营造公平竞争的市场环节，打破阻碍企业发展的政策环节，满腔热情地助推企业发展，千方百计地为企业创造有利可图、有机可乘的商业机会，把上海打造成体育产业、大众创业、万众创新的热土。不管是新生的、由小变大的，还是由大变强的，我们要一视同仁，尽我们所能，帮助、服务、引导好。通过我们共同努力，让上海成为体育产业发展的高峰、高原，以此为体育改革发展创造出最大价值。

总之，唯有真改、实改，才能真正使上海体育实现从封闭体育到开放体育，从办体育逐步过渡到管办结合、以管为主，最终实现从小体育向大体育的转变。

目 录
Contents

第1篇 群众体育

第2篇 竞技体育

第3篇　体育产业

第4篇　体育法制

第5篇　体育管理

第6篇　体育文化

编后语

第1篇

群众体育

上海中间阶层休闲体育参与状况的调查研究*

吴永金

一、前言

（一）上海中间阶层的现状

有专家学者认为，在世界各地的现代化历史进程中，阶级阶层的变动尤其是中间阶层的兴起和壮大是一个具有普遍意义的历史现象。回顾欧洲、美洲的社会进程是如此，20世纪兴起的包括中国在内的后发展中国家和地区亦是如此，中产阶级的兴起已经成为后现代语境中的一个世界性话题。根据麦肯锡调查公司调查数据估计，直至2000年，中国的城市中还只有4％的家庭属于中产阶层，截至2012年止，这一比例蹿升至68％，预计到2022年，中国中产阶层数量将增至6.3亿人——占城市家庭总量的76％，全国总人口数量的45％，中国正在快速成为一个中产阶层主导的国家。有社会学家根据调查数据认为，在未来的十年里，中国中产阶层占总人口的比例很可能达到30％～40％，即达到约4亿人。以上的结论是根据全国的调查数据推测而来，而根据2015年上海大学上海社会调查中心主持的“特大城市居民生活状况调查”第一阶段的调查数据推测，上海的中间阶层人口比例约为50.9％，也就是说上海社会阶层结构的发展水平已经领先全国至少五年的时间，面对占总人口大约一半的中间阶层人口，展开对其休闲体育生活的状况调查，弄清其对于公共休闲体育服务的需求状况，是推动上海体育社会事业发展、加快建设全球著名体育城市

* 本文作者单位：上海大学。立项编号：TYSKYJ2016015。

的重要前提和应有举措。

（二）社会治理中的中间阶层

在对中间阶层的研究中，将其与职业、教育、收入、消费水平相联系是人们的一般看法，而研究学者则更多从社会功能、价值取向和行为方式来考察这个群体，将他们视为具有一些独特社会要求并共享某种价值的群体。有专家学者在对上海的“新白领”阶层的社会心态、社会态度的分析中强调上海白领群体的相当部分具有了后现代价值观，不再强调实现经济增长的最大化、成就动机、法理权威，而是追求实现个体幸福的最大化、自由选择，他们倾向于“弱政治参与”，面对公共政策领域的许多问题敏感性比较差，反应也比较滞后。还有专家学者在对上海 F 小区社会治理的研究中，也强调在面对中间阶层时居委会显得无能为力。居委会提供的福利对他们没有吸引力或根本就没有关系，这就使得居委会的常规工作很难和这些中间阶层的业主发生联系，而且基于“居委会是服务于政府的”的认识，居民对居委会有天然的疏离，甚至是排斥的。面对中间阶层的“弱政治参与”的倾向，如何调动中间阶层的政治参与热情，发挥他们在社会管理中的应有作用，进一步完善“党委领导、政府负责、社会协同、公众参与”的社会治理体制，是在上海有关社会治理的一号课题之后，值得继续进一步思考的问题。

在此政策背景下，对于上海中间阶层的体育休闲方式的调查具有两个重要作用：

其一，对中间阶层的休闲体育参与状况的调查，不仅仅是对这一特殊阶层的休闲生活的关注，而是对于其现代生活方式的关注，这也是外国专家强调的对于中产阶层文化如何转变为一种主流生活方式、一种现代社会的主导文化的研究，这是认识这一阶层存在的重要前提。

其二，通过无涉政治的休闲生活的制度安排，能够有效地促进这一阶层的社会参与，充分发挥他们在社会治理中的作用，这也是前面专家学者所强调的他们不仅在消费领域中发挥主导性作用，在民间社团发育过程中也成为重要的推动力量。

（三）有关中间阶层休闲体育的国内外调查研究现状

有专家学者提出，由于西方社会的现代化进程要远远早于中国，他们的社会也早已形成西方学者所称的“橄榄形”社会结构，中产阶层在他们社会中占总人口的60%以上,美国在2001年即达到73%,德国和日本也达到62%左右。国外专家米尔斯在1951年所著的《白领——美国的中产阶级》一书中指出,即将不具有资本所有权但却有管理权的管理阶层,和一个由技术人员、办公室工作人员以及一般行政人员、宣传专家等薪金雇员所构成的专业技术群体称为"新中产阶级"或"白领"。还有专家学者在对上海的阶层结构的分析中认为,上海的阶层结构相当于美国20世纪50年代的水平,由此可见,西方社会中间阶层的形成和稳定大约早于上海50年左右的时间。在此背景下,一方面凸显了对于中国社会中间阶层研究的迫切性,另一方面也可看到西方对于中间阶层的研究大多集中于20世纪的中叶,主要关注当时中间阶层在当时社会结构以及民情条件中的作用机制分析,而现阶段的学者已经改变了问题关怀取向,开始主要从社会群体健康不平等的角度来探讨社会阶层的体育参与方式,也有部分调查关注于青少年的体育参与和老年群体的休闲体育参与。

在对社会各阶层休闲体育参与的调查中,发达国家普遍采用了长时段的追踪调查方法。英国的"参与"(taking part)调查项目已经执行到了第11年,2013~2014年的数据已经发布。"参与"的调查项目主要由文化、媒体和体育部执行(Department for Culture, Media and Sport, DCMS),这是一个以家户为中心的调查,既调查小孩,也调查成年人,其宗旨在于"通过文化和体育活动的参与提高全民的生活质量,支持旅游业、创造产业和休闲业的发展"。

美国主要有两个组织负责进行全国的体育参与活动的调查,其一是体育活动委员会(The Physical Activity Council)。体育活动委员会每年都会组织六个主要的体育社团开展体育、健身和休闲产业的调查,2015年共有5 067个体和5 711个家户在一月份接受了调查,这10 778个样本基本能很好地代表了美国的总体状况。其二是疾病预防与控制中心(Centers for Disease Control and Prevention)。这一中心从1957年就开始执行National Health Interview Survey(NHIS)的调查,这一调查主要关注国民的健康问题,当然也包括大量的体育活动参加状况的调查数据。

新加坡的体育健康调查主要由新加坡体育理事会来执行,他们的体育调查数据最早可以追踪到2005年,通过这些调查数据来监控国民的体育参加状况,从而来支撑他们所提出的"体育让生活更美好——2030体育愿景计划"。

爱尔兰在全国也在执行体育活动参与状况的调查,但是它主要是监测青少年的体育参加活动，主要由爱尔兰社会科学数据中心（ISSDA）来执行，他们主持的 The Children's Sport Participation and Physical Activity study（CSPPA）项目，这一项目最早于2005年执行。

国内关于国民参与体育活动状况的调查很少，很多的调查都是局限于某一省市或者某一地区的调查，而且很多调查的方法都有待进一步完善改进。由国家国民体质监测中心主持的"6(20)～69岁人群体育健身活动和体质状况"，这一调查始于2013年，在2015年进行了第三次的数据调查，但是调查数据并没有向社会公开，公众也很难得到数据的使用权限。

上海市体育局亦于2016年制定了《2015年上海市全民健身发展300指数评估办法》，"300指数"以促进全民健身公共服务体系建设为目标，设定"健身环境""运动参与""体质健康"三个一级指标，最终形成35个量化指标进行评估，每个一级指标100分，满分为300分，2015年上海市全民健身发展300指数为254分，说明上海的市民对于体育公共服务设施基本满意。但是这一全民健身发展指数也是一个全民的调查数据，只能反映全民的基本水平，并不能反映整个社会各个层级之间的差异状况。

以上这些调查的开展实施说明了国内体育以及健康的研究机构已经开始关注于社会健身参与状况的调查研究，如何使这些调查项目具有可持续性，从而最终形成具有纵向比较价值的数据，对于整个社会的休闲体育状况的考察评估，从而为建立现代性的公共服务体系提供科学合理的建议，具有不可替代的价值与作用。

相较于以上调查所关注的全民性指向，本次开展的"特大城市居民生活状况调查"则聚焦于北京、上海、广州三地中间阶层的发展状况，主要关注三地中间阶层的数量以及整个阶层的社会价值态度以及社会融入程度，这也侧面提供了观察中间阶层休闲体育参与整体状况的可能，为本课题后文的调查分析提供了科学依据。

二、调查方法设计

本课题主要使用国内以及国外两部分数据，国内数据主要采用由上海大学上海社会调查中心主持，中国社会科学院以及中山大学联合参与的"北上广"三地"特大城市居民生活状况调查"数据。

国外的数据全部来自国外相关调查机构向外正式公开发布的调查数据，

这些数据都是在这些相关调查机构中心网站可以自由获取，任何个人或者团体都具有使用这些公开数据的权限，具体的数据来源介绍如下：

日本：日本的调查数据来源于日本统计局主持的“Survey on Time Use and Leisure Activities”调查，“时间使用和休闲活动”的调查始于 1976 年，每五年开展一次，最近一次的调查是在 2016 年 10 月举行的，其主要目的在于通过数据来了解人们的日常时间分配和休闲活动参与的基本状况。由于 2016 年的数据还没有向外公布，本次所使用的数据是 2011 年的调查数据，为了能够与本次上海地区的数据比较，对其数据进行了一个基本的处理，最终获得日本全国的体育参与率。

澳大利亚：澳大利亚的数据来源于澳大利亚数据统计局 2013 年主持的“Participation in Sport and Physical Recreation”调查。

英国：英国的全国体育调查主要有“Active People Survey”以及“The Taking Part survey”，前者主要由非政府组织 Sport England 组织实施，其主要依托于商业调查公司（TNS BMRB）开展调查工作，每年有 165 000 名 14 岁以上的成年人参与调查。本调查报告使用的是由英国文化、传媒体育部（DCMS）开展的参与调查，Taking Part survey 的主要目的是通过文化体育活动来提高人们的生活质量、支持追求卓越并促进文化、旅游及创意产业的发展。

新加坡：从 1987 年开始，新加坡体育委员会（SSC）就开始每隔五年开展一次全国体育参与调查（National Sports Participation Survey），本调查使用的数据是其 2016 年发布的体育参与趋势调查报告 2015 年。NSPS 调查的主要目的是提供一个体育参与的指标、了解各项体育参与情况以及体育参与情况的主要趋势。

美国：美国的调查数据主要来自疾病预防控制中心（the Centers for Disease Control and Prevention）的“行为风险因素监测系统”中的数据以及体育运动委员会（Physical Activity Council）发布的 2015 年体育参与报告。由于两项调查报告中只包含不参与身体运动的比率，为了进一步提高数据的可靠性，本课题取了两份调查报告的平均数。此外，由于数据显示的是不同年龄段所最喜欢的体育运动形式，本课题则对数据采取了加权处理，最终得到一项民众最喜欢的体育活动。

“北上广”三地“特大城市居民生活状况调查”主要以“抓取”中产阶层人员、了解其在整个社会阶层结构中的位置状况为目的。但是由于中产阶层人口在总人口中的比例不高、缺少中产阶层人口的抽样框，因此使用常规的多阶段分层抽样成本高、效率低。考虑到住宅地理位置具有明显的区隔性，导致中间阶层的居住模式具有高度的聚居性特征，因此本次调查主要采用了多阶段的适应性区群抽样（Adaptive Sampling）。第一阶段采用多阶段的分层抽样，目的在于获取具有代表性的各阶层人口样本，获取被抽取社区的中产阶层人口分布比例。第二阶段则主要针对具有高比例中产阶层人口社区开展适应性区群抽样，它的特征是一个或多个抽样单位的抽取取决于前一阶段对同样类型抽样单位抽取的适应性区群抽样。

具体来说，第一阶段为常规的地图法随机抽样，目的在于获得具有代表性的社会各阶层人口样本以及中间阶层人口的分布起点，该阶段每个城市抽取 50 个社区，每个社区抽取 20 个家庭户，每个家庭户中抽取一个成年人入样，每个城市合计获得 1 000 个样本。第二阶段为针对中间阶层的适应性区群抽样，当第一阶段被调查居委会的中产阶级家庭比例超过某个设定的阈值时，即采用从上下、左右方向增加与之相邻的居委会的方法抽取新的居委会，当外推居委无法继续外推时，即采取次大的居委会的中产阶级比例设为阈值，完成再次的聚集网的外推，直至最终达到所需调查样本的总量为止。

三、中间阶层的休闲体育参与现状及中外比较

由于本次调查采用的是多阶段的抽样，且使用的问卷分为 A 卷和 B 卷，这样导致的分析结果样本总量并不一致，例如在测量人们的休闲频率时，仅有 960 个观察值进入了最终的分析框架，即这一问题的测量只有 B 卷的测试者进入了最终的分析。由于是两阶段的抽样，第一阶段的调查共有 1 004 个样本观察值，第二阶段有 888 个样本观察值，第一阶段的抽样完全是多阶段的随机抽样，样本具有可推论总体的代表性，而第二阶段的调查则没有总体的完全代表性。

（一）上海中间阶层的存在样态

目前学界对于中间的界定并没有形成共识，大量的研究主要从收入、教育、职业、认同、品味、社会声望或者政治态度来界定研究，基于不同的问题意识形成不同研究方法，很难形成统一的标准（Butler，1995）。在目前有代表性的研究中，有专家学者曾以 2006 年 CGSS2006 的数据对中国城镇中间阶层

的规模进行了估计，从收入水平、职业类别和教育程度三个维度估算了中国中间阶层的规模，结论是“收入中产”占17.8%，“教育中产”占12.7%，“职业中产”占22.4%。如果从三个指标综合的角度探讨来探讨中间阶层的规模，三个标准都符合“中层”标准的“核心中间阶层”只占全部调查对象的3.2%，符合其中两项“中层”标准的“半核心中间阶层”占8.9%，仅仅符合一项“中层”标准的“边缘中间阶层”占13.7%，如果把“核心中间阶层”、“半核心中间阶层”和“边缘中间阶层”全部视为中间阶层，则在城市中整个中间阶层的比重为25.4%，在全国则只占到12.1%。还有专家学者则根据中国社会科学院的全国抽样数据分别估算了职业中间、收入中间、消费中间、主观认同中间的比例。

国外专家米尔斯在其著作《白领——美国的中产阶级》一书中，详细阐释了中间阶层产生的社会情境，即由于社会产业结构升级、资本所有权与管理权的分离导致产生了一批专门从事非生产性的行政管理工作与技术服务工作，他们依赖自己的专业知识和技术谋生，物质生活比较丰裕而思想态度比较保守。在此，米尔斯主要依赖对社会状况的分析，阐释了中间阶层产生的主要原因，这也开启了人们从职业来界定中间阶层的研究传统。回顾以往的研究，职业都是学者界定中产的重要指标，本课题主要从职业的角度来界定中间阶层，主要把国家机关、党群组织、企事业干部、办事人员、各类专业技术人员以及个体户界定为中产阶层，生产运输工人、服务业从业人员以及商业工作人员作为非中间阶层。

如表1所示，本课题调查共有职业的个案为1 950个，其中中间阶层有1 085个，占总调查人数的55.6%，非中间阶层的个案为865，占总调查人数的44.4%。必须说明的是，这1 950个个案是两阶段调查的总体，并不具有推论总体样本比例的意义，也即并不能说明上海整个阶层结构中中间阶层的比例已经达到了55.6%，这里的总体数据只有分析的意义，并没有推论的意义，因为第二阶段的调查抽样并没有按照完全等概率抽样的原则，如果要推算上海整体的中间阶层比例，使用第一阶段的调查数据在调查统计上是可行的，具体可参见有关专家学者的分析。从表1可知，在中间阶层中，专业技术人员占19.9%、办事阶层占14.7%、管理阶层占18.6%、私营业主阶层占3%。从以上数据可看到，上海的中间阶层中的职业分化并不严重，专业技术人员、办事人员以及管理阶层是中间阶层的构成主体，比较符合现代产业结构的从业人员构成，也说明产业结构的分布比较合理。

表1　职业标准下的中间阶层分布

<table>
<tr><th colspan="3">职　业　类　别</th><th colspan="2">频数(占百分比)</th></tr>
<tr><td rowspan="4">非中间阶层(人)</td><td colspan="2">商业工作人员</td><td colspan="2" rowspan="4">865(44.4%)</td></tr>
<tr><td colspan="2">服务业工作人员</td></tr>
<tr><td colspan="2">生产工人、运输工人</td></tr>
<tr><td colspan="2">其他职业(农林牧渔、自雇人员)</td></tr>
<tr><td rowspan="12">中间阶层(人)</td><td rowspan="6">专业技术人员</td><td>技术工人、一般专业技术人员等</td><td rowspan="6">386(19.9%)</td><td rowspan="12">1 085(55.6%)</td></tr>
<tr><td>会计、出纳、统计人员</td></tr>
<tr><td>各类医生护士</td></tr>
<tr><td>中小学、幼儿园教师等</td></tr>
<tr><td>高校高职教师</td></tr>
<tr><td>中高级技术人员</td></tr>
<tr><td rowspan="2">办事阶层</td><td>办事人员、业务人员</td><td rowspan="2">286(14.7%)</td></tr>
<tr><td>销售、采购人员</td></tr>
<tr><td rowspan="2">管理阶层</td><td>中下层管理人员</td><td rowspan="2">362(18.6%)</td></tr>
<tr><td>高层管理人员</td></tr>
<tr><td rowspan="2">私营业主阶层</td><td>个体经营者</td><td rowspan="2">51(3%)</td></tr>
<tr><td>私营企业主</td></tr>
<tr><td colspan="3">合计(人数)</td><td colspan="2">1 950(100%)</td></tr>
</table>

(二)中间阶层休闲体育参与现状

1. 中间阶层的休闲频率

根据“特大城市居民生活现状调查”B卷中的问题:“您平均一周健身几次?”本课题用1.5倍的四分位间距对数据进行了离群值的处理,然后把数值变量转换成了类别变量,把0次转换成为从来不参与、0～2次转换成偶尔参加、2～7次转换成经常参加、7次以上转换成总是参加。从表2中可以看到,中间阶层从不参加体育活动的比率为31.1%,而非中间阶层的比率为37.2%,两者之间并没有很大的差异,但是非中间阶层经常参加体育健身的比例则要高于中间阶层。而从中间阶层的内部来看,办事员阶层从不参加健身的比例则要高于其他三个阶层，而在经常健身的人中私营业主阶层则要明显高于其他三个群体，这也说明私营企业主和雇人的个体经营者有较多的时间和收入去从事健身活动，对于那些受雇与私营阶层的办事人员，则要花更多的时间精力去从事繁杂的业务活动。从休闲的频率来看，中间阶层与非中间阶层的休闲频率并没有太大的差别，总是参加健身活动的人，即一周健身 7 次以上的人在各个群体中都占总体非常小的比例。在中间阶层的四个内部职业群体中，差异也不大，私营企业主阶层参加健身的频率要稍高于其他职业群体。

表 2 中间阶层参加休闲体育活动的频率

频率		专业技术人员	管理阶层	办事阶层	私营阶层	非中间阶层	合计
从不	（人）	48	47	56	7	159	317
	（%）	27.43	28.66	38.62	29.17	37.24	33.9
偶尔	（人）	59	49	38	5	84	235
	（%）	33.71	29.88	26.21	20.83	19.67	25.13
经常	（人）	63	63	49	11	178	364
	（%）	36	38.41	33.79	45.83	41.69	38.93
总是	（人）	5	5	2	1	6	19
	（%）	2.86	3.05	1.38	4.17	1.41	2.03
合计	（人）	175	164	145	24	427	935
	（%）	100	100	100	100	100	100

2. 中间阶层的休闲花费

在本次调查中，把家庭支出分为饮食消费支出、医疗支出、教育支出、住房支出、礼金支出、赡养抚养支出、休闲健身娱乐支出等十类。从中间阶层家庭支出中可以得到中间阶层支出的概况。由于消费支出离散性比较大，本课题把数据进行了进一步的处理，把支出分为 0 元、0～1 万元、1 万～10 万元、10 万元以上等四个聚类变量。从表 3 可知，非中间阶层家庭一年的休闲娱乐支出大多在 1 万元以下，占调查总数的 77.8%，只有 21.6%的人支出在 1 万～10 万元之间。中间阶层与之相比较，可以看出支出具有较大的增长，只有 21.9%的人全年没有此项支出，而非中间阶层则有 45.3%；中间阶层的休闲娱乐支出大多集中在 1 万～10 万元之间，占调查总数的 41.4%。另外有 35%的人消费支出在 0～1 万元之间，还有 1.7%的家庭支出在 10 万元以上。从休闲频率来看，中间阶层与非中间阶层两者之间的差异并不明显，但是从休闲支出上来看，中间阶层则要明显高于非中间阶层，这也说明，中间阶层更愿意花更多的钱在休闲体育娱乐之上。

表 3　中间阶层的休闲、娱乐、健身花费

花　费		专业技术人员	管理阶层	办事阶层	私营阶层	非中间阶层	合计
0 元以下	（人）	69	61	84	22	390	626
	（%）	17.92	16.99	29.68	43.14	45.3	32.28
0～1 万元	（人）	148	109	112	9	280	658
	（%）	38.44	30.36	39.58	17.65	32.52	33.94
1 万～10 万元	（人）	165	177	86	18	186	632
	（%）	42.86	49.3	30.39	35.29	21.6	32.59
10 万元以上	（人）	3	12	1	2	5	23
	（%）	0.78	3.34	0.35	3.92	0.58	1.19
合计	（人）	385	359	283	51	861	1 939
	（%）	100	100	100	100	100	100

3. 中间阶层的休闲时间

对于中间阶层与非中间阶层休闲时间的测量，主要分布在对于个案日常时间使用的测量中。为了更好地呈现数据的基本状况，本课题采用第 97.5 百分位的双边缩尾处理法，处理了数据中的离群值。在对数据进行了基本处理以后，从表 4 可以看到，中间阶层与非中间阶层休闲时间的分配并没有明显的差异，非中间阶层每日的休闲时间稍微高于中间阶层的休闲时间，而在工作学习、路途交通的花费时间上，中间阶层要明显地高于非中间阶层，中间阶层每日大约要花费 59.3 分钟的时间在路途交通上，而非中间阶层则只需要花费 39.5 分钟的时间；在学习上，中间阶层每日平均要花 6.5 个小时，而非中间阶层则只有 4.9 个小时。其他在照顾家人、睡眠所花费的时间上，两者之间并没有显示出明显的差异。通过对于休闲花费时间的测量，也侧面的验证了两者参加休闲体育活动的有效与可信性，即中间阶层与非中间阶层在参加休闲活动的频率上没有差异性，那么在花费在休闲活动上的时间也没有明显的差异性。

表 4 中间阶层与非中间阶层每日时间分配比较

每日时间分配		休闲时间（小时）	工作学习（小时）	路途交通（分钟）	家务（分钟）	照顾家人（小时）	睡眠（小时）
工作日	中间阶层	2.9	6.5	59.3	73.1	1.9	7.5
	非中间阶层	3.1	4.9	39.5	92.2	1.9	7.5
非工作日	中间阶层	4.7	1.3	33.2	102.6	3	8.2
	非中间阶层	4.8	1.1	26.6	113.4	2.5	8

4. 中间阶层参加休闲体育运动组织的状况

在国家强调大力发展社会组织、培育社会组织在公共体育服务中积极作用的背景下，测量个体参加体育运动组织的情况，能够更加直观的呈现上海市民众参与体育组织的状况。根据表 5 中的数据，中间阶层参加体育社会组织的比例要高于非中间阶层，但是两者的比例都不是很高，其中中间阶层的比例为 20.3%，非中间阶层的比例为 14.4%。在参加体育社会组织的成员中，非中间阶层参与的频率要稍高于中间阶层，这一群体中有 32.8%的人一周参加多次，32.8%的人一周一次，23.4%的人一月一次，而在中间阶层中则有 18.3%的人一年参加一次，参与的频率非常的低。从数据上来看，中间阶层参与体育社会组织的整体比例要高于非中间阶层，但是在这些参与的人当中，参与的频率却要低于非中间阶层。

表 5 中间阶层参加休闲体育组织的状况 单位：人，%

参加次数			一周多次	一周一次	一月一次	一年一次	从不
中间阶层	是	117(20.3)	29(24.1)	42(35)	23(19.2)	22(18.3)	4(3.3)
	否	459(79.7)					
非中间阶层	是	63(14.4)	21(32.8)	21(32.8)	15(23.4)	5(7.8)	2(3.1)
	否	375(85.6)					

5. 中间阶层喜爱的体育活动状况

表 6 显示了中间阶层与非中间阶层经常参加体育活动的状况。从表中数据可以看出，中间阶层参与体育活动项目的范围要高于非中间阶层，足球、高尔夫、骑马等项目，非中间阶层参与的概率都是为零。中间阶层与非中间阶层

经常参加活动的前两位都是散步与跑步，处于第三位的分别是广场舞和羽毛球。在所有参加的体育项目中，羽毛球、乒乓球、游泳、徒步运动项目都有一定的民众参与基础，而对于足球、网球、漂流、登山等项目，虽然民众有一定的参与度，但是参与度都是非常的低。从以上数据可以看出，无论是中间阶层还是非中间阶层，最喜爱的运动就是散步，这样一个无须专门休闲运动空间的体育活动，从满足民众基本休闲运动的角度来说，这无疑降低了政府或者社会提供公共服务的难度，但是从民众休闲运动的广泛性上来说，则需要政府进一步的积极引导、社会组织积极的培育民众参与更加广泛活动的民情条件。

表6　中间阶层参加体育活动状况　单位：人，%

项　目	非中间阶级	中间阶层	合　计
足　球	0(0)	4(0.9)	4(0.51)
篮　球	2(0.6)	14(3.3)	16(2.03)
网　球	1(0.3)	4(0.9)	5(0.64)
羽毛球	8(2.4)	31(7.2)	39(5.08)
乒乓球	8(2.4)	13(3)	21(2.8)
高尔夫	0(0)	5(1.2)	5(0.64)
游　泳	14(4.2)	18(4.2)	32(4.45)
骑　马	0(0)	1(0.2)	1(0.13)
漂　流	1(0.3)	2(0.5)	3(0.38)
登　山	2(0.6)	3(0.7)	5(0.64)
自行车	13(4)	6(1.4)	19(2.8)
徒　步	12(3.6)	26(6)	38(4.96)
散　步	166(49.7)	155(36)	321(41.55)
跑　步	75(22.5)	119(27.6)	194(25.29)
广场舞	32(9.6)	30(7)	62(8.13)
合　计	334(100)	431(100)	765(100)

（三）中外参加休闲体育活动的比较

由于至今没有在全世界主要国家或地区统一开展休闲体育参与状况的调查，每个国家都在从事着不同的调查项目，因此很难找到一份具有在不同国家或地区之间比较参加体育活动状况的调查数据，本课题中所使用的数据，都是来自各个国家不同部门所开展调查项目的公开调查报告，因为数据的有限性，在此本课题主要比较各个国家或地区民众参加体育活动的频率以及最喜爱的体育运动项目。必须说明的是，国外的调查项目是在全体民众中开展的调查，能够代表全体社会的基本状况，但是本次调查中的第二阶段调查，主要是以"抓取"中间阶层为主要目的，因此更加能够代表上海地区中间阶层的参与状况，两份数据的比较，最终呈现的是上海中间阶层的体育参与状况与其他国家全体民众的体育参与情况。

1. 中外参加体育休闲活动频率的比较

图1显示了上海及一些国家经常参加体育活动的比例情况，"经常参加体育活动"被定义为一周至少参加一次体育活动的频率。从表中数据可知，上海中间阶层经常参加休闲体育的比例为66.1%，美国、澳大利亚稍低于上海，在60%左右；英国和新加坡的比例在50%左右，日本的经常参与率最低，仅为45.5%。必须说明的是以上的数据除上海的调查数据以外，其他国家的调查都几乎包括了社会的所有阶层，澳大利亚的调查对象是15岁以上的人口，新加坡是13岁以上的人口，日本是10岁以上人口，英国的数据在2008年以后则包括5岁以上的人口，美国的体育运动委员会(PAC)调查则包括6岁以上的人口，本次调查的人口年龄在18～65岁之间。虽然数据具有以上的异质性，但是还是可以通过数据对比发现，上海中间阶层中经常参与体育运动的比例已经高于几个主要发达的西方国家，这也说明经过健康体育活动的推广与建设，中间阶层开始日益关注自我的身体健康，积极地参与到体育活动当中来，体育政策的积极引导效果非常明显。

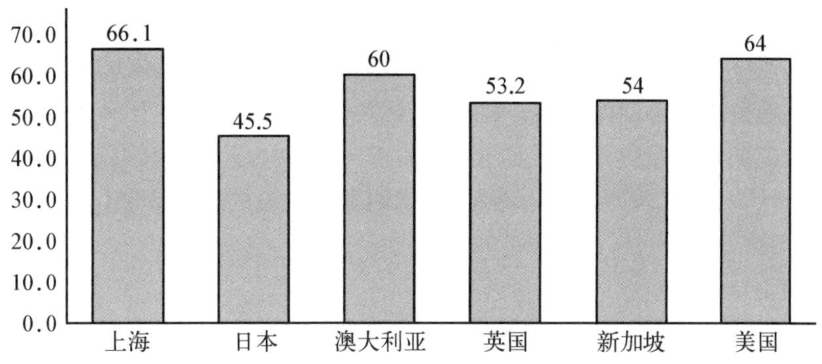

图1　经常参加体育活动的比例(单位：%)

2. 中外最喜欢体育活动项目的比较

不同的历史文化传统以及经济社会发展水平必然塑造具有异质性的生活方式，人们的所喜爱的休闲体育活动也必然有所不同，从表 7 中可以看到，亚洲国家普遍喜欢步行或者跑步等非剧烈性的运动，中国和新加坡民众最喜欢的体育运动都是步行和跑步，日本人也更倾向于选择跑步最为主要的运动方式，而美国人更加喜欢游泳和野外宿营，英国则是游泳和健身，澳大利亚人除了选择跑步，还较喜欢足球，日本人则是轻体操。与英国、美国民众的体育参与项目相比，中国、日本、新加坡民众参与的运动项目明显比较单一，这也和体育运动在整个文化传统中的认识有关，东亚的国家明显更加强调勤劳节俭持家的传统，对于体育的态度更加消极，而欧美的民众更加强调生活的独立自主性，也更加认同体育对于生活的积极意义。

表 7　不同国家最喜爱的运动项目

国　家	中国	日本	澳大利亚	英国	新加坡	美国
最喜爱的运动	散步、跑步	步行、轻体操	步行、足球	游泳与健身	步行、跑步	游泳、露营

四、中间阶层体育参与研究与全球著名体育城市建设

《上海市人民政府关于加快发展体育产业促进体育消费的实施意见》中明确提出了到 2025 年将上海建设成为全球著名体育城市的建设目标，努力将上海打造成为世界一流的国际体育赛事之都、国内外重要的体育资源配置中心以及充满活力的体育科创型城市。面对民众对于体育公共服务需求的日益扩大，仅仅抓住广大群众的体育需求，有时会使政府很难集中有限的政治体制资源，有效地解决整体性的问题。加强对于市民不同阶层的体育文化需求的研究，将会更加容易聚焦和细化面向不同阶层的公共体育服务政策导向，在具体问题和具体政策上因地因时因地制宜，从而发挥政策的最优效果。

（一）中间阶层体育参与具有较好的发展基础

新中国建立以来，体育事业整体取得了巨大的发展，特别是我国的竞技体育取得了举世瞩目的成就。但是就整体而言，体育事业的发展还是嵌入在政

治经济发展之中，很难在国家建设中取得独立发展的地位，这也造成了休闲、体育、娱乐在人们的认同态度中很低，休闲体育在人们日常生活中始终居于次要的地位，整个社会也很难形成人人热爱体育、参与体育的新风尚。随着健康中国作为整个国家发展战略的实施，大健康的理念也日益成为人们的共识，在整个制度环境发生改变的情况下，无疑为上海的全球体育城市提供了良好的契机，而中间阶层的迅速扩张，也为体育城市的建设提供了良好的基础。

根据《2015 年上海市全民健身发展公告》，全市经常参加体育锻炼的人数占到总人口的比重为 40.8%，与世界体育参与的数据比较，仍然低于最低参与率的日本 5 个百分点，也就是说，从全民的角度来看，上海整体的体育参与率仍然很低，依然落后于大多数西方国家。但是从上海的中间阶层的体育参与率来看，经常参与体育的人数比例已经高于美国的整体参与率，达到了整体的 66.1%，这说明上海的中间阶层已经为整个城市的体育建设提供了良好的基础。从休闲体育消费的支出上来看，中间阶层也明显地高于非中间阶层，有 41.1%的人休闲体育全年消费在 1 万～10 万元之间，休闲体育消费的增长，表明了休闲体育在人们的日常生活中占有重要的地位，人们日益认同休闲体育在生活意义建构中的重要作用。

大力扶持体育社会组织发展作为加快发展体育产业促进体育消费的重要举措，从上而下的体制机制的改革是一方面。另一方面则是研究如何加强体制内的社会组织以及草根性体育社会组织在民众中的号召力和接纳程度，从而自下而上的整合社会的参与力量，使社会形成政府与市场之外的第三个独立主体，是进一步完善休闲体育公共服务的重要举措，也是整个社会形成热爱体育、参与体育的新民情、新风尚的必然要求。

依据本次调查数据，本课题发现中间阶层参与体育社会组织的比例要高于非中间阶层，达到 20.3%，虽然整体的比例依然不高，但这无疑为体育社会组织的进一步发展提供了良好的基础。

（二）中间阶层体育参与面临的困境

根据本次调查数据分析，虽然中间阶层的体育参与比例较高、群众基础较好，但是也面临着不同程度的发展问题。

首先，中间阶层与非中间阶层在休闲参与的频率与休闲时间上，并没有形成明显差异，显然中间阶层中有更多的人愿意花费更多的金钱在休闲体育上，但是在参加的频率和时间上的等同也说明了中间阶层很难在时间上保证自身在休闲体育上的“承诺”，虽然他们认同休闲体育对于生活的重要性，但是如何在工作生活之外，安排更多的时间在休闲体育上，肯定是今后一段时间制约中间阶层参与休闲体育的重要瓶颈。

其次，参与体育项目的单一性。从民众最热爱的体育项目调查中，很容易发现东亚国家民众参与体育方式的单一性，中国和新加坡的民众最喜爱的运动都是散步和跑步，步行在日本也同样是民众最喜欢的运动之一。

而反观英国和美国，水上运动和户外运动都具有很高的接纳程度，游泳、露营以及自行车在全社会都具有很高的参与度，如何进一步培养整个中间阶层的爱好范围、使民众接纳更多小众的体育项目，提高中间阶层在民众参与率低的小众项目中的参与度，也是建设全球体育城市面临的关键因素。

五、促进中间阶层休闲体育参与的对策建议

加强对于中间阶层休闲体育状况的研究，不仅在于中间阶层本身作为社会整体中的一部分，对于体育运动具有较大的需求，还在于中间阶层对于整个社会群众休闲体育的参与具有良好的带动作用，有专家学者强调中间阶层具有引领休闲体育时尚、拉动休闲体育消费以及塑造新的休闲体育方式的重要作用。上海作为第三产业发达的城市，中产阶层的比例和集中程度都要高于全国的平均水平，还有专家学者指出，上海已形成以中间阶层为主的社会阶层结构，在此背景下如何做好中间阶层休闲体育参与的服务工作，将是上海整个体育政策重要的抓手和切入点。

本次调查数据呈现了上海中间阶层体育休闲消费的基本状况，虽然中间阶层的体育休闲频率或者休闲开支都具有一定的基础，但是如何在此基础进一步开拓中间阶层的体育消费潜力、培植完善的休闲体育服务市场，则需要政府部门进一步的思考，结合国内外的发展环境，处理好不同的发展关系，整合市场、社会力量使其与政府的规划政策一起形成合力，这是建设国际著名体育城市必须加以考量的重要问题。

（一）加强差别化市场主体的培育，处理好体育公共服务的数量与质量的关系

在促进体育消费、加快产业发展的背景环境下，中间阶层的体育消费必然成为整个体育消费市场的主体力量。从调查数据可以看出，中间阶层的体育

消费已经明显高于非中间阶层,有将近一半的人一年的消费总额在 1 万~10 万元之间,他们具有明确的消费意愿和消费能力,但是他们的消费动机却与非中间阶层有着明显的不同,他们更加注重体育消费品的质量和档次,具有高雅品味的消费活动对于他们具有天然的吸引力。有专家学者认为,如果将体育产业政策仅仅聚焦在大众体育、群众体育的需求上,必然不能刺激中间阶层的消费欲望,与非中间阶层公共服务所强调的普遍性、公共性、可及性不同,中间阶层追求的是市场服务的差异化、强调产品的区隔性,通过消费活动来塑造自身的身份认同,已经成为中产阶级追求独特生活品味与格调的重要目的。

因此在强调市场主体培育的同时,必须要强调差别化市场主体的重要性,鼓励不同的市场主体开发不同的休闲体育运动项目,对于市场需求小以及开发难度大的项目,给予适当的财政政策支持,形成大众体育需求基本满足、小众体育需求基本满足的局面。

(二) 注重热爱体育的民情培育,处理好政府宣传和民众主动接纳的关系

政府依然是体育公共服务的主体,一个良好的政策实施效果,不仅是政策本身具有科学性和可靠性,还在于整个社会有没有形成良好的政策实施环境。在国家把健康中国作为国家战略实施的大环境下,一系列的制度建设已经取得了较好的结果,但是如何进一步推动上海的全球著名体育城市建设,则还需要在政策制度之外,寻找市场和社会的力量,才能加快制度目标的实现。依据调查数据,上海中间阶层的休闲体育参与率已经高于西方发达国家,但是中间阶层与非中间阶层在休闲时间、频率上并没有形成很大的差别,说明中间阶层的休闲体育参与状况依然有很大的提高空间。

在此背景下,在加强制度建设的同时,必须加强民众热爱体育的文化生态建设,使体育在人们的生活中不仅是一种休闲方式,更是一种生活方式。良好的体育文化生态建设的重要抓手主要有两个方面:其一,加强重要体育活动赛事的组织开展,通过重要赛事的带动作用,吸引更多的人参与到体育中来,了解体育从而热爱体育。上海网球大师赛、F1 国家大奖赛、世界游泳锦标赛、上海国际马拉松赛等的举办,已经在社会上形成了良好的示范作用,民众的参与热情也逐渐高涨。其二,依托大数据下的智慧城市建设,改进公共体育服务的宣传工作,中间阶层是在智能时代拥抱虚拟网络最为积极的一个群体,如何在网络中分享体育参与的信息,形成一个人人分享体育参与的社区氛围,对于

提高中间阶层的参与将会起到积极的推动作用。通过国际著名赛事的开展以及文化媒介的建设，最终构建起一种积极热爱体育、拥抱健康生活方式的文化体育生态。

（三）改善个体参与体育的组织工作，处理好个人体育与团体体育的关系

有专家学者指出，随着社会主义市场体制以及社会组织体制改革的深入，民众开始从原来的单位制社会走向了市场社会，人们自由选择的机会增加了，但是个体之间的连接程度却开始弱化，社会的发展逐渐呈现出一种碎片化、“个体化”的状态。

在此背景下，人们原有的连接网络开始遭到破坏，而新的在工作之外的连接网络还没有形成，民众的体育参与状态也从单位组织走向了市场和社会。从调查数据可知，中间阶层最喜爱的体育项目中都是独自一人可以完成的，如散步和跑步，有专家学者称之为静力项目，而其余的如游泳、广场舞，也都不需要个体组织大家一起参与。

如何改变这种参与体育项目的涣散状态，从而使更多的人参加集体性的项目中来，则需要进一步加快体育社会组织发展，特别是体制外的草根组织，释放更多的生存空间，从人力、物力方面给予他们更大的支持。社会组织的存在不仅仅是提供一些基本的公共服务，更主要的在于使人们的休闲体育生活处于一种组织的状态，处理好个人体育与团体体育的关系，是因为人们参与体育的方式是影响人们参与体育的重要影响因素，在个体化的社会情境中，加强人们体育生活方式的组织建设，是人们形成稳定的健康生活方式的重要促进力量，也是加强社区建设、增强基层社区活力的重要举措。

（四）积极引入国际著名体育产业集团，处理好国内体育与国际体育的关系

在培育体育产业发展、促进体育消费的过程中，要积极引入国际著名体育组织和体育产业集团，这些组织和集团具有成熟的市场运作经验，对于中间阶层的消费文化取向和生活方式都有长期的跟踪研究，如何挖掘潜在的市场以及培育新的市场，国外企业和组织的力量将会是这一过程的重要支撑力量。体育市场主体的培育，不仅是市场中提供服务主体的培育，同时也是市场中消费主体培育的过程，中间阶层作为消费主体中的中间力量，对于他们的休闲体

育倾向研究将会是市场提供方必须加以关注的重点。对于刚刚起步的国内体育产业来说，对于市场不同消费主体的研究要远远落后国外的著名体育产业集团，运营中心、数据分析中心、研发中心等一系列的专业化运作，国外企业和组织都将会带来成熟的经验，对于培育市场专门人才，也将会起到关键作用。将国外体育社会组织和产业集团引入，从而和国内的体育市场主体形成一种规范有序的市场环境，是培育中间阶层体育消费主体的重要途径。

在不断强调深化改革、加快社会管理创新的背景下，对于中间阶层的休闲体育状况的研究，不仅是促进体育产业发展、加快经济结构改革的必然要求，也是认识中间阶层在新的社会管理体制中如何发挥正向作用的需要。中间阶层的概念不仅是一个社会职业构成的概念，抑或是阶级分析的概念，它同时也是一个生活状态的概念，强调不同社会阶层结构中的群体生活方式的分殊状态，对于这种社会群体性差异的认识，是社会政策执行过程中不断细化与具体化的必然过程，只有对于不同的需求有良好的判断，才能使社会政策在执行过程中不致产生偏误，政策也才能更好地落地。

参考文献

[1] 陈传波，白南生，赵延东.适应性区群抽样：研究流动农民工的方法与实践[J].统计研究，2012

[2] 李友梅.社会结构中的“白领”及其社会功能——以 20 世纪 90 年代以来的上海为例[J].社会学研究，2005

[3] 李春玲.中国中产阶级的增长及其现状[J].江苏社会科学，2008

[4] 李春玲.中国当代中产阶层的构成及比例[J].中国人口科学，2003

[5] 李强.关于中产阶级的理论与现状[J].社会，2005

[6] 李培林，张翼.中国中产阶级的规模、认同和社会态度[J].社会，2008

[7] 梁玉成，张海东.北京、上海、广州社会中间阶层调查报告[A]//李培林，等.2016 年中国社会形势分析与预测[M].北京：社会科学文献出版社，2016

[8] 洛夫格伦，弗雷克曼.美好生活：中产阶级的生活史[M].北京：北京大学出版社，2011

[9] 米尔斯，莱特.白领：美国的中产阶级[M].南京：南京大学出版社，2006

[10] 仇立平.上海社会阶层结构转型及其对城市社会治理的启示[J].国家行政学院学报，2014

［11］ 邵雪梅，徐莉，肖焕禹.中产阶层的成长对我国休闲体育发展的影响［J］.西安体育学院学报，2010

［12］ 王建平."品味阶层"：现实抑或表象［J］.学术论坛，2007

［13］ 王燕，徐强，王青.中产阶层体育健身参与特征及优化策略［J］.上海体育学院学报，2016

［14］ 徐畅.构建中间阶层社区的治理网络——以上海市 F 小区为例［J］.理论界，2012

［15］ 阎云翔.中国社会的个体化［M］.上海：上海译文出版社，2012

［16］ 周晓虹.中国中产阶层调查［M］.北京：社会科学文献出版社，2005

［17］ Bulter，Tim，Mike Savage（eds.），1995. Social Change and the Middle Class. London：UC L Press Erikson

［18］ Robert，Erikson，Robert，John H. Goldthorpe，1993. The Constant Flux：A Study of Class Mobility in Industrial Societies. Oxford：Clarendon Press

［19］ Goldthorpe，John，1990. "A Response"，in Consensus and Controversy，J. Clark，C. Modgil，and S. Modgil（eds.）. London：Flamer Press

［20］ Wright，Erik Olin，1997. Class Counts：Comparative Studies in Class Analysis. Cambridge：Cambridge University Press

上海居民参与商业健身俱乐部的满意度调查研究*

孙铭珠

一、前言

随着经济的不断发展，居民的生活水平不断提高，然而居民的身体健康状况却每况愈下，呈现城市越发达、健康越糟糕的发展状况。《中国城市市民健康状况调查》的研究报告显示，消化道疾病、肝脏疾病、颈椎、腰椎病及骨质增生已成为困扰居民身体健康的三大疾病。其中经济最发达城市之一的上海，城市居民健康指数较其他二线城市相对较低，这主要是因为上海居民的生活节奏快、生活与工作压力大、应酬过多、饮食不规律、睡眠不充足以及缺少身体锻炼造成的。近年来，党和国家不断深化体育改革、大力发展群众体育，不断引导广大居民以健身促进保健和健康的新理念，使得居民更加关注体育锻炼对身体健康的促进功能，因居民身体健康是每个人成长和实现幸福生活的重要基础。如今，商业性健身俱乐部已成为居民健身、休闲、人际交往的重要场所之一。居民参与健身锻炼呈现需求多样化、运动项目专项化和参与形式团队化的发展趋势。商业性健身俱乐部在全民健身公共服务缺口大、基础设施落后、健身指导员数量匮乏、场地开放时间局限的等情况下，有效拓展了居民的健身时间、健身地点和健身形式的多样化，使居民参与健身不受天气、时间等因素的影响，并能够为居民提供科学、专业、有效以及信息化的健身服务及健身环境。

上海作为中国最大的经济中心，近年来不断推进体育事业和产业的大发

* 本文作者单位：上海工程技术大学。立项编号：TYSKYJ2016010。

展。2015 年，在体育产业的爆发式发展的背景下，体育已然逐渐成为这座城市魅力的所在。结合上海实际，《全民健身计划(2016～2020 年)》文件指出，要引导、调动、鼓励社会力量，共同努力，协同参与全民健身。商业性健身俱乐部作为社会组织力量，为增强人民体质、发展体育产业、弥补我国体育基础设施、健身指导员匮乏等方面起着重要的作用。由于我国商业性健身俱乐部发展起步较晚，其发展特点主要体现在数量逐年增多、投资规模不等、健身项目类同、服务管理不一等方面。一些商业性健身俱乐部以营利为目的，为了招募更多的会员，过分追求利益最大化，经营管理者一味地依靠降低价格标准来占据市场份额，忽视服务质量的提高，价格趋向不合理、器械维修不及时、优秀人才流失等一系列问题，严重影响了居民的健身满意度，并出现口碑差、抱怨、投诉、退卡等现象。服务质量是健身俱乐部在行业中竞争成功的关键因素，服务质量的好坏可由健身居民的满意度看出。

因此，开展上海居民参与健身俱乐部满意度的调查研究，对于提升俱乐部服务质量、更好地满足居民健身需求以培养居民健康素质、积极响应“健康中国”的战略具有重要意义。

二、概念界定与文献综述

（一）概念界定

1. 商业性健身俱乐部

商业性健身俱乐部是以经营管理为主，以提供健身场所、器械、服务、安全保障等以此获得经营利润的机构。商业性健身俱乐部资金投入的多少，能影响到商业性健身俱乐部场地位置、面积大小和器械完善程度、课程种类多少及容纳健身人群的数量，进而影响到俱乐部的服务质量和服务水平。目前商业性健身俱乐部主要有三种类型：

第一，会所型。此类型以酒店、宾馆的星级配套服务为主，经营管理都不同于其他商业性健身俱乐部，健身场所只是配套设施。

第二，商业型。各种环境条件都比较完善并以居民的健身费用为主要收入，如一兆韦德、星之健、贝菲特等健身俱乐部。

第三，社区型。即社区配套型，健身设备的使用不收取费用。

根据以上分析，本课题认为商业性健身俱乐部普遍采用会员制的经营管理模式,以盈利最大化为目标,自主经营,盈亏自负,按照市场运作的形式,提供有偿的健身场地、健身器械、健身课程、专业健身指导以及相关配套的健康服务,以满足居民健身锻炼、娱乐休闲、社会交往等多样化健身机构。本课题所研究的是商业性健身俱乐部,即第二种类型。

2. 居民

2006 年 4 月,最高人民法院在《最高人民法院关于经常居住地在城镇的农村居民因交通事故伤亡如何计算赔偿费用》中指出:"虽然是农村户口,但居住、生活和经商均在城镇,在城镇有一定的收入来源并城镇连续居住一年以上的人口可视为城镇居民。户籍虽在农村,但持有户籍管理部门颁发的暂住证,且在城市连续居住一年以上的人口,可视为城市居民。"结合该文件,本课题中的居民,具体指在上海连续居留一年或者一年以上的普通人群。

3. 满意度

满意度是指居民对购买健身俱乐部健身产品和健身服务之前的期望与购买后实际健身体验进行比较后,所形成的综合评价感受,即居民对健身产品和健身服务质量的实际绩效与期望所进行的比较。经查阅文献,本课题通过 8 个维度来阐述满意度,即课程安排、健身教练、健身服务、健身器械、健身价格、健身安全、健身环境、健身效果上居民对商业性健身俱乐部的满意度。

(二) 国内外研究现状

1. 国外研究现状

国外有关商业性健身俱乐部居民满意度的研究是随着健身服务业的发展而逐步开展起来的。早在 20 世纪 60 年代,美国就开始涉及对商业性健身俱乐部的研究,其中包括体育设施满意度、体育服务质量满意度等方面的研究。

经查阅文献资料发现,大多数学者都是在借鉴其他行业门类服务质量测量方法的基础上结合健身服务业的特点进行评价研究。国外专家研究中指出,消费者满意度是可以经过测量评估直接得到的整体感觉。消费者会将得到的产品及服务与其期望中的价值标准进行比较,消费者可能原本对产品或服务满意,但与期望值比较之后也许会认为产品及服务是普通的,甚至是令人不满意的。还有国外专家提出了消费者满意、消费者忠诚和市场占有三者密切相关。研究指出,服务的质量、营销的手段与企业的收益之间存在着显著关系。当企业提供消费者满意的服务时,可获得比一般还要高的市场份额占有率,而经济收益则受到服务质量的影响,服务质量则成为消费者满意的决定性要素之一。外国专家对希腊的商业性健身俱乐部的服务质量进行了研究，其研究中发现 QUESC 模型中的部分指标和维度并不适用于商业性健身俱乐部。同时有国外专家提出了 SSQRS 模型，该模型包括四个维度，即健身课程质量、健身服务质量、健身效果质量、健身环境质量。

2. 国内研究现状

以消费者满意为最终目的，促进现代健身服务业健康可持续发展的观念正在逐步确立。在同行业竞争日趋激烈的环境下，更多的企业已意识到单纯依靠先进的外部硬件设施是不能保持企业健康、可持续发展的。商业性健身俱乐部的行业竞争必将是健身服务质量高低的竞争，然而健身满意度的评价，将有助于商业性健身俱乐部健身服务质量的改进和提升，健身服务质量必将是竞争成功的决定要素。基于此，国内有专家学者就北京 10 家商业性健身俱乐部的健身服务满意度进行了研究，结果表明，随着加入健身俱乐部时间的增长，健身居民对健身服务的满意度越低，对课程设计的多样化需求越高。还有专家学者对北京商业性健身俱乐部的消费者进行了满意度调查研究。结果表明：消费者对俱乐部中健身配套设施、健身服务以及健身突发事件处理能力的满意度相对较低，建议完善消费者管理体系、优化服务质量、规避健身风险。有专家学者在运用 CCSI 模型的基础上结合健身俱乐部的行业特点，设计测量健身居民满意度的调查问卷，检验 CCSI 模型在商业性健身俱乐部行业的实用性及健身居民满意度的影响因素。结论指出，感知质量是影响健身俱乐部健身居民满意度的重要因素。再有专家学者在借鉴顾客满意度指数模型(ACSI)的基础上，结合我国健身俱乐部的发展特点，构建了我国健身俱乐部消费者满意度测量模型。其中预期变量为健身期望、健身效果、健身价格、感知质量，结果变量为消费者满意度、消费者抱怨、消费者忠诚度。但目前有关上海居民对参与商业性健身俱乐部满意度的研究很少，这不利于推进上海居民全民健身工作的开展。

3. 基本看法

综上所述，随着人们生活物质水平和健康知识的提升，商业性健身俱乐部已衍变成人们生活的一部分，但中国的商业性健身俱乐部却还处在发展阶段。由美国体育健身业的成功经验可知，商业性健身俱乐部如需较快发展，要有强大的理论基础和完善的经营管理体系作为支撑。根据国外在具备成熟的经营管理体系与经验的基础上，目前已经把提高居民健身服务质量、不断研发居民满意的健身服务产品等方面作为有效的发展策略，以促进体育产业的大力发展和国民体质健康为发展之道。随着健身行业竞争日益激烈，无差异健身产品和健身服务已不能满足居民多样化需求以及企业收益的最大化。因此，以居民为导向不断提高居民健身服务水平已成为我国商业性健身俱乐部发展的一项重要课题。

基于此，本课题针对不同性别、学历、年龄、职业、月收入、会员卡类型、户籍所在地、是否属于上海居民的健身居民，对课程安排、健身教练、健身服务、健身器械、健身价格、健身安全、环境设施、健身效果等 8 个维度的满意度进行统计分析。通过调查上海居民对参与商业性健身俱乐部满意度及需求，为参与上海商业性健身俱乐部的居民提供更优质的健身服务，为健身俱乐部的发展提供参考。

（三）研究对象与方法

本课题对象为上海 20 家商业性健身俱乐部，分别为上海交通大学致远健身俱乐部、一兆韦德国际健身中心、星之健健身俱乐部、贝菲特健身俱乐部、佘山健身俱乐部、力美健健身俱乐部、顶极健身中心、美乐国际健身中心、甄豪国际健身、千人健身、艾博力健身、3H fit 健身、威尔士健身、舒适堡、美格菲健身中心、舒适堡健身中心、英派斯游泳健身会所等。

根据本课题需要，搜集、查阅和研读相关文献资料。一是在上海工程技术大学图书馆、上海工程技术大学网络图书馆等处查阅与本研究有关的市场营销、体育服务管理、体育产业理论与政策、体育俱乐部的消费与管理等资料，为本课题的分析和写作提供了理论基础。二是通过中国知网、万方数据库和 Google 等资源，以“商业性健身俱乐部”“健身俱乐部”“居民”“会员满意度”“满意度”等为关键词相关文献进行检索，查阅与本研究相关的国内外文献了解当前研究现状和趋势，经阅读后将其进行细致的归类整理，方便为本研究的撰写提供了理论依据。

本课题问卷改编于《商业健身俱乐部的会员满意度研究——以武汉市为例》一文中的调查问卷，形成了《上海市居民参与商业健身俱乐部的满意度调查问卷》，该文中问卷的信效度已经得到了很好的检验。

该问卷由两部分组成：第一部分居民基本信息。包括：性别、学历、年龄、职业、月收入、会员卡类型、户籍、居住时间、参加健身俱乐部数量，共 9 个题项。第二部分是具体问题。分别从课程安排（5 个题项）、健身教练（6 个题项）、健身服务（7 个题项）、健身器械（5 个题项）、健身价格（5 个题项）、健身安全（5 个题项）、环境设施（7 个题项）、健身效果（8 个题项）等 8 个维度对商业性健身俱乐部会员的满意度进行调查。该问卷采用 likert 五级计分法,"完全不同意"计 1 分,"基本不同意"计 2 分,"一般"计 3 分,"基本同意"计 4 分,"完全同意"计 5 分。

调查问卷于 2016 年 6～9 月通过问卷星、现场填写、邮寄等方式发放给上海不同区域的 20 家商业性健身俱乐部的健身居民,并请他们对所在健身俱乐部的服务质量做出相应的满意度评价。本课题共发放 2 000 份,回收 1 743 份,回收率为 87.15%,有效问卷 1 650 份,问卷有效率为 82.5%。

三、上海居民参与商业性健身俱乐部现状分析

(一) 居民参与商业性健身俱乐部的总体满意度

商业性健身俱乐部居民总体满意度包括 8 个维度,即课程安排、健身教练、健身服务、健身器械、健身价格、健身安全、健身设施、健身效果。对数据进行描述性统计分析的结果表明,8 个维度的平均值大于 3(表 1),说明上海居民对商业性健身俱乐部各方面的情况表示满意。

表 1　居民对健身俱乐部的总体满意度

维　度	人数(人)	最小值	最大值	均　值	标准差
课程安排	1 522	1	5	3.67	.649
健身教练	1 522	1	5	3.87	.630
健身服务	1 522	2	5	3.61	.671
健身器械	1 522	1	5	3.67	.673
健身价格	1 522	2	5	3.61	.692
健身安全	1 522	1	5	3.65	.685
健身设施	1 522	1	5	3.59	.674
健身效果	1 522	1	5	3.79	.659

(二) 居民参与商业性健身俱乐部不同维度满意度

1. 居民对健身课程的满意度

对于进入到健身俱乐部进行正式锻炼的居民而言,参与正式的课程学习

是最基本的方式之一。通过课程学习，他们了解常见的锻炼类型、方式，学习到规范的锻炼方法等，从而促进健身居民的身心健康。因此，良好的课程安排是健身俱乐部最基本的健身服务内容之一。

本课题关于居民对上海健身俱乐部课程安排的满意度如图1所示，对于参与商业性健身俱乐部的上海居民，在健身课程维度上，88.79%的居民对俱乐部的课程种类表示满意(完全同意＋基本同意＋一般)；88.8%的居民对俱乐部的课程难易程度表示满意；89.63%的居民对俱乐部的课程时间安排表示满意；89.21%的居民对俱乐部的课程吸引力表示满意；85.07%的居民对俱乐部的课程更新速度表示满意。

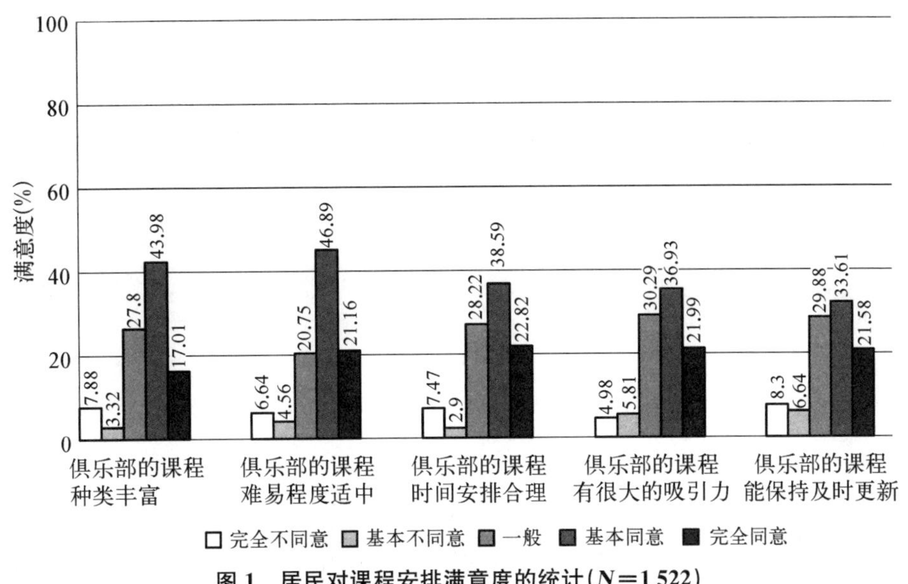

图1 居民对课程安排满意度的统计(N＝1 522)

总体而言，居民对课程的平均满意度达到88.32%。由此可见，居民对商业性健身俱乐部的课程安排比较满意。但与健身课程的其他四个方面相比，居民对课程种类表示“完全满意”的比例相对要低，这说明俱乐部需要进一步丰富课程种类，满足居民对健身课程形式的多样化需求。

2. 居民对健身教练的满意度

健身教练已成为健康的代名词，作为广大居民身体锻炼的指导者，健身教练的工作具有互动性、针对性等特点。其工作职能与居民能够科学锻炼、安全锻炼密切相关。居民健身需要的是科学的健身指导，并以此获得身体的健康。

因此，健身教练不仅要具备专业的健身知识，还需要在健身锻炼中为居民健身进行针对性的指导，为不同的居民制定不同的健身锻炼方案和计划。

由图 2 可知，对于参与商业性健身俱乐部的上海居民，在健身教练维度上 88.8%的居民对俱乐部教练的专业能力及教学能力表示满意(完全同意+基本同意+一般)；89.63%的居民对俱乐部教练能够为其传授健康的运动理念表示满意；89.63%的居民对俱乐部教练善于营造良好的课堂气氛、能够充分调动居民的积极性表示满意；88.8%的居民对俱乐部教练的热心指导表示满意；90.04%的居民对健身教练能够良好控制会员运动强度和负荷表示满意；89.07%的居民对俱乐部教练的交流与沟通能力表示满意。总体而言，居民对健身教练的平均满意度达到 89.33%。由此可见，居民对商业性健身俱乐部的健身教练比较满意。但与健身教练的其他五个方面相比，居民对教练专业运动技术及相应的教学能力“完全满意”的比例相对要低，这说明俱乐部需要加强健身教练入职前的专业认证考核以及职后专业培训，从而进一步提升教练的专业技能，以满足居民的健身需求。

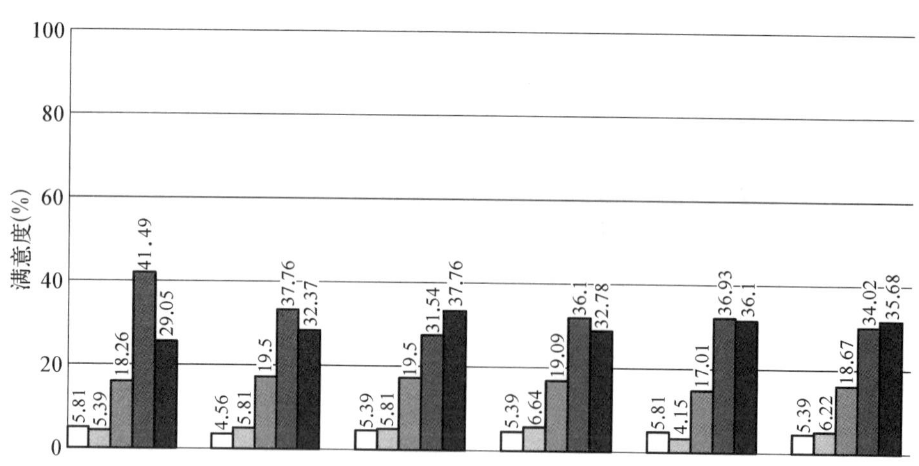

图 2　居民对健身教练满意度的统计(N=1 522)

3. 居民对健身服务的满意度

健身服务作为商业性健身俱乐部重要的经营管理手段，在对提升行业核心竞争力以及行业利润最大化方面起着重要的作用。健身服务是以健身居民为中心，以解决健身居民的服务需求为首要任务，为参加健身的居民提供有益身心健康的体育产品，并及时、快捷地发布本俱乐部的各类服务消息。

由表 2 可知，对于参与商业性健身俱乐部的上海居民，在健身服务维度上，87.34％的居民对俱乐部提供的服务便捷度表示满意(完全同意＋基本同意＋一般)；88.21％的居民对俱乐部能够重视和解决会员提出的意见与建议表示满意；86.03 的居民对俱乐部能够准时在其承诺的时间内为会员提供服务表示满意；80.35％的居民对俱乐部经常组织各种主题式健身活动表示满意；86.46％ 的居民对俱乐部工作人员的人性化服务表示满意；76.86％的居民对俱乐部能定期为其提供个人健身情况表示满意；83.4％的居民对俱乐部及时发布的相关健身服务信息表示满意。

表 2　居民对健身服务满意度的统计表(N＝1 522)　　单位：％

题目 \ 选项	完全不同意	基本不同意	一般	基本同意	完全同意
俱乐部提供的健身服务方便快捷	5.68	6.99	20.09	36.68	30.57
俱乐部能重视和解决会员的各种意见与建议	5.68	6.11	26.2	34.06	27.95
俱乐部总是在其承诺的时间内准时提供服务	5.24	8.73	22.71	33.19	30.13
俱乐部经常组织各种健身主题服务活动	6.99	12.99	31.88	27.07	21.4
俱乐部工作人员的服务很人性化	6.55	6.99	27.51	34.5	24.45
俱乐部定期会为会员提供个人的健身情况	8.73	14.41	28.82	24.02	24.02
俱乐部能及时发布各种相关的服务信息	9.17	7.42	26.2	31	26.2

总体而言，居民对健身服务的平均满意度达到 84.09％。由此可见，居民对商业性健身俱乐部的健身服务比较满意。但与健身服务的其他六个方面相比，居民对俱乐部定期组织各种主题健身活动表示“完全满意”的比例相对要低，这说明俱乐部需要进一步完善组织管理策划，通过主题活动的组织开展为会员搭建健身交流平台以此促进健身服务的多样化，有效营造良好的健身锻

炼氛围满足会员的健身需求。

4. 居民对健身器械的满意度

商业性健身俱乐部的健身器械是指有偿提供给居民的锻炼辅助性工具。健身器械种类的完善程度，表明商业性健身俱乐部的规模，健身器械的完善程度与俱乐部规模成正比。

由表3可知，对于参与商业性健身俱乐部的上海居民，在健身器械维度上，86.9%的居民对俱乐部的功能器械完备程度表示满意（完全同意＋基本同意＋一般）；86.89%的居民对俱乐部的器械安全性表示满意；86.03%的居民对俱乐部的器械卫生表示满意；85.59%的居民对俱乐部健身器械的定期安全维护和维修表示满意；85.59%的居民对俱乐部器械摆放与布局表示满意。总体而言，居民对器械的平均满意度达到86.2%。由此可见，居民对商业性健身俱乐部的健身器械比较满意。但与健身器械的其他四个方面相比，居民对健身器械功能的先进程度表示"完全满意"的比例相对要低，这说明随着健身科技化的发展，会员更加注重锻炼的多功能性，健身器械所具备的功能及品质的先进性直接影响到会员健身效果的达成。

表3　居民对健身器械满意度的统计表（N=1 522）　　单位：%

选项 题目	完全不同意	基本不同意	一般	基本同意	完全同意
健身器械高档先进且功能齐全	7.42	5.68	28.82	33.19	24.89
健身器械的安全性能较高	6.55	6.55	21.83	33.62	31.44
健身器械的卫生状况良好	7.86	7.42	22.71	33.19	30.13
俱乐部能够定期对器械进行安全维护和维修	6.11	8.3	26.64	31.88	27.07
健身器械的摆放与布局很合理	7.42	6.99	25.33	32.75	27.51

5. 居民对健身价格的满意度

健身价格是商业性健身俱乐部根据当地的经济条件、商业性健身房规模大小、设备的齐全（硬件、软件）、工作人员的配备而定。

由表4可知，对于参与商业性健身俱乐部的上海居民，在健身价格维度上，86.02%的居民对俱乐部总体消费表示满意（完全同意＋基本同意＋一般）；84.27%的居民对俱乐部不同项目的收费表示满意；87.33%的居民对俱乐部服务质量与价格表示满意；86.03%的居民对俱乐部组织的促销活动表示满意；86.02%的居民对俱乐部不同产品消费价格多样性表示满意。总体而言，居民对价格的平均满意度达到 85.93%。由此可见，居民对商业性健身俱乐部的健身价格比较满意。但与健身价格的其他五个方面相比，居民对俱乐部提供的服务质量与价格的相符度表示“完全满意”的比例相对要低，这说明俱乐部需要不断优化服务质量的同时，有效制定灵活的健身价格策略，让会员以最优惠的价格享受最优质的服务，不断提高会员的健身满意度。

表 4　居民对健身价格满意度的统计表(N=1 522)　　单位：%

题目＼选项	完全不同意	基本不同意	一般	基本同意	完全同意
俱乐部的总体收费合理	6.11	7.86	31	31	24.02
俱乐部不同项目的收费价格符合不同层次顾客的需求	8.73	6.99	24.45	37.99	21.83
俱乐部提供的服务质量与价格相符	7.42	5.24	26.64	40.17	20.52
俱乐部有各种入会及续费优惠活动	5.24	8.73	26.64	37.99	21.4
俱乐部的消费价格丰富多样(如年卡季卡、月卡、次卡等)	6.11	7.86	26.2	32.75	27.07

6. 居民对健身安全的满意度

在体育健身活动中，商业性健身俱乐部提供健身安全保障义务，不仅是人身的安全还有健身居民的财产安全。在商业性健身俱乐部中需配备专业的医务人员、安保人员与完善的安全防范体系、合理的应急事件处理机制。

由图 3 可知，对于参与商业性健身俱乐部的上海居民，在健身安全维度上，87.56%的居民对俱乐部卫生状况表示满意(完全同意+基本同意+一般)；85.07%的居民对俱乐部工作人员的运动损伤防治等专业能力表示满意；86.72%的居民对俱乐部具有完善的安全措施表示满意；86.31%的居民对俱乐部有合理的应急事件处理机制表示满意；86.4%的居民对俱乐部的安保工作人员表示满意。总体而言，居民对安全的平均满意度达到 86.41%。由此可见，居民对商业性健身俱乐部的健身安全比较满意。但与健身安全的其他四个方面相比，居民对完善的安全防范措施表示“完全满意”的比例相对要低，这说明俱乐部需要进一步完善健身安全防范体系，以提高居民对健身俱乐部的

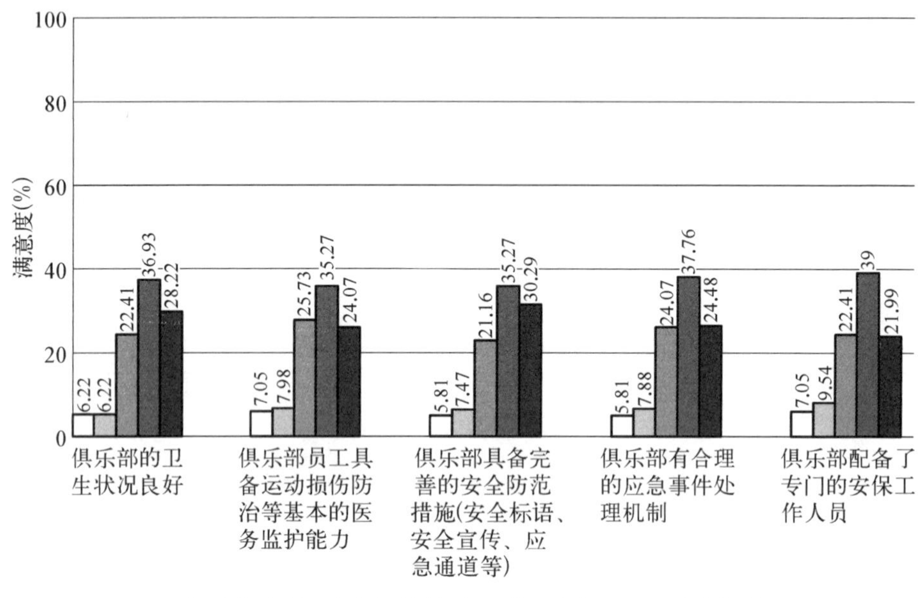

图3　居民对健身安全满意度的统计(N=1 522)

满意度。

7. 居民对环境设施的满意度

环境设施是指在整个健身环境中不仅拥有接待休息区、训练区、更衣区、运动康复区和办公区,还需特殊居民健身的特殊设施如老人、小孩、残疾人等特殊设施。

由图4可知,对于参与商业性健身俱乐部的上海居民,在环境设施维度上,87.97%的居民对俱乐部具备停车场等各种设施表示满意(完全同意+基本同意+一般);88.64%的居民对俱乐部的地理位置交通方便表示满意;85.63%的居民对俱乐部装修设计表示满意;86.69%的居民对俱乐部健身环境舒适表示满意;88.23%的居民对俱乐部健身氛围表示满意;86.76%的居民对俱乐部拥有残疾人的健身设施表示满意;88.62%的居民对俱乐部拥有老人和小孩的健身设施表示满意。

总体而言,居民对环境设施的平均满意度达到87.76%。由此可见,居民对商业性健身俱乐部的环境设施比较满意。但与环境设施的其他六个方面相比,居民对残疾人的健身设施表示“完全满意”的比例相对要低,这说明俱乐部需要关注特殊人群的健身需求,以满足不同居民的多元化健身需求。

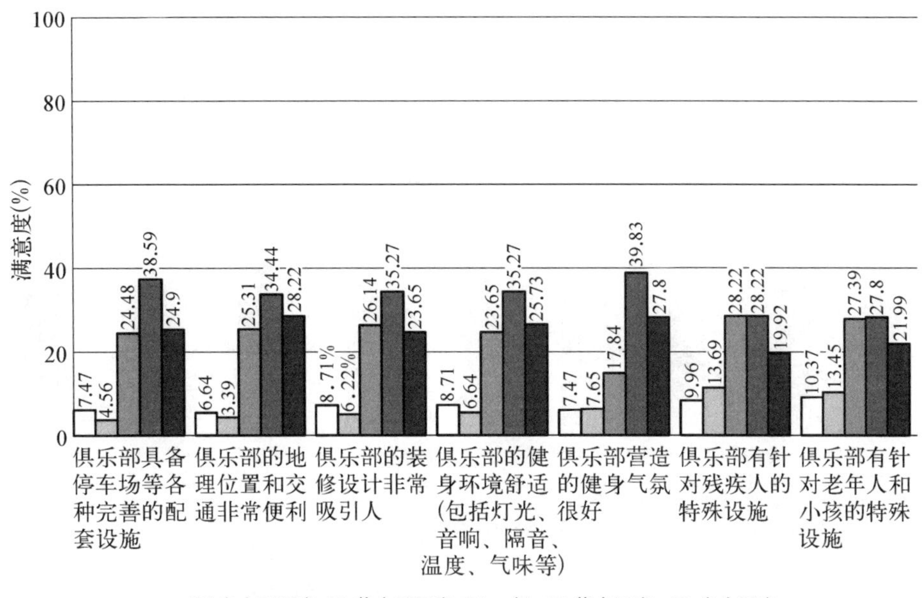

图 4　居民对环境设施满意度的统计(N=1 522)

8. 居民对健身效果的满意度

商业性健身俱乐部中健身效果是指的评定方式,根据收集统计的数据库科学有效评定居民的健身效果。针对参见商业性健身俱乐部的居民通过有效性与针对性的健身,俱乐部通过科学的评价方式针对不同居民进行评价。

由图 5 可知,对于参与商业性健身俱乐部的上海居民,在健身效果维度上,87.87%的居民对参加俱乐部后健康认识发生改观表示满意(完全同意+基本同意+一般);88.64%的居民对参加俱乐部后身体得到有益改变表示满意;85.63%的居民对参加俱乐部后掌握了几门专业健身方式表示满意;86.69%的居民对参加俱乐部健身后结识了很多不同领域朋友表示满意;88.5%的居民对参与俱乐部健身后为自己带来了资源表示满意;90.03%的居民对参与俱乐部健身后,心情愉悦表示满意;90.12%的居民对参与俱乐部健身后,生活明显有规律和健康表示满意。总体而言,居民对健身后的效果的平均满意度达到86.06%。由此可见,居民对商业性健身俱乐部的健身效果比较满意。但与环境效果的其他七个方面相比,居民对身体发生了有益改变表示"完全满意"的比例相对要低,这说明健身俱乐部需加强居民的健身管理工作,对居民健身效果的反馈应记入健康档案,有利于促进优质管理服务的实施,从而提高居民对俱乐部的满意度。

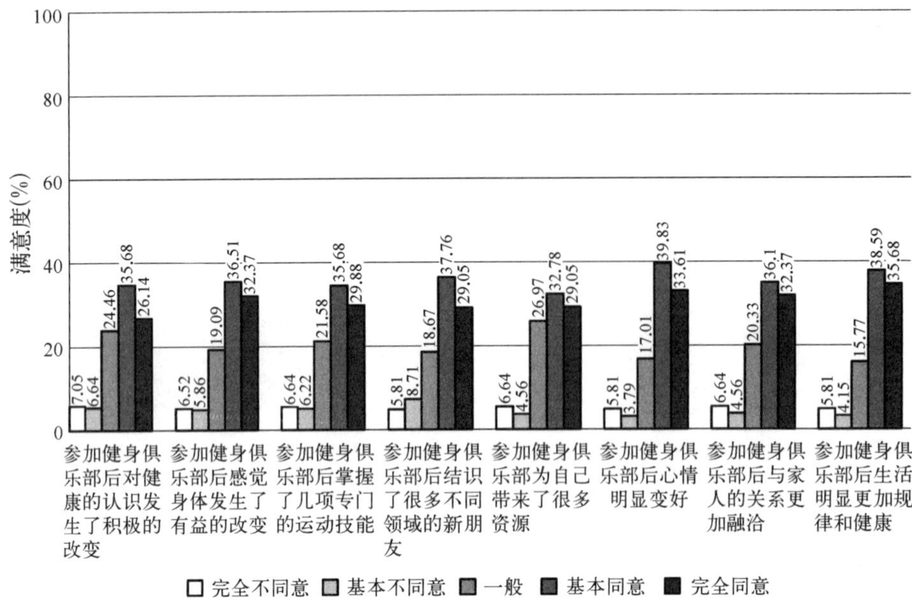

图5 居民对健身效果满意度的统计(N=1 522)

四、对上海居民参与商业性健身俱乐部对策建议

(一) 开发各类新型健身课程

课程安排是健身俱乐部为居民提供健身服务的重要内容之一。健身课程的新颖、时尚、科学、多样等是影响居民对健身课程满意度的最重要因素。时下应开发针对不同居民的新型课程,如:针对现代时尚女性居民开发科学的塑形课程;为白领居民开发放松、舒心的形体课程等。健身俱乐部应开发健身课程的研究,不同健身群体都有科学的针对性健身课程。以此来有效提高居民满意度。也能够规避健身市场项目类同的同质化竞争,吸纳更多的健身人群,实现利润最大化。

(二) 规范健身教练上岗资格和培训

"不懂锻炼方法"是居民参与体育锻炼的主要制约因素之一。让更多的居民能够在健身中得到科学、安全的健身指导,需要大量的专业指导人员来对居民进行引领和指导。上海的商业性健身俱乐部科学健身指导水平总体偏低，职能培训不能满足居民健身专项化的需求。因此，需要规范健身教练上岗资格和继续培训。首先，在职业资格的获得方面，职能部门应出台统一的规范管理机制，健身教练需要经过统一的职业培训和职业考核才能获得证书方能上岗。其次，在继续培训方面，体育等部门应全面贯彻落实《全民健身计划》，切实推进健身教练技能培训和鉴定工作，加强上海健身行业的规范管理，提高上海健身教练的人才储备，保障上海健身行业的良性发展，满足居民健身专项化的需求，提高居民健身的满意度。

（三）促进健身服务多样化发展

健身服务发展环境不断优化，健身俱乐部在健身器械等"硬件"设施的配置服务方面已无差异性的情况下，开发高品质、多样化且人性化的"软件"服务吸引会员提高服务质量的法宝。服务分类，根据不同肤色、不同喜好、不同身份、不同需求等的居民进行分类，并且共同探讨出向不同居民提供针对性服务标准方案。如：国外的居民，因语言不同，沟通成第一大障碍。商业性俱乐部安排精通针对性语言的服务人员。健身俱乐部可以定期为居民做体质检测并记录在健康档案中，帮助居民养成健康的生活习惯。

（四）大力引进功能先进的健身器械并加强维护与管理

健身器械设施建设是商业性健身俱乐部整体建设的重要组成部分。健身器械的品质及设施管理在一定程度上能够彰显健身俱乐部的实力及服务品质。一方面，健身俱乐部应该大力引进功能先进的健身器械，为居民提供功能齐全且新颖先进与安全性能高的组合式健身器械，同时要加强健身器械的维护与更新，及时排除器械安全隐患问题，对损坏的器械及时维修，保持健身器械整洁干净正常使用。

（五）设计合理的健身价格

商业性健身俱乐部以盈利为目的，以追求利润最大化为目标。健身价格的制定是经营者最为关注的问题，然而最高利润不等于最高价格。健身俱乐部应制定灵活的健身价格策略为会员提供更多满意的价格优惠服务。如组合型促销。健身俱乐部与游泳池、餐厅等商家进行营销合作，即消费满一定限额可赠送现金抵用券或健身俱乐部体验卡等。健身俱乐部可以在店庆期间推出老会员续卡优惠活动或老会员介绍新会员入会享受送卡活动等。通过实施灵活有效的健身价格策略，提高健身居民对于健身价格的满意度，提升健身俱乐部经济效益。

（六）设立安全健身场地

商业性健身俱乐部是有偿为居民提供安全的健身场地与健身环境的场所，其安全的健身场地与良好的健身环境能为居民创造一个舒适、愉悦的健身氛围并且直接影响到居民的消费质量及其满意度。健身俱乐部应注重健身场所环境的安全，比如：健身操场地要与健身器械的分开；健身地板应平整等。

（七）优化良好健身环境

健身环境设施的布局优化主要包括：最佳的地理位置、齐全的配套设施、最优的环境质量、整洁的卫生条件等。另外，还要注重残疾人环境设施优化，如为残疾人特殊群体提供锻炼场地和专用健身设备，同时还要增设无障碍通道和专用卫生间等。

（八）加强健身效果反馈以提升居民对健身效益的认知

商业性健身俱乐部应针对每一位来健身的居民进行健身效果反馈。比如，在居民刚进健身俱乐部还没开始选择健身方式时，商业性健身俱乐部应为居民提供一个前期体质检测（身高、体重、肺活量、脂肪百分比、骨骼肌含量、代谢率、血压等）数据，在居民参加本俱乐部健身后再进行一次体检检测。根据前后数据的对比并结合数据，为居民提供更科学、更完善的健身服务选择。如：针对肥胖人群可提供有氧的健身运动服务。还可以通过手机APP客户端，为居民提供健康咨询、健康饮食等电子信息服务。在提供这些反馈服务的基础上，居民对健身效益的认知将大大提高，反过来也会进一步推动参与健身的主动性与积极性。

参考文献

[1] 肖淑红.中国体育健身俱乐部价值链管理状况及其实施对策[J].北京体育大学学报，2005

[2]　安儒亮.世界发达国家体育俱乐部概况[J].西安体育学院学报,2001
[3]　文海燕.长沙市商业健身俱乐部经营状况与发展对策的实证研究[D].长沙：湖南师范大学,2006
[4]　武派.太原市健身俱乐部制度[M].北京：中国大百科全书出版社,1995
[5]　金宇晴,张林.健身俱乐部经营与管理[M].北京：中国劳动社会保障出版社,2009
[6]　鲍明晓.体育产业—新的经济增长点[M].北京：人民体育出版社,2000
[7]　李小芬.我国商业健身俱乐部的发展特征与经营模式[J].上海体育学院学报,2006
[8]　蔡骏伍.世界体育俱乐部制度[M].北京：中国大百科全书出版社,1995
[9]　左景江,马建伟,关静红.对长春市健身俱乐部发展状况的调查研究[J].吉林体育学院学报,2009
[10]　周亚琴,李娟.江苏省苏、锡、常地区体育健身俱乐部发展态势研究[J].体育科技,2009
[11]　王波,陈梅.西安市健身俱乐部经营环境的研究[J].北京体育学院学报,2006.
[12]　张建会,刘振波.对石家庄市健身俱乐部经营现状的调查分析与发展对策研究[J].河北体育学院学报,2005
[13]　王永红,程向阳.南京市健身俱乐部经营现状的调查与分析[J].南京体育学院学报(社会学版),2003
[14]　刘学勇.体验经济——健身俱乐部未来的发展模式[J].北京体育大学学报,2006
[15]　王野,吴晓红.南京市大型健身俱乐部私人教练现状的调查与分析[J].南京体育学院学报,2005
[16]　韩勇.我国体育俱乐部研究状况综述[J].天津体育学院学报,2000
[17]　刘平江.我国健身俱乐部会籍顾问发展策略的研究[C]//第 20 届体育产业与体育用品发展论坛,2007
[18]　李金珠.上海市商业健身俱乐部经营现状研究[J].现代企业教育,2011
[19]　文光哲.商业健身俱乐部的经营特点分析[J].产业经济,2009
[20]　孙铭珠.商业健身俱乐部的会员满意度研究——以武汉市为例[M].武汉：华中师范大学,2015
[21]　张士滨.商业健身俱乐部新店筹备及建设研究[D].上海：华东师范大学,2014
[22]　毛中根,孙武福,洪涛.中国人口年龄结构与居民消费关系的比较分析[J].人口研究,2013
[23]　寇晓娜.北京市商业健身俱乐部开展现状调查与分析[D].北京：北京体育大学,2013
[24]　袁梅.失地农民遭遇侵害可按城镇居民标准计算赔偿额[J].乡村科技,2011
[25]　方圣平.重庆市健身俱乐部盈利的制约因素及对策[D].重庆：重庆大学,2013
[26]　杜霖.YDH 健身俱乐部创业成长策略研究[D].大连：大连理工大学,2013
[27]　曹乐意.西安市健身俱乐部会员健身现状调查研究[D].西宁：青海师范大学,2013

[28] 曲春辉.哈尔滨辉鸿健身俱乐部运营策略研究[D].哈尔滨：哈尔滨工业大学,2010

[29] 郑玉霞,肖光来,姜桂萍.我国商业健身俱乐部发展分析[J].体育文化导刊,2008

[30] 何巧灵.我国商业健身俱乐部实施差异化营销策略的研究[D].长沙：湖南大学,2011.

[31] Fornell, C. A National Customer Satisfaction Barometer: The Swedish Experience [J]. Journal of Marketing, 1992

[32] Rust, R.T. and Zahorik. A J. Customer Satisfaction, customer retention and market share[J]. Journal of Retailing, 1993

[33] 王新利.北京健身俱乐部消费者对俱乐部服务满意度及需求的研究[J].成都体育学院学报,2011

[34] 仝小棠.北京市健身俱乐部会员满意度的现状研究[D].北京：北京体育大学,2008

[35] Leeuwen l. v., Quick S., Daniel K. The Sport Spectator Satisfaction Model: A Conceptual Framework for understanding the Satisfaction of Spectators[J]. Sport Management Review, 2005

上海校园足球“一条龙”培养体系相关衔接问题研究*

朱军凯　邵长专　张　奇　秦宏连

一、国内外现状述评

（一）校园足球人才培养模式研究

重视学校足球的发展，保证足球与教育的密切结合是亚洲足球强国日本和韩国取得成功的共同特点。日本和韩国是以学校足球为主的后备人才培养体系，他们的学校足球运动发展水平很高，都建立了从小学到大学各个层次的足球队、足球比赛以及完善的选拔制度。从日、韩两国学校足球球员运动技能水平的发展来看，都达到了很高的水平，为职业足球俱乐部和国家足球队输送了大量优秀人才。相比之下，2009 年，我国青少年校园足球活动才正式启动，所以开展校园足球的时间相对较晚。国内专家学者对我国校园足球培养模式进行过讨论，并得出以下主要结论：一是取缔义务教育阶段的非校园足球，实施以地方政府为载体的中间扩散型管理模式。二是我国现阶段足球后备人才的培养必须建立以学校足球为主的培养体系，政府主导，注重社区足球和农村学校足球；发挥俱乐部的人才优势，大力推进学校和俱乐部的有机结合。三是校园足球活动的开展开创了我国足球后备人才培养的新模式，应尽快建立以足球协会为主导，教育部门为依托，企业为后盾，学校足球、足球学校和各种培训中心为基础，中、小学生为对象的多元后备人才培养体系。

---

* 本文作者单位：上海海事大学。立项编号：TYSKYJ2016018。

（二）校园足球人才选拔与输送研究

国外在青少年足球后备人才的选拔方式和输送机制上有着一套相当完备的体系。例如，德国足球是以校园足球和业余俱乐部为人才培养基础，进而逐步过渡到足球精英学校和青少年训练中心，再经过选拔，将优秀的队员输送到专门的足球俱乐部中心进行职业化训练，最后进入俱乐部一线球队和国家队。日本采用基层中小学，都道县府，地域和国家训练中心制度，把学校作为青少年足球后备人才培养的基地。

通过训练中心制度选拔培养运动员，形成金字塔形的培养体制，既能广泛普及足球运动和提高足球水平，又能做好年龄层次和水平层次的衔接，保证选拔流动的畅通。

在我国目前校园足球的理论研究中，对校园足球人才选拔与输送的研究比较匮乏。专家学者从选拔的途径与方式、选拔的标准以及选拔目的展开论述，提出了班内选拔、年级选拔、校内选拔、区内选拔、市内选拔、大区选拔、全国选拔的金字塔式选拔体系。

还有专家学者从个案的角度深入分析了上海校园足球“一条龙”培养的人才选拔与输送体系，认为校园足球应充分发挥“一条龙”体系在整体布局上、地域分布上以及布点学校之间的集聚与辐射效应，将布点高校、高中、初中、小学分为多个布局单元，每一单元呈现“1所高校、2所高中、4所初中、8所小学”的放射状结构，充分发挥各高校与高中的招生政策优势，建立“一条龙”的校园足球人才培养输送体系。

上述关于校园足球人才培养模式、校园足球人才选拔与输送的研究，为丰富我国校园足球的理论研究提供了良好的视角、思路与方法，也为本课题的研究提供了重要的理论依据。然而，当前对校园足球人才培养体系的理论研究仍有不足之处，一方面，研究主题多集中于现状、问题、对策这一范式展开研究，而且仅就校园足球论校园足球，没有相应的理论支撑以及并未建构出校园足球发展特有的理论体系，研究明显相对滞后，需要进一步拓展思路深入研究。另一方面，通过总结校园足球人才培养体系研究的热点发现，关于校园足球人才选拔与输送的研究比较匮乏，尤其对校园足球人才培养体系相关衔接问题的研究内容缺失比较严重，这为本课题的研究提供了空间。

二、本课题研究意义

（一）理论意义

对上海校园足球“一条龙”培养体系的相关衔接问题进行研究，是推动和发展上海青少年足球运动的需要，是促进上海校园足球的健康、快速、可持续发展的重要保障。根据系统发展理论，以足球运动发展的基本规律为出发点，研究解决上海校园足球发展的相关衔接问题，可以完善上海校园足球人才培养体系，丰富我国校园足球后备人才培养的理论研究。

（二）实践意义

在上海校园足球人才培养过程中，如何实现校园足球阶段发展目标的衔接，如何实现校园足球与社会足球、职业足球的衔接，如何实现校园足球普及与提高的衔接以及如何实现校园足球在竞赛体系、升学机制方面衔接？这些问题是新形势下上海校园足球发展过程中必须研究解决的重要课题。因此，为了保证上海校园足球的顺利推进，更好地抓住机遇和挑战，研究上海校园足球“一条龙”培养体系的相关衔接问题就有着重要的实践意义。

三、国内开展校园足球情况

2009 年 6 月，全国青少年校园足球活动启动以来，经过近几年的蓬勃发展，校园足球活动已经覆盖了全国 131 个布局城市、3 个试点县，开展校园足球联赛的学校达到 6 326 所，注册人数有 19 万多人，吸引了 270 万名学生走出教室，走进绿茵场地，走到阳光下。

伴随着校园足球活动在全国的大力推进，校园足球活动的相关研究也逐渐成为体育学界研究的热点问题。通过梳理和总结校园足球的研究成果发现，其研究范畴主要涉及校园足球的开展价值、管理体制、培养模式、训练体系、竞赛体系、教练员与裁判员的培训体系等方面，而针对校园足球人才选拔与输送机制的研究比较匮乏，尤其是鲜有专题研究校园足球相关衔接问题的成果。

然而，青少年足球培养体系各环节的衔接畅通是维系校园足球运动发展的系统性和连续性的重要保障，关系到校园足球未来的健康、快速、可持续发展。鉴于此，本课题以在上海先行先试的校园足球联盟“一条龙”培养模式为切入点，借鉴国外足球强国人才选拔与输送的成功经验，研究解决上海校园足球“一条龙”人才培养体系运行和实施过程中的相关衔接问题，以促进上海校园足球运动的深入推进与可持续发展，从而为上海乃至全国校园足球“一条龙”培养模式的发展与完善提供借鉴与参考。

四、上海校园足球“一条龙”建设联盟

为贯彻落实国家体育总局、教育部《关于开展全国青少年校园足球活动的通知》与《全国青少年校园足球活动的实施方案》(以下简称《实施方案》)的文件精神，更好地谋划上海市青少年足球的未来发展，2012 年 1 月 5 日，由上海市教委牵头、同济大学倡导，致力于青少年足球“一条龙”培养体系的非营利性社会团体——上海市校园足球联盟(以下简称联盟)成立。联盟由上海市教委主管，接受上海市体育局的指导，由成员学校和所属区县教育局、体育局自愿结盟组成，旨在通过夯实校园足球发展基础，推进校园足球文化建设，扩大校园足球人口，探索适合上海乃至全国校园足球发展规律的创新模式，为培养文化素质高、专项技能强、全面发展的足球后备人才发挥积极作用。为了保证“一条龙”建设联盟的顺利推进，上海市政府每年拨款超过 2 000 万元，在未来十年，将以超过 2 亿元的投入助推上海校园足球的发展。

联盟中的大学和高中及其所在的区县教育局共同签署了《上海市校园足球“一条龙”联盟结对单位合作共建协议书》，在校园足球“一条龙”建设方面开展结对合作，而初中和小学的合作将由区县的教育局负责统筹。联盟成立之初，首批布点学校有 226 所，其中，大学 11 所、高中 35 所、初中 67 所、小学 110 所。目前布点学校扩充到 280 所，有大学 17 所、高中 39 所、初中 91 所、小学 133 所，球员总数近 1 万人。联盟未来十年发展目标：力争到 2022 年，上海各级各类学校参加足球活动的学生人数达到学生总数的 30%以上；参加各级校园足球竞赛的大学、高中、初中和小学的数量分别达到 20 所、40 所、80 所和 160 所；注册参加各级竞赛的学生运动员人数分别达到 1 500 人、3 000 人、6 000人和 10 000 人。

联盟将把大力发展校园足球作为学校体育的重要维度，深入挖掘校园足球的综合教育功能，通过进一步扩大足球赛事规模、改革赛制、营造赛事文化

等举措，吸引广大青少年喜欢足球、参与足球，扩大校园足球人口，切实提高校园足球的质量和水平，让校园足球成为全面育人的重要手段和抓手，努力建成大中小学相互衔接的竞赛体系和足球人口培养体系，逐步形成全面普及、层层衔接、重点推进、社会参与的具有上海城市发展特征的校园足球发展新格局。

五、上海校园足球相关衔接问题及其状况

（一）阶段教学目标与内容的衔接

根据不同年龄段青少年的生理、心理特点，结合足球教学的基本规律，构建符合各阶段青少年发展需要的足球教学目标与内容，是指导青少年足球教学工作的重要依据。《实施方案》明确指出“各地教育部门要负责制定校园足球的教学大纲和教材”。教学大纲与教材是规范青少年足球教学训练的基础性文件，对指明训练方向，明确训练内容的重要性不言而喻。然而，到目前为止，联盟尚未制定统一、科学的各阶段校园足球教学大纲，而且会员学校校本课程的开设率低，效果不佳，存在教材内容成人化、教法训练化等问题。

实际上，制定统一、科学的校园足球教学大纲，明确各阶段的教学目标与内容，对于保证教学训练工作的系统性和连续性具有重要意义。缺乏教学大纲，教学目标与内容层次不清，容易导致校园足球的训练方向出现偏差及教学内容在低层次简单重复的现象。因此，联盟应尽快制定校园足球教学大纲，编制校园足球教材，构建小学、初中、高中、大学的足球教学目标与内容体系，以实现各阶段教学目标与内容的有效衔接。

（二）校园足球竞赛体系的衔接

竞赛体系是检验训练成效，推动校园足球发展的重要途径和手段。科学、完善的校园足球竞赛体系对于校园足球运动的普及、校园足球文化的建设以及足球运动水平的提高都有着重要的促进作用。《关于加强全国青少年校园足球工作的意见》明确提出要“加快建立并完善大中小学相互衔接的校园足球四级联赛体系”。

为规范化管理上海校园足球的竞赛体系，联盟与体育系统的加强沟通合作，将各阶段所有足球比赛统一纳入到联盟竞赛体系，每年举办近 2 000 场比赛，赛事历时近 9 个月。目前已经形成了比较完善的“四级四段”（四级：新民

晚报杯中学生足球赛、联盟联赛、联盟杯赛和国际邀请赛;四段：小学、初中、高中、大学)竞赛体系。以联盟杯赛为例,其赛事分为大学生组、中小学生组。大学生组下设三个组别,即男子超级组、男子阳光组和女子组,并采取主客场制;中小学生组在全国校园足球赛事中首次实行按年龄细分竞赛组别,共细分为五个组别,即高中组 U16～18,初中组 U15、U13,小学组 U11、U9,并试点前八名的主客场制度。联盟通过扩大赛事规模、改革赛制、营造赛事文化等一系列创新举措,为上海校园足球竞赛体系的发展注入了新的活力和动力,以赛育人的功能逐渐得到体现,逐步形成了科学、规范的竞赛体系。

尽管已经形成了“四级四段”的竞赛体系,但联盟在竞赛工作中缺乏对人才的选拔机制,好的苗子得不到进一步的发展与提高,竞赛作为人才选拔和促进优秀足球苗子培养的杠杆作用未能很好地得到体现。此外,与联盟竞赛活动开展得轰轰烈烈相比,校内足球竞赛活动的开展情况却不容乐观。据调查,有部分布点学校甚至没有校内班级间和年级间比赛,平时几乎不进行课余足球训练,只是在联盟有比赛的期间临时组队参加。

(三) 校园足球与社会足球的衔接

社会足球,也称业余足球、大众足球或群众足球,是人们利用闲暇时间开展的,以强身健体、娱乐身心、不断满足人们日益增长的足球文化需求为主要目的,促进人们全面发展与社会和谐进步的实践活动。大力发展社会足球,对于扩大足球人口规模,实现足球运动的大众普及,以及营造浓郁的社会足球氛围都有着重要的促进作用。青少年学生既是校园足球的参与主体,又是社会足球的重要参与群体。青少年学生在学校参加足球训练比赛的时间相对有限,而充裕的课余时间可以通过参加社会足球活动来满足练习足球和休闲娱乐的需求。对广大青少年足球爱好者来说,毕竟绝大多数的人是不能通过踢球这种方式实现上大学甚至成为职业足球运动员的梦想,在这种情况下,社会足球便成为他们实现足球梦的又一重要平台。

2014 年 10 月,国务院《关于加快发展体育产业促进体育消费的若干意见》提出要“大力推广校园足球和社会足球”,这是社会足球首次在政府文件中出现;2015 年 3 月,《中国足球改革发展总体方案》提出要“普及发展社会足球”;2016 年 4 月,《中国足球中长期发展规划》中的近期发展目标(2016～2020 年)明确提出“社会足球发展基础不断夯实,基层足球组织蓬勃发展,基层足球活动广泛开展。全社会经常参加足球运动的人数超过 5 000 万人”。上述一系列相关文件的出台，把社会足球的发展提升到了前所未有的战略高度。

值得注意的是，目前联盟以及各区县分联盟与社会足球的衔接机制尚未建立，如何打破校园足球与社会足球的壁垒，实现校园足球与社会足球的无缝衔接，把校园足球的"球"传到校外，去辐射和影响社会足球，是联盟以及各区县分联盟亟待解决的重要任务之一。

（四）校园足球与职业足球的衔接

职业足球是相对于业余足球而言的，参与者将足球作为一种事业、追求和谋生的主要手段，以踢足球为职业，它是以俱乐部的组织形式而存在的。后备人才的选拔与培养是职业足球俱乐部可持续发展的重要保障。而职业足球俱乐部与学校的深度合作是培养足球后备人才的重要渠道之一。职业足球俱乐部以合作学校的校园作为训练基地，主要负责训练和技术指导，发掘并吸收符合条件的青少年学生注册为梯队队员，帮助学校提升足球运动水平和足球人才培养，推动校园足球的推广和发展。合作学校则负责通过校园足球的广泛开展来吸收有兴趣参加足球运动的青少年，并选拔有潜质的青少年接受专业的训练和指导。这种职业足球与校园足球进行合作的模式，能够做到青少年在踢球期间，与学校、社会、家庭的"三不脱离"，从而实现青少年足球的良性发展。这种模式如果能够覆盖小学、初中、高中和大学阶段，将会为俱乐部培育大批潜在的后备力量，同时也能使喜爱足球和有潜质的学生得到进一步发展的机会。

虽然联盟目前未能做到与职业足球的衔接贯通，但联盟尝试了职业足球与校园足球接轨的创新探索。例如，2016 年上海市大学生足球联盟杯赛，上海绿地申花和上海上港两家中超俱乐部的精英队以及上海申鑫的预备队首次加入校园超级组，与大学生球队在赛场上进行激烈的比拼，这一创新举措不仅提高了赛事的观赏程度，也在大学校园营造了良好的足球氛围，提升了联盟赛事在全市的影响力。

（五）校园足球普及与提高的衔接

校园足球活动的开展有两大根本性的任务：一是扩大足球人口规模，夯实足球人才根基；二是发现并培养有天赋的青少年足球后备人才。因此，校园足球可以简单地概括为普及层面的足球运动推广和提高层面的足球后备人才培养。在普及层面，主要面向的是广大学生，以增强体质为目的，培养足球兴趣与爱好，普及足球运动的基本知识与技能，扩大青少年足球人口；在提高层面，主要面向的是少数学生，以体教结合为主要路径，培养全面发展、特长突出的青少年足球后备人才。发展校园足球应遵循“在普及的基础上提高，在提高的指导下普及”的理念，但并不意味着两者在形式上的齐头并进，否则容易使现实工作陷入杂乱无章、无所适从、踟蹰不前的泥潭。就校园足球的未来发展而言，在普及平台投入运转后，接下来与提高平台的良好衔接则是提高足球后备人才培养质量的关键。

经过近五年的快速发展，联盟最初提出的扩大足球人口数量、夯实足球发展基础的目标已经基本实现。下一阶段，联盟将会走普及与提高相结合的道路，在普及的基础上，积极探索“一条龙”体系的培养模式，发掘和培养优秀足球后备人才。而建立青少年校园足球精英训练营，就是在青少年校园足球普及的基础上，发掘和培养优秀足球后备人才的一次有益尝试。据悉，2016年，全市有16个区县组建了(U11、U13、U15、U17)四级精英训练营，参训总人数达到3 000人以上，同时注重男女均衡，鼓励女足发展。在运行模式上，全市16个区县，将通过校园内班班比赛和区县内校校比赛的形式，选拔足球苗子进入区县精英训练营。在妥善安排好学生文化学习的前提下，通过定期集训和比赛，为具有足球天赋和发展意愿的青少年学生提供系统的提高平台，从而构建优秀足球后备人才的培养体系。

（六）校园足球升学机制的衔接

球员升学是所有校园足球布点学校遇到的一个非常现实的问题。初中和高中作为应试压力较大的两个教育阶段，从目前我国校园体育的升学政策来看，与之前相比，初中升高中体育特长生的优惠政策几乎没有任何变化，而从2015年起高考取消了体育特长生加分的优惠政策。这一政策的出台，严重挫伤了家长、学生参与校园足球的积极性，甚至有青少年学生主动要求退出足球队。

青少年学生的年龄越大，踢球的学生越少的尴尬境地，折射出的正是学校、家长乃至学生对校园足球出路的担忧。只有加强校园足球的政策倾斜，通过特长生升学政策来疏通足球人才的成长通道，才能把有天赋、有潜质的青少年留在球场上。当前校园足球升学机制的不顺畅，已经成为阻碍校园足球工作顺利推进与可持续发展的重要因素。因此，畅通大中小学的升学机制，解决青少年球员的升学问题，是促进校园足球广泛开展的必要条件。

上海构建校园足球“一条龙”培养体系的初衷是希望通过布点学校的增加，实现足球特长生招生数量的扩大。事实上，联盟在小学与初中的衔接方面已经形成了常态化和制度化的特长生升学体系，但在初中与高中、高中与大学的衔接上仍存在明显不足。初中与高中、高中与大学的顺畅衔接不仅关系到青少年球员的出路问题，更是上海校园足球可持续发展的关键所在。上海校园足球特长生升学机制衔接渠道的疏通，涉及招生政策、高考政策等问题，需要借助上海教育主管部门的力量介入。因此，联盟应与上海市教委加强合作研究，制定切合实际的校园足球特长生实施细则，为实现上海校园足球“一条龙”培养体系的衔接贯通奠定坚实的基础。

六、对上海校园足球相关衔接问题的建议

（一）编制校园足球教学大纲，督促布点学校开发校本课程

针对联盟目前尚未编制统一、规范的校园足球教学大纲，以及有部分布点中小学校未能开发校本课程的现状，联盟应组织布点高校的足球专家，深入到布点中小学校进行调研，了解校园足球开展的实际情况，注重理论与实践相结合，编制出既符合足球教学训练规律，又符合校园足球目标任务，具有一定实践应用价值的教学大纲，从而为校园足球各阶段教学目标和内容的有效衔接奠定基础。

同时，联盟要不定期检查布点中小学校校本课程的建设情况，督促布点中小学校，尤其是尚未开设校本课程的学校，根据学生的需求和学校的实际情况，积极组织力量开发校本课程，并编写适用于本学校学生使用的校本课程教材。

（二）建立优秀后备人才选拔培养体系，进一步完善校内竞赛体系

优秀后备人才选拔培养体系的建立，一方面涉及挑选、评价、淘汰等环节；另一方面涉及训练竞赛体系。国外优秀足球后备人才的不断涌现，正是得益于完善的后备人才选拔培养体系。联盟应通过竞赛的杠杆作用，对各年龄段的精英梯队进行再选拔，将那些在同龄人中最具发展潜质的球员挑选出来，通过大学高水平招生通道进行升学或推荐进入职业俱乐部梯队进行系统化的培养。在具体操作层面，联盟要成立专门的选拔专家组，制定相应选拔标准，并

严格按照选拔标准进行规范化操作，以体现选拔培养过程的公平和公正。

针对校内足球竞赛体系存在的问题，联盟应加强监督和引导，使布点中小学校建立形式多样的校内足球竞赛活动，落实班级间和年级间都有比赛的制度，形成校内外竞赛体系协调发展的良好局面。

（三）拓宽人才培养渠道，推动校园足球与社会足球的无缝衔接

校园足球在场地等硬件设施方面有优势，但没有相匹配的师资力量，而社会足球在专业教练员等软件方面有优势。加强两者之间的合作，实现资源共享，既能够充分发挥各自具有的优势，为在校学生提供教学、训练等基础性的服务，同时，还能为精英球员提供更高水平的训练和比赛。积少成多，以点带面，运用社会力量是亚洲足球强国日本发展足球的模式，在此模式下，日本借助社会足球形成了庞大的青少年足球参与群体。虽然日本足球的发展模式未必适合中国，但努力推动当前校园足球与社会足球的无缝衔接，对进一步拓宽人才培养渠道，为我国足球事业的发展奠定扎实的社会基础和人才基础却有着重要的现实意义。

（四）提高人才培养质量，畅通校园足球到职业足球的成长通道

从校园足球四级联赛的角度看，联赛的规模和质量最为关键。而大学生联赛是四级联赛的最高水平，球员应该具备很高的足球运动水平，也应当为职业足球俱乐部输送一定数量的人才。以韩国为例，其大学生与职业俱乐部之间的人才成长通道就相当顺畅。在每年的职业联赛结束后，K联盟都要组织职业足球俱乐部参加“大学生球员选秀会”。韩国所有高校的球员都在榜单上，每个俱乐部根据抽签决定的先后顺序，依次挑选球员。正是因为有了大学与职业联赛之间的这种对接，使得一部分球员在高中毕业后就被职业队选中，而另一部分球员进入大学后，读书的同时，参加学校足球队和大学生足球联赛，只要具备足够的实力，不愁不被职业俱乐部挖走。

《上海市校园足球联盟发展规划》的目标提出，要“使校园足球成为上海职业足球运动员的重要输送渠道，努力培养一批具有国内一流水准乃至国际水平的上海本土足球运动员”。因此，联盟要逐步提高人才培养质量，畅通与职业足球的成长通道，适当借鉴韩国校园足球与职业足球的对接方式，逐步使校园足球成为职业球员成长的沃土，让未来上海职业球员的足球基础培训工作更多地在校园完成。如果这种校园足球与职业足球的对接模式一旦形成，必

将推动上海校园足球事业的发展迈向新的高度。

（五）在普及校园足球活动的基础上，注重精英球员的发掘与培养

众所周知，数量庞大的青少年参与群体和完善的精英球员培养体制是世界足球发达国家发展本国足球的普遍经验。没有普及做基础，中国足球的发展只能是无源之水；而不注重精英球员的发掘和培养，校园足球运动的开展也只能是表面功夫、哗众取宠。如果说校园足球的普及是基础，那么精英球员的选拔与培养则是关键，因为他们是与各级国家队产生直接关系的足球人口，决定着一个国家的足球底蕴。因此，联盟在未来的发展过程中，要坚持在普及的基础上，逐步完善校园足球的人才选拔机制，挑选出真正有天赋、有潜质的青少年加以重点培养，争取早日实现联盟培养一批具有国内一流、国际水平职业足球运动员的目标。

（六）制定合理的升学管理制度，疏通优秀足球后备人才的升学通道

如果踢球好的学生，可以顺利升入重点高中，进而顺利升入名牌大学，那么家长和学生参加校园足球活动的积极性就有了，也就从根本上解决了青少年足球人口严重萎缩的问题。因此，联盟应与市教委共同研究制定切实可行的足球特长生升学管理制度，进一步疏通优秀足球后备人才的升学通道，适度扩大高中，尤其是高校足球特长生的招生规模，为布点学校的球员升学提供政策保障和支持。

据悉，教育部正在考虑在我国高校全面试点自主选拔招收足球优秀人才的政策，而上海高校有望在全国率先启动足球人才自主招生。所以，联盟应抓住这一历史性的机遇，以高校为龙头，形成上下衔接贯通的“一条龙”培养体系，以校园足球为平台，疏通各级升学通道，促进上海青少年足球运动员的全面发展。

七、结语

由上海市教委与上海市体育局联手打造的，覆盖整个上海地域的校园足球“一条龙”培养体系在全国尚属首次。经过近五年的探索和发展，联盟在理

顺管理体制、规范四级竞赛体系、组织专业培训、结对单位合作共建、国际交流、宣传推广等方面都取得了可喜的成绩。但重新审视上海市校园足球“一条龙”培养体系的现状，发现联盟仍面临着一些衔接上的棘手问题。在联盟发展的关键时期，这些衔接问题的妥善解决，将有助于校园足球的深入推进与可持续发展，也有助于开创上海校园足球事业发展的新局面。

参考文献

[1] 贺新奇，刘玉栋.我国校园足球若干问题的再探讨[J].北京体育大学学报，2013

[2] 罗建钢.国外足球后备人才培养体系及其启示[J].体育学刊，2013

[3] 任春刚.世界主要足球强国后备人才培养模式及启示[J].沈阳体育学院学报，2011

[4] 张程峰，韩思音.中德青少年足球人才培养体系比较[J].体育成人教育学刊，2015

[5] 孙克诚，何志林，董众鸣.国外足球强国后备人才培养路径与启示[J].南京体育学院学报，2011

[6] 彭国强，舒盛芳.德国足球成功崛起的因素及启示[J].体育学刊，2015.

[7] 项和平，徐金山.中日青少年足球后备人才培养状况比较分析[J].上海体育学院学报，2008

[8] 毛振明，刘天彪.再论“新校园足球的顶层设计”[J].武汉体育学院学报，2015

[9] 张辉.我国布局城市校园足球人才培养体系的研究[D].北京体育大学，2011

[10] 刘桦楠，季浏.上海市校园足球“一条龙”培养体系的集聚、辐射效应[J].武汉体育学院学报，2012

[11] 稳步推进　健康有序——校园足球的 2014[EB/OL].http://www.sport.gov.cn/n16/n1152/n2069890/6058084.html

[12] 张晓贤.上海市校园足球联盟发展研究[J].山东体育学院学报，2015

[13] 上海市校园足球联盟发展规划[EB/OL].http://www.wa5.com/2012/0823/2251.html

[14] 教育部，国家体育总局.全国青少年校园足球活动实施方案[Z].体群字[2009]54 号

[15] 董众鸣，柳志刚.上海市校园足球活动开展现状、存在的问题及建议[J].上海体育学院学报，2015

[16] 体育总局，教育部关于加强全国青少年校园足球工作的意见[EB/OL].http://www.sport.gov.cn/n16/n1251450/n1251465/n1252727/n1252890/3843466.html

[17] 张振中.甘肃省大众足球的开展现状与调查研究——以兰州市校园足球和业余足球联赛为例[D].兰州：兰州理工大学，2012

[18] 国务院.关于加快发展体育产业促进体育消费的若干意见[EB/OL].http://www.sport.gov.cn/n16/n2061573/n2760858/5804696.html

[19] 国务院.中国足球改革发展总体方案的通知[EB/OL].http://www.sport.gov.cn/n16/n1077/n1467/n6256885/n6282120/6285827.html

[20] 国家发改委,国务院,体育总局,教育部.关于印发中国足球中长期发展规划(2016～2050 年)的通知[EB/OL].http://www.sport.gov.cn/n316/n336/c718723/content.html

[21] 世界职业足球俱乐部[J].中国体育教练员,1994

[22] 贺新奇,刘玉东.我国“校园足球”若干问题再探讨[J].北京体育大学学报,2013

城市白领体质健康促进的创新研究

——基于中医体质视角*

徐仰才

一、前言

经济的发展、物质生活的丰富，改变着百姓的生产与生活方式，也导致百姓的身体素质不断下降，心理压力不断增大，高血压、肥胖、运动缺乏等很多现代文明疾病，成为危险人类健康的重要因素。因此，关注公民体质健康，寻求促进国民身心健康，成为国家的重要工作。近些年来，城市白领体质健康状况令人担忧，呈逐年下降之势，"三高一低"、体重超标现象严重，其生活方式、作息制度以及家庭、工作和社会压力等因素使他们长期处在高负荷状态的紧张状态，处于典型的亚健康状态。2011 年《工人日报》对办公室白领的体检进行了抽样调查分析，结果显示：近 5 万人中，健康通过率不足 33%，每天高强度的工作并经常熬夜加班到深夜，心理和生理都不能承受这么大的负荷，再加上不规律的饮食和缺乏锻炼等因素，很多年轻白领身上得了"三高"(高血压，高血脂，高血糖)的疾病。

2014 年底的《中国人健康大数据》显示，中国人的健康问题不容乐观，而白领一族的健康状况更是令人堪忧。据查，我国大城市白领的亚健康比例高达 76%，有近 6 成的城市白领处于过劳状态，接近真正意义上的健康人比例不足 3%。调查发现，高端精英人群和企业高管人群中健康透支现象最为严重，分别有 91%和 86%为亚健康比例。城市白领事关国家繁荣兴旺、长治久安，因此对城市白领健康状态的研究刻不容缓。如何提高城市白领的体质健康，日

---

* 本文作者单位：上海中医药大学。立项编号：TYSKYJ2016005。

益成为教育界、体育界、家庭、医学界、社会关注的热点。

中医学一直重视对体质的研究，早在《黄帝内经》中就有对体质的详细描述。中医体质理论秉承"天人合一"的哲学思想，认为人与自然界、社会是一个整体，人能影响社会，社会的进步、治或乱亦能影响人的身体。中医体质理论遵循"形神合一"的整体观念，认为人是一个有机整体，注重"心身统一"，认为"心"为一身之主宰，心神安定，则五脏六腑皆安定；反之则五脏不安，易生各种疾病。心神，也就是现代所谓的心理活动。所以中医体质极为注重人体的心理健康与社会适应能力。

《中医体质类型分类与判定》由中华中医药学会于 2009 年颁布，它是在中医理论指导下，系统研究体质现象，发现并证实了中国人的九种体质类型，即血瘀体质、气郁体质、特禀体质、平和体质、痰湿体质、湿热体质、气虚体质、阳虚体质、阴虚体质，为辨识体质及预防及治疗中医体质相关疾病、运动养生、体质健康管理提供依据，使体质分类趋于规范化、科学化。2007 年，全国第一家"治未病"中心在广州省中医院成立，囊括了体质辨析中心，成立至今，已对几万人次进行了体质辨析并给予相应的养生保健和综合干预。2010 年，国家中医药管理局在全国范围内确定了 46 家"治未病"中心，均配备了中医体质辨析中心，中医体质类型判定现已被医学临床和社区保健广泛应用。

中医养生提倡"辨体施养"，依据个体的体质类型选择合理、科学的养生方法，调整其偏颇体质，从而提高城市白领的体质健康水平，使机体处于阴平阳秘的健康状态，预防发生疾病。目前常用的中医养生方法有中药养生、情志调摄、饮食调养、起居调护、体育锻炼、经络养生、四季养生等。中医体质理论为城市白领选择适宜的运动养生方法，科学饮食、合理的生活方式，为促进体魄强健提供了依据。

本课题拟依据北京中医药大学专家课题组研发的《中医体质量表》，设计出中医体质类型判定软件，城市白领则通过在线测试来确定自身中医体质类型，并得到相应的起居、饮食、运动、情志、中药、经络等方面的运动养生建议，提高城市白领的心身健康。本课题将中医体质类型判定与中医辨体施养的运动养生方法应用到城市白领健康管理中，一方面可以完善现行国民体质健康测试中缺乏心理健康与社会适应能力的评价内容，另一方面可以弥补现行体质健康测试之后的干预指导方案的不足，这对于切实提高城市白领的身心健康水平有着重要意义。

二、上海城市白领体质健康现状分析

(一) 调查对象的人口学分析

本课题根据实际情况对上海张江高科技园区白领人群进行了随机调查。调查于 2016 年 3～7 月进行,调查对象为上海张江高科技园区固定来我校参加体育运动的部分白领和我校部分年轻教师,调查对象均知情同意。本次城市白领调查的有效样本特征统计如下：男性为 43.5%,女性为 56.5%;年龄在 19～24 岁者占 16.7%,25～29 岁者占 40.5%,30～34 岁者占 42.8%;个人收入情况为 1 万元以上者占 36.1%,8 001～1 万元者占 26.5%,6 001～8 000 元者占 23.1%,4 001～6 000 元者占 14.3%;婚姻状况为已婚者占45.2%,未婚者占 54.8%;博士研究生学历占 33.3%,硕士研究生学历占49.3%,本科学历占 17.4%;调查人员所从事的工作符合脑力劳动的城市白领特征(表 1)。

表 1　调查对象基本情况($N=294$)

基本信息		人　数　(人)	比　例　(%)
年　龄	18～24 岁	49	16.7
	25～29 岁	119	40.5
	30～34 岁	126	42.8
婚姻状况	未　婚	161	54.8
	已　婚	133	45.2
教育水平	高中及以下	0	0
	大学学士	51	17.4
	硕士研究生	145	49.3
	博士研究生	98	33.3
收入状况	4 001～6 000 元	42	14.3
	6 001～8 000 元	68	23.1
	8 001～1 万元	78	26.5
	1 万元以上	106	36.1
合　计		1 176	400

（二）上海城市白领对体质健康状况的认知度

世界卫生组织对健康的定义与三维健康观相吻合，从身体、心理和社会适应多方面对其定义，打破了健康仅仅是指生理上的无疾病或者不虚弱的概念。而传统中医理论认为健康的状态为平和体质，其他偏颇体质为亚健康状态或疾病状态，偏颇体质并不是一成不变的，而是处于疾病和健康之间的中间状态，是一个不断“游离”的状态，它会随生活方式和体育运动习惯的不断变化，向两级转化。一个生命体是否健康部分受遗传因素、外部工作和生活条件、已有的健康知识的影响，还有一部分则受个人的生活习惯和锻炼方式等的影响。

表 2 是参与调查的上海城市白领对自身健康现状的自评分析表，总体而言，19～24 岁年龄段城市白领处于健康状态的比例较其他年龄段高，为 67.4%；30～34 岁年龄段城市白领处于亚健康的比例为 61.9%，这与城市白领所处的工作和家庭环境有很大的关系，工作量大、任务繁重、经常加班及高房价和高消费给这部分城市白领带来了很大的工作压力和经济压力。对调查数据进行纵向比较可知，随着城市白领年龄的增长，处于健康状态的人数比例逐年减少，处于疾病状态的城市白领比例逐年增加，而处于亚健康状况比例的城市白领除了 18～24 岁这一年龄段以外，其他年龄段城市白领的比例均达到或者超过 50%。

表 2　上海调查城市白领健康状况自评表（*N*=294）

年　龄	健康状态		亚健康状态		疾病状态	
	n	%	*n*	%	*n*	%
18～24 岁	33	67.4	15	30.6	1	2
25～29 岁	59	49.6	54	45.4	6	5
30～34 岁	48	38.1	72	57.1	6	4.8
合　计	140	47.6	141	48	13	4.4

总体来看，上海城市白领的健康状况的自我评估水平令人担忧，其中有 141 人认为自己处于亚健康状态，占调查总人数的 48%；认为自己处于疾病状态的共有 13 人，占调查总人数的 4.4%；处于健康状态的共 140 人，占调查总人数的 47.6%。可见，上海城市白领应加强体育锻炼并养成良好的生活方式，

从生理、心理、社会适应多层次、多方面了解体育锻炼和饮食结构、中医养生知识，增强健康意识，养成良好的锻炼习惯和生活方式。

（三）上海城市白领中医体质分布情况分析

1. 中医体质概述

（1）中医体质测试的理论基础

中医体质是人体生命生长过程中，形态结构基于先天遗传和后天获得形成的形态结构、生理功能和心理状态方面综合的、相对稳定的固有特质，是人类在生长、发育过程中所形成的与自然环境、社会环境相适应的人体个性特征。表现为功能、结构、代谢以及对外界刺激反应等方面的个体差异性，对某些疾病和病因的易感性，以及疾病传变转归中的某种倾向性。

中医体质学说中的体质概念：主要强调人体体质的形成基于先天禀赋和后天调养两个基本因素。人体体质形成的重要基础是先天因素，而体质的转化与差异性在很大程度上还取决于后天因素的影响。另一方面，也反映了机体内外环境相统一的整体观念，说明个体体质在后天生长、发育过程中是与外界环境相适应而形成的个性特征，即人与自然的统一，人与社会的统一。可以看出，中医学的体质概念与其他学科体质概念的不同点就在于，充分体现出中医学“形神合一”的生命观和“天人合一”的整体观。

中医体质测试实质上是对中医体质类型的判定，以中医体质学说理论为基础，根据《中医体质分类与判定》标准研发而成，旨在为体质辨识，以及与中医体质相关疾病的防治、养生保健、健康管理提供依据，使中医体质分类更科学化、更规范化。《中医体质类型分类与判定》是在中医基础理论指导下，对体质现象进行系统研究，将中国人的体质类型分为九种，分别为平和质、血瘀质、湿热质、阳虚质、痰湿质、气虚质、阴虚质、气郁质、特禀质。九种体质中，平和体质指身体健康、心理健康，对社会环境、外界环境的适应能力强，其余八类属于偏颇体质，表明机体状态为亚健康或疾病。

（2）中医体质分类与判定

中医体质类型分类与判定表说明，按照中医体质类型概念基本框架确立编制量表，由平和质、痰湿质、气虚质、阴虚质、阳虚质、气郁质、血瘀质、特禀质九个亚量表构成，每个亚量表含有 6～8 条条目。计分方法：回答中医体质分类判定标准中的问题，每一问题按 5 级评分，计算原始分及转化分，依据标准判定体质类型。每个条目原始分是 1～5 分，9 个亚量表分别计算分数。先计算各亚量表的原始分数，原始分数即各个条目分值相加。计算原始分数后再换算为转化分数，各亚量表的转化分数为1～100分。转化分数(%)＝(原始分－条目数)/(条目数×4)×100%判定标准：平和质转化分≥60分，并且其他8种偏颇体质转化分均＜30分时，判定为“是”平和体质；平和质转化分≥60分，并且其他8种偏颇体质转化分均＜40分时，判定为“基本是”平和质；不满足上述条件的判定为是或倾向是偏颇某种体质或几种体质。

偏颇体质转化分大于等于40分，判定为“是”；30～39分，判定为“倾向是”；小于30分，判定为“否”。亚量表分数越高，其体质类型倾向越明显。

2. 上海城市白领中医体质类型分布情况

表3结果显示，属平和质者仅占城市白领调查者的37.1%，大部分为偏颇体质，其中以阳虚体质比例最高，为11.9%，其中气虚体质和痰湿体质分别为11.2%，而特禀体质比例最少，为1.0%。这与表2城市白领健康状况自评表调查结果基本一致。

表3　调查城市白领中医体质类型的分布情况(*N*＝294)

体质类型	例数	平和质	气虚质	阳虚质	阴虚质	痰湿质	湿热质	血瘀质	气郁质	特禀质
例　数	294	109	33	35	28	33	23	25	5	3
比例(%)	100.0	37.1	11.2	11.9	9.5	11.2	7.8	8.6	1.7	1.0

根据中医体质理论，在九种中医体质类型中，平和体质指身体健康、心理正常，对自然环境、社会环境具有较强适应能力，其余八类则属于偏颇体质，表明机体处于亚健康或疾病状态。本次调查结果显示，约三分之一的城市白领处于阴平阳秘、身心健康的状态。大部分的上海城市白领属于各种偏颇体质，就是所谓的阴阳失衡、心身失调的亚健康或疾病状态。其中阳虚质、气虚质、痰湿质、阴虚质四种偏颇体质类型所占百分比最高，这也与目前城市白领的生活方式密不可分。

上海城市白领面临工作压力大、社会竞争强、经济负担重、消费水平高等各方面的压力，再有城市白领中经常加班比较普遍。调查显示，有近41.5%的城市白领存在工作做不完、经常要加班情况，28.9%的城市白领饮食无规律，50%的城市白领习惯久坐。长期的高强度工作压力，并且缺乏体育锻炼容易导致白领处于疲劳状态，属于中医的气虚证，而阳虚证往往是气虚证的进一步发展，所以气虚体质与阳虚体质在白领所占比例最高；经常熬夜耗阴、饮食不规律易伤脾胃，脾气虚宜生痰生湿，地理位置相对温度高而湿气较重，所以阴虚体质与痰湿体质类型偏高。

由表3调查结果评判，上海城市白领的中医体质大多存在偏颇现象，其中虚性体质比例高。体质类型对疾病的发生具有重要的影响，如阳虚体质的人易受寒湿之邪而生阴寒病症等，湿热体质的人易受热之邪而生阳热病症，因此，了解自身体质类型可以更好地达到“治未病”的效果。

3. 上海城市白领偏颇体质成因分析

上海属于北亚热带季风性气候，具有四季分明、春秋较短、冬夏较长、日照充分、雨量充沛的特征。尽管人们长期处于温和湿润气候中，机体长期受湿热之邪侵袭，但从调查结果显示，在偏颇体质中，相对于湿热质(7.8%)，气虚质、阳虚质所占比例更较高，分别是11.2%、11.9%，这表明偏颇体质的形成可能受社会环境、工作方式、运动习惯和饮食习惯等方面的影响比气候环境影响更为显著。

(四) 影响上海城市白领体质健康的因素分析

1. 缺乏体育运动

(1) 城市白领中医体质类型分布与运动习惯的相关性分析

由表4结果显示：无运动习惯的白领气虚质、气郁质比例，均高于少量运动及经常运动的白领；少量运动人群的阳虚质、阴虚质、痰湿质、血瘀质、湿热

表4　不同运动习惯城市白领中医体质类型分布情况($N=294$ 例数 构成比%)

运动习惯	例数	平和质	气虚质	阳虚质	阴虚质	痰湿质	湿热质	血瘀质	气郁质	特禀质
经常运动(每周≧3次)	94	50 (53.2)	9 (9.6)	8 (8.5)	9 (9.6)	11 (11.7)	4 (5.3)	2 (2.1)	0.0 (0)	1 (1.1)
少量运动(每周1～2)	124	39 (31.4)	11 (8.9)	19 (15.3)	14 (11.3)	15 (12.1)	10 (8.1)	14 (11.3)	2 (1.6)	0 (0.0)
不运动	76	20 (26.4)	13 (17.2)	8 (10.5)	5 (6.6)	7 (9.2)	9 (11.8)	9 (11.8)	3 (3.9)	2 (2.6)

注：x2=29.46，P=0.023<0.05。

质比例，较经常运动和无运动习惯的白领高；而经常运动的白领平和质比例，均较无运动习惯及少量运动的白领为高；气虚质有随每周运动次数增加而减少的趋势。运动习惯不同的城市白领中医体质类型分布具有显著差异（x2＝29.46，P＝0.023＜0.05）。由此可见，运动习惯与中医体质类型密切相关。

（2）上海城市白领运动习惯不够理想

体育健身活动，即体育运动是通过人体的骨骼、肌肉相互作用，对其呼吸系统、血液循环系统、消化系统的机能改善均有较强的作用，体育健身活动是改善体质状态最有效、最积极的手段。通过对调查城市白领的运动情况调查，体育锻炼平均每周 3 次及以上、1～2 次或基本上不运动的人数比例，分别是 32%、42.2%和 25.8%。另外调查显示，每次锻炼时间为 30 分钟以下、30～60 分钟、60 分钟及以上人数比例，分别为 50.5%、31.5%、18%。由此可见，参与本次调查的上海城市白领中坚持每次运动 30 分钟次以上者仅占 48.5%，而每周坚持 3 次及以上的人数比例只占 32%的城市白领，另外，有 18%的城市白领从不运动，由此可见上海城市白领运动习惯还不够理想。上海生活节奏快，竞争压力大，工作时间长可能是导致上海城市白领缺乏运动时间的原因，从而影响了城市白领体质健康状态。

2. 不良生活方式

（1）睡眠状况

调查发现：城市白领每天睡眠时间大于 7 小时及以上者，占调查者的 37.6%，而小于 7 小时的却高达 72.4%，且诸多没有午休习惯，这与上海工作节奏有关系。大多数城市白领喜欢熬夜，调查结果显示，23 点以后上床睡觉的占到调查人数比例的近 50%，凌晨以后睡觉的占总数的 26.5%，另外，周末晚上熬夜早上不起的情况十分明显，城市白领的睡眠情况不容乐观。这说明上海城市白领熬夜习惯突出，睡眠时间短，睡眠质量不高，造成这一结果的原因可能与其工作性质有关，如应酬多、工作任务重，工作时间长，必须晚上熬夜加班才能完成工作。

（2）饮食习惯

通过调查城市白领饮食状况，结果发现，其大部分食用水果、蔬菜偏少，且有喜食快餐冷饮的习惯，膳食中多盐高脂成分比重偏大。另外，饮食无规律，调查显示城市白领中坚持每日吃早餐者仅为调查总数的 34.5%，另外有 26.3% 的城市白领有夜宵习惯，无疑，这种状况令人堪忧，更让人担忧的是，城市白领人群普遍对膳食营养平衡认识不全面，在调查中，有近半的调查者不太重视营养平衡(54.6%)，只有很小部分的调查者认为非常重要，可见多数被调查城市白领的饮食习惯很不科学。综上可知，上海城市白领在饮食习惯上表现为饮食不科学，对早餐不重视，有夜宵习惯，有不同程度地饮酒习惯，不注重膳食营养平衡，并且进餐无规律和暴食暴饮的不良习惯。

(3) 生活工作环境

经调查发现，城市白领过度使用空调冷气情况严重，上海四季气候不分明，平均气温偏高，湿热季节较长，因此公共场所、个人居所及办公场所长期冷气开放，从住宅区到商业街从地铁到公交巴士，空调可谓无处不在，过度使用冷气空调，易损伤人体的阳气，出现阳虚质。因此，本课题认为城市白领更多的可能是受上海的地域气候以及现代的工作、居住环境等诸多因素是影响城市白领体质健康偏颇的因素之一。

3. 工作生活压力大

上海是相对经济较发达，大量社会精英聚集，工作竞争激烈，高企的房价成为大部分城市白领的沉重负荷，高消费的生活给身心健康附上了沉重的压力。对城市白领调查发现其要面临紧张的工作、繁重的家庭负担等多方面的压力，以及久坐办公室的工作状态，平素缺少运动锻炼活动，这造成其参加体育锻炼时间不足和不科学的生活方式，形成了城市白领对工作生活压力加大，长期处于情绪紧张的环境，易产生各类偏颇体质健康状态。

三、上海城市白领体质健康促进的干预及成效分析

(一) 干预思路

1. 城市白领体质健康干预思路

从中医体质辨识的视角，以改善白领生活方式和体育锻炼为切入点，利用中医体质学说理论设计体质健康管理手机 APP 软件进行中医体质类型判定与中医辨体施养干预，通过互联网信息技术，使用智能手机 APP 软件，在线干预城市白领生活方式和体育锻炼方式，以达到促进其体质健康水平。城市白领在线进行中医体质测试后，根据测试结果得到自己体质类型，并获得运动、饮食、起居、情志、经络、四季等运动养生处方，通过手机 APP 点对点的对白领进行在线健康教育和生活方式的干预及运动养生的指导，调整其不健康的生

活方式和运动养生方案，进而“治未病”，改善白领的体质状态，使偏颇体质达到体质平和，使个体达到阴平阳秘，身心健康。

2. 城市白领体质健康干预督促措施

为了保证城市白领根据个体体质类型调整不良的生活起居及体育锻炼习惯，课题组成员通过互联网信息技术，利用智能手机APP对白领进行在线健康教育和生活方式的干预及运动养生的指导。运用在线填写健康日志，手机APP在线签到、关注微健康和健康知识的推送，对白领进行生活方式及体育锻炼进行监督、巩固强化健康的生活方式及运动习惯。

本课题根据中医体质类型，制定体质调理方案，从饮食、情志、运动、起居等多个行为方面进行干预。在线进行健康教育、个性化方案指导、定期中医体质测试并反馈体质类型、电话访谈、微信指导、行为日记、设定干预目标等多方面的方法对调查对象进行综合督导与管理。

（二）干预效果分析

本次调查发现，按中医体质类型进行针对性干预取得的效果较为理想，与国内一些相关研究结果相符。说明按照中医体质分类对偏颇体质进行干预调节，可以更加有效地改善与促进白领体质健康状况。

经过为期六个月的运动养生综合干预，表5中结果可见，平和质得分最高并且第二次得分高于第一次测试分值，标准差也明显升高，表明部分城市白领健康状态在干预六个月后体质健康状态向好改变的效果较明显；其他八种偏颇体质中均值都有不同程度的下降，其中痰湿质、湿热质下降更为明显，均值分别下降了10.05、10.64分。这表明了通过六个月的干预，痰湿质、湿热质城市白领人群的偏颇体质改善最为明显，而血瘀质、特禀质、气郁质群体的改善情况则较差。痰湿体质的形成是由于水液内停而痰湿凝聚，其体质状态的主要特征是呆滞重浊，多是由于饮食无规律，暴食暴饮，或者吃了过多的存腻食物，侵害脾胃的运化功能，从而造成痰湿积聚，通过个性化的运动锻炼、合理膳食，对痰湿体质对象则能适当增加机体物质代谢，适当促进能量消耗，同时运动可以舒畅气机而调畅情志，使精神易于振奋昂扬，合理膳食一是在保护脾胃的基础上进行理气祛湿以达到改善健康的目的。湿热体质的成因是先天或经常吃肥甘食物，或长期饮酒，情志焦虑、火热内蕴、熬夜上火，常吃热量大的饮食等。对于气虚和阳虚体质对象，通过有针对性的膳食和中药调理，能够较好地治其不足并固本，以达到补虚的目的，对于湿热体质对象，则能调理脾胃，益气养阴、清热利湿去火，从而达到改善健康状况的目的。特禀体质是由遗传和先天因素造成的特殊状态，这两种体质的成因较为复杂，需要通过更加深入的诊治才能有效干预，尤其是特禀体质，仅仅凭一些膳食干预、短期中药调理等难以取得理想效果。血瘀体质是由于先天禀赋，或后天损伤，忧郁气滞，久病就络形成；气郁体质是由于先天遗传或精神刺激、所欲不遂、忧郁思虑等形成，与生活节奏快、压力大，情感压抑，情志不畅等也有关，仅凭膳食干预和中药调理也没能取得理想效果，应该需要增加心理调节等综合干预措施。

本课题通过在线干预和受试者自身的努力，健康教育信息的不间断推送，潜移默化地改变了城市白领原来不正确的生活、运动方式。同时，城市白领营养健身知识、态度、行为也显著提高。其原因是城市白领在干预、健康教育过程中获得了较为丰富的健康和疾病的相关知识，并且通过有效的、长期的自我体质健康管理，纠正了之前不良的生活行为习惯，在烹调方式、合理的饮食结构、科学的起居习惯明显向有利于健康的行为转变，高盐饮食、高脂饮食、不参加体育锻炼、过量饮酒危害健康的行为明显减少，从而改善了白领的偏颇体质状态，使部分调查城市白领达到阴平阳秘、体质平和、身心健康状态。

表5　城市白领中医体质类型前后两次测试得分情况(均值±标准差)

测试时间	平和质	气虚质	阳虚质	阴虚质	痰湿质	湿热质	血瘀质	气郁质	特禀质
第1次	74.76±8.16	51.18±9.97	58.81±14.75	53.64±7.46	60.75±10.33	60.87±5.63	59.00±8.86	40.31±8.31	61.62±16.21
第2次	79.35±11.33	47.17±5.24	53.00±10.06	48.06±7.11	50.70±7.57	50.23±7.39	54.76±15	39.60±12.57	57.43±10.89

四、上海城市白领体质健康促进的对策与建议

（一）政府应加大中医体质辨识推广和支持力度

体质辨识的内容已经被纳入中医预防保健服务体系当中。国家中医药管理局也提出要大力推行“治未病”工作，体质辨识成为重要的方法。政府部门应增加专项资金投入，加快中医药预防保健服务能力建设；进一步提高居民医保水平、提高公共卫生保健服务水平。政府还应承担起健康教育与健康促进的主要责任，加大对健康教育与健康促进的投入。

（二）加强中医保健养生相关知识教育，提升城市白领健康素养

通过对城市白领定期举办关于运动养生、中医预防保健方法、生理心理卫生的知识讲座，促进其掌握丰富的养生保健知识，学会科学健康的生活方式，积极主动地调控个人情绪，合理处理在工作及生活中遇到的各项难题。定期进行中医体质测试或者家庭监测及早调整家庭饮食结构，积极参加体育锻炼，主动排除各种不健康危险因素，进一步提升城市白领健康素养。

（三）加大开发中医体质辨识技术力度，构建中医体质健康管理系统

目前健康管理软件主要以西医学为主导，而具有传统中医特色的健康管理软件很少。根据中医体质辨识理论，运用现代计算机信息技术和网络大数据，研发一套具有对健康信息评估及干预、在线互动交流、信息推送等功能的智能化、网络化的中医健康管理系统，它可针对不同体质类型的健身群体分别进行健身方式、生活方式的指导，并给予个体全面的体质健康管理，使之能更快捷、更方便、更全面地掌握个人健康状态和获得科学合理的干预方案。从而增强个体的身体素质，提高生活质量，降低个人健康风险，减少医疗开支。

（四）积极推进中医健康管理项目的开展，努力提升社区中医预防保健水平

全国范围内已广泛开展的中医体质辨识“治未病”工程，对中医健康教育的内容和要求也为社区中医预防保健中心开展中医健康教育做出了规范。因此，在现有工作的基础上，各区卫生部门要有效整合内部资源和社会资源，在全区内合理布点建立中医预防保健中心；在运行机制上，积极探索“政府引导、市场主导、多方参与”的运行机制，进一步提升社区中医预防保健服务水平。

（五）培养专业中医药人才队伍，提升中医预防保健服务能力

培养中医专业人才队伍，即是培养一批熟悉中医体质学、中医药技术基本功扎实、具有丰富临床经验，掌握体育理论知识、专项能力和中医特色技术方法技能、具有运动医学背景的中医药人才队伍，并通过实践指导和科研总结，加强对中医体质辨识的理论支撑，拓展中医药服务领域和提升中医预防保健服务能力，进一步弘扬和传播中医药文化。

（六）政府、单位创造良好的健康环境和体育运动氛围

体育运动作为健康促进最直接、最有效的方式，政府和用人单位应加大对城市白领体质健康的重视度，定期开展全民健身活动的宣传，使城市白领清楚地认识体育锻炼的重要性，努力提高其的身体素质和健康水平；科学合理地利用城市白领的休息时间，统一组织体育锻炼活动，鼓励城市白领参与体育竞赛，塑造良好的体育锻炼氛围；建立职工体育锻炼经费制度，全面落实带薪休假制度，为城市白领创造舒适的工作环境、便利的锻炼场馆，营造良好的体育运动氛围。

参考文献

[1] 张彩，徐仰才.大学生体质健康管理——基于中医体质辨识[M].北京：北京体育大学出版社，2015
[2] 吴志坤，张彩，徐仰才.中医体质测试与现行大学生体质健康测试成绩的相关性分析[J].北京中医药大学学报，2014
[3] 张彩，吴志坤，徐仰才，等.中医体质测试与现行大学生体质健康测试比较研究[J].中国中医药信息杂志，2015
[4] 王琦.中医体质学[M].北京：人民卫生出版社，2009
[5] 中华中医药学会.中医体质分类与判定[M].北京：中国中医药出版社，2009
[6] 樊少仪，唐佩华，杨晴.广东地区 2 204 名公务员中医体质调查[J].中国职业医学，2016
[7] 王俊，王雪君.宁波市城区中老年居民中医体质评估及干预效果评价[J].中国预防医学杂志，2015
[8] 范津博.香港地区成年女性人群中医体质流行病学调查研究[D].北京：北京中医药大学，2013
[9] 吕斌.大学生也应重养生[J].食品与健康，2010
[10] 朱燕波，王琦，等.中医体质量表的信度和效度评价[J].中国行为医学科学，2007
[11] 李国."三高"成白领健康杀手[J].工人日报，2011
[12] 汪晓赞，郭强，金燕，等.中国青少年体育健康促进的理论溯源与框架构建[J].体育科学，2014
[13] 王天芳，孙涛.亚健康与"治未病"的概念、范畴及其相互关系的探讨[J].中国中西医结合杂志，2009

[14] 王刚，王伟，王琳.亚健康状态的中医防治思路[J].海军医学杂志，2009
[15] 韩振翔，蔡伟青.上海市曹杨社区居民阳虚体质中医干预研究初探[J].中华全科医学，2012
[16] 谢红敏.中医体质辨识干预社区高血压 50 例疗效观察[J].湖南中医杂志，2013
[17] 刘小燕.体质调护在中医防治亚健康人群中的应用体会[J].现代消化及介入诊疗，2012
[18] 周正颜.中医体质健康教育对消化性溃疡个体化干预研究初探[J].齐齐哈尔医学院学报，2010
[19] 卢德伟，李云燕.3577 人企事业职员及公务员中医体质调查分析[J].中医研究，2015
[20] 张灵芝，何希俊，李燕明，等.中山市 16 292 人体检者中医体质调查分析[J].中医研究，2014
[21] 谢胜，周晓玲，侯秋科，等.广西地区人群中医体质类型调查与分析报告[J].中医药导报，2012

上海提升青少年公共体育云服务平台的路径与对策研究*

刘 峥 汪 海 姚 成 陈克东

一、前言

上海定位为世界城市，体育事业多个领域走在全国前列。国家体育总局连续五年为上海颁发突出贡献奖，表彰上海为我国体育事业做出的贡献。"十二五"期间，国家在体育方面出台的一系列政策推动了上海体育事业的快速发展。"十三五"时期，国家将致力于提升青少年体育服务和质量，加快转变体育发展方式，上海将迎来体育事业快速发展的历史机遇期。

由于云计算、大数据、移动互联、数据挖掘等技术的快速发展，再加上政府积极的引导，互联网思维已经掀起了一股革命性的浪潮。大力借助信息化手段、云服务平台来提升公共服务水平已经成为必然趋势，也是智慧城市建设的必然要求。现有资料已经对青少年体育公共服务展开了一定的研究，更多关注云服务技术平台本身，但尚未对新时期形势下，特别是"互联网＋"和智慧城市背景下的针对青少年的公共体育服务的新特点给予足够的重视，对配套体质机制及政策把握也有待进一步完善。

本课题采用文献与实证相结合的研究方法，聚焦青少年公共体育服务特点，针对青少年公共体育服务客观需求展开调研分析，从"需求＋技术平台＋配套体制机制"整个链条延展开来，分析提升青少年公共体育云服务平台的策略和机制，以期为青少年体育服务受众群体和相关主管部门决策提供参考，对推动提升青少年公共体育服务水平具有重要的理论价值和应用价值。

---

* 本文作者单位：上海工程技术大学。立项编号：TYSKYJ2016011。

二、青少年公共体育云服务平台特征和评估

(一)青少年公共体育云服务平台的特征

1. 以智慧城市建设为依托

随着国家深入开展大数据战略,我国的智慧城市建设焕发出勃勃生机。新时期以来,大数据已经成为促进城市向数字化、智慧化转型的核心支撑技术,催生了智慧城市经济发展新常态、多元发展新业态、科学治理新势态、公共服务新动态,使城市经济结构、产业发展、运行管理、公共服务等方面步入更加协同有效的发展路径。云技术便是大数据的一个门类,云技术与智慧城市的深度融合为公共服务注入新活力。

在智慧城市建设这个大背景下,将云技术和青少年公共体育服务平台相结合具有十分重要的意义,不仅有利于公共体育基础设施的智能化建设,还能高效地整合公共体育资源。因此可以看出,青少年公共体育云服务平台是智慧城市建设的一部分,或者说青少年公共体育云服务平台是智慧城市建设的题中应有之义。

2. 以调节公共体育服务供需平衡为目的

青少年公共体育云服务平台的建设,首先需要了解青少年需要什么样的体育服务,只有真正了解了广大青少年群体的体育需求,才可以科学合理地制定符合时代要求、青少年愿望的体育服务政策措施。

采用矛盾分析法,可以得出当前青少年公共体育服务的主要矛盾是青少年不断增长的体育需求与有限的社会体育资源之间的矛盾。从经济学的角度看,要解决好这一矛盾,既要考虑“存量”,也要考虑“增量”,所谓“存量”,即现有的公共体育资源;而所谓的“增量”,是可以扩充的,可以新建的公共体育设施和相关公共体育资源。

2008年北京奥运会的召开,我国公众的体育意识明显增强,随着建设体育强国的号召,全民健身热潮也席卷全国,青少年群体是其中不容忽视的一个群体,由此导致了青少年公共体育资源的需求不断扩大。但与需求相对应的有效供给却相对不足,具体表现在对外开放的体育场馆相对较少,体育资源的闲置率比较高。体育公共服务除了硬件设施存在诸多问题之外,与硬件相配套的软件即公共体育资源管理水平也亟待提高。

3. 以云计算提升公共服务水平为途径

充分利用云计算技术来调节青少年公共体育服务水平是提升公共水平的重要途径。利用信息技术，通过互联网广泛征集青少年的公共体育需求，将青少年的公共体育需求数据化，进一步分析青少年体育需求的结构及特征。充分利用现有公共体育资源的“存量”，利用云计算相关技术，尽量降低公共体育设施的闲置率，在不造成公共体育设施损坏的前提下，尽可能提高公共体育资源的使用效率。进一步健全公共体育资源管理制度，明确主管部门与经营者之间的责任、权利、利益关系，引入以云计算为基础的信息管理系统实施管理，促使青少年公共体育服务的软件水平的提升。

（二）青少年公共体育云服务平台评估

体育公共服务必须从体育公共服务的效果出发，不断地注重效率问题以及效果、效率和效益之间的统筹协调。体育公共服务的质量与效益如何进行评定，采用何种标准来进行评估，以什么样的方式来进行，这都需要按照一定的标准来进行。青少年公共体育云服务平台的评估标准必须从实际出发，理论联系实际，实事求是，统筹兼顾，顶层设计，统一规划，合理定位，必须满足青少年基本体育需求。由于青少年身体素质不同，各个区域经济社会发展水平不平衡，因此，在进行评估的过程应依据不同情况不同对待，协调矛盾因素，制定不同的评估标准。

在对青少年公共体育云服务平台评估的过程，应从平台实现的可行性，技术维度，政策法规角度，现实需求，价值需求等多因素、多维度进行评估。云服务平台的构建是一个不断发展、不断完善的过程，因此，衡量青少年公共体育云服务平台的标准也是一个动态的、不断完善的过程。

（三）云服务平台与体育融合现状及未来价值评估

1. 体育赛事＋云服务

在青少年体育赛事的组织与管理中，现代信息技术在其中扮演着极其重要的支撑和推动角色，这已经成为衡量青少年赛事组织水平和青少年满意度的重要标准。但目前青少年非职业体育赛事的一个制约因素是赛事信息组织与架构模式难以解决赛时的瞬时大量数据与赛后设施闲置所造成的资源浪费等矛盾，这也成为青少年体育赛事组织开展工作的瓶颈。

青少年赛事质量很大程度上受到公共体育信息服务水平的制约。通过构建青少年公共体育云服务平台，可以将云服务技术与体育数字化技术充分有效地结合起来，从而改变部署服务器、传统体育赛事组织方式、安装系统等繁琐的服务模式，这样既有效地节约了体育赛事经费，又高效率地处理加工海量比赛数据及赛后结果信息。因此，在社会实际操作过程中具备较强的可行性。

从投资所需成本来看，权衡了硬件、软件、维护系统的人力成本这几个因素，我们发现云计算架构的青少年公共体育云服务平台比传统的服务平台更为经济。由于体育云平台系统不需要在本地投入高昂的费用进行基础设施建设，而且其对用户端的要求也不高，云服务提供商负责云端日常维护，显著降低日常维护成本。体育赛事＋云服务可以有效合理地整合青少年分散的体育信息资源，提升青少年赛事系统整体规划能力，避免造成盲目建设、盲目投资、浪费资源的局面，而且降低了赛事系统建设维护成本。由于引进了专业的体育信息化人才，对系统部署推行大有裨益。

2. 体育教研＋云服务

青少年公共体育云服务平台的一个重要组成部分就是云技术与体育教研相结合。云技术在与教学实践不断结合的过程中逐步形成了云空间教学。云空间教学是一种全新的教学理念，这种基于云计算的空间教学，正在逐步转变着传统体育教学理念。在具体的应用实践过程中，云空间教学使得青少年能够随时随地进行学习交流。学生课堂学习时间将远远小于课外自由支配的时间，云空间教学使得学生们自由利用课外时间来学习，教学资源实现了随时可以利用，不再以单一的课堂教学模式呈现出来。具体到体育教学中，高难度的体育动作在传统的体育教学中往往学生的吸收消化效率很低，而体育教学工作者可以将规范的体育动作上传到云空间里，学生可以在课外时间通过慢镜头的动作拆分、定格与讲解深入理解，攻破难点，高效率地学会体育技术动作。

另一方面，云技术为基础的云空间教学真正地实现了教师主导、学生主体的新型师生关系。“体育教研＋云服务”改变了传统的口传身授、老师教、学生学的师生关系。学生不再只是静静地听老师的传授，被动地学习。在这个“云空间”里，学生可以随时随地与老师和其他同学沟通交流，做个主动的学习者。与此同时，云服务教学平台有助于提升学生自我学习和创新学习等学习能力。云空间里有海量的学习资源，学生可以结合自身实际，扩充自己的知识面，增强自身的综合学习能力。

3. 体育产业＋云服务

当今社会互联网的优越性已经不断显现，如何将互联网的创新成果深度融合于社会、经济各领域之中，提升全社会的生产力和创新力，形成更广泛的以互联网为基础设施和实现工具的经济发展新形态是时代给我们提出了的一项要求。互联网技术的成熟与应用以及智能终端设备的全面普及，导致了传统体育产业模式在互联网的浪潮下显得有些陈旧落后。将体育产业与互联网对接，建立体育产业发展的大数据，增加多样供给，提升供给的精准度，扩大供给的规模，发展体育产业多钟多样的实施载体，不仅能够激发体育产业的新活力，还能为体育产业的创新发展提供新动力，最终实现供给的高效，并以此促进经济增长，提高体育产业的创业创新能力。

三、国内外城市提升青少年公共体育云服务平台经验研究

（一）发达国家提升青少年公共体育云服务平台经验借鉴

1. 美国

由于美国互联网行业发展比较早，信息化程度比较高，相关的政策法规较为完善，政府相关部门对青少年公共体育一直都比较重视，因此，美国的青少年公共体育公共服务体系是比较成熟的。美国对青少年体育非常重视，制定了相应的制度政策，美国的体育发展模式为非政府管理模式，参与体育运动也属于一种自发性质的活动。针对相关体育法规或政策等方面，美国政府相对颁布的较少。在构建信息服务体系上，美国政府比较重视在公共服务的供给过程中引入市场机制，以此通过市场竞争机制来选择公共服务的提供者，这种机制能够有效地促进青少年公共服务体系的自我完善。

另一方面，美国有着较为发达和完善的法律体系，在公共服务领域，已经形成了比较成熟的法律、政府行政权力、社会公众等方面的制约体系，这些因素极大地推进了青少年公共体育云服务平台的快速发展。美国的引进市场竞争机制来选择公共服务的提供者以此来促进青少年公共体育的自我完善这一机制，还是值得我们借鉴学习的。

2. 日本

近些年来日本在提升青少年公共体育服务方面发展很快，并取得了很大的进步。日本政府为实现“体育振兴基本计划”重点实施项目推进了综合型体育俱乐部建设和构建青少年公共体育云服务平台项目计划。这一措施赢得了社会及国民的广泛认可，受到了民众的支持和欢迎。日本制定的“体育振兴基

本计划"旨在实现终身体育社会化、完善区域体育设施环境以及尽快实现青少年每周参加一次体育活动为目标的发展战略，也是日本建设国家公共体育服务体系的重点项目之一。

"体育振兴计划"实施以来，日本在提升青少年的体质和生活质量水平，推动了社会、学校以及竞技体育三者的统筹协调发展，构建青年公共体育云服务平台起到了积极的促进作用。与此同时，日本不断地探索构建信息发布中心、建立媒体信息中心、体育设施使用情况的网络化和建立交流中心的机制，这对我国青少年公共体育云服务平台的构建和体育改革、社会发展提供了一些有益的启示。

3. 英国

2012年，英国成功地举办了第30届夏季奥林匹克运动会，并且逐步成为体育强国。从申请奥运会成功以来，英国不断地鼓励民众，特别是青少年，积极地参与到体育运动上来，并培养他们终身体育的习惯。与此同时，英国政府也积极颁布一系列政策措施来促进青少年公共体育事业的发展。正因为这一系列的努力，英国在2016年的里约奥运会上取得奥运奖牌榜世界第二的好成绩。

这些年来，英国不断地转变和提升对青少年体育的认识，在实际中不断解决青少年的现实需求，不断地开展满足青少年现实需求的丰富多彩的体育活动，以达到培养青少年终生进行体育锻炼的好习惯为终极目标，并以互联网技术为依托不断地探索青少年公共体育云服务平台的构建工作。这些措施不仅符合英国的基本国情，并符合青少年身心发展的基本规律，有目标、有针对性地解决了英国青少年体育发展中存在的现实问题。另一方面，英国政府不断地加强对青少年体育的公共服务投入和鼓动社会力量参与青少年公共体育的建设，这些积极策略在一定程度上推动了青少年公共体育云服务平台的设施与建设。

（二）国内发达地区经验借鉴

1. 深圳市

深圳市是我国改革开放最前沿的地区之一，经济水平和社会发展都处于全国领先地位，深圳市的青少年公共体育服务水平与全国大多数地区相比，发展水平较高，在体育事业的发展过程中有很多成功的经验，可以对其他地区的体育事业发展起到借鉴参考作用。深圳市是我国互联网行业发展迅速的城市，具有较浓烈的互联网思维和互联网气息。深圳市在促进青少年公共体育云服务平台的过程中不断进行着自上而下的制度创新，并不断地引领社会力量的积极参与，强调政府、社团组织、企业以及个人的责任担当意识。

另一方面，深圳市政府在不断完善相关的政策制度，不断明确服务标准，不断提高信息发布的透明度，扩大服务范围。另一个值得借鉴学习的地方是：在政府起主导作用的前提下，逐步引进市场价值机制，这较大地提高了青少年公共体育云服务平台的服务水平和效率。在进行青少年公共体育改革的过程中，深圳市密切关注着经济效益与公益性之间的平衡问题，在这方面的经验，是值得其他城市在构建青少年公共体育云服务平台的过程中借鉴和学习的。

2. 北京市

近些年来北京市充分利用“互联网＋”的发展战略，不断加强对体育信息的宣传工作，创建良好的青少年体育信息服务平台。营造和培育着良好的体育氛围，通过多渠道多途径来宣传体育健身知识，加强体育场馆建设，不断提升青少年的健身意识，并积极地引导青少年加入到科学的健身浪潮中来。北京市在构建青少年公共体育云服务平台的过程中，在组织各种体育赛事的同时，也积极开展青少年体育健身知识讲座和体育知识宣传工作，并不断地促进对青少年的技能指导和体质监测。

在积极整合和优化现有的青少年体育信息资源的基础下，北京市还不断地建立包括报纸、网络、电视、宣传专栏、宣传手册等多渠道、全方位的青少年公共体育信息服务网络和管理系统。随着云计算、大数据等技术的快速发展，北京市建立起了专业性的青少年体育信息服务网站，青少年可以实时登录网站查询和咨询对某方面感兴趣的体育信息。北京市所构建的青少年公共体育云服务平台，极大地方便了青少年获取更多的体育信息资源，也促进青少年参与体育活动的积极性。

3. 杭州市

近几年来，为了适应市场化的需求和促进青少年公共体育事业的健康发展，杭州市在青少年公共体育方面做了很多努力，先后出台了一些关于青少年体育健康发展的文件，不断扩大城市公共体育设施的开放力度，吸引着越来越多的青少年参与到体育锻炼中来，逐步实现着全民健身的目的。同时也在不断地解决设施配置低、维护差、开放程度小等问题。

另一方面，杭州互联网基础设施比较健全，互联网行业发展较早，特别是阿里巴巴在杭州取得的巨大成功，在一定程度上促进杭州在互联网领域的竞争优势。近些年来，杭州在智慧城市方面发展速度也非常快，依托互联网的优势，“互联网＋体育”在杭州蓬勃发展。因此，杭州在青少年公共体育云服务平台建设方面有着较好的发展优势，在建立完善的法律法规政策，健全青少年公共体育管理体系，开展形式多样、丰富多彩的体育活动，满足青少年多种多样的体育活动需求等方面，相对于国内其他城市来说做得较为成功。

四、上海青少年公共体育云服务平台建设现状与问题

（一）上海青少年公共体育云服务平台建设现状

2013年，由国家体育总局牵头，联合教育部、财政部、发改委等八个部门共同研究制定《青少年体育振兴规划》，我国青少年公共体育进入了快速发展的新时期。上海定位为世界城市，体育事业多个领域走在全国前列。根据第六次全国各省市体育场地普查数据显示，上海在场地数量、场地面积、建筑面积、用地面积等都处于全国较为领先的位置，具体数据如表1所示。在互联网时代，与国内外其他城市相比，上海有着较为完善的互联网基础设施。在云计算、大数据等技术的快速发展下，智慧城市建设逐步提上了议程。借助互联网的浪潮，助推上海青少年公共体育云服务平台的构建是时代所提出来的要求。相对于其他城市来说，在互联网领域，上海有着先天的优势，技术条件、政策法规都较为成熟，为青少年公共体育云服务平台的构建创造了条件，作为一项惠民工程，相信云服务平台的建设必将推动上海青少年公共体育事业的发展。

表1　第六次全国部分省市体育场地普查数据汇编

省、市、自治区	场地数量（个）	场地面积（平方米）	建筑面积（平方米）	用地面积（平方米）	2013年收入合计（万元）	2013年支出合计（万元）
上海市	28	179 037	707 157	1 502 727	14 877	14 848
北京市	24	254 904	1 141 999	2 325 248	51 070	51 905
天津市	17	123 860	434 508	478 315	6 533	6 476
河北省	25	225 869	442 219	922 104	3 280	2 836
山西省	28	209 776	444 063	830 304	3 593	3 354
江苏省	99	967 470	2 212 060	3 719 864	31 900	27 176

续 表

省、市、自治区	场地数量（个）	场地面积（平方米）	建筑面积（平方米）	用地面积（平方米）	2013年收入合计（万元）	2013年支出合计（万元）
辽宁省	53	604 202	1 187 475	2 570 178	8 141	8 362
吉林省	14	223 055	256 060	520 426	1 285	1 166
黑龙江省	21	214 061	421 016	1 124 792	962	788
海南省	6	33 329	836 107	1 397 496	3 798	6 146

数据来源：国家体育总局官方网站

联合国经济社会事务部人口司汇编的世界人口展望数据库关于中国青少年人口最新的统计数据如图1、图2所示。

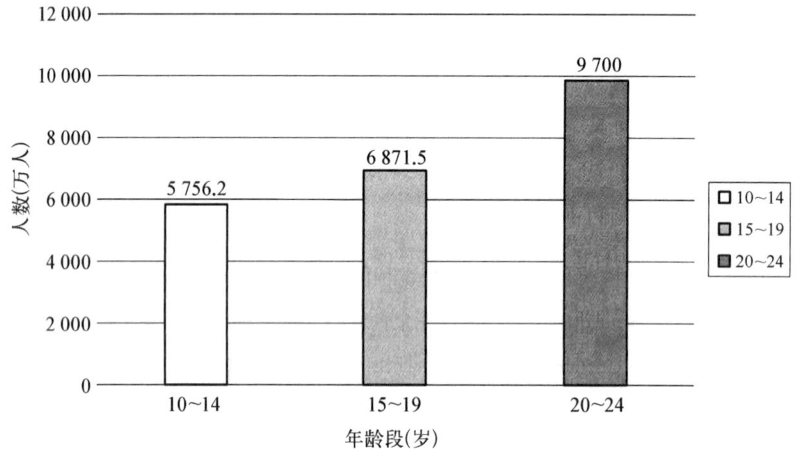

图1　2013年底中国青少年人数统计

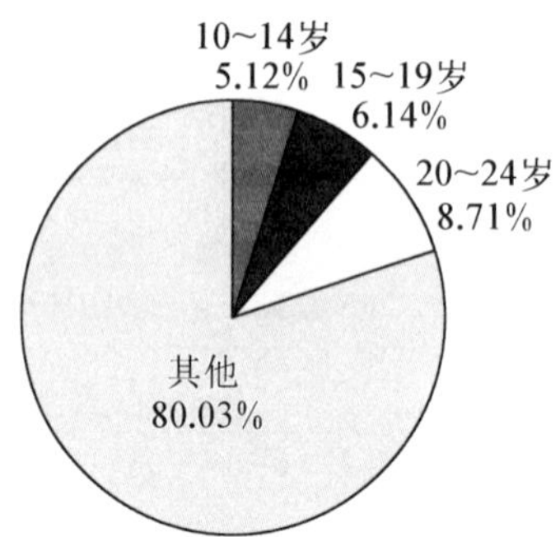

图2　2013年年底我国青少年人数占全国总人口比例

（二）青少年公共体育云服务平台建设存在问题

1. 青少年公共体育服务理念不到位

在青少年体育管理模式方面，目前对青少年公共体育的关心重视更多地体现在建立青少年体育组织和加强青少年工作方式上，并没有从满足青少年体育需求方面出发为青少年提供公共体育服务的角度开展工作。

从教育的角度来进行分析，受应试教育体制的影响，我国的很多家长过度重视孩子智力的发展，而往往忽视了孩子体育体质的发展。学生往往取得了较好的应试成绩，可身体素质却令人堪忧。殊不知，一个较好的身体素质是青少年取得较好成绩的前提，也是青少年今后职业发展、成长成才的一个重要因素。如何统筹协调青少年体质和智力的全面发展，还需父母和青少年对青少年公共体育服务理念的深入理解，转变传统的价值观念，对青少年体育服务加以重视。

从青少年自身情况来进行分析，青少年体育服务积极性不太高，并且社会对于青少年体育需求缺乏必要的关注，再加上青少年受自身身体条件的影响以及消费水平等因素的制约，越来越多的青少年在空闲的时候更倾向于选择室内活动。

2. 对平台的实际应用性不够重视

在构建青少年公共体育云服务平台的过程中，需注重平台的实际应用性。在实现体育公共信息服务的进程中，亟须突破的一个重点和难点问题就是如何确保能够为青少年提供信息咨询服务，又能为青少年提供在线体质健康状况评价，同时保证能够提供个性化的健身指导服务方案，并设计青少年体质健康与体育公共信息服务平台的功能模块和实现途径，这也是在应用层面目前需要解决的最主要的问题。

另外，在体育资讯实时查询方面，场地信息查询模块也是一个重点问题。构建场地信息查询模块能够为青少年快速准确地提供公共体育场馆位置、场馆的种类以及各种大型健身俱乐部的相关信息介绍及信息查询。在实际的应用过程中，青少年的现实需求也是一个必须综合考虑的实际问题。同时还需通过不断地调查研究和科学分析，从而确定青少年公共体育云服务平台的主要框架以及所涉及的主要内容、所需要实现的功能和主要的应用领域等内容，从而为信息服务平台的具体实施提供可靠而又充实的支撑材料。

3. 网络环境下存在的潜在问题

随着互联网行业的飞速发展，网络应用开始层出不穷，网络应用也变得越来越复杂。软件系统的设计难度和复杂程度也发生了很大的变化。在软件设计的过程中,往往需要综合考虑众多的因素,在实际操作过程中,所面临的问题不仅仅是软件系统的功能问题,而且也会遇到很多非功能性的问题。从技术层面进行分析可能涉及系统的稳定性问题、系统的性能问题、系统的安全性问题、系统的适应性问题以及系统运行的可靠性问题等等。

另外,系统设计的过程中还有一个系统不断更新升级的过程,增加了其他的功能模块以后,需要不断进行跟踪维护。当对软件不断进行开发的过程中,软件系统是否能够适应这种不断的变化是需要慎重考虑的因素。在对软件进行开发时使系统平台能够稳定运行并且具有可扩展性则是平台构建的重点和难度。

五、上海提升青少年公共体育云服务平台完善策略

(一)做好顶层设计和统一规划

在青少年公共体育云服务平台的设计过程中首先应该立足解决实际问题,要从全局的角度进行整体规划,深入了解青少年公共体育云服务平台在构建的过程中遇到的种种问题。以解决问题为导向,深入了解现阶段青少年公共体育的现实需求。要从技术层面和应用层面进行可行性分析,并在理论与政策的指引下逐步进行各个模块的设计,统一规划,协调内部各个模块之间的关系。青少年公共体育云服务平台的构建是一个复杂的系统工程,涉及多个领域。在实现的过程需综合考虑政策法规、技术因素、现实需求,实际问题等相关因素。只有综合考虑这些因素,进行顶层设计和统筹规划,才有可能构建出以政府为主导、社会多方参与、协调多方管理的青少年管理运行机制,初步建成符合我国国情、较为规范,较为完善、服务均等化,受益人群广,家庭、学校、社会相结合,以健身交流、健身咨询、竞技交流、体质监测、技能培训等为主要服务内容的青少年公共体育云服务平台。为青少年体育工作解决实际的问题,给他们生活提供便捷,更好地促进青少年公共体育良性发展。

(二)加强平台共享环境建设

在国家大的宏观政策的指导下,各行各业相继借助互联网发展机遇与本行业深度融合并探索发展之道。“互联网”+“体育”已经是社会发展的大势所趋。对于体育相关领域的快速发展是一个难得的历史发展机遇。如何深度整

合相关资源、把握政策优势来助推青少年公共体育云服务平台建设是我们亟须关注并解决的问题。抓住"互联网＋"政策的历史发展机遇，必将给公共体育相关领域带来全新的发展机遇。

体育资源实现社会共享的程度与地区的信息化水平密切相关。虽然在互联网的浪潮下，信息的获取变得越来越容易，但平台与平台之间的信息共享依然存在着隔阂。另外，资源共享与信息整合也是制约青少年公共体育云服务平台建设的重要因素。目前，上海地区信息化水平相对较高，体育信息化工作主要还是围绕体育职能部门的核心工作开发出一些门户网站、办公自动化系统和内部管理系统，体育资源还多以实物形式存在。加强平台共享环境建设主要包括青少年体质监测数据、各级政府公布的青少年健身政策法规、常用的健身知识等数据信息。青少年体质监测数据、青少年健身政策法规等信息可供研究者做定量、定性研究使用。另外，青少年日常生活中的饮食信息、锻炼信息、康复保健信息等也可为研究者进行研究提供一定的基础数据。平台共享可以为青少年公共体育提供基础数据的个性化服务，并为青少年的体育诉求提供相关的平台支持。

（三）加强多行业资源整合

上海在构建青少年公共体育云服务平台的过程中，需通过计算机网络将各个行业间的体育资源进行信息采集、加工整理和资源整合，并通过数据库技术，软件管理和组织管理系统，云计算技术，将这些资源组合抽取，形成不同的服务系统，为青少年这一特殊的人群提供针对性服务，以充分发挥资源的效用和政府的作用，最大限度地满足青少年对体育资源和服务的各种需求，更好地促进青少年公共体育的发展进步。在青少年公共体育云服务平台的构建过程中，要充分依靠现代通信技术、信息存储技术来实现传统组织结构、职能及目标。在这个构建的过程中，也需要社会各个组织、部门的分工与合作，需要协调社会各种相关力量的密切配合，深入达成共识，彼此共同努力。

六、上海提升青少年公共体育云服务平台重点任务及设施路径

（一）上海提升青少年公共体育云服务平台重点任务

青少年群体是社会发展的希望，为其提供完善的公共体育服务体系，保障

青少年群体与其他群体同等参与体育运动的权利，是当前服务型政府建设的重要任务。随着“互联网＋”的深入发展，体育与互联网正在触碰出火花。青少年公共体育服务又是体育公共服务中的重要分支。互联网云服务平台方面的技术和服务优势，将青少年体育公共服务行业资源进行整合，实现青少年体质健康测评，体育场馆预定、分享运动成果、赛事活动报名、青少年培训班等功能。

通过实地调研，借助统计分析手段，结合当前的基础状况，从技术投入、推进体制、社会需求、环境（软环境）等方面，详细分析目前提升青少年公共体育服务过程中面临的和主要瓶颈，为突破青少年公共体育服务的瓶颈提供了理论依据。通过对标国内外先进城市的经验做法，为政府部门、社会组织协同推进提高青少年公共体育云服务平台的基本思路、突破口、实施战略以及配套政策提供理论支撑。

（二）上海提升青少年公共体育云服务平台设施路径

1. 构建体育共享服务平台，建设决策支持系统

上海在构建体育共享服务平台的过程中，建设决策支持系统，可以帮助决策者处理半结构化和非结构化的问题，认定目标和环境约束，进一步明确问题，产生决策方案进行综合评价。决策支持系统是为政府部门和其他相关部门服务的，在共享平台环境下，政府部门和行业协会可以实时地了解体育资源配置及资源的相关使用情况，了解数据库的建设及使用情况，为管理部门提供决策支持和决策参考。

此外，针对管理人员经常面临的结构化程度不高、说明不够充分的问题，决策支持系统能够提供辅助决策的功能，它可以把模型或分析技术与传统的数据存取及检索技术结合起来，为非计算机专业人员以交互会话的方式提供使用方法，并且对环境及用户决策方法改变具有较好的适应性。

2. 健全青少年健身保障体系

上海在构建体育共享服务平台的过程中，健全青少年健身保障体系是其中重要的一个环节。在具体实施过程中，首先将场馆设施、体育器材、体育教练等信息充分公开，做到信息的实时发布，以方便青少年能够实时有效的获取相关的体育资讯。然后在此基础上定制化开发一些功能，比如说“体育资讯查询”“在线人工服务”“提前预约”“体育器材查询”“场馆导航”等等。移动互联

网是当今时代发展的趋势，智能手机的普及，给人们的生产生活带来了极大的便捷。青少年健身保障体系移动端应用的开发也是时代所提出的要求。通过青少年健身保障体系，可以全面保障青少年健身活动的开展，同时也能够给青少年健身活动带来极大的便捷。

3. 加强竞技体育支撑体系

近些年来，国家大力发展体育事业，我国的体育事业取得辉煌的成绩。随着奥运会、亚运会在我国的成功举办，以及 2022 年冬奥会将在我国北京举办，一次又一次地掀起了全民健身潮。竞技体育已经成为国与国之间传递友谊、增进交流的一种重要方式。随着人们的物质生活日渐丰裕，人们的健康意识也逐渐增强。青少年处于一个特殊的年龄段，青春，活力，有朝气，国家的体育事业要发展，青少年是希望。上海作为一个国际化大都市，加强竞技体育支撑系统的构建，对青少年竞技体育的发展起着重要的作用。

在竞技体育支撑体系中，体育竞技中的各类项目、运动员在训练过程中的数据积累应该得到足够的重视。要充分借助互联网的优势，利用网络环境和信息技术，实现体育专家、体育教练和青少年之间的实时互动。这样体育专家、体育教练、青少年之间就有了有效的沟通渠道，能够达到实时进行交流的效果。此外，竞技体育支撑系统的构建，有助于体育科研成果、体育训练方法在竞技体育中的应用与转化，以此推动青少年竞技体育水平的快速提升。

4. 做实体育产业服务体系

青少年公共体育云服务平台实施路径如图 3 所示。

上海在构建青少年公共体育云服务平台的过程中，需深度挖掘特色运动项目，探索有利于青少年健康发展的体育项目，借鉴一些体育发达地区的体育发展经验。对体育场馆和体育赛事进行综合开发利用，做实体育产业，繁荣体育竞技表演市场，有效地拉动各区域体育消费，壮大青少年公共体育产业，探索出较为合理的体育场馆的市场化运营模式。加强与其他各类体育企业的交流与合作，实时了解与掌握体育产业的供求信息，开发体育电子交易平台，有效地促进体育产品在市场上的快速流通。做实体育产业服务体系，有助于体育资源的配置与共享。通过青少年公共体育云服务平台的构建，进行数据分析能够进一步的挖掘出青少年体育消费潜力，发掘出潜在的体育产业市场，引导青少年公共体育更快地发展，同时也能够加快区域内体育产业的发展壮大，促进区域经济的优化升级。

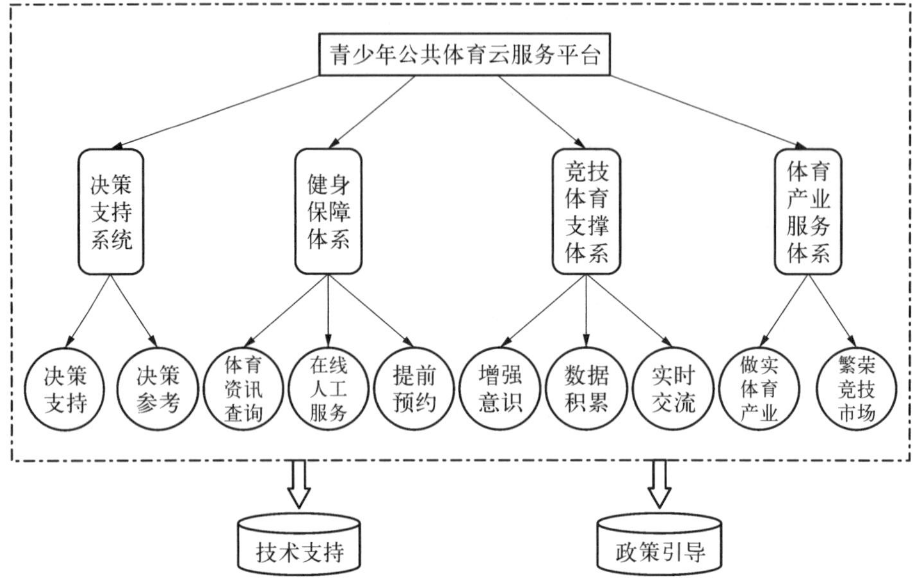

图3 青少年公共体育云服务平台实施路径

参考文献

[1] 童建红,李建国,张伟.青少年公共体育服务体系建设现状、问题与完善对策[J].广州体育学院学报,2015

[2] 赵立江,周东波,伍晓峰,等.基于SaaS的区域非职业体育赛事云服务平台的设计与实现[J].成都信息工程学院学报,2014

[3] 高海潮.促进体育资源共享 提升公共服务供给——中原经济区体育资源共享公共服务平台构建研究[C]//2012全国体育社会科学年会,2012

[4] 刘德文.公共体育资源共享服务平台构建研究——以中原经济区为背景[J].河南社会科学,2012

[5] 魏太森,黄文仁,邱燕.面向创新2.0公共体育服务平台的探索[J].体育科学研究,2015

[6] 平杰,郭修金.青少年公共体育服务平台的构建[J].上海体育学院学报,2012

[7] 宋宽.数字健身视域下体育服务产品化与公共体育服务平台研究[J].内蒙古体育科技,2013

[8] 王琦.云计算辅助体育教学的可行性研究[J].青少年体育,2015

[9] 高新民.智慧城市建设关键要素[J].今日中国论坛,2014
[10] 白海波,姚唯众,汪波.日本国家公共体育服务体系解析及其重要启示——以大学为基点设置综合型体育俱乐部[J].体育科技文献通报,2012
[11] 杨明发.美国青少年体育公共服务体系研究[J].科教导刊：电子版,2015
[12] Riccardo Fiorito，TryphonKollintzas.Public Goods，Merit Goods，and the Relation Between Private and Government Consumption[J]. European Economic Review，2004

SER 理论下的城市公共体育空间优化研究*

孙婧瑜　刘思思　滕严婷　崔禹彤
叶　宇　梁同福　何琛珏

一、前言

我国老龄化日趋严重、中青年生活工作压力较大等问题，使各年龄段的人们对体育健身的需求愈加迫切，对公共体育空间建设的要求也日益增加。因而，社会能为市民提供怎样的健身活动空间，鼓励市民多走出家门锻炼身体，变得尤为重要。近年来，国家不断强化城市公共健身场所的建设，但大多以河滨公园、绿化休闲和简单的社区健身器械为主，空间单一、设施简单。另外，健身器材缺乏养护管理无法使用，缺少篮球、羽毛球、排球、游泳等大型便民健身场馆设施，或场馆运行费用过高导致居民使用率过低，雾霾、噪声污染等环境生态因素降低居民公共健身环境的舒适度，公共体育设施零碎不成系统等一系列问题，都使得城市公共体育空间缺乏应有的活力，不能很好地满足居民健身锻炼的需求。因此，如何加强城市公共体育空间的互动性，使全民健身不再是狭义的政府买单，而是在政府的支持下，由更多的社会力量参与，将成为一项重要的课题。

目前，国内外对公共体育空间的研究，一般是针对公共体育设施或场馆等单体建筑，对象比较具体且强调物质层面，对于体育空间的营造和系统的设计，相关报道较少。从城市公共体育空间的构成要素来看，城市公共体育空间建设的总体目标，包括满足不同年龄人群、不同群体、不同社会阶层、不同时段

* 本文作者单位：同济大学。立项编号：TYSKYJ2016019。

的休闲体育需求，并满足城市公共体育活动的可持续发展，具体指标有物理环境的舒适性、空间的可进入性、安全性、公平性、吸引性、功能性、特色性以及整体性。但对该项指标的评价、对公共体育空间的需求等相关问题的研究，国内外鲜有报道。另外，对当下严重影响市民日常生活及室外体育锻炼的环境问题，尚未提出明确的解决方案。对于城市公共体育空间的建设，除了为市民提供高品质的体育空间和设施外，如何通过减少资源浪费、减少城市公共体育空间的建设成本，实现其真正的可持续发展，尚需进一步论证。

城市公共空间是人工因素占主导的城市开放空间，是容纳城市公共生活的场所，也是城市中最容易产生集体记忆的部分。我国城市化发展早期，城市公共空间建设由于受到早期功能主义规划思想的影响，导致其建设格局分散、模式单一。另外，前几年盛行的城市美化运动又使得许多城市在建设中，过分追求形式美和视觉效应，往往忽略了人的使用。而随着人们生活水平的提高，生活质量和品质越来越受到人们的重视。城市因人而生，城市公共空间设计理应回归人们的日常生活，从人的生活行为、心理、需求出发，使城市公共空间满足使用者生理和心理的双重需求。如今，研究城市公共空间的包括社会学、城市社会地理学、城市规划学、建筑学等多个学科，这些学科从不同角度切入，研究包括城市社会空间结构、城市空间类型、空间形态、城市公共空间的物质要素和其与人的行为之间的联系等内容。而城市公共体育空间亦不应是简单意义上点状分布的健身器材，而应是在社会、经济、生态可持续的条件下，集约化利用资源并能够满足不同年龄居民的不同健身需求，为其提供健康、丰富活动可能性的公共生活系统。

因此，本课题从调研现状出发，从物理环境和使用者两方面入手，首先了解当前城市公共体育空间的优势和不足及居民健身活动的行为特点，在充分研究国内外相关案例文献的基础上，提出了涵盖空间、生态、资源集约三个要素的 SER 理论，并对城市公共体育空间体系的构建进行了初步设计，旨在营造出高效便民、资源节约、环境友好的城市公共体育空间，真正实现城市公共体育空间的可持续发展。

二、现状调查研究与分析

（一）研究方法

本课题首先通过文献搜集法，研究相关文献案例，作为课题的理论基础，继而展开实地调研，包括对物理环境的记录、对使用者的行为观察、现场调查问卷等。物理环境调研包括对空间结构、环境设施等的考察和图像拍摄以及对空间功能的当场标识和记录。行为观察指实地、有系统地观察人们如何应对所处的环境，通过在实际环境里观察人们的体育活动行为，了解人们的健身习惯、喜好。现场调查问卷采用问卷、访谈的方式，对现场的人们进行面对面采访，获得人们对于实际体育活动环境的真实需求和评价。最终通过总结分析，得出影响城市公共体育空间的主要影响因素，从而构架出三位一体的优化策略。

（二）调研对象

上海杨浦区鞍山住宅片区在城市公共空间营造和体育空间的建设方面都进行了诸多探索，居民日常活动丰富多样，因此选取这里作为调查对象，希望从中能了解到居民对公共体育空间的需求，以此发现公共体育空间与城市资源整合协作的突破口。

（三）城市公共体育空间实地调研

1. 物理设施

城市公共空间是人工因素占主导的城市开放空间，是容纳城市公共生活的场所，其特性通常受广场、街道、绿地、设施等物理因素所影响。人作为城市公共空间的使用主体，其行为极大程度上受城市公共空间的物理特性所影响。城市公共体育空间作为城市公共空间的一部分，其物理属性自然也引导并触发人们的行为。

本次调研案例选取上海杨浦区鞍山住宅片区，调研范围西至阜新路、南至控江路、北至彰武路、东至城市河道。首先对其物理环境、设施等进行了人工扫描和记录。

对比图1、图2可以发现，鞍山住宅片区的商业大多贯穿连接，健身设施休闲场所的布置也串联成线，但分布较集中，资源配置不够均匀，不同社区对于健身休闲资源的可达性不同。绿化健身休闲类场所与商业分布基本无重合，因而保证了健身休闲环境的安静整洁。该片区可举行大型休闲活动的广场大多是商业性质，集散功能与城市公共生活于一体，能够做到资源集约化。但是集中了10多个社区的住宅片区，并没有一个大型的室内运动健身场馆，唯一开放给公众的室外球场只有位于中部的社区活动中心，这对于很多球类爱好者来说，设施仍然不够完备。

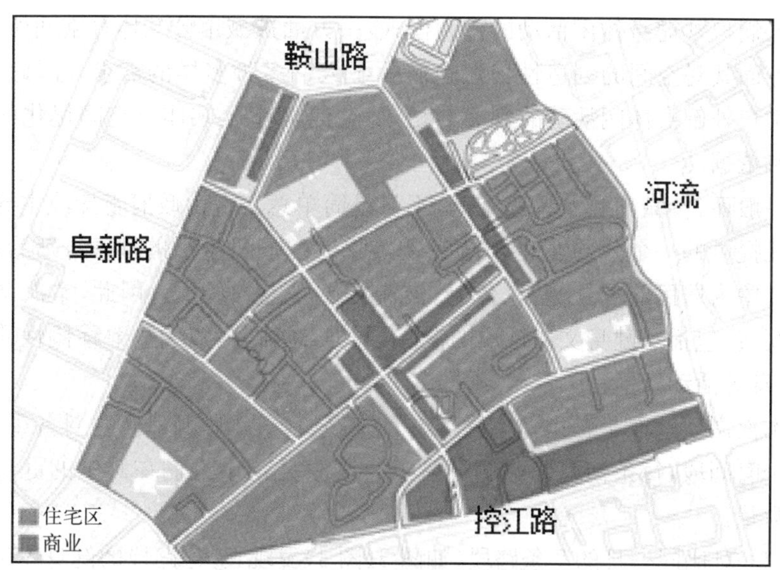

图 1　住区及商业区分布

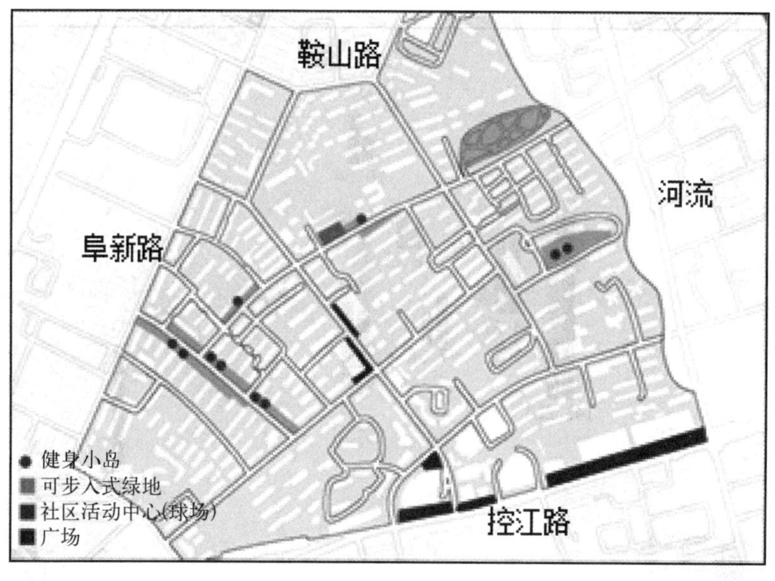

图 2　健身设施及休闲场所分布

2. 行为观察

人们户外健身休闲活动的行为模式，一方面被城市公共体育空间所引导，另一方面其对空间的创造性使用也暗示了人们多种多样的需求。因此，对人们日常户外健身休闲活动的观察与记录，也是城市公共体育空间优化的重要思路和依据。

一般而言，城市公共体育空间，不只是简单意义上由政府直接或主导为城市居民提供的一个公益性健身场所，更应该是以居民生活的健康舒适为核心，在城市中为居民的户外健身、休闲、交流提供可能的场所。因此，本次调研的行为观察，包括了健身文体性质的锻炼、下棋、跳舞等，以及坐靠休闲性质的聊天、休息等活动。

本次调研选取了鞍山住宅片区的 7 条路段，分工作日和休息日各 2 天，每天 4 个时间段，每条街道分两侧分别进行观察并记录人们在其中的健身休闲活动数量。

(1) 对比同一日的 7 条路段(如图 3、图 4)发现，⑤号路段的健身休闲活动总和显著高于其他路段，⑦号和③号路段其次，④号路段活动量适中，剩下三条路段活动量较少。

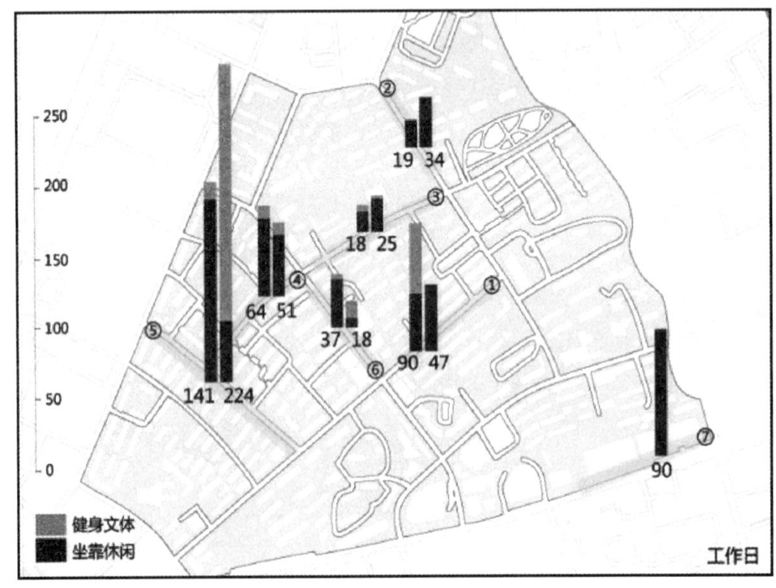

图 3　工作日　健身休闲人数分布(4 时段之和)

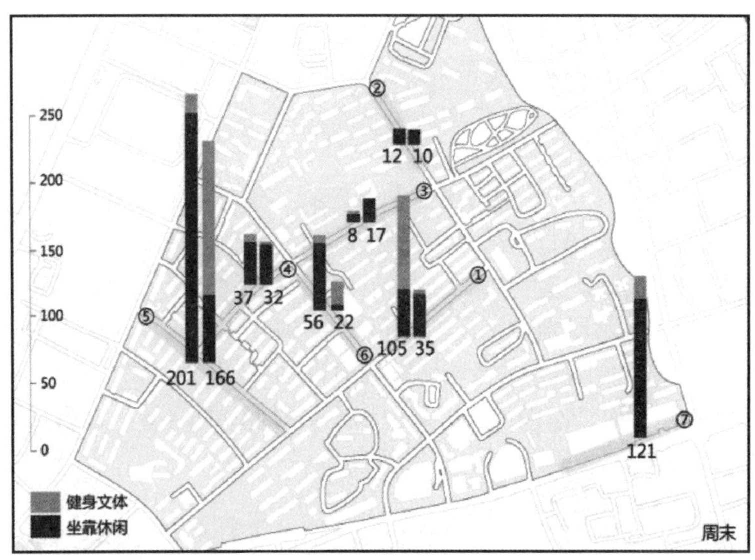

图 4　周末　健身休闲人数分布(4 时段之和)

与前面的物理环境调研结合来看,⑤号路段集中了大片带状的可进入绿地、健身器材、可攀式小品、座椅,街道林荫密布,花繁叶茂,空气清新,设置有一条 3 米宽的环形塑胶健身步道,道路属区域次干道,车辆较少(图 5)。从城

图 5　⑤号路段的林荫步道和座椅

市空间的多层次布局、健身休闲设施的多样化配置，到生态环境的品质，均可满足居民户外健身休闲对环境的舒适性、空间的可进入性、安全性、吸引性、功能性、特色性以及整体性的各方面需要。因此，周围居民都喜欢到此来进行健身休闲，人数也自然明显高于其他路段。

⑦号路段属于城市级道路，本课题调研的一侧为城市区域级商业综合体。商场周边和门口的广场是周围住宅区最大的开放空间，很多居民喜欢来此跳广场舞，或者来此散步、遛狗，累了或碰见熟识的人就会坐下聊天休息，因此也是健身休闲活动的活跃地之一。由此可见，商业开放空间与城市公共体育空间的结合，将会是一个双赢的策略。一方面，商业建筑为了集散所必需的开放空间能够为居民提供活动场地，使其使用率达到最大化；另一方面，活跃的居民活动亦能为商业带来更多的人气和机会。

③号路段属于社区级道路，各类零售店沿街边鳞次栉比，生活气息浓厚。店主与居民聚堆打牌、下棋，休息聊天，虽不是传统意义上的体育项目，但也是另一种程度上的活动休闲方式，而且参与人数更多。因此，生活类的零售街铺也许是今后可以考虑纳入城市公共体育空间系统的一个重要元素。

(2) 对比健身文体和坐靠休闲两种类型活动的数量及空间分布(图3、图4)。

健身文体的数量远远少于坐靠休闲。一方面，可能是因为人们在城市公共空间中，对健身文体的需求少于坐靠休闲；另一方面，可能是由于城市公共空间里的健身设施或环境远远未能达到人们的活动需要，从而导致了人们无法在城市公共空间开展更多的健身活动。

坐靠休闲在各路段均有分布，但健身文体主要集中在⑤号路段。说明坐靠休闲行为更易发生，绿化、设施、商业及广场均可成为触发行为发生的重要因素；而健身文体对于环境、设施的要求更高，只有满足安全性、生态性、足够的空间且安静不受干扰，才能吸引更多的体育健身活动的发生。

(3) 从图6可以看出，有设施分布的场所不一定能触发健身休闲活动。一是因为健身设施、场所的规模，零碎的器械不能给活动带来安全性、稳定性及吸引力(路段③)，只有大片串联的场地及丰富的器材才能对活动形成吸引力(路段⑤)。二是因为道路等级，机动车过多会带来空气污染、噪声过大及心理不安全感等问题(路段②)。三是因为街道性质与活动性质，健身文体类活动需要大片安静的场地，如果把健身器械或座椅安排在商业繁华的地段，人流涌动，势必无法营造出好的健身场所，因而也不会有人来此进行体育健身活动(路段⑥)。

(4) 除健身设施外，商业和广场也是吸引健身休闲活动的重要因素。生活

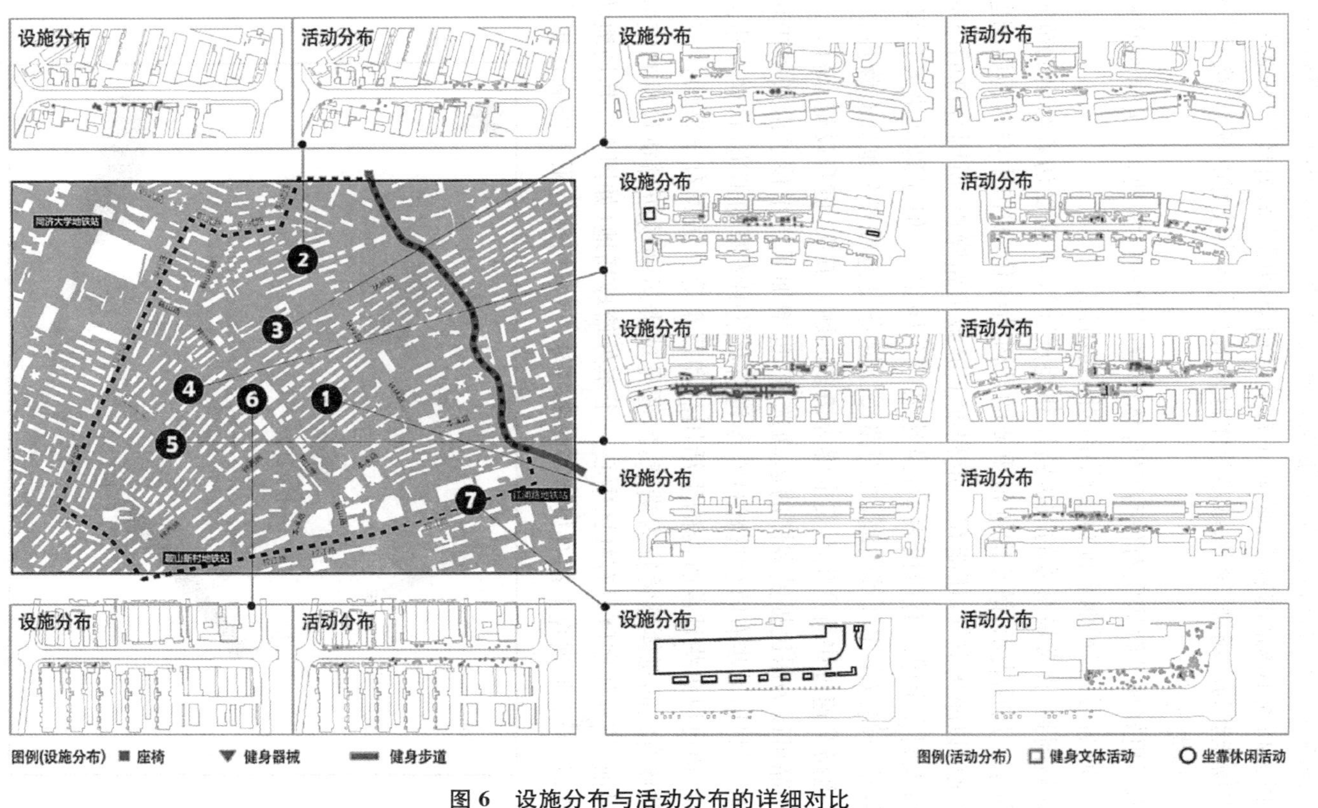

图 6　设施分布与活动分布的详细对比

类零售渗透在居民的日常生活中，触发人际交流，但也不会因此聚集过多的人流，可以为高频小场地的散步、遛狗、下棋等活动类型提供较好的场地(路段①)。商业广场能够为广场舞、轮滑、散步等体育休闲方式提供较好的场所(路段⑦)。

3. 调查问卷

为了更好地了解居民对体育健身休闲空间的实际需要，本次调研共随机抽取了50名居民，对他们进行了简单的问卷访谈。

在被问到“日常最喜爱的散步路径和地点”时，50位受访者给出的范围如图7所示。居民表示，散步锻炼最重要的是树荫绿化，城市中空气污染问题严重，绿化可以净化空气，还能在一定程度上屏蔽道路噪声，所围合出的空间也能带给人们安全感。有居民表示，虽然松鹤公园很小，但起码是块大片绿地，能够隔绝道路汽车尾气等问题，然而路边的健身设施再齐全也会有噪声、空气污染、道路车速过快所产生不安全感等诸多问题。其次，健身设施、座椅、可攀爬的小品可以为居民提供多样的运动选择，也增加了带小孩子出来散步玩耍的乐趣。另外，散步有时会选择日常零售商业氛围浓厚的街道，这样一边散步锻炼，一边可以买些日常所需的生活用品和蔬菜等。居民对于鞍山住宅片区的公共体育空间总体感觉较为满意，问题是球类运动场所稀缺且没有室内场馆。目前，该片住宅区只有社区中心一个室外篮球场地(如图8)，其场地使用率极高，每天下午到晚上都有很多人前来打球，一来场地有限不能满足更多人

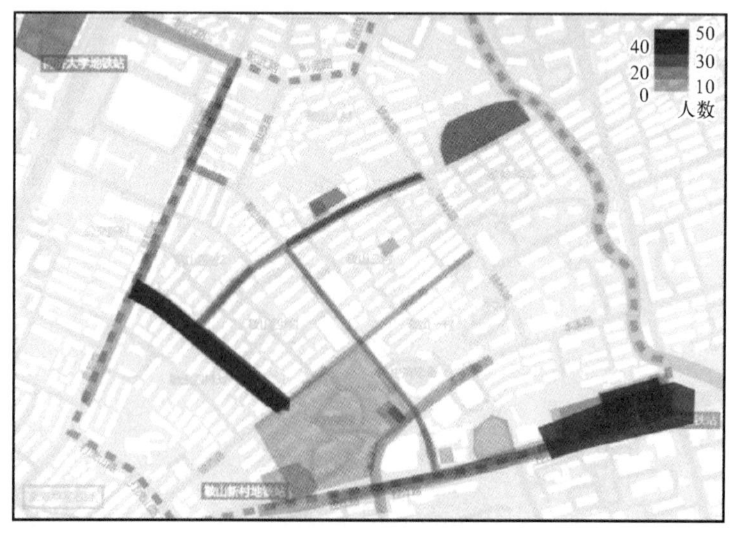

图7 喜爱的散步路径

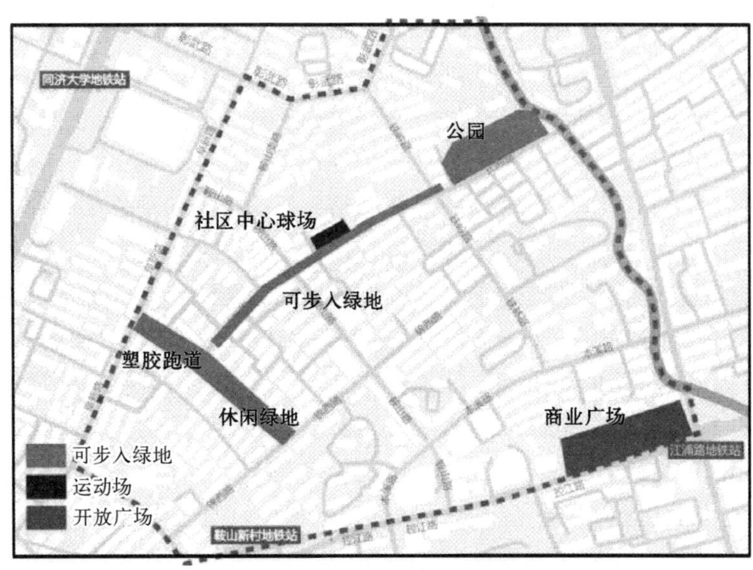

图8　喜爱程度最高的场地性质

的需求；二来没有室内运动场馆，导致了极易受天气影响的羽毛球、乒乓球等运动项目不能方便进行。

（四）城市公共体育空间影响因素分析

1. 活动类型与布局选择——空间属性

居民的体育活动形式不只有打球、散步、器械等健身运动，也包括下棋类的精神锻炼，广场舞、遛狗、轮滑等社交休闲类的活动。这些活动类型侧重点各不相同，竞技、娱乐、休闲、交流，不同性质的活动对空间属性也有不同的要求。如健身步道最好在机动车较少的次要道路或公园内铺置；器械一定不能布置在沿街而应在绿化中心，从而可以保证远离噪声、空气污染等问题；下棋、打牌等活动可分别考虑静谧的绿化花园及生活零售街道；广场舞、轮滑嬉戏等比较吵闹的体育项目可以与商业广场等相结合。在空间布局上，要根据不同活动的类型找到合适的地点，从而保证在不同居住位置上的居民均具有较好的可达性。

2. 串联空间与多样化设施——空间属性

日常健身活动通常并不限于一个地点，而是由散步或跑步串联多个活动场地的“点—线—面”系列空间。健身活动种类多样，散步、跑步、球类、轮滑、器械等，只有在布局上保证它们之间较好的联系，才能在使用时具有较好的连续性，从而满足不同年龄、不同身份人群的健身需求。有些活动只要有街道就可以发生，比如散步、跑步，但更多是需要特定的场地或者器械，比如球类的运动场、轮滑的大广场、便民健身器械。因此，多样化的设施是保证多样健身活动发生的基础。

3. 生态绿化——生态友好

城市公共体育空间的建设，除了能够给人们的各种活动提供可能性外，更要注重空间的舒适性与愉悦度，即人们在其中活动是否感受到身心放松、健康安逸。有研究显示，舒适性的空间环境应具有八个要素：空气清新，没有污染和臭味；安静、没有噪声；丰富多彩的绿化；与水体亲近；街景美丽；具有历史文化活动；有宜人散步的场所和空间；有游乐设施。其中人们对安静、洁净、绿化这三个要素最为关心，是保证舒适性的基本要素。本次的实地调研结果，亦可以得到相同的结论。而如今城市环境污染问题日益严重，雾霾噪声、交通安全等都给城市公共体育活动带来了不利影响。因此，如何利用生态绿化设计来解决这些问题，是今后研究的重点之一。

4. 大型场馆——资源集约

城市公共体育空间的建设，除了简单的步道、绿化、广场外，还应该有能够满足球类运动的大型场地及场馆。但是，专门的场地、场馆需要占用大量的城市土地资源、人员管理资源及运行能耗。高人力和资源投入并不是一个可持续、可复制的设计模式。因此，整合城市的废弃场地(图9)，改造成合适的体育

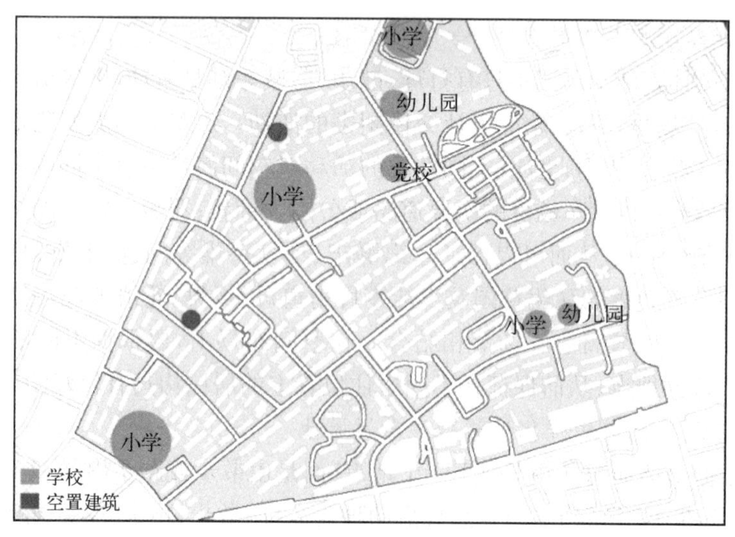

图9 学校及空置建筑分布

场馆，也许是一个不错的选择；另外将学校的运动场所分时段开放给周边居民使用，亦是一个较好的解决方式。这样不但可以对城市废弃资源进行再利用，提高学校资源使用率的同时，亦能为居民体育活动提供更高的品质和机会。

三、SER体系构想——针对城市公共体育空间优化

（一）城市公共体育空间的空间属性

1. 城市公共空间

城市公共空间系统存在着宏观——中观——微观的层级结构。近些年，各专业的学者越来越意识到人作为城市公共空间主角中的重要性，自下而上地从人们的日常生活行为中对城市公共空间活力进行研究，该方向成了当今的研究热点之一。环境心理学与环境行为学，便是两门从人的感受出发的学科。定义感觉、知觉和认知等基本概念，利用环境知觉理论、透镜论和生态知觉论等理论解释人们生活总的行为、心理现象，并由此指导城市公共空间的设计，创造出更宜人健康的城市。人从公共空间的被动接受者，变成了空间的主导者。

2. 城市公共体育空间的空间要素

城市公共体育空间作为城市公共空间的一部分，设计之本亦从人的行为和需求出发。如调研得出的结论，孤立或选址不当的体育空间均会影响人们的使用频率和愉悦度。马斯洛的需求层次理论表明：人的行为需求需要环境提供必要刺激，当环境具备了足够的刺激元素之后，便会产生行为的动机，进而导致行为的发生。良好系统的公共体育空间能够对人们的体育健身行为形成熏陶和引导，激发人们的运动欲望，在运动过程中获得身心的愉悦，精神上得到良好的恢复及物化作用。因此，在城市公共体育空间的设计中，要根据人们的运动需求（走、跑、跳、投掷、攀登、游泳等方式），结合城市规划、资源，将场地设施多样化、均质地布置在住宅区中，并加强点（健身器材点、体育馆、广场）、线（健身跑道、休闲步道、城市绿带）、面（公园等）之间的相互联系，给居民提供探寻不同健身可能性的乐趣。

（二）城市公共体育空间的生态友好

1. 我国城市的环境生态现状

工业化和信息革命的蓬勃发展，在提升居民生活品质的同时，不可避免

地带来了一系列生态环境破坏及污染等问题，如水土流失、垃圾污染、大气污染、噪声污染、水体污染等。近些年，雾霾强势席卷中国从南至北的大中小城市，晨练戴口罩、出门不识路等问题严重。户外锻炼本身是为了强身健体，但吸入过多的雾霾、灰尘，反而成了伤身的原因之一。近几年，国家大力整治污染企业，国民也深感环境污染带来的弊病，少开车、节水、节电、节能源，积极响应环保生态的生活方式，环境问题有了明显的改善。但城市中客观存在的繁重交通问题，包括尾气排放、噪声污染等，短期内依然很难妥善解决。

2. 我国城市公共体育空间的环境生态评价

我国的城市公共体育空间规划仍处于发展、探索的阶段，因城市布局太过紧凑，没有大范围的土地专门供给体育休闲空间的建设使用。点状的健身器械基本进入了不同规模的住宅社区，除了部分新建小区在休闲绿化中规划有专门的健身器械场地外，剩下的健身器械都临街布置，汽车尾气、噪声污染等问题自然会给健身环境的舒适度带来不利的影响。线状的健身步道一般可与绿化带相伴出现，良好的绿化可以在一定程度上为运动环境带来清新的空气、鸟语花香及安静平和的氛围，但步道的普及率不够，大多社区的居民散步、遛狗、跑步还是只能选择繁忙的城市道路。面状的公园绿地能够很好地在城市中开辟一方绿岛，人们可以在其中进行散步及其他休闲娱乐，但目前，该类公园在国内城市所占的面积比例仍然偏低，且该类公园的设计大多以休闲功能为主，今后可以在该类公园中考虑增加球场功能。

3. 城市公共体育空间的环境生态理想模式

城市公共体育空间可以由活动性质大体分为健身文体和娱乐休闲。部分娱乐休闲，如下棋、打牌，因其机动性大、场地要求小，与日常商业街道能够很好地共生，因而可以将其布置在生活类商业街道上；另一部分的健身文体活动，如广场舞、轮滑、遛狗等，因其活动氛围相对热闹，可考虑与城市广场设计结合。其他大多数的健身文体活动，如球类、器械类、散步、跑步等，需要通过绿化保证其对环境的适宜性和生态性。一方面，可以将体育场所或体育健身设施布置在城市绿化中心或是社区的绿地中心；另一方面，可以通过“灌木—浇灌（喷泉）—高低乔木”的层次搭配设置出城市绿篱，在繁杂的城市洪流中为城市公共体育空间开辟出一方宁静优美的绿岛（图10）。从城市绿地生态环境效应的研究来看，城市绿地的效应主要集中在降温、增湿、固碳释氧、降噪、抗污染、保护生物多样性等六个方面。城市绿地不仅可以满足城市公共体育空

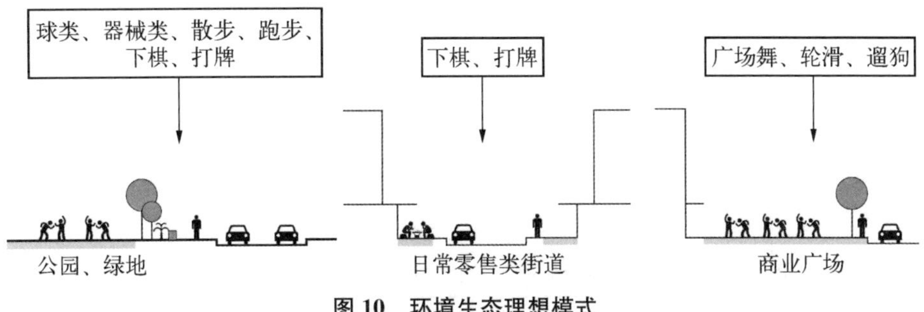

图 10　环境生态理想模式

间的生态需要,更是改善整个城市生态的福音。

(三) 城市公共体育空间的资源集约性

1. 城市废弃场地,构筑再利用

城市建设过程中有很多老厂房、老建筑因其功能不再被需要而荒废。如今城市设计和建筑设计中有一个热点问题,就是老城更新和建筑更新。如,北京 798、成都东郊记忆、上海 1933 创意园区都是老厂房改建艺术园区的成功案例,旧的物理形态在被赋予新内涵后重新焕发生机,在保留城市历史记忆的同时,免除了大拆大建造成的资源和能源的浪费。除了这几个大型的改造案例外,城市当中还分散有大量各式各样的废旧场地、构筑物,这些场地或构筑物,在稍加设计规划后,就可以变成开放给居民进行体育活动的篮球场、排球场、羽毛球场,甚至游泳馆。在重新利用城市废弃资源的同时,也解决了城市公共体育空间缺乏大型运动场馆的问题,对社会资源起到了集约再利用的作用。

在重新设计的过程中,也可以考虑就地取材和回收材料的使用问题,尽可能降低场馆的建设和使用过程中所产生的能源消耗和费用。低价格、低能耗帮助政府减少了运营成本,使之更具有可持续性及可复制性,亦使设计更具现实意义。

2. 学校体育资源的社会共享

包括小学、中学、高中及大学在内的学校,都具有较为丰富、完善的体育场地和设施。而且学校在城市中的分布也相对均匀。可以在周末或寒暑假的休息时间里,限时将学校的体育资源开放给公众使用,运行费用可适当向公众收取或由政府承担。这样,既可避免建设大量公共体育场馆的资源浪费,又能高效集约地使用城市的体育资源。

(四) SER理论下的城市公共体育空间构想(图11)

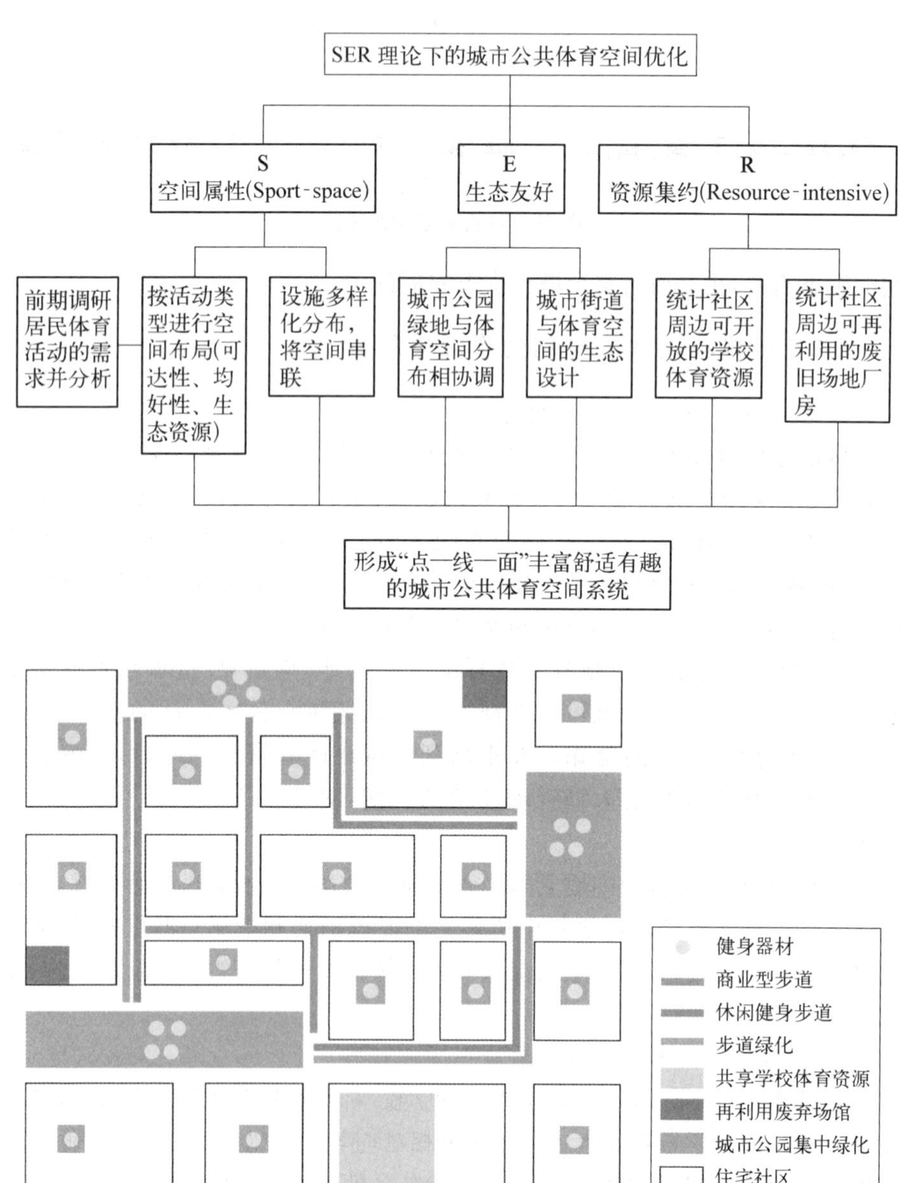

图11　SER理论下的城市公共体育空间构想

四、SER 体系在城市公共体育空间优化中可行性分析

（一）技术可行性

城市绿地可以通过植物的蒸腾、蒸散、吸收、吸附、反射等功能，实现降低温度，增加湿度，固碳释氧，抗污染（吸收粉尘、Cl_2、SO_2、CO 等），降低噪声及保护生物多样性等功能。关于城区绿地对六种生态环境要素的改善程度、影响范围、机理问题以及不同植被种类生态环境效应的差异情况等，国内外学者都进行了大量详细的研究。基于传统实地观测数据进行城市绿地的生态环境效应研究是目前主要使用的研究方法，部分学者开始使用遥感技术手段研究城区绿地的降温、增湿效应。目前，研究城市绿地的生态环境效应已成为了城市园林生态学、景观生态学及环境科学的热点。因此，通过绿化的生态效应提升城市公共体育空间的环境品质，具有现实可行的特点。

关于废旧厂房的改造再利用，建筑设计学科做过很多相关方面的探索，包括在建筑更新的过程中考虑旧建筑材料的回收再利用，就地取材减少建材运输途中的资源能量消耗，尽可能地实现低成本、低消耗的可持续发展。

（二）经济可行性

城市公共体育空间的生态性设计不仅是对体育空间的优化，更是对城市环境问题改善的有利探索。该举措不但减少了城市在环境治理方面的大量投入，同时对提高国民身心健康亦具有重要的意义，将会带来隐形的社会效益。

对于废旧场地厂房的利用，减少了对城市资源的浪费。对于学校体育资源的共享，分摊了学校运营体育设施的负担，减少了一大笔新建公共体育场馆的费用以及能源资源的消耗，具有不可小觑的经济效益。

（三）管理可行性

城市公共体育空间形成完整体系后，行政归属将更加明确，有利于所属部门承担起维护场馆运营的责任。由旧厂房改建的运动场馆尽量使用被动、低技的可持续设计方法，通过减少使用过程中的维护费用，为管理方减轻负担。对于学校体育资源的共享，可以通过选择学生放假或场馆空置的时候对外开放，可以较好地区分学生和社会使用者，方便管理。

五、结语

城市公共体育空间是人们日常户外活动、社交的有利载体，它的品质关系到居民参与体育健身活动的积极性、坚持性和有效性。在强调全民健身的今天，体育活动应包括强健身体及愉悦精神两种功能。因此，城市公共体育空间的建设亦应包含更广的意义，不仅是提供一个跑步健身的场地，更是在社会、经济、生态可持续发展的条件下，集约化利用资源，并根据不同年龄人群的实际健身需要，为其提供健康、丰富的公共体育健身场所。

SER理论，从空间营造、环境生态、资源集约化三方面，重新思考城市公共体育空间的优化策略。空间营造决定了公共体育空间是否能够满足人们对运动场所的需要；环境生态决定了场所是否适宜于人们舒缓身心，强身健体；资源集约化决定了城市公共体育空间是否能够长期推行下去，保障资源节约和政府建设成本的可持续发展。对于城市公共体育空间的构建，本研究首次提出了不再拘泥于单个建筑或单纯的空间层面，而是加入了生态环境和资源集约化等因素，从而真正达到激发城市公共体育空间活力的目的。

参考文献

[1] 李伟红.体育休闲空间景观设计研究[D].南京：南京林业大学，2006

[2] 常乃军，乔玉成.社会转型视域下城市休闲体育生活空间的重构[J].体育科学，2011

[3] 刘东升，邹玉玲，李林林.西方学界的体育空间研究与体育地理学的建构[J].体育科学，2013

[4] 周祥.城市公共空间解读[J].华中建筑，2013

[5] 陈利顶，孙然好，刘海莲.城市景观格局演变的生态环境效应研究进展[J].生态学报，2013

[6] 袁继芳，陈建国.从广场舞扰民看城市体育休闲公共空间的缺失[J].武汉体育学院学报，2014

[7] 蔡玉军，邵斌.城市公共体育空间基本理论与应用研究[J].成都体育学院学报，2014

[8] 苏泳娴，黄光庆，陈修治，陈水森，李智山.城市绿地的生态环境效应研究进展[J].生态学报，2011

第 2 篇

竞技体育

市场经济环境下上海竞技体育后备人才多元化培养的重要渠道及机制研究

——以击剑项目为例*

谭　丽　费正伟

一、前言

随着全国青年运动会的落幕,上海的传统优势击剑项目成绩大幅下滑,看到击剑项目后备人才的减少,再看社会击剑俱乐部快速发展,作为击剑从业者应该考虑击剑项目的后备人才培养的模式是否符合社会发展的情况。在我国多元社会的大环境下,现行击剑人才培养体制暴露出诸多问题,为探索上海击剑后备人才培养的可持续发展道路,选择击剑后备人才多元化培养体制进行研究,以期促进上海击剑项目的可持续发展。

随着社会的不断发展和进步,体育越来越进入广大人民群众的生活中去,体育作为未来重要的产业之一,社会资本和资源不断进入击剑运动市场和原有击剑人才选拔体制的僵化,导致了后备人才培养的无序和低下的效率。所以有必要对现有击剑后备人才培养机制进行梳理和进行有效整合,恢复击剑后备人才培养的活力和效率。

后备人才培养工作是竞技体育可持续发展的基石,是中国竞技体育水平长期处于世界领先水平的重要保障。胡锦涛在北京奥运会、残奥会总结表彰大会上的讲话中指出:“要重视竞技体育人才培养和队伍建设,特别是要加强竞技体育后备人才培养工作。”

上海的击剑运动作为上海竞技体育的重要组成部分,从起步至今,经历了

* 本文作者单位：上海立信会计金融学院。立项编号：TYSKYJ2016028。

四十多年的成长现已跻身于世界强国之列。在可持续发展的战略中，要不失时机地捕捉机遇，科学地分析机遇，准确地把握机遇，创造一切可能条件，以实现击剑项目的可持续发展。而击剑项目后备人才的培养是支持击剑项目可持续发展的重要组成部分和坚实基础。击剑后备人才培养实际状况与击剑项目备战2021年和2025年奥运会的人才储备有着密切联系。为击剑项目的可持续发展提供有效参考依据和理论支撑。为上海培养更多的击剑后备人才，为备战全运会和奥运会击剑项目可持续发展做出科学的决策。

二、上海击剑人才培养模式现状

（一）传统体制击剑人才培养现状

上海作为我国最早开放的现代化城市，上海的击剑项目一直是重点项目，培养了一批全国乃至世界优秀的击剑运动员，为上海争得了荣誉！上海的击剑培养模式依靠强有力的政策导向和行政执行力，建立了“业余体校—市体校—市专业队”这样一种独立运作的竞技体育人才“举国体制”培养模式。

回顾历史，为上海的击剑事业奠定了坚实的基础，培养了一批世界冠军和全国冠军。当然我们也应该看到这种竞技人才培养模式，在目前社会快速发展过程中，效率逐渐弱化，在市场经济规则下受到较大冲击，呈现出后续乏力的显现。在刚刚结束的全国青年运动会中，上海的击剑项目成绩大幅下降，出现了人才的断档现象，值得我们深思。由于上海是全国经济发展最活跃的地区之一，人们日益的生活物质需求得到满足，现在的家长不太愿意让孩子从小进行专门的运动训练，因为这样会严重影响正常文化、教育的时间。造成了目前基层练习击剑人数不断增加，但成才率逐渐下降的现象。

不过我们也应该看到“举国体制”培养模式虽然存在一些弊端，但是放在我国目前社会转型的这一个特殊环境时期里面来看，这种培养模式还是在竞技人才的培养和发展中，仍在发挥着重要的主导作用。

（二）体教结合击剑人才培养现状

“体育运动只有与文化、教育相结合，才能够实现它的宗旨。没有教育的体育会举步维艰”（顾拜旦）；“失去体育的教育是不完整的教育，失去教育的体育必将是走向歧途的体育”（何振梁）；“中国体育后备人才培养体系是孤立在社会主流的教育体系之外的，虽然国家对义务教育阶段的学校经费、办学条件等有硬性要求，但体育系统的教育力量实际上是远远达不到教育系统的资源水平的”（刘鹏）。都表示运动员不易过早地专业化，运动员需要文化知识补充，文化教育缺失，他们在结束了运动生涯后，往往很难融入社会。

本课题也看到许多西方发达国家，他们将高校作为竞技体育人才的主要方向。上海多年来也在做这方面的尝试，在上海开展高水平击剑项目的高校有：上海立信会计金融学院、上海电力学院、上海体育学院。高水平运动队进入高校，其目标定位是能代表国家和地方，参加全运会、亚运会、奥运会和世界大学生运动会。经过多年的发展，上海的高校高水平运动队的开展，在局部取得了一定的效果，如代表上海参加全运会，代表国家参加世界大学生运动会。然而，仔细分析就会发现，在上海高校开展击剑项目还是少数，对上海的后备人才，尤其是青少年的培养达不到预期效果。由于青少年运动员的特殊性，青少年运动员年龄层次主要在中学阶段，目前在上海开展击剑项目的只有为数不多的中学，如嘉定区的震川中学、宝山区的同洲模范中学等，但远远满足不了击剑后备人才培养的目标。主要问题体现在以下几个方面：

第一，教练员队伍专业训练能力不高。

教练员作为运动训练的策划者和组织者，在现代竞技体育中的作用日益突出，对学校竞技击剑运动的发展有着非常重要的作用。但现在上海的学校击剑教练（教师）主要来源于学校体育教师队伍，他们来自体育院系的毕业生，有较系统的专业理论知识，但运动训练能力还显不足，缺乏从事较高水平运动训练的理论与实践经验。同时，学校教练承担着体育教学任务，很难在训练中全身心投入。在经费的支持上也明显不够，没有很好的激励机制，光靠弘扬奉献精神、讲情怀是很难达到持续发展的要求的（表1）。

表1　学校培养击剑后备人才的问题

问题	师　资	经　费	注 册 规 定	体 制 机 制
现象	缺少高水平的教练资源	参赛训练经费难以保障	注册定终身	教育和体育系统目标不一致
原因	高水平教练基本都在体育系统，高水教练进入高校没有很好的保障和激励机制	教育系统经费投入体育经费有限，更多的保障教学，难以满足训练和师资保障需求	目前的注册制度，表面上保护了各区各学校的利益，但是不利于人员流动，不利于资源的优化和有效利用	作为两个不同系统，在机制和目标上考核的方式有区别，导致重视程度不够，效果不理想

第二，学习和训练矛盾比较突出。

学校运动员既是"运动员"，也是"学生"，所以他们既要完成教育的所有课程，还要完成相应的训练。对他们提出更高的要求，从上海的实际情况来看，情况不是很乐观，在开展击剑项目的学校里面，训练时间很难有保障（表2）。

表2 上海开展体教结合中学训练情况

学　校	宝山同洲模范	嘉定震川	杨浦控江初级	松江名乐
性　质	少体校合练	少体校合练	少体校合练	兴趣班俱乐部
每周训练次数(次)	5	5	4	2～3
训练时间(小时)	1.5～2	1.5～2	1.5～2	1.5
训练人数(人)	80左右	40	30左右	30左右
教练人数(人)	4	2	2	1
小学生(人)	60	25	15	
中学生(人)	20	15	15	30

由表2可见，上海的中学训练主要时各区的少体校与中学的合练；将少体校的所有训练功能在学校完成，其中训练对象由中学生和小学生混合，小学生占比较大；教练员人数较少，主要时年龄跨度大，给训练造成不利影响；训练时间不够，大多数训练时间1.5小时，主要都是在放学后进行训练，学习压力比较大，很难拿出足够的时间来训练，不能满足训练要求。

（三）社会俱乐部击剑人才培养现状

近年来，上海开始出现商业化运营击剑俱乐部，数量逐步增加，到目前为止，具有一定规模的俱乐部（表3）。

表3 上海商业化运营击剑俱乐部情况

俱乐部	万国击剑	王磊击剑	盛力瑛才	上海亮剑	尼米兹
学员人数(人)	4 000	250	400	300	250
教练人数(人)	40	9	10	6	5
场地规模(平方米)	15 000	1 500	1 500	1 000	700
教学点(个)	2	3	2	2	1

从表3可以看出，上海击剑俱乐部的参与训练规模已经远远超越少体校规模，从教练员人数来看也有相当的数量，从场地设施水平来看已经高于少体校。主要参加训练的对象是1～4年级的小学生和小部分中学生和成人击剑爱好者。从人员成分来看，俱乐部、少体校和学校主要参与训练的人员类型重合。

另外我国的击剑俱乐部也越来越多开展和建立起来，上海的俱乐部参加国内击剑俱乐部联赛。取得不错的成绩，从一定程度上说明击剑俱乐部在低年龄的阶段，有非常明显的优势。但各个俱乐部还没有相应建立和完善一整套关于青少年运动员选拔、培养、输送机制；还没有对击剑人才进行有体系的培养。这个方面还需要提高。通过俱乐部联赛，带动了击剑项目的兴起和热潮，让更多的人参与到俱乐部、参与到击剑训练中去，夯实了上海的击剑人口基数，给后面良好发展打下了较好的人员基础。另外，击剑俱乐部存在的主要问题是经营压力比较大、教练员流动比较频繁等，不利于有效地提高质量训练。

社会资源的利用，现在击剑俱乐部在商业模式下，有效利用自身资源，开拓相当一部分私立的学校进行击剑教学与培训，这对击剑项目进入学校是有利的铺垫，是未来发展的趋势。

然而，从现实结果来看，上海击剑俱乐部的出现时间比较短，上海击剑俱乐部培养模式更加商业化，更多追求商业利益，人才培养不是其最主要的方向。目前也没有真正地培养出击剑的后备人才，但是新鲜事物的出现，需要时间的检验，至少从现在来看，方向是比较正确的。

上海的击剑后备人才培养模式呈现了一个不断发展、不断更新的过程。在不同的发展阶段，其击剑后备人才培养表现出不同的特征，都取得了一定的成绩。但随着商业化、市场化不断推进，目前上海原有的击剑后备人才培养体制以及以这种体制为基础建立的体教结合模式已经出现瓶颈，开始出现不适应目前市场经济体制的发展，主要表现在“举国体制”培养模式下问题多多，但仍发挥着主导作用、体教结合培养模式空有其表，内在还是少体校模式，有形无实，没有很好地发挥应有的作用；击剑俱乐部培养模式方向正确，但出现时间比较短，还没有达到预期的效果。因此，在市场经济条件下建立多元化的击剑后备育人才培养模式是目前上海击剑发展的必然要求。

三、在市场经济条件下击剑后备人才培养

（一）击剑后备人才培养的市场化思路

体育市场化是体育发展的一种必然趋势，是不可抗拒的时代潮流，给我国竞技体育的发展带来了新的机遇，也给竞技体育带来了严峻的挑战。击剑后备人才的培养也必须顺应体育发展的市场化趋势，顺应体育商业化、社会化和职业化的发展形势，才能保持击剑项目持续良好的发展。

目前由于我国正处于社会转型期，政府部门正在由传统的计划经济思维向社会主义市场经济思维转变，原有击剑人才培养模式所依靠的经济物质条件和相关制度基础已经发生比较大的变化。这就要求体育部门，必须科学划分击剑人才的培养方式，合理扩大击剑人才的培养途径，以更好地适应社会进步，市场化的体育发展潮流。

击剑人才培养市场化也是要利用自身的优势与社会力量融合，使其自身得到发展。目前在击剑培养方面，还是体育体统、教育系统和商业俱乐部为重要参与方，让三方相互协调、相互支持是调动市场力量培养击剑人才，让市场力量成为击剑项目推广和发展的投资主体和管理主体，而后形成一个多元协调、资源互补的击剑人才培养格局。

（二）击剑后备人才培养的市场化模式

上海击剑后备人才的培养模式应该在以下几个方面进行有益的尝试和推广。

1. 建立击剑运动重点合作俱乐部和重点合作学校

体育主管部门与市场资源力量结合，建立重点合作俱乐部。由体育主管部设定俱乐部准入标准，对俱乐部进行考核与监督，对达到考核标准的俱乐部给予经济奖励和政策支持；俱乐部利用自身场地设施，教练资源和辐射人群进行资源投入，对获得较好成绩和效果的人员进行激励(图 1)。

另外，为了给青少年运动员创造良好的文化课学习条件和训练条件，应该把学校与竞技体育相结合，将击剑项目放入私立学校进行教学和训练，形成击剑重点私立学校，在形式和内容上更适合击剑培养，因为公办学校目前很难提供这样的条件。将私立的学校与重点击剑俱乐部进行相互关联，由俱乐部为

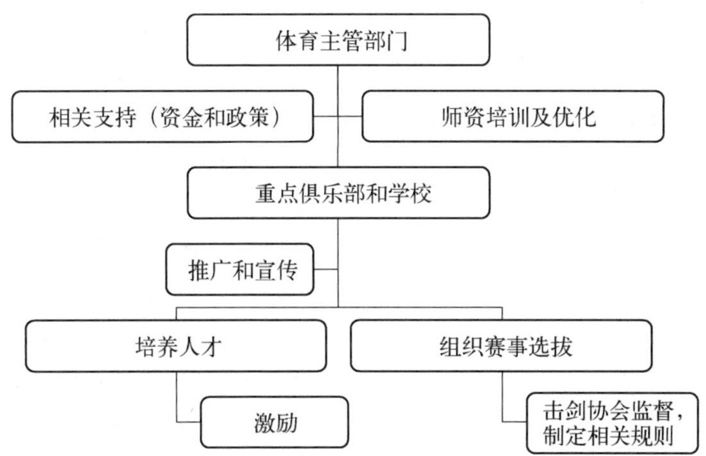

图 1　建立击剑运动重点合作俱乐部和重点合作学校模式

有天赋的小选手提供额外的经济、训练保障和参赛机会支持，取得的成绩获得体育主管部门的认可给予经济和政策支持，形成一个良性的循环过程。

2. 适时建立“击剑之家”训练基地

“击剑之家”训练基地建立可以作为俱乐部与学校击剑培训的有效补充。由政府主导，在目前击剑专业队训练基地建立面对社会的“击剑之家”，帮助俱乐部和学校击剑潜质后备人才实现向优秀运动员的过渡和转换。“击剑之家”可以为正在读书和俱乐部运动员提供住宿；利用击剑专业队优势教练资源，为运动员进行短期集中训练提供有利条件；用冠名和合作伙伴等政策，适当引入社会资本进行经济支持和新闻宣传，扩大影响力和受众面(图 2)。

为提高“击剑之家”训练基地的训练服务水平，特别是加强后备人才培养工作，还可以对训练基地的教练员进行资助，教练员包括专业教练和社会优秀教练。由俱乐部和政府共同负担“击剑之家”训练基地教练员的费用，让优秀的教练员很好地帮助这些运动员，给他们更快进步的外部条件。

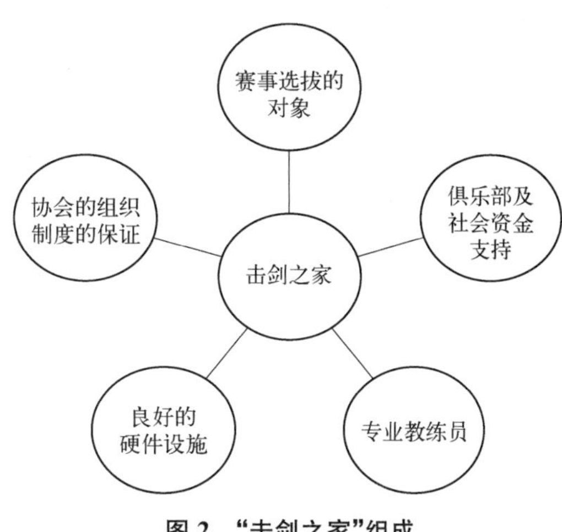

图 2　“击剑之家”组成

3. 设立击剑发展基金支持击剑项目发展推广

设立后备人才培养基金，对于在后备击剑人才培养突出的俱乐部和学校给予有力的资金支持，以保证后备人才的训练和比赛(图3)。

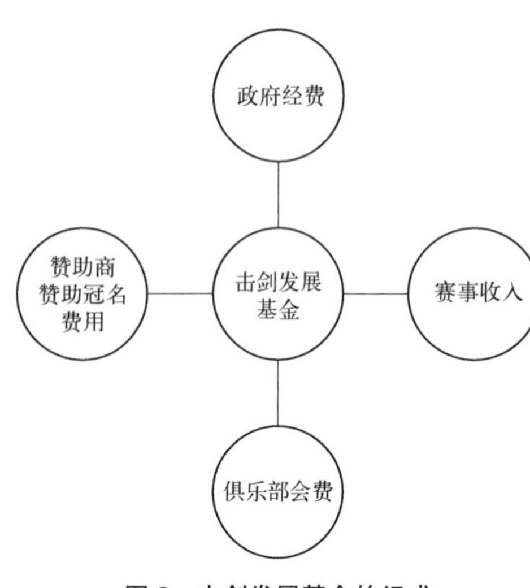

图3 击剑发展基金的组成

通过对俱乐部和学校的考核评定，提供一定数量的基金经费，对100名上海击剑比赛表现优秀，最具运动天赋的，具有潜质的击剑选手进行资助。在资助对象上进行等级区分，设置不同等级，类似于学校奖学金，更好地促进击剑发展。当然人员的确定除了运动比赛成绩以外，还要采取与击剑协会协调协商、将选手的竞技水平和竞技前景同时考虑进去。另外，设立表彰在后备人才培养方面业绩突出俱乐部的激励基金，获得表彰的俱乐部可以获得一定的数额的经济奖励。

4. 利用社会市场力量开展有系统的选拔系统

为了发现和选拔击剑项目运动人才，学校、击剑俱乐部和击剑协会组成击剑竞赛选拔委员会，对击剑比赛进行筹划安排，设定不同年龄和等级的击剑比赛，同时引入社会赞助资源对赛事进行宣传和传播，对表现优秀的选手给予更好的训练条件和参赛机会，如进入“击剑之家”进行训练，代表上海市参加全国赛事(图4)。

5. 加强和提高教练员业务水平和素质

目前上海共有约300～350名击剑教练员和教师，涵盖了专业队、少体校、学校和击剑俱乐部，其中有100人左右是专职教练(专业队，少体校)，另外部分的教练主要在社会培训机构(俱乐部，学校和社团)中。本课题认为，在从事后备人才培养工作方面，上海现在的问题不在于教练员的数量，而在于教练员击剑训练的业务水平和敬业精神。

建立教练员培训制度和从业资格制度，定期进行相关教练员培训，培训采用有偿培训制度。由协会建立系统培训制度，建立教练专业等级制度，如设立不同年龄段的教练资格证书，邀请专业人士对教练员进行全方位培训，提高后

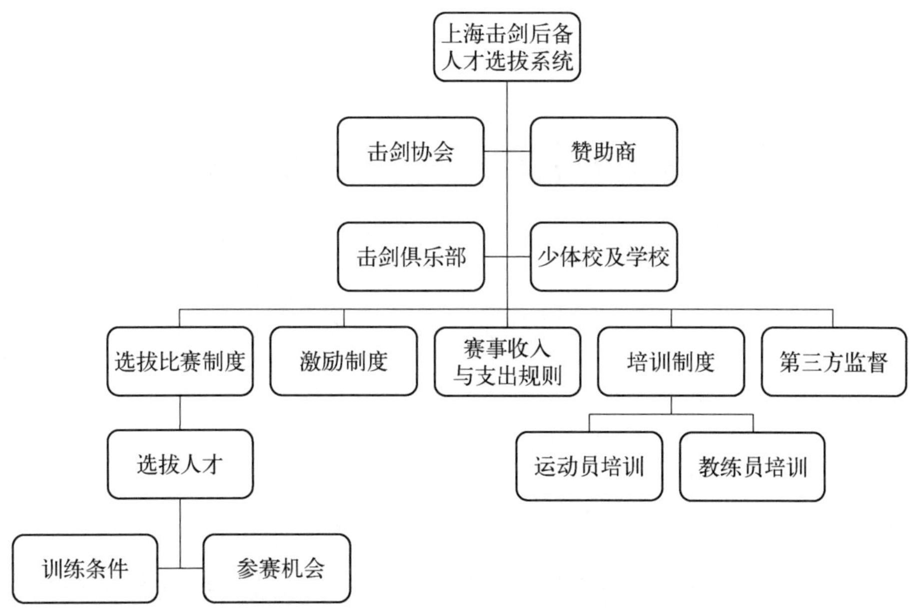

图 4　击剑后备人才选拔系统的建立

备人才教练的专业水平。

四、结论

一是上海击剑后备人才培养模式全面，但社会参与度较低，现有机制不利于社会资源的进入。

二是社会市场资源和原有培养机制进行有效的传递和互通，是未来上海击剑后备人才多元化培养的有效途径，是人才培养机制的升华。

智力运动体教结合模式的探索

——以世外中学棋类特色班为例*

孙仲勋　孙翠芬　龚　敏　李钰婷　李　婷

一、前言

在我国，智力运动是智慧与艺术的结合，也是文化交融的纽带，看似轻松的对局却蕴含着无穷的变化和人类文化的精髓。在保持竞技体育精彩对抗的同时，智力运动使"体育"的涵义变得更加丰富、完整。伴随着人类文明的出现和发展，智力运动逐渐演化成一种高级的文化资产，成为人类智慧的精彩演绎和完美结晶，凭借其独特的魅力使全世界智者痴迷。

近年来，以"五棋一牌"（围棋、象棋、国际象棋、国际跳棋、五子棋、桥牌）为代表的智力运动在全球迅速普及和发展，尤其在欧美、日韩等发达国家开展得如火如荼。国际智力运动联盟（IMSA）在国际单项体育联合会总会（GAISF）的支持下，陆续主办了"世界智力运动会"和"世界智力精英运动会"等世界级智力运动综合性赛事，各国棋牌高手云集、磨刀霍霍，我国选手在世界智运舞台上表现不俗。

随着经济水平不断提高、综合国力不断增强，我国的体育和文化建设得到越来越多的重视，棋牌正赢得越来越多的关注和参与。远的不说，就拿刚落下帷幕的第三届全国智力运动会来说，此项赛事盛况空前地吸引了来自全国各地的 49 支代表团（队）的 2 700 余名运动员参赛。各支代表队经过激励厮杀，最终决出名次（表 1）。全国智力运动会是由国家体育总局主办的，是以智力运

* 本文作者单位：徐汇区第二青少年业余体育学校，徐汇区棋牌运动管理中心。立项编号：TYSKYJ2016032。

动项目为主的全国性运动会。比赛设有“五棋一牌”六个竞赛项目，是代表着国内智力运动最高级别的赛事。上海代表团取得了金牌数、奖牌数两个第一，用实际成绩证明了上海的智力运动水平处于全国前列的事实。

表 1　第三届全国智力运动会前三名成绩　单位：枚

名　次	代表团	金　牌	银　牌	铜　牌	总奖牌
1	上海	14	6	6	26
2	湖北	9	8	9	26
3	四川	6	7	4	17

棋类项目已被确认列入下一届上海市运会正式比赛项目，迎着这股智运热潮，如何做好棋类后备人才的培养衔接，保障棋类人才队伍建设，全面提升选手综合素质，培养具有国际化水准的全能型选手，成为当下体育、教育系统和社会各界刻不容缓的任务。

1999 年，上海成为全国第一个开展体教结合工作的“排头兵”，棋类项目因其益智特性，受到了教育部门的热烈欢迎。随着棋类项目体教结合工作的推进和深化，各类棋牌特色班、甚至棋牌类特色校在本市纷纷涌现。在诸多特色办学模式下，徐汇区世界外国语中学开设的棋类特色班（后文简称“世外棋类班”）可谓是独占鳌头，该班自开设以来赛绩不断攀升，在各类市级比赛、全国锦标赛、世界锦标赛中屡屡折冠。更难能可贵的是，世外棋类班的孩子们不但棋类赛绩令人欣羡，文化成绩及综合素质也让人称赞不已。从目前学训双优的成绩来看，世外棋类班独有的三方合作模式初现成效。

本课题以世外棋类班为例，对其由上海市棋牌运动管理中心（也称“上海棋院”）、徐汇区体育局及徐汇区世界外国语中学三方合作办学的特殊模式及现有办学成果加以调研、总结，并对得出的研究结果进行分析。意在通过对该办学模式的深入挖掘，积累棋类人才培养和科学训练资料，为开发青少年智力、推广智力运动项目、完善智力运动后备人才培养提供一定的参考价值。

二、徐汇区在青少年中开展棋类项目现状

上海作为中国的中心城市及人才高地，教育及智力水平在全国甚至世界范围内名列前茅，而徐汇区凭借其深厚的文化底蕴及稳定的教学质量，文

化建设一直走在本市前列，这为徐汇区青少年智力运动的开展提供了肥沃的土壤。

棋类运动项目入门比较简单，教学成本较低，对教具和场地要求并不严苛，区内各棋类培训机构、俱乐部应运而生。然而棋类作为职业化程度很高的非奥项目，对专业运动员进行"不专业"培养的现状尤为普遍，"育苗"缺少业内权威系统教材，执教师资也极度匮乏。除了个别颇具规模的专业俱乐部外，随处可见的社会培训机构办学资质参差不齐，大部分机构以营利为目的，缺乏管理、乱象丛生。甚至有不少缺乏相关资质的业余棋手打着"私教"的招牌，将孩子带到住所进行授课，学员的个人权益、甚至人身安全都缺乏相应的保障。

为了规范此类现象，在上海棋院的指导下，徐汇区体育局于2012年成立了徐汇区棋牌运动管理中心，成为当时本市唯一一家区级棋牌管理中心。中心现有在编教练1名、外聘教练4名并配有8名高级别棋类兼职教练，每周前往各体教结合学校授课。中心致力于推广和普及各棋类项目，积极推进项目入校工作，目标打造"幼儿园—小学—初中—高中"一条龙梯队衔接（表2）。

表2　徐汇区体育局棋类项目入校情况一览表(截至2016年7月)

项　目	学校名称	入校形式、课程安排	在训人数（人）	每周课时（课时）
五子棋	中国中学	预初年级开课/一学年，必修课；其他年级选修提高班	80	5
	建襄小学	二年级开课/一学年，必修课；三至五年级选修提高班	280	10
	华东理工附小	二年级开课/一学年，必修课；三至五年级选修提高班	220	10
	求知小学	一年级开课/一学年，必修课；其他年级选修提高班	340	10
象　棋	交大附小	一至二年级开课/一学年，兴趣班	60	4
	上海小学	一年级开课/一学年，兴趣班	40	2
	求知小学	三至五年级开课/选修兴趣班	40	4
	宛南实验幼儿园	三个分园、中班普及、选材集训	180	9

续　表

项　目	学校名称	入校形式、课程安排	在训人数（人）	每周课时（课时）
国际象棋	交大附小	一至二年级开课/一学年，兴趣班；校队	60	7
	上海中学	高中各年级/一学年，拓展课	25	3
	上海小学	一至二年级开课/一学年，兴趣班	40	2
国际跳棋	上海小学	一年级开课/一学年，兴趣班	30	2
围　棋	枫林幼儿园	大班开课/一学年，兴趣班	120	4
	紫薇幼儿园	大班开课/一学年，兴趣班	32	4
	五原路幼儿园	各年级/特色班	17	12
	乌南幼儿园	普及班	80	4
	华育中学	校队提高班	10	3

学校方面，入校布局对棋类的普及、选材来说效果明显，徐汇区在幼儿园、小学中发掘了不少有培养前途的优秀苗子，无论是队员本人和家长，还是学校和教练员都希望这些苗子能升学至项目布点学校，以继续得到训练和提高。然而，由于片区招生限制、对口学校文化师资与学生需求的契合度有偏差等原因，要实现对口中学的梯队衔接尤为困难。小学毕业后的选手，主要还是以每周末自愿前往少体校参加集训的形式为主。

社会方面，社会越来越推崇高学历教育，用人单位和一般社会公众都更加注重一般大学与名牌大学的差异以及学位高低的差异。一个人的学历在很大程度上决定了其社会地位，这就造成了青少年的学业压力越来越大的现状。在这种压力下，教育氛围和受教育者的观念显然会发生变化。社会和教育氛围在促使青少年向着更有利于自己出路的文化学习的方向发展，随着年级的增长、学业压力的提升，青少年运动员的流失率也不断升高。

就图 1 和图 2 的徐汇区二少体校围棋社会班 2015 年度招生培训数据来看，初级班学员最为稳定，该班学生平均年龄在 6 岁，学习群体主要是幼儿园中、大班的孩子，他们抱着培养兴趣、开发智力的初衷参加围棋初级班，且大部分能坚持到初级阶段训练完成；中级班学生选材招生人数最多，该班学生年龄段大多在 7～9 岁，处于小学低年级，本就具有一定的围棋学习基础，非常乐意参加

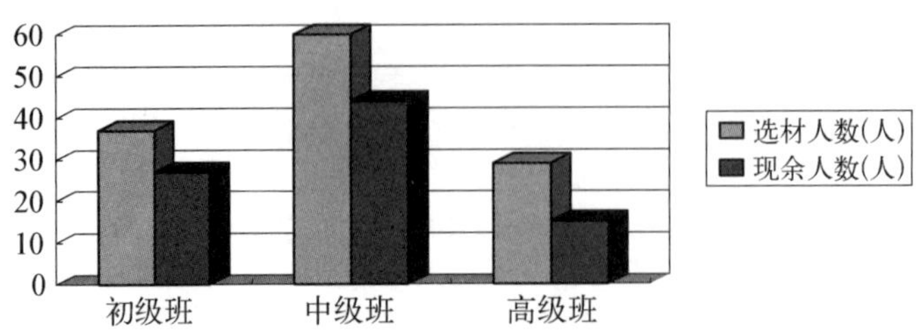

图 1　2015 年度徐汇区二少体校围棋社会班招生培训数据

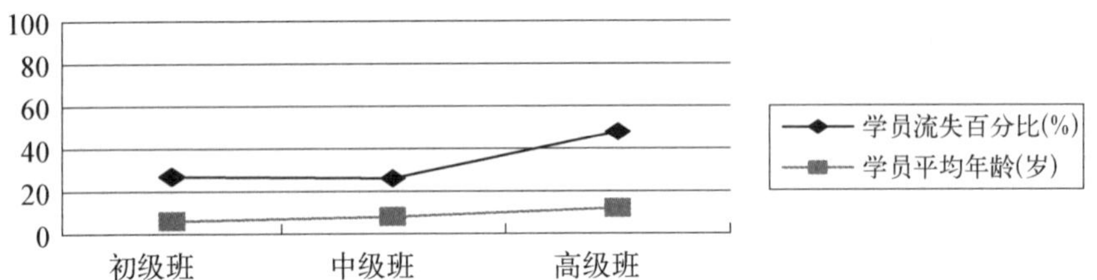

图 2　2015 年度徐汇区二少体校围棋社会班级别学员流失率及年龄分布

体校的业余训练，学生流失率与初级班基本持平；高级班学生平均年龄在 12 岁或以上，处于小学高年级或初中，学业压力不断增大，学生流失率超过 40%。

为此，本课题组回访了高级班的部分学生家长，他们表示："孩子读小学时，业余时间比较充足，等升入初中，课业负担一下子加重，再定期考级考段基本已无可能，现在孩子小升初压力那么大，若下棋无法成为一项专业特长，只是作为兴趣爱好的话，占用英语、奥数等'热门'科目学习时间显得得不偿失。"毕竟竞技体育的残酷决定了只有很少几个人才能站到金字塔的塔尖，一旦孩子在专业上没有突破，只有具备过硬的文化知识，他才有另一个起点。因而随着学生年龄的增长和学业压力的增加，小棋手们逐渐淡出专业训练。

做好项目梯队衔接，才能有针对性地开展跟踪训练，把训练从初级推向中级和高级，减少人才在培养过程中的人为浪费。完整的梯队建设是办好棋类项目普及的重点，这既是人才系统培养问题，也是效益最大化问题，只有将衔接工作做好做实，才能从小培养、系统训练，避免"苗子"还未成材就中断训练所造成的人力、财力、物力、时间等方面的浪费，更重要的是避免人才的流失。做好棋类运动的普及、选才，面对升学分流的关卡，人才梯队断裂、优秀选手流失成了体育部门的衔接工作中的瓶颈。

根据《徐汇区关于 2016 年初中招收艺体类特长生工作的实施意见》(徐教科〔2016〕5 号)整理，徐汇区体育特长生招生计划如表 3 所示。

表3　2016年徐汇区公办初中体育特长生招生计划

学　　校	项目	人数(人)	项目	人数(人)	项目	人数(人)
位育初级	排球	12	桥牌	12		
中国中学	游泳	20				
南模初级	篮球	9				
徐汇中学	飞镖	4				
市四中学	射击	4	排球	7	乒乓	4
零陵中学	击剑	10	游泳	5		
南洋初级	桥牌	15				
田林三中	网球	2				
康外实验中学	棋牌	10				
教院附中	田径	20				
园南中学	帆船	6	射击	10		
汾阳中学	跳踢	5				
理大附中	棒球	6	冰壶	4		
五十四中学	篮球	6				
紫阳中学	棋牌	10				

根据表3数据统计，各体育项目特长生分布情况如图3所示。

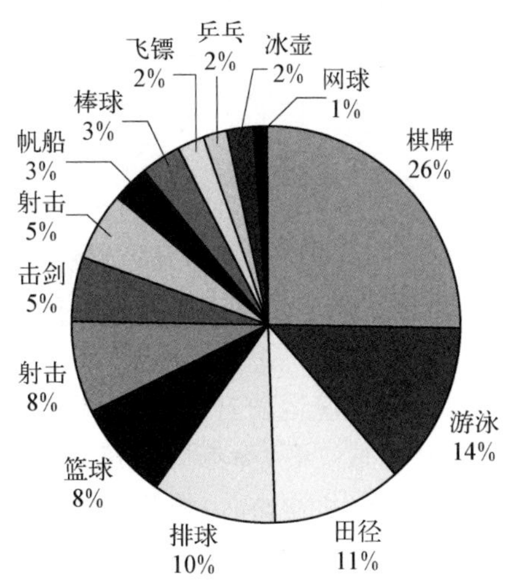

图3　2016年徐汇区公办初中体育特长生各项目招生比例

就表3和图3中罗列的2016年徐汇区公办初中体育特长生招生计划的数据排列来看，各校特招的累计13个项目的176个名额中，棋牌项目共计47人，占体育特长生招生计划数的26%，这一数据显示出各校对棋牌项目的接纳程度和招收率较其他项目而言处于相当高的比率。而招收棋类特色的初中分别为位育初级中学、南洋初级中学、康外实验中学和紫阳中学，这四所学校中前两所只招收桥牌专业的学生，对棋类项目敞开绿色通道的只有康外实验中学和紫阳中学这两所学校。

棋类运动属于智力运动，对孩子的逻辑思维、记忆力及应变能力等素质有相当高的要求，具备这些素质的孩子，同时也是沪上一流学校眼中的“抢手货”，但康外实验中学和紫阳中学作为仅有的两所“绿色通道”学校对我区的棋类尖子生来说，师资差强人意。当家长面临棋类特长与就读名校间的抉择时，天平多纷纷向“名校”倒去。然而那些重点院校的学业压力比起普通中小学而言要大不少，这直接导致很多进入重点学校的孩子被迫慢慢放弃了棋类训练。面对家长和学生的选择，徐汇区的教练只能看着一个个好苗子的流失而扼腕叹息。

如何帮助棋类项目的青少年运动员更好地平衡学业与训练之间的关系？面对智运人才的特殊性，单纯的体教结合显然已无法满足学生及家长的需求，要做好这些苗子的梯队衔接，需要采取“体”“教”并重、互惠共赢的培优模式。

三、探索——以世外中学棋类班为例

2012年5月，借着本市建设智慧型城市的东风，上海棋院、徐汇区体育局、上海市世界外国语中学(以下简称“世外中学”)三方经不断交涉、磨合，以培养一批“学业一流、专业一流”全面发展的棋类人才为统一目标，商定合作打造“棋类特色班”。同年9月，第一期“棋类特色班”在世外中学落地。该班至今已招收了五届学生并于2016年7月送走了首批毕业生，现有的办班成绩和成果显示该试点已取得初步成效。

（一）合作背景

徐汇区的棋牌项目在市、区两级体育局领导的关心和支持下，近年来蓬勃发展，区代表队在各大棋牌赛事中频频跻身市内奖牌榜前列。2012年初，徐汇体育局在上海棋院的指导下，本着“打造棋牌品牌，营造智运氛围”的宗旨成立了徐汇区棋牌运动管理中心，打通了市、区两级棋牌运动管理中心的专线通道。中心成立后，徐汇区积极贯彻以“体育部门为指导、教育部门为支撑”的“体教结合”机制，在市相关部门、区体育局、区教育局及区内部分中小学、幼儿园的大力支持和积极配合下，结合区内优质体育资源和优质教育资源，逐步推行棋牌项目体教结合新形式。各布点学校中的佼佼者经过选拔，代表徐汇区参加了近年来不同级别的各项比赛，成绩斐然。在项目布点过程中，考虑到育苗、选苗、各组别梯队组建的因素，徐汇区逐步完成了从幼儿园到初中的一条龙布局衔接，然而面对升学择校的分流问题，人才流失问题始终无法避免。徐汇区体育局迫切希望能保留并集中这些如海选般选拔出的好苗子进行重点培养，为徐汇区和本市棋牌运动的可持续发展储备动力。

世外中学是沪上知名的民办中学，创办于1996年，总校坐落于徐汇区虹漕南路。该校秉承“积极参与，努力实践，主动合作，勇于创新”的办学理念，以“培养走向世界的现代化中国人”为办学目标，秉承着“恒心恒新”的理念，以办一所有生命力、有创造力、有使命感的“百年名校”为愿景，希望借鉴西方教育之优势，延续中华文明之精粹，将学校打造成一所汇名师、聚人才、有底蕴、可传承的名校。就像有关专家学者在《校园体育文化与名校建设》中谈到的“一所名校的形成过程，不能缺少校园体育文化的参与和活动的有效开展”，“民族体育是校园体育文化建设的有效抓手”，世外中学将棋类项目以特色班的模式引入学校，一方面为了培养学生高雅的兴趣爱好，另一方面也为了加强学校体育文化建设，在充分肯定棋类运动对学生思维能力、文化底蕴、竞争意识、挫折教育、合作与交往等能力正面影响的基础上，经校方筛选，初步选定并通过各方渠道表示希望将代表国学的围棋、适应其国际办学特色的国际象棋、国际跳棋课程引入校园。

而“合作三方”中的上海棋院，是本市棋类项目开展的主管机构，主管上海的围棋、象棋、国际象棋三支专业运动队，并负责指导上海围棋、五子棋、象棋、国际象棋、国际跳棋这五大棋类项目的推进与发展。

徐汇区体育局需要一个师资力量雄厚、文化课资源丰富的学校吸引并集中棋牌人才；世外中学则为了打破千篇一律的教育模式，树立学校品牌教育特色，建设学校棋类文化氛围。双方一拍即合，产生了建立棋类特色班的初步规划，并定下了“学业一流，专业一流”的培优目标，学业师资自然由世外中学配备，专业则由徐汇区体育局出面邀请上海棋院为棋类班配备各棋类项目的大师级名家担任教练。及此，上海棋院、徐汇区体育局和世外中学三方合作模式正式成型，这种合作模式的形成，与其说是机缘巧合，更应说是水到渠成。

（二）合作机制

依托项目入校工程，发挥教练员专业特长，加强校方体育特色建设，推动智力运动广泛普及，招纳本区乃至本市棋类优秀运动员，以培优为目标，探索有特色、有成效的青少年棋手系统培养之路。棋类班执行国家新课程标准，实施上海市义务制教育所要求的基础课程和世外中学的特色课程，同时完成特色班独有的专业课程，各类课程产生的相关费用由世外中学和徐汇区体育局共同承担。

1. 招生机制

为确保兼顾每一位学生，棋类班实行小班制教学，人数严格控制在20人以内，特色班学生采用线上、线下相结合的社会公开报名形式，结合上海棋院推荐，经过严格专业考察及文化考核之后择优录取。

合作三方对棋类班学生经过学业、专业两道筛选，“棋类专业水平拔尖，但学业不理想甚至无法保障正常上学的”出局；“学习成绩优秀，但没有决心冲击棋艺的”出局！能最终留下来的都是棋、学兼优的高水平学生，为打造一支各方面素质都过硬的学生队伍把好了第一道选材关。

棋类班的首届招生，由于宣传期短、又奉初创，大多棋手和家长持观望状态，不敢轻易试水，报名人数并不如预期的理想，本着宁缺毋滥的原则，经层层筛选后录取的第一批学生(包括桥牌在内)共有17人。但随着学生学业成绩的明显进步和棋力的不断提高、组队出征各类赛事屡屡得奖，棋类班名声渐起，报名棋类班的应届生逐年递增。为了选拔学业更优秀、专业更出色的学生，棋类班将报名门槛一提再提，达到如下标准的应届生才有参与角逐的资格：围棋等级要求男业余5段女业余4段；国际象棋等级要求男1级女3级；国际跳棋等级要求男6级女8级；五子棋要求两年内在市级或全国比赛中成绩突出者；中国象棋要求男3级女4级或是近两年市级、全国比赛前八名者。在如此高的准

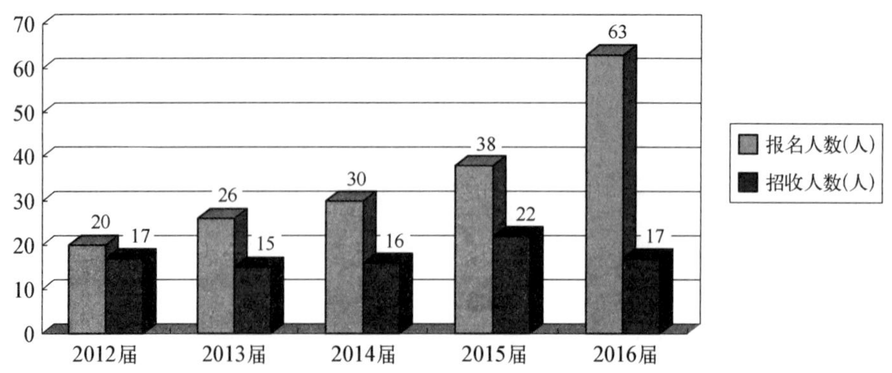

图4　2012～2016届棋类特色班报名及实际招生人数

入前提下，来自本市各区、甚至外地的小选手依然热情不减，纷纷前来报名，期望获得一个珍贵的入学名额，最近一期棋类班招生入学比率已近4∶1。

棋类班开设至今已招收五届学生，首届棋类班开设有围棋、国际象棋、国际跳棋、桥牌“三棋一牌”，经过近几年发展和调整，现设有围棋、国际象棋、国际跳棋、五子棋、象棋这五大棋类项目。办班四年来，通过不断探索，最新招收的一届棋类班拟根据学生个体情况采用文化课分流学习、专业课集中训练的方式，将学生的个性、共性相结合，为棋类班的孩子在学业方面提供更大的发展空间(表4)。

表4　2012～2016届棋类班招生情况表

项目＼届别	2012届	2013届	2014届	2015届	2016届
围　棋	6	6	6	6	4
国际象棋	5	7	8	6	4
国际跳棋	2	2	2	2	1
五子棋	/	/	/	5	4
象　棋	/	/	/	3	4
桥　牌	4	/	/	/	/
总人数	17	15	16	22	17

2. 课程设置

经过上海棋院、徐汇体育局与世外中学的共同商讨，为保证棋类班学生充足的文化学习时间以及棋类专业训练时间，三方共同为棋类特色班专门编制了一套教学计划，由世外中学落实了课表编排(表5、表6)。

表5　2015届棋类班课程表(七年级)

日期＼序号	1	2	3	4	5	6	7	8	9	10
星期一	信息	音乐	体育	语文	政治	SBS	数学	训练	训练	训练
星期二	数学	语文	SBS	SBS	体育	科学	历史	地理		
星期三	语阅	数学	语文	SBS	政治	科学	历史	训练	训练	训练
星期四	美术	体育	语文	SBS	科学	数学	数学	口语		
星期五	语文	SBS	数学	地理	拓展	拓展	班会	训练	训练	训练

表6　2015届平行班课程表(七年级)

日期＼序号	1	2	3	4	5	6	7	8
星期一	SBS	地理	语文	信息	历史	体育	数学	科学
星期二	语文	体育	数学	数学	SBS	政治	科学	美术
星期三	SBS	语阅	数学	地理	语文	历史	体锻	体锻
星期四	科学	口语	政治	体育	数学	SBS	SBS	语文
星期五	SBS	语文	数学	音乐	拓展	拓展	班会	

根据课程设置及各科课时数比较可见(图5),棋类班的文化课课时与平行班持平,每周一、三下午体锻课各让出一个课时进行集训。即在训的六至八年级、共三个棋类班,周一、三下午最后一节课都安排为体锻课,再结合课后时间,保障每周一、三、五下午3:00～5:00为时两个小时的专业训练。

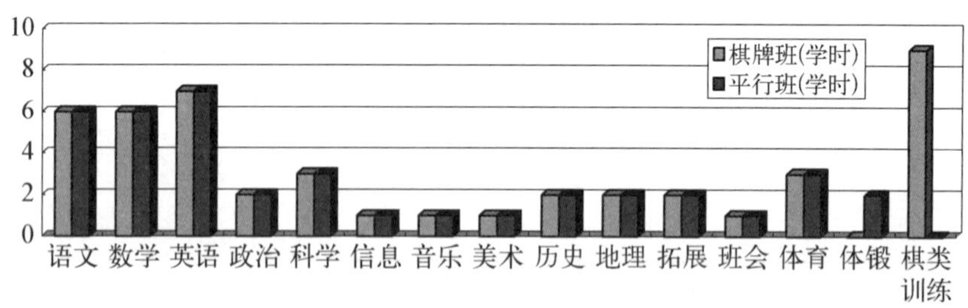

图5　2015届棋牌班与平行班各科课时数比较

3. 师资配备

办学三方本着培育棋类人才的一致目标,竭尽所能为棋类班文化及专业课集中了合作三方最优秀的师资配置(图6、图7)。

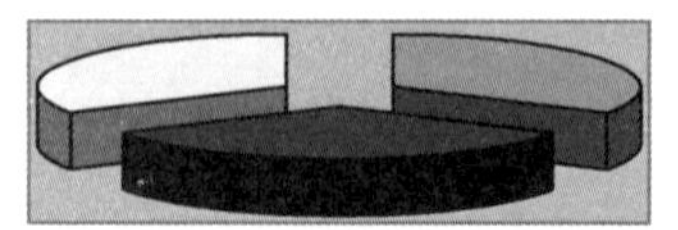

图6　2015届棋类班任教师资采样

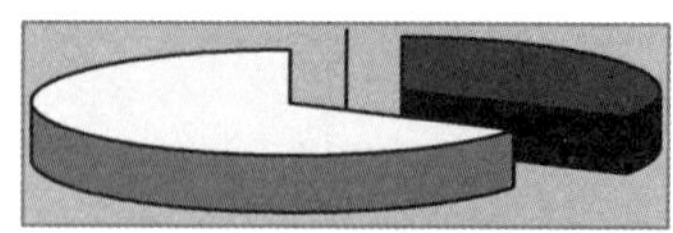

图7　2015届平行班任教师资采样

文化课方面,世外中学为棋类班配备各科目骨干教师负责文化课教学。本课题对2015届(现七年级)棋类班及世外中学同年级平行班师资进行了抽样调查,数据显示如下:经统计,棋类班语数外三门主要学科任课老师的平均教龄为 8.3 年，而同年级平行班语数外三门主要学科任课老师的平均教龄为 8 年。世外中学对棋类班的师资配备之强，足以证明学校对棋类班的重视程度。

专业课方面，每周三次的训练中，一次则由上海棋院选派“大师级教练”进行每周一次的训练指导，其余两次训练由徐汇区体育局指派区专职棋类教练及助教前往授课。

上海棋院派出的大师级执教团队包括：原任中国围棋队副队长刘世振七段、国际象棋国际大师李祖年、国际象棋女子国际特级大师王频、国际跳棋队教练国际大师林塔、国际跳棋特级大师刘沛等，阵容堪称豪华。

徐汇区体育局则选派徐汇区在编或外聘的棋类项目区队教练落实棋类班的其余训练及相关助教事宜。徐汇区派出的前往世外执教的皆是徐汇区区队主教练，包括三十年执教经验的资深围棋教练朱泓，徐汇区在编围棋教练、职业二段的吴振宇，上海五子棋青少队助教朱建锋，国际象棋大师、高级教练朱良潮，象棋大师宇兵等。

4. 经费投入

世外棋类班的经费投入方面，文化课师资支出及上课场所等学习硬件由世外中学承担，专业训练的教练员授课费则由世外中学和徐汇区体育局分担。

从办学成本来看，世外棋类班以 20 人左右的小班化模式开展教学，同年级的其他小班化班级（如世外中学双语班），学费将近棋类班的双倍，而学校向棋类班学员收取的学费仅仅与 45 人制的同年级平行班持平。世外中学对棋类班的投入和重视程度由此可见一斑。

从训练成本来看，每学年棋类班的教练授课费及助教费用，现五个棋种全学年支出约 28 万元，其中上半学期的训练费由世外中学承担，下半学期则由徐汇区体育局承担。此外，徐汇区体育局额外承担全年的助教、陪练、训练器材等每年 8 万余元的支出费用。

5. 管理投入

有专家学者在《高职教育创建“特色班级”现实意义深析》中认为，“特色班级的建设能够激发学生的班级集体荣誉感，目标导向是班集体建设的旗帜，班集体的共同奋斗目标，是班集体的理想和前进方向。”班集体如果没有共同追求的奋斗目标，就会失去前进的动力。而棋类班的目标，明确为“学业一流，专业一流”，这也成了合作三方及班级学员共同努力的目标与方向。

学习管理方面，主要由世外中学各学科任课老师予以落实。棋类各大赛事一般都分布于寒暑假或周末，偶尔遇到大型赛事需要个别选手停课集训、参赛的，赛后学校必会指派各科教师对学生进行补课，以保障学生的学习进度。棋类班学生升入九年级后则根据学生文化课水平进行拆班，分流至世外平行班或培优班学习，除了重大赛事集训外，暂停常规训练，专心进行中考冲刺。此外，学校还对棋类班学生采取了激励制度，棋类班在招收棋类特色生时，以专业水平达标为准入门槛，从中选取文化课靠前的孩子入班学习，但也不是照单全收。考虑到孩子的临场发挥因素及学习能力的强弱，将文化课排名靠后的孩子列为借读生，并许诺在第一学期期末考能跻身年级前70%的予以转正，这很大程度激发了他们的学习热情和积极性。

行为管理方面，棋类班落地世外中学，以世外中学为载体，班级的常规管理工作由棋类班班主任落实，并与同年级平行班、双语班进行同级评级评分并公布在年级走廊的告示栏中。

专业管理方面，则由各项目的教练执行。每周一、三、五下午的集训时间，棋类班班主任会提前安排好学生的课内事宜，辅以体育组相关负责老师督促，保证学生能准点到棋类专用教室集合，并统一开展集训。训练时，教练经常会组织学生间的对抗赛，同时一再强调这是友好、互助的竞争而不是敌对、保守的竞争，目的是为了取得共同的、更大的进步。问卷调查显示，棋类班的学员们在训练时段内，对交流对弈环节的支持度高达到了67%。他们表示在与同学对弈的同时，交流了情感、增进了互信。专业激励方面，棋艺突出的孩子会被选派代表世外中学校队、徐汇区队甚至上海市队出征各大赛场，市、区两级体育部门为棋类班提供了丰富的赛事资源和参赛锻炼机会，让孩子们以战代训，捧回一座座奖杯的同时对专业的兴趣持续高涨，从而进入一个良性循环的发展轨道。根据随机发放给棋类班学员的53分问卷结果显示，有69.8%的学员在校期间曾代表世外校队、徐汇区队参加比赛，并取得了不错的成绩。

行政管理方面，文化学科的安排全权交给世外中学处理；专业课的常规化训练安排、教练员反馈、训练后勤、经费来源、市级和全国比赛的组织报名和赛前集训、赛事后勤、赛后奖励、运动员等级申报等事宜则由徐汇区体育局下设的徐汇区棋牌运动管理中心维护保障。

（三）办学成绩

特色班办学至今，各项成绩数据表明各届学生在棋类班度身定制的教学形式下，学业和专业成绩都有所提高，尤其后者更是取得了长足的进步。

1. 在校文化成绩

学业方面，本课题组采集了2012～2015届棋类班入学第一学期期中考试的年级排名以及最近一次期末考试的年级排名。其中2012届共有10个班，余下每届11个班(表7)。

表7　2012～2015届棋类班文化课成绩采样　　单位：分

科目 届别	入学第一学期期中考试年级排名					最近一次期末考试年级排名				
	语文	数学	英语	物理	化学	语文	数学	英语	物理	化学
2012届	10	3	10	/	/	7	6	10	8	4
2013届	3	7	11	/	/	7	6	11	4	/
2014届	10	3	10	/	/	7	3	9	/	/
2015届	10	7	11	/	/	7	5	11	/	/

将学生入学时成绩与最近一次大考成绩对比，可以发现棋类班的语文整体水平有所提高，数学整体水平基本处在年级中游，英语科目除了2014届有进步外，其他几届基本滞留在年级末位。高年级增设的物理和化学科目成绩则处于同年级上游。

从成绩单数据看来，棋类班的孩子文科基础较弱，尤其是世外中学作为教学特色的英语科目更是软肋，入学前的知识储备与同年级的其他班级相比排在最后。而棋类班学生的数理化成绩则较为突出，排名相对靠前。

世外中学的中考毕业重点率为80%左右，在这样一所学业竞争激烈的学校里，还要兼顾专业训练，棋类班学生目前给出的这份成绩单已经超出了办学三方的预期。

关于今年升学的棋类班首届毕业生，2012届棋类班17人中，2人自考留读世外国际班、打算出国深造，9人通过体育局绿色通道就读重点高中，5人自考其他重点高中，1人入学普通高级中学。关于这届的棋类绿色通道，是在三方共同努力下为世外棋类班新开辟的。鉴于学生的文化课成绩均处于区内前列，我们落实了位育、市二这两所重点中学分别和围棋、国际象棋、国际跳棋这三个项目对接，并经多方沟通，安排个别文化成绩尤为突出的孩子对接相应学校的实验班、培优班，并后续选派专业教练入校组织训练。这让校方、学生及教练都吃了一颗“定心丸”，为学生毕业后的去向及继续集中训练提供了保障。

2. 棋类专项赛绩

专业方面，在各位大师级教练的指导下稳扎稳打，学生们或组队或以个人形式积极参赛，捧回了一樽又一樽奖杯。

2015 年的第三届全国智运会中，徐汇区共有 14 名青少年运动员代表上海参加了青少年相关组别的比赛，其中 8 名选手来自世外棋类班，他们代表上海最终取得了 1 个青少年混合团体第一、2 个少年混合团体第二，为上海代表队在青少组最终取得的 2 金 2 银 2 铜奠定了基础。此外，世外中学自 2014 年起，连续多年组队参加各项目全国少年儿童锦标赛名校组比赛，并取得了不错的成绩，被上海市体育局授予"耕耘棋牌事业贡献奖"。

近年来，在上海市青少年体育十项系列赛中，徐汇区棋牌赛绩在 2013～2016 年间连续四年蝉联本市棋牌项目总分、奖牌数、金牌数三个第一，并于 2016 年创下了奖牌总数 63 枚的新高，金牌数则占总金牌数的近三分之一。世外棋类班的选手在徐汇区取得的辉煌赛绩中发挥了不可替代的作用，充分体现了特色班模式下体教结合的巨大生命力。

图 8 数据显示，近三年以来，徐汇区在上海市青少年体育十项系列赛的棋牌项目赛事中的奖牌总数、金牌总数持续攀升，其中世外中学的棋类学员逐年递增的赛绩也在其中发挥了重要作用。

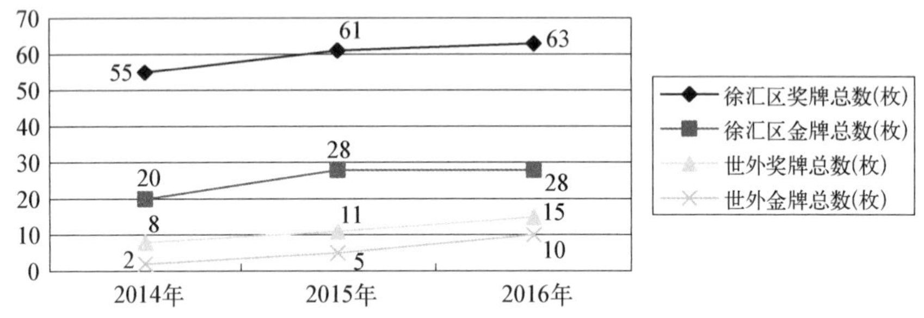

图 8　2014～2016 年上海市青少年体育十项系列赛徐汇区棋牌项目奖牌数据统计

从图 9 的团体奖牌数情况看，世外棋类班的整体实力(即团体作战实力)相对稳定；从图 9 的个人奖牌数情况看，该班学生的个体实力明显提升。综合团体和个人两项赛绩，棋类班学生为徐汇区拿下的金牌数正呈逐年递增趋势，选手们不论团体还是个体，作战能力都有不同程度的提高。尤其是 2012 届棋类班，作为首届棋类班，招生情况并不理想，准入门槛可以说是几届棋类班中最低的，招收的选手也是后来几届学生中实力相对较弱的，鉴于他们实力平均，在各大比赛的团体赛中仍占有一定优势，只是在个人单项比赛中实力略逊一筹。然而经过系统、规律、保质保量的专业训练，通过组队出征各大赛事与强手的不断切磋，棋类班学生的个体技战术水平都有了明显突破。在今年的十项赛中，一直处于相对弱势的国际象棋代表队选手一举斩获了男子初中组的个人金牌，这无疑是对棋类班训练成效的极大肯定。

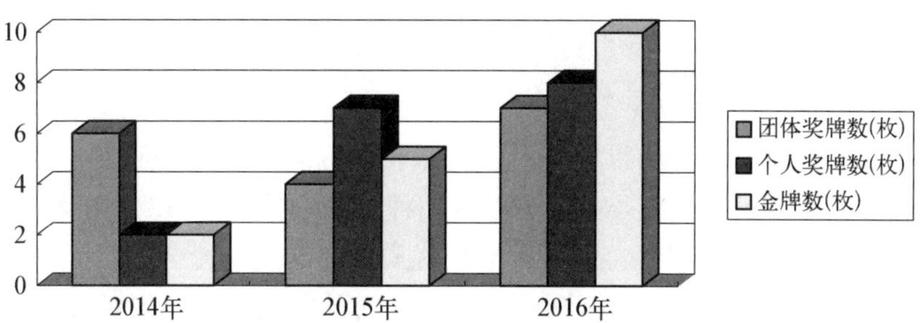

图9　2014～2016年上海市青少年体育十项系列赛世外中学奖牌数统计

近两年，特色班学生陆续代表国家队出征世界赛场，先后获得了在乌兹别克斯坦举办的“2015年亚洲国际跳棋锦标赛100格比赛”快棋、超快棋亚军和常规赛季军以及2016俄罗斯联邦“白车杯”国际象棋青少年团体冠军等殊荣。

3. 学生家长评价

棋类班问卷结果显示，50%以上的学生进入棋类班后、将专业训练集中在校内完成，不再投入更多的业余时间参与训练，为晚上和周末让出了更多供自由分配的时间；90%以上的家长表示，若非参加棋类班，由于训练接送、课外补习等缘故将缩短每周棋类训练时间，其中有70%以上的家长明确表示若非孩子进入棋类特色班，他们势必会将更多的精力投入文化课学习而基本放弃专业训练。

棋类班的家长，尤其是首届棋类班的家长，在自己的孩子入学之时心怀忐忑、矛盾，一方面觉得自己的孩子热爱棋类运动，并已在前期投入了大量时间和精力在其中，希望孩子能在棋艺方面有所建树；另一方面，又纠结于下棋占用过多孩子的业余时间而耽误学业，导致孩子无法得到更全面的发展。

经过一阶段的学习，受访的棋类班学生家长表示，世外棋类班着实给了家长们很大的惊喜。棋艺方面，孩子的棋力明显提高，这得益于教练的严格教导和知名棋院大师们的亲临指导，这么好的学棋资源，是家长个人渠道无法取得的。孩子在学期间多次代表学校组队参赛，孩子的集体荣誉感和团队精神变得非常强，这对孩子的人格塑造起到了非常大的作用；学习方面，区统考的横向排名结果彻底打消了家长的顾虑。家长们十分庆幸当初选择了棋类班，对目前的办学模式和办学成果非常满意。

现有的办学成果完全打消了各方在办学之初的疑虑，实现了“文化和专业并重，学业与专业兼修”的办学初衷。

四、成功经验总结

作为区内成绩突出的棋类特色试点单位，不得不说棋类班的培优模式是成功的。棋类特色班是棋类人才培养的一种有效载体，它可以集中优质资源、集中有限师资、集中特色培育，解决部分优质种子选手迫于升学压力“弃棋从文”造成的棋类人才流失问题，实现体教结合效益的最大化。如何将这种模式规范化、制度化、长效化，是否可能打造一个可复制、可模仿、可推广的模型，是值得探讨的一个问题。打造特色班成功的合作方，需要具备以下条件。

（一）合作的硬件条件

合作方必须具有合作赖以生存和发展的一定物质基础。就棋类特色班来看，必要的物质条件包括教学场地、自主招生权、文化师资力量、区内财政及行政支持等，这些都是合作顺利进行的前提。

本课题先来横向比较一下本市几所在棋类培训方面颇有特色的学校及徐汇区区内设有棋类特色的学校。

表8中进行比较的案例所选择的对象，都是本市范围内棋类办学特色比较突出、业界较为著名的几所特色学校。

表8　本市棋类特色学校、本区设棋类特色学校采样情况一览

学　校	性质	学制	开班形式	涵盖项目	办　　学　　方
上海棋院实验小学	公办	五年小学	混班教学	五棋一牌	整合原上海市棋类传统学校乌镇路小学和福建北路小学的教育资源，由上海棋院和闸北区教育局合作创办
应昌期围棋学校	公办	九年一贯	混班教学	围棋	已故台湾著名实业家应昌期先生和黄浦区教育局共同投入巨资建成

续　表

学　校	性质	学制	开班形式	涵盖项目	办　　学　　方
胡荣华象棋学校	公办	五年小学	混班教学	象棋	前身是六师附小，2000 年底在上海市棋院的全力支持下挂牌“胡荣华象棋学校”
西南模范中学	民办	四年初中	混班教学	国际象棋	西南模范中学自建
世外中学	民办	四年初中	独立开班	五大棋类	上海棋院、徐汇区体育局、世外中学三方合作

从学校的办学性质来看，分为公办和民办两大类。公办学校，按片区划分招生，开放招生后在低年级开设普及课，经筛选后留存提高的孩子才是真正的“棋类特色生”。而民办学校具备相应的自主招生权利，在招生之初明确棋类专业的准入门槛，招收进来的都是具有棋类基础的生源。

就图 10 关于 2014～2016 届世外棋类班学员的户籍的统计数据来看，棋类班近三年的招生，跨区招生的比率最低为 20%，2015 届的跨区招生率高达近 45%。这是因为棋类班的办学成果得到了社会的肯定，随着声名的传播，吸引了诸多外区甚至外省市的优秀棋类学生，从这点上不难看出，民办学校全市招生的优势相当明显。

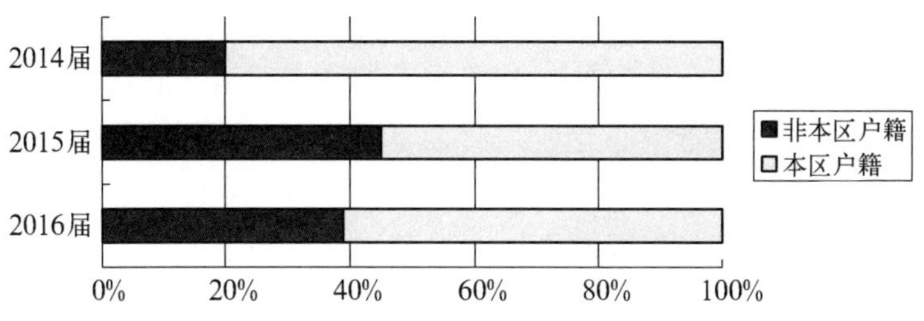

图 10　2014～2016 届世外棋类特色班学生户籍所在地统计

将区内同是民办的两所学校比较，西南模范中学同样投入了大量的人力物力，配备了专业教练及义务教育文化课程，然而其受青睐程度却不如世外特色班，这取决于学校的教学师资。世外中学分别于 2006 年和 2009 年获得国际文凭组织(IB)MYP 和 DP 的正式授权，也是联合国教科文组织教师教席联席学校，并于 2013 年获得初中、高中学历教育办学资质。学校现有 250 多位教职员工和近 50 位外籍教师，教师中获得区以上各类骨干称号的有 20 多位，是徐汇区首批教师专业发展示范校。在文化课师资层面上优势相当明显，虽说与区内一流初中的师资稍有差距，但考虑到能兼顾棋艺的优势，选手门心甘情愿“退而求其次”，就读世外特色班。

从学制来看，本市三所学校中的两所是五年制小学，校内的棋类小选手经过小学期间的基础训练，在专业方面稍有起色，面对升学则必会遭遇分流危机。小学阶段学生大多是零起点，刚启动棋类基础训练，收获成绩周期长。而民办初中招收的是在小学期间已打下棋类扎实基础的学生，直接将运动苗子集中进行提高集训，达到效益效率最大化。

从办班形式来看，世外中学是市内唯一一家集中特长生独立成班、开展小班化教学模式的中学，其他特色校都是将特长生穿插在平行班开展文化课教学。特色班的建立有利于班级的发展，也有利于学生的成长。棋类特色班内专业训练氛围好、学生奋斗目标明确，在集体荣誉感建设和学生间互相切磋交流等方面是其他学校无法比拟的。

从涵盖项目来看，除了棋院实验小学外，世外棋类班除了首届曾招收桥牌项目外，现调整为仅招收围棋、五子棋、国际象棋、国际跳棋、象棋这五大棋类项目。弈棋之道，既不相同，却又相通。棋类班根据生源情况灵活调整各项目人数比例，招生、分类训练比较灵活，而单项棋类特色的学校则相对死板。

从合作方式来看，合作办学模式无疑是值得肯定的，它可以集合多方资源、取长补短，实现效益最大化。其办学机制可以归纳为公办学校与市体育局合作、民办学校与市体育局合作、民办学校与社会团体合作，以及世外特色班采取的民办学校与市、区两级体育部门三方合作的方式。民办学校自主招生优势明显、市体育局棋牌中心专业师资雄厚、社会团体灵活性相对较高、公办学校师资分布各有参差。

世外特色班采取的市、区两级体育局与民办学校三方合作的方式发挥空间合理性，各展所长，资源互补，办学模式最为稳固有效。三方充分发挥了各自的优势，学校的招生权和文化师资，区体育局对该项目的财政投入及重视、沟通以及上海棋院在专业方面的支持，这合作三方缺一不可。

综上所述，特色班的载体学校，应当选择具有自主招生权、能在全市范围招生、教学师资雄厚的初中较为合适；特色班宜采取独立开班授课的形式且特长生范围可涵盖同种类多项目，以保证项目分配人数的灵活性。区级体育部门的参与，达成了合作方空间上的最佳配合距离，对有序实施教学和训练也是必要的物质条件。特色班的合作方，由市、区两级体育局联动参与，使沟通更为顺畅。由体育局作为强大后盾，增加了人力、财力、物力投入的有效保障，办学更趋稳定。

（二）合作意愿

俗话说，强扭的瓜不甜。并非所有具备合作硬件条件的对象，都可以顺利达成合作。合作方具备共同的合作意愿和目标，也是合作成功的必要条件。世外棋类班的合作三方就“学业一流、专业一流”的办班目标达成共识。

世外中学是一所办学氛围开放、愿意尝试多元化培养的、富有创造力的学校。校方希望借鉴西方教育之优势，延续中华文明之精粹，将学校打造成一所汇名师、聚人才、有底蕴、可传承的百年名校。棋类运动作为一种高雅的兴趣爱好，收到学校的大力支持。校方充分肯定棋类运动对学生思维能力、文化底蕴、竞争意识、挫折教育、合作与交往等能力的正面影响，也肯定学棋的孩子具有优秀的思维和学习潜力，同时对自己学校的文化师资有十足的自信，所以他们非常乐意、并积极引入棋类项目作为其办学特色。

徐汇区体育局在世外特色班的合作三方中发挥了市区衔接、落实管理以及资金投入等不可替代的作用。作为区级体育主管部门，徐汇区体育局成立了徐汇区棋牌运动管理中心，打通市、区两级棋牌运动管理中心信息渠道，并投入大量财力、人力、物力推进棋类运动在区内的普及和发展，这为徐汇区的棋牌文化建设打下了坚实的基础，也为校园棋牌文化的发展提供了良好氛围、创造了积极条件。因此在区内的世外中学表达出创办棋牌特色的意向时，徐汇区体育局有条件、也有底气向其伸出援手，积极为其提供棋牌专业指导和资金等后勤保障。

上海棋院汇集了市内顶尖的棋类大师，有丰富的棋类赛事资源，能够为棋类班的发展提供更具有前瞻性和专业性的指导。鉴于徐汇区棋牌项目的发展近年来在本市一直处于领先地位，区内棋牌氛围良好，上海棋院对徐汇区愿意开设棋类特色班予以充分的肯定，并提供了强大的教练团队予以支持。

（三）信任与平等

创造相互理解、彼此信赖、互相支持的良好氛围是有效合作的重要条件。世外棋类班的合作三方每学期初、学期中、学期末定期召开三方洽谈会议，定期总结办学成果并交流办学过程中发现的问题，根据校方、教练和学生的反馈不断优化教学计划、积极调整训练方案，棋类班在这样良好的合作氛围下才能茁壮成长。

（四）合作机制的建立

为保障特色班模式长效、可持续地开展，棋类班的合作三方在合作之初就签订了书面合作协议，对共同目标、实现途径、具体步骤和各自分工等，有一致的认识和明确的界定。三方共同签订了《训练管理办法》，各项目教练员负责对本项目课程进行设计和授课，做到"教学有计划、阶段有总结"。有了制度的保障，才能确保特色班在规范、有序的基础上开展可持续的教学和训练。

（五）成果的共享

选择合作便不能有失偏颇，合作方达成成果共享、创造双赢的局面也是非常重要的。在棋类特色班的诞生和成长过程中，世外中学、徐汇区体育局及上海棋院这合作三方齐心协力投入人力、物力、财力的同时，也共同分享着最终的办班成果。

至于校方，既招收到了一批学有潜力的学生，又能为学校开辟品牌特色，为校园文化的建设添砖加瓦。至于体育局，成立特色班，不但有效解决了眼下梯队衔接的问题，为棋牌后备人才的可持续发展提供了有力的保障，而且与优质学校的合作带来的文化课成绩的提高，有助于吸引更多的青少年投入到智力运动中来。

参考文献

[1] 曾文婕，谢立清，区艳冰.班级特色建设：问题与对策[J].江苏教育研究，2013

[2] 孙洁丽.上海市基础教育"体教结合"后备体育人才培养模式的研究[D].上海：华东师范大学，2013

[3] 郑婕."体教结合"培养高水平竞技体育人才的研究[D].北京：北京体育大学，2006

[4] 周伟铭.高职教育创建"特色班级"现实意义深析[N].湖州职业技术学院学报，2008

[5] 魏晓微.中美高校体教结合培养模式比较研究[D].贵阳：贵州师范大学，2008

[6] 孙英俊.校园体育文化与名校建设[J].运动，Sport.2015

[7] 王秀强.我国百年名校校园体育文化的传承与发展研究[D].上海：上海交通大学，2010

[8] 白伟，任众.棋类运动是开启青少年智力的金钥匙[N].太原日报，2013

[9] 徐汇区关于 2016 年初中招收艺体类特长生工作的实施意见[Z].上海市徐汇区教育局，2016

认知传播视角下上海青少年运动员反兴奋剂教育研究*

裴新贞　石学霞　李　燕　周慧康

一、前言

随着世界竞技体育竞争的日趋激烈和高科技产品的广泛研发应用，运动纪录不断被刷新甚至创造出超出人体生理负荷极限的奇迹，而有的运动员却铤而走险，使用训练以外的方法手段比如兴奋剂来提高运动成绩。尽管我国对兴奋剂问题一贯是态度鲜明，“严令禁止、严格检查、严肃处理”，但仍有极少数意志薄弱者被兴奋剂毒瘤侵蚀，置体育道德与使用兴奋剂的巨大危害于不顾，且兴奋剂使用者有日益年轻化的倾向，兴奋剂使用问题也已开始从竞技体育转向学校体育和社会体育，从高水平运动员向青少年业余运动员渗透。2014 年第 15 届上海市运动会中 2 例青少年兴奋剂阳性案例的出现、2016 年第 31 届里约奥运会中上海籍游泳选手陈欣怡被查出兴奋剂阳性等案例的层出不穷，更进一步显示青少年运动员反兴奋剂宣传教育迫在眉睫。因此，了解上海二、三线青少年运动员反兴奋剂认知和传播现状，掌握特点规律，有助于开展针对性的反兴奋剂宣传教育，提高青少年运动员反兴奋剂认知，杜绝兴奋剂阳性案例，为相关部门开展反兴奋剂教育或制定政策提供参考。

* 本文作者单位：徐汇区第二青少年业余体育学校。立项编号：TYSKYJ2016033。

二、上海青少年运动员反兴奋剂教育情况

（一）青少年运动员反兴奋剂的认知与传播

认知是心理过程的重要方面，是指人认识外界事物的过程，或者说是对作用于人的感觉器官的外界事物进行信息加工的过程，也是人们对客观世界中信息的获取、整理、编码、分析、判断，形成理解世界的知识的过程。按照信息加工的理论观点，认知是指个体通过感觉器官对外部信息的接收、传导、编码、储存、提取，以及不断加工、反复利用，形成经验的复杂过程。在心理学中是指通过形成概念、知觉、判断或想象等心理活动来获取知识的过程，即个体思维进行信息处理的心理功能。认知理论认为，事物本身的意义在于人们对它的认知和评价。认知的角度和立场不同，事物的意义也不同。每个人都有自己独特的评价和理解事物的方式，这种方式来自个体长期的经历而形成的经验系统，称之为认知结构或图式。人们倾向于用自己的图式去解释事物，这就形成了对同一事物会产生不同评价和理解的基础。

所谓传播是指与人类社会活动有关的一切信息即社会信息的传递或社会信息系统的运行。信息传播是自然界和人类社会的普遍现象，凡是有物种和生命存在的地方都会有传播。传播产生于社会实践又是社会实践的重要组成部分。现代社会中，人们的行为处处与传播有关，可以说传播既是社会的需要也是人的一种本能。

青少年运动员反兴奋剂认知传播就是借助一定的传播手段、采用一定的传播方式，将反兴奋剂的知识和政策法规传递给广大的青少年运动员，从而使青少年运动员明确使用兴奋剂的危害、运动员的责任和义务及受到正确的反兴奋剂教育。

（二）青少年运动员反兴奋剂教育

1. 青少年运动员反兴奋剂教育意义与政策

近年来随着反兴奋剂检查检测力度的加大，发现兴奋剂使用问题已开始从竞技体育转向学校体育和社会体育，从高水平运动员向青少年业余运动员渗透，从以功利为目的向以药物依赖和药物滥用发展。因此为防止青少年运动员在体育运动中使用兴奋剂，保护青少年运动员的身心健康，维护体育竞赛

的公平竞争，应大力加强青少年运动员反兴奋剂教育工作，使青少年运动员在步入职业运动生涯之前，充分认识到使用兴奋剂的危害性，培养他们反兴奋剂的意识，让他们充分了解兴奋剂的基本知识和预防手段，树立正确的人生观和体育价值观，培养自身的道德修养，保护青少年运动员同时遏制兴奋剂泛滥，促进我国体育事业健康、协调、可持续发展。从政策措施角度看，国务院在2004年正式颁布实施的《反兴奋剂条例》中明确提出开展反兴奋剂教育的要求，指出初中以上学校应当加强反兴奋剂教育，加强学生的反兴奋剂意识。2013年国家体育总局科教司正式立项编写《国家体育总局反兴奋剂知识系列读本》，其中《体育运动学校学生反兴奋剂读本》作为该系列的首本读本推出。2015年国家体育总局科教司、青少司联合下发《关于做好体育运动学校开设反兴奋剂课程有关工作的通知》，进一步加快推进青少年反兴奋剂教育工作。

2. 国内开展青少年运动员反兴奋剂教育的举措

(1) 举办形式多样的青少年反兴奋剂拓展教育活动

运动员反兴奋剂拓展教育活动是指运动员通过有奖答题、小游戏等方式学习反兴奋剂知识，寓教于乐，是种直接向青少年运动员开展反兴奋剂宣传和教育的有效手段。从2016年各省市开展的反兴奋剂拓展活动情况看(表1)，江苏、吉林、北京、四川、上海等各省市先后开展了"纯洁体育，对兴奋剂说不"为主题的青少年反兴奋剂拓展教育活动。从参与活动对象看，拓展教育活动对象主要包括青少年运动员、教练员和管理人员等辅助人员；形式上主要采用发放资料宣讲、视频课件播放、互动有奖答题、检查展示、现场用药咨询等。通过多样化的宣传教育活动，提高了青少年运动员学习反兴奋剂知识的兴趣和积极性，加强和巩固了反兴奋剂教育，提高了运动员及相关人员自觉抵制兴奋剂的意识，成为目前青少年运动员反兴奋剂教育的主要宣传途径之一。

表1　2016年全国各省市开展反兴奋剂拓展教育活动情况表

时间	部门	拓展主题	参与对象	拓展形式	拓展内容
2016.4.29～30	江苏省体育局	纯洁体育，对兴奋剂说不	青少年田径锦标赛运动员及辅助人员	关注微信、现场答题、赢礼品	设置了反兴奋剂拓展教育活动区，利用电视、展板等全方位宣传反兴奋剂知识

续 表

时间	部门	拓展主题	参与对象	拓展形式	拓展内容
2016.7.16	吉林省体育局	迎接奥运，备战全运，远离兴奋剂，干干净净参赛	吉林省九个市州的122名青少年运动员	现场答题、互动游戏	摆放反兴奋剂展板、反兴奋剂知识宣传挂画、利用投影滚动播放反兴奋剂视频、并开展反兴奋剂知识答题
2016.7.18	北京市体育局	纯洁体育，对兴奋剂说不	北京市101中学等学校的60余名青少年运动员和辅助人员	搭设展板、播放视频、现场答题、互动游戏	反兴奋剂知识培训
2016.7.25～8.1	四川省体育局	纯洁体育，对兴奋剂说不	四川省赛艇、皮划艇青少年锦标赛300余名青少年运动员及辅助人员	宣传教育	青少年运动员反兴奋剂知识宣传教育
2016.7.27～28	上海市体育局	纯洁体育，对兴奋剂说不	赛艇、游泳、排球、足球、乒乓球等10个项目运动员及辅助人员	知识讲座、互动问答、检查展示、用药咨询	讲解兴奋剂的危害、防范兴奋剂应注意环节，展示兴奋剂检查器材和检查文件，实物讲解兴奋剂检查操作流程和注意事项，解答食品、药品、营养品的安全使用问题
2016.8.8～10	陕西省体育局	纯洁体育，对兴奋剂说不	参加田径、游泳、摔跤等项目的300余名少儿运动员和辅助人员	发放资料、播放视频、电脑互动答题、宣传海报签名等形式	宣传普及反兴奋剂知识，提高少年儿童运动员对兴奋剂的防范意识
2016.8.14～16	云南省体育局	纯洁体育，对兴奋剂说不	参加云南省一青会项目的1 408名9～15岁青少年运动员	有奖问答、材料发放、讲解宣传	兴奋剂知识有奖问答的现场互动、反兴奋剂知识材料发放和讲解宣传等形式

续　表

时间	部门	拓展主题	参与对象	拓展形式	拓　展　内　容
2016.8.27～30	山东省体育局	纯洁体育，对兴奋剂说不	参加省田径锦标赛的运动员、辅助人员及家长	现场答题、互动领奖、签名留影	现场辅导、发放宣传资料、观看视频
2016.9.6	辽宁省体育局	纯洁体育，对兴奋剂说不	省体院女子柔道运动员及相关的辅助人员	反兴奋剂宣讲	宣讲内容分为严禁故意使用兴奋剂、严防误服误用兴奋剂、配合兴奋剂检查调查、及时申请治疗用药豁免、准确填报行踪信息和相互监督主动举报六个板块，以及兴奋剂检查的操作流程和食品、药品、营养品的安全使用问题

(2) 开发类型多样的青少年反兴奋剂教育宣传材料

近年来国家体育总局反兴奋剂中心不断创新研发多种教育宣传材料。比如充分利用中心网站打造反兴奋剂知识宣传教育平台，运动员、教练员和管理人员等辅助人员均可在网站浏览最新反兴奋剂新闻，下载反兴奋剂相关文件，查询运动员常用药物的受控状态，学习反兴奋剂知识，还可通过在线答题考核自己对反兴奋剂知识的掌握程度；另外还根据青少年运动员的年龄特点，开发了反兴奋剂系列动漫片，通过生动活泼的教材介绍兴奋剂的生理危害、检查程序、如何防止误服和慎用营养品等知识；通过《反兴奋剂动态》的定期发放，使基层业余体校和青少年运动员及时了解反兴奋剂工作的最新消息；通过邀请刘翔、邓亚萍等知名运动员作为反兴奋剂形象大使，以及发放印有“纯洁体育”等宣传字样的运动水壶、鼠标、浴巾等纪念品，加强反兴奋剂宣传教育。

(3) 建立严格规范的青少年反兴奋剂教育准入制度

为了牢固树立运动员的反兴奋剂意识，将反兴奋剂教育工作贯穿于运动员的整个运动生涯，国家体育总局反兴奋剂中心建立了反兴奋剂教育资格准入制度，要求所有参加国内外综合性运动会的运动员及其运动员辅助人员必须接受系统全面的反兴奋剂教育，通过反兴奋剂知识考试，签署《反兴奋剂承诺书》，进行反兴奋剂宣誓等程序，合格后方能获得参赛资格。这一制度的实施，进一步加强了运动队、运动员、教练员及辅助人员对反兴奋剂教育的重视程度，提高了反兴奋剂意识。

3. 上海青少年运动员反兴奋剂教育举措

(1) 开展反兴奋剂课程进体校工作

为使青少年运动员从小接受系统的反兴奋剂教育，树立强烈的反兴奋剂自觉意识，从 2015 年下半学期开始，上海市、区两级有文化教育的体校就开始在学校课程中设置反兴奋剂课程，依托国家体育总局反兴奋剂中心设计制作的教育读本、宣传视频以及上海反兴奋剂检查团队和讲师队伍，推进反兴奋剂课程进体校工作。

(2) 培养反兴奋剂宣传教育讲师团队

组建一支具备专业反兴奋剂工作知识的讲师队伍，是将反兴奋剂宣传教育工作深入基层，使其长期化、系统化的重要手段。上海市体育局在总局反兴奋剂中心的指导和安排下，先后组织来自基层单位的科医人员、体校教师、训练管理人员参加反兴奋剂教育讲师培训班，通过培训学习，确保每位反兴奋剂讲师都具备良好的反兴奋剂知识和授课技巧，在接受反兴奋剂教育同时，树立宣传反兴奋剂知识的使命感和责任感，为上海反兴奋剂宣传教育工作储备了一批中坚力量。

(3) 举办反兴奋剂拓展教育活动

先后在东方绿舟、莘庄等训练基地举办以“纯洁体育，对兴奋剂说不”为主题的反兴奋剂拓展教育活动，通过知识讲座、互动问答、检查展示、用药咨询等活动，提高青少年运动员学习反兴奋剂知识的兴趣和积极性，培养、树立青少年运动员自觉抵制兴奋剂的观念。

(4) 组织高校特殊类型考生开展反兴奋剂教育

拓展青少年运动员反兴奋剂教育工作覆盖面和认知度，与上海交通大学、复旦大学、上海大学、同济大学等高校合作，协助高校在招收高水平运动队工作中，组织开展反兴奋剂宣传讲座以及兴奋剂检查工作。

(三) 上海青少年反兴奋剂认知和传播调研现状与分析

1. 不同传播主体对上海青少年运动员反兴奋剂认知的影响情况

传播学理论认为，传播过程一般由传播者、受传者、讯息、媒介、反馈五个要素构成，作为一个具有企图影响受众目的的行为过程，受众受到的影响程度大小是评价传播过程的重要标准。传播学相关理论显示，传播效果的形成受到多种因素和条件制约，但过程中居于最优越地位的是作为传播主体的传播者。有专家学者根据青少年运动员反兴奋剂认知传播过程，将其传播主体分为政府政策、媒体、自我、组织、社会、教练员六个层面，并通过量化分析认为在青少年运动员反兴奋剂认知传播过程中，影响青少年运动员接收反兴奋剂认知传播效果的多重传播主体中，影响力从大到小分别为教练员＞组织＞自我＞社会＞政府政策＞媒体。

从不同传播主体的概念和内涵看，教练传播主要指在竞技体育中教练员作为运动训练的直接组织者，承担着培养运动员的重要任务，对促进运动员的全面发展、提高运动员的运动技术水平、实现运动队的目标起着主导作用，教练员不仅是运动队中群体传播的“意见领袖”，同时群体中的群体归属和群体规范在很大程度上也受到教练员个人素质的直接影响，反兴奋剂传播中主要的传播方式便是教练员对运动员的直接传播，对教练员的印象直接影响运动员对教练员所传递讯息的理解程度和接受程度；组织传播是指物以类聚，人以群分，每个人都生活在一定的群体中，是群体活动的参与者，青少年运动员大多从年龄较小时便跟队进行训练，大部分时间都是和运动队中的教练和队员待在一起，队员在一起朝夕相处的日子长了，便会对彼此的训练和生活产生影响，群体传播产生群体意识，这种群体意识反过来也会影响群体传播，组织传播主体是影响青少年运动员做出是否使用兴奋剂选择的重要因素；自我传播主要指自我形象和个性结构等因素结合起来共同对运动员个体状态造成的影响。

作为社会传播系统中的个体，个人在接受外部信息后在人体内部也进行着相应的传播，这种传播被称为人内传播，是在个体系统内的传播。自我传播主体对运动员的影响从某种程度来说就是“主我”（由行为反应变现出来）和“客我”（体现了社会关系方方面面的影响）辩证互动后的结果；社会传播主要指社会环境包括整个社会对于兴奋剂事件的舆论环境、兴奋剂市场环境以及最近兴奋剂的使用情况和查处情况都会对青少年运动员反兴奋剂认知传播产生影响。社会对于兴奋剂事件的舆论环境属于传播效果中长期的、预期的效果，是就某一主题或某项事业所展开的长期传播而产生的与传者意图相符合的累积效果。国家对反兴奋剂的信息传播、政策宣传、知识普及做得好的话，社会便会形成对违规使用兴奋剂的现象人人喊打的舆情，这自然会对青少年的认知情况产生影响。兴奋剂药品的购买难易度也在某种程度上影响着青少年运动员的反兴奋剂认知；政府政策传播主要指政府通过反兴奋剂相关政策的制定以法律条文的形式明确规定服用兴奋剂是政府明令禁止的行为，并通过完善兴奋剂检查、检测和处罚条例，形成对青少年运动员强有力的震慑；媒体传播主要指通过各种媒介不断开展各种形式的反兴奋剂宣传工作，促进运动员和公众反兴奋剂思想的形成。本课题将围绕上述研究成果对上海二、三线青少年运动员受六项传播主体影响情况作调研分析。

(1) 不同传播主体对上海青少年运动员反兴奋剂认知的总体影响效果

从问卷调研结果看(表2)，在上海青少年运动员反兴奋剂认知传播中，传播效果最好的是社会传播，正确率达到98.5%，其次为自我传播、教练传播和组织传播，较差的是政府政策和媒体传播，特别是媒体传播，正确率只有50%。从对认知传播影响力大小看，影响最大的教练传播在上海二、三线青少年运动员反兴奋剂认知中的传播效果位列第三，正确率为79.2%，分析原因可能主要由相似题目而主客观不同的提问方式引起，相似情况同样出现在组织传播和自我传播中，调研结果显示具有主观提问方式的题目越多，得分越低，这是造成不同传播主体对上海青少年运动员反兴奋剂认知具有差异影响的因素之一，也间接反映出语言这一传播媒介在青少年认知过程中的影响。

表2　不同传播主体对上海青少年运动员反兴奋剂认知的影响情况

排　名	传播主体	得　　分(分)	正　确　率(%)
1	社会传播	9.853±0.906	98.5
2	自我传播	19.954±3.384	79.8
3	教练传播	19.798±4.015	79.2
4	组织传播	19.613±4.41	78.5
5	政府政策	6.041±2.378	60.4
6	媒体传播	4.998±1.878	50

注：社会传播共2题满分10分，自我传播共5题满分25分，教练传播共5题满分25分，组织传播共5题满分25分，政府政策共2题满分10分，媒体传播共2题满分10分。

(2) 不同传播主体对上海不同性别青少年运动员反兴奋剂认知的影响效果

从不同性别青少年运动员看(表3)，男运动员在不同传播主体中表现出的传播效果总体一致，但女运动员在组织传播和自我传播方面出现略微差异，女运动员受组织传播影响效果好于男运动员，而男运动员在自我传播方面的影响效果好于女运动员。同时，根据各项指标的标准差显示，六项传播主体中男运动员个体间的差异均明显大于女运动员，提示在提高青少年运动员反兴奋剂认知教育过程中要注重个体差异，特别是在男运动员队伍中，避免个别极端事例的出现。

表3　不同性别青少年运动员反兴奋剂认知受不同传播主体的影响差异

男运动员			排名	女运动员		
正确率(%)	分值(分)	传播主体		传播主体	分值(分)	正确率(%)
97.8	9.784±1.097	社会传播	1	社会传播	9.936±0.567	99.4
80.2	20.05±3.431	自我传播	2	组织传播	20.119±4.334	80.5
78.9	19.721±4.064	教练传播	3	教练传播	19.919±3.93	79.7
76.9	19.213±4.433	组织传播	4	自我传播	19.851±3.318	79.4
59.9	5.993±2.389	政府政策	5	政府政策	6.102±2.367	61
49.2	4.916±2.063	媒体传播	6	媒体传播	5.111±1.608	51.1

2. 上海青少年运动员反兴奋剂认知与传播调研现状

(1) 不同运动水平青少年运动员反兴奋剂认知与传播调研现状

本次问卷调研对象主要围绕上海不同运动水平的二、三线青少年运动员开展(表4)，根据SPSS软件统计分析结果显示，调研的二、三线运动员在年龄上存在显著性差异(P<0.01)，但在训练年限方面并没有显著性差异(P>0.05)，说明在对比分析过程中对二、三线运动员不仅要考虑其运动能力高低，还应重点考虑年龄因素的影响。

表4　上海二、三线青少年运动员问卷调研分布情况表

线　　别	人　数　(人)	年　龄　(岁)	训练年限(年)
二线运动员	260	14±2.1	4.06±1.9
三线运动员	276	11.55±1.95★★	3.77±1.84

注：★★代表P<0.01，差异具有极显著性；★代表P<0.05，差异具有显著性。

从六大传播主体对二、三线运动员的影响看(表5)，除社会传播主体二、三线运动员之间没有显著性差异外，其他五大传播主体对二、三线运动员的影响均存在显著性差异，且二线受传播主体的影响效果均明显好于三线，说明单纯从线别看，在加强反兴奋剂教育时，应进一步提升传播主体对三线运动员的传播效果；从动机、取向以及知识认知三方面看，在动机和知识认知方面二线运动员群体得分明显高于三线运动员群体，差异具有显著性；在问卷总分方面亦有显著性差异，二线得分明显高于三线，进一步说明三线运动员在反兴奋剂教育过程中有进一步提升空间，特别是在反兴奋剂知识认知部分，无论是二线运动员还是三线运动员得分都普遍偏低，正确率二线刚过60%的及格线，而三线运动员仅有49.4%的正确率。

表5　上海不同线别青少年运动员反兴奋剂认知与传播情况一览表

类　别	满分标准（分）	二线运动员		三线运动员	
		实际得分（分）	正确率（%）	实际得分（分）	正确率（%）
教练传播	25	20.61±3.74	82.4±15	19.04±4.12★★	76.2±16.5
组织传播	25	20.07±4.28	80.3±17.1	19.18±4.49★	76.7±18
自我传播	25	20.67±3.03	82.7±12.1	19.28±3.56★★	77.1±14.2
社会传播	10	9.91±0.69	99.1±6.9	9.8±1.22	98±12.2
政府政策	10	6.73±2.41	67.3±21.4	5.4±2.16★★	54±21.6
媒体传播	10	5.34±1.73	53.4±17.3	4.68±1.96★★	46.8±19.6
自主受控动机	5	4.56±0.7	91.2±14	4.37±0.85★★	87.4±17
任务自我取向	10	8.24±1.14	82.4±11.4	8.17±1.19	81.7±11.9
反兴奋剂知识认知	35	21.33±6.29	60.9±25.2	17.29±5.24★★	49.4±15
总　分	155	117.45±13.78	75.8±8.9	107.14±14.35★★	69.1±9.3

注：★★代表P<0.01，差异具有极显著性；★代表P<0.05，差异具有显著性。

从各因素的得分正确率看（图1），二线运动员在各方面均高于三线运动员，差异比较大的是政策法规和反兴奋剂知识认知方面，同时这两方面以及媒体传播方面二、三线运动员的得分正确率都较其他方面低，是在反兴奋剂教育过程中需要特别注意的地方。

从各因素的组间标准差对比图看，除反兴奋剂知识认知方面外，其他方面二线个体之间的标准差均小于三线个体，说明三线群体内部的个体差异明显大于二线，在加强反兴奋剂教育方面相比二线运动员，三线运动员更应该注重个体教育；而在反兴奋剂认知方面二线呈现出组间较高的标准差值，说明二线

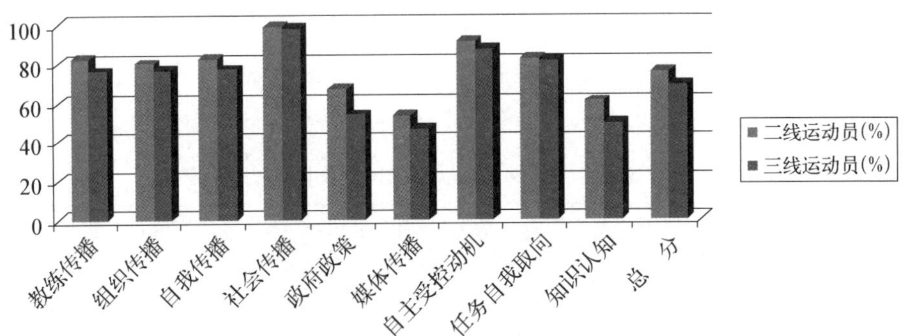

图 1　上海二、三线运动员不同因素问卷得分正确率对比表

运动员虽然在整体知识认知方面高于三线，但在内部却存在很大的个体差异，因此在二线亦不能放松对运动员的反兴奋剂知识教育，应结合项目、年龄等因素注意对二线内部的个体教育。

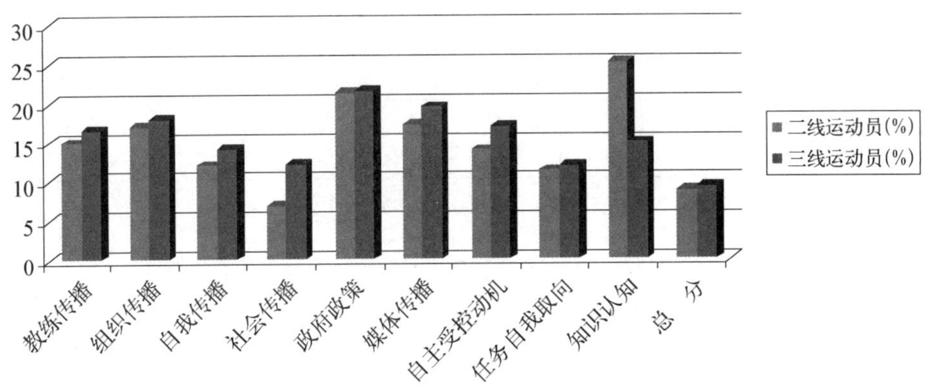

图 2　上海二、三线运动员不同因素得分标准差比率对比表

(2) 不同性别青少年运动员反兴奋剂认知与传播现状

从男女不同性别运动员看（表 6、表 7），除组织传播方面女生整体得分明显高于男生外，其他五项传播主体男女生之间均无明显的统计学差异，从取向、知识和总分看，男女生之间亦无显著性差异，只在自主受控动机方面男生得分明显高于女生。说明整体看，男生从事运动项目的喜好和兴趣明显高于女生；从不同线别男女生运动员看，二线男女运动员之间六项传播主体因素得分均无显著性差异，但在自主受控动机方面男生得分仍然显著高于女生运动员；三线男女运动员之间却出现除组织传播和自主受控动机外其他方面的显著性差异，主要体现在媒体传播主体方面女生得分明显高于男生、反兴奋剂知识认知和问卷总分方面三线女生得分亦明显高于三线男生，这可能与三线男女运动员年龄偏小，而男女运动员在生长发育早晚方面存在差别有关。

表6　不同线别男女青少年运动员受传播主体影响情况对比

线别	性别	人数（人）	教练传播（分）	组织传播（分）	自我传播（分）	社会传播（分）	政府政策（分）	媒体传播（分）
全部	男	301	19.72±4.06	19.21±4.43	20.05±3.43	9.78±1.1	5.99±2.39	4.91±2.06
	女	235	19.92±3.93	20.12±4.33★	19.85±3.32	9.94±0.57	6.1±2.37	5.11±1.61
二线	男	141	20.54±3.87	20.02±4.32	20.95±3.09	9.86±0.83	6.67±2.54	5.45±1.96
	女	119	20.69±3.58	20.12±4.26	20.33±2.94	9.97±0.46	6.8±2.25	5.21±1.39
三线	男	160	18.97±4.14	18.5±4.23	19.23±3.53	9.72±1.29	5.39±2.07	4.44±2.04
	女	116	19.1±4.12	20.1±4.43★★	19.4±3.61	9.91±0.65	5.4±2.28	5.01±1.81★

注：★★代表P<0.01，差异具有极显著性；★代表P<0.05，差异具有显著性。

表7　不同线别男女青少年运动员反兴奋剂认知与运动动机情况

线别	性别	人数（人）	自主受控动机（分）	任务自我取向（分）	反兴奋剂知识（分）	问卷总分（分）
全部	男	301	4.57±0.7	8.28±1.23	18.88±6.35	111.4±15.74
	女	235	4.32±0.87★★	8.11±1.06	19.67±5.73	113.15±13.73
二线	男	141	4.67±0.61	8.36±1.17	21.46±6.7	117.99±14.93
	女	119	4.43±0.78★	8.10±1.09	21.24±5.79	116.87±12.34
三线	男	160	4.47±0.77	8.21±1.29	16.68±5.08	105.58±14.26
	女	116	4.22±0.94★	8.11±1.04	18.1±5.25★	109.34±14.06★

注：★★代表P<0.01，差异具有极显著性；★代表P<0.05，差异具有显著性。

（3）不同年龄青少年运动员反兴奋剂认知与传播调研现状

心理学将个体认知功能系统不断完善的变化过程称为认知发展。而认知发展一般主要表现在两个方面：一方面，构成认知功能系统的各种不同心理成分由低级到高级、由简单到复杂、由不完整到完整，不断发展；另一方面，构成认知功能系统的各种心理成分的关系逐渐趋于相互协调。不同年龄段青少年的认知发展呈现出不同的变化规律：7～11 岁儿童能进行简单的逻辑推理，但思维活动仍局限于具体的事物及日常经验，缺乏抽象性；11～12 岁以后，儿童将不再依靠具体的事物来运算，而能对抽象的和表征性的材料进行逻辑运算，依靠假设进行逻辑推理，能按形式逻辑的法则思考问题。卡斯认为 2 岁、7 岁和 12、13 岁左右，是一些过渡阶段，在此阶段髓鞘化速度特别快。个体大脑内部神经系统髓鞘化也是促进短时记忆提高的原因。个人认知发展的特点是连续性与阶段性的对立统一。连续性指个体的认知发展是一个连续的渐进的过程，是量的积累过程；而阶段性指个体的认知发展呈现出一定的阶段性，不同年龄的个体认知水平存在明显的差异性。

本课题调研结果显示(图 3)，在 8～18 岁之间，随着年龄增长，除社会传播和任务自我取向因素随年龄增长变化不明显外，其余因素对青少年运动员的影响在前期呈现出较为相似的变化趋势，即 8～13 岁之间，随年龄增长各因素得分呈现出逐渐增长趋势，13 岁达到一个峰值，之后部分因素如教练传播、组织传播、自我传播以及知识认知等出现缓慢下降或上下起伏至 17 岁达到阶段性低谷后在 18 岁反弹到另一个峰值。而另外一些因素比如政府政策则在 13 岁后仍随年龄增长到 16 岁达到峰值之后出现下降，媒体传播则在 13 岁后出现先下降后上升又下降的趋势。

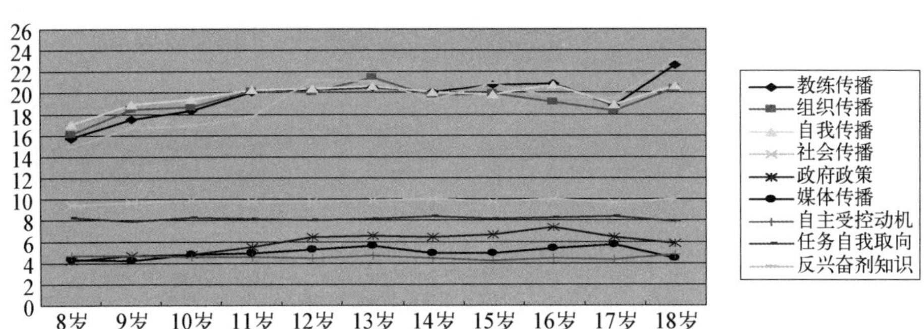

图 3　不同年龄各因素调研得分均值变化曲线图(单位：分)

从不同年龄各因素的标准差变化曲线图看(图 4)，个体间仍存在较大差异，特别是反兴奋剂知识方面，除 8 岁和 16 岁两个年龄点差异相对较小外，其

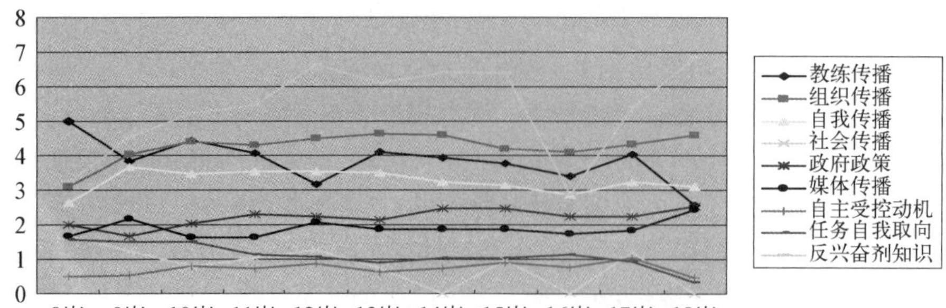

图4　不同年龄各因素调研得分标准差变化曲线图(单位：分)

他年龄点的个体间均呈现较大差异，进一步说明在全面加强反兴奋剂知识教育同时，更应该注重个体间的差异，对重点运动员要加强重点教育。

从不同传播主体对不同年龄的影响的统计结果看，利用SPSS软件中的ANOVA统计分析结果显示：最重要的教练传播主体中，不同年龄组间具有显著差异性(P＜0.01)，8～10岁之间没有显著性差异(P＞0.05)；11～18岁之间除了17岁与18岁之间(P＜0.05)有显著性差异外，其他各年龄段两两比较无显著性差异(P＞0.05)；但8～10岁每个年龄都与12～16岁之间的每个年龄以及18岁年龄在教练传播主体方面有显著性差异(P＜0.01)，却与17岁年龄组无显著性差异(P＞0.05)，提示17岁对于教练传播主体而言是个需要注意的年龄；统计结果同时显示年龄越大教练传播主体影响效果得分越高，一方面说明8～10岁和11～18岁的认知存在显著差异，在进行反兴奋剂宣传教育时应作为两个不同宣传教育的年龄段；另一方面说明对8～10岁小年龄段要进一步提升教练对运动员的反兴奋剂宣传教育效果，注意对17岁左右青少年运动员进行教练传播主体方面的反兴奋剂教育。

从占次要地位的组织传播主体看，不同年龄组间也具有显著性差异(P＜0.01)，其中8岁和13岁两个年龄组比较特殊，8岁除了与9岁和17岁两个年龄段无显著性差异外(P＞0.05)，与10～16岁和18岁的每个年龄组相比均有显著性差异(P＜0.05)；而13岁年龄组同样除了与11岁、15岁和18岁三个年龄组无显著性差异外(P＞0.05)，与其他各年龄组均有显著性差异(P＜0.05)，结合问卷分值及变化曲线看，13岁是组织传播主体反兴奋剂教育效果最好的年龄组，同时也说明除了在13岁之前要加强组织传播主体教育外，13岁之后一直到18岁之前也不应放松对反兴奋剂的组织传播主体教育。

从自我传播主体看，不同年龄组间同样存在显著性差异(P＜0.05)，8～10岁间两两年龄组相比无显著性差异，同样11～18岁间两两年龄组相比也无显著性差异，但两个年龄段之间相比均有显著性差异，从变化趋势图上看，随年龄增大有自我传播效果提升的趋势，拐点在11岁，之后随着年龄增长，自我传播主体效果提升并不明显，特别是在17岁时出现数值下移，从统计分析数据看也发现17岁与任何年龄段包括8～10岁年龄段均无显著性差异，同样说明17岁这个年龄段在自我传播主体效果方面有下降趋势，在反兴奋剂教育方面应给与特别注意。

从社会传播主体的问卷统计结果看，不同年龄组间不存在显著性差异（P>0.05），变化趋势图也显示各年龄段间基本成一条直线，变化趋势不明显。说明社会传播主体在上海青少年运动员反兴奋剂教育中效果较好。

从政府政策传播主体看，不同年龄组间存在显著性差异（P<0.01），其中8～11岁之间各年龄组间没有显著性差异，12～17岁间无显著性差异，但8～11岁与12～17岁两个年龄段之间两两年龄相比均存在显著性差异（P<0.05），从变化趋势看，随年龄增长政府政策传播主体有效果提升的趋势，在16岁时达到顶点，之后又有小幅下降，这与前几个传播主体在17岁出现一个特殊点的现象相一致，因此也应该给予一定关注。同时，从问卷调研得分情况看，本项满分为10分，但各年龄段的得分却明显偏低，说明政府政策传播主体方面的反兴奋剂教育效果还有待进一步提升。

从媒体传播主体看，不同年龄组间存在显著性差异（P<0.05），9岁和13岁是两个主要差异点，其中9岁的得分均显著低于12～14岁、16～17岁各个年龄段得分，13岁得分则显著高于8～11岁的各个年龄段，变化曲线图上显示出随年龄呈现双峰现象，说明除了在小年龄要加强媒体传播主体效应外，在14～16岁期间也应加强媒体传播主体教育，不能松懈。同时根据问卷得分发现，媒体传播主体是所有传播主体中得分最低的一项，说明在反兴奋剂教育中媒体传播主体的教育效应还没有充分发挥，未来应增加多元反兴奋剂教育媒体途径，加强此项传播主体教育。

表8　不同年龄青少年运动员反兴奋剂认知与传播情况

年龄（岁）	人数（人）	教练传播（分）	组织传播（分）	自我传播（分）	社会传播（分）	政府政策（分）	媒体传播（分）
8	9	15.78±4.99	16.11±3.1	17±2.65	9.44±1.67	4.22±1.99	4.33±1.66
9	32	17.53±3.83	18.38±4.02	18.88±3.67	9.69±1.23	4.72±1.67	4.23±2.16
10	77	18.3±4.42	18.7±4.4	19.3±3.48	9.87±0.81	4.82±2.04	4.76±1.62

续 表

年龄（岁）	人数（人）	教练传播（分）	组织传播（分）	自我传播（分）	社会传播（分）	政府政策（分）	媒体传播（分）
11	68	20±4.06	20.13±4.3	20.31±3.55	9.78±1.03	5.49±2.3	4.84±1.64
12	76	20.3±3.17	20.1±4.51	20.4±3.55	9.8±1.28	6.37±2.24	5.21±2.07
13	46	20.57±4.09	21.46±4.62	20.63±3.51	9.89±0.74	6.54±2.15	5.59±1.86
14	82	20±3.92	19.7±4.6	20.1±3.24	10	6.38±2.48	4.95±1.88
15	78	20.72±3.77	19.92±4.21	19.85±3.12	9.82±0.98	6.68±2.46	4.92±1.86
16	43	20.9±3.41	19.1±4.1	20.7±2.86	10	7.37±2.24	5.35±1.72
17	17	18.76±4.04	18.29±4.33	18.88±3.24	9.71±1.21	6.41±2.24	5.71±1.83
18	8	22.6±2.56	20.4±4.6	20.6±3.11	10	5.88±2.53	4.38±2.45

对 10～15 岁同年龄不同线别青少年运动员各因素对比分析结果显示（表 9、表 10），在 13 岁时，二、三线运动员受六大传播主体的影响并未有显著性差异，而在其他年龄段则存在不同因素的不同差异，如：10 岁时在政府政策方面三线运动员得分明显高于二线运动员，而在自主受控动机方面二线运动员明显高于三线运动员；11 岁时在政府政策、媒体传播、自我传播、反兴奋剂知识和问卷总分等方面二线运动员得分均显著高于三线运动员；12 岁时二、三线运动员呈现出最大差异，除社会传播两者无显著性差异外，其他五方面传播主体均呈现出二线得分明显高于三线的趋势，在反兴奋剂知识和问卷总分方面也呈现出二线得分高于三线的现象；随后 14 岁时在政府政策和自我传播方面二线得分明显高于三线，15 岁差异递减，只在组织传播方面呈现二线得分高于三线的差异性；14～15 岁在自主受控动机、反兴奋剂知识和问卷总分方面均出现二线得分显著高于三线的现象。这说明除了年龄差异会导致认知差异外，不同运动水平在 10～12 岁和 14～5 岁间也会影响认知差异，提示在反兴奋剂教育中也应注意线别差异。

表 9　同年龄组不同线别青少年运动员各因素差异显著性对比表

年龄（岁）	线别	人数（人）	教练传播（分）	组织传播（分）	自我传播（分）	社会传播（分）	政府政策（分）	媒体传播（分）
8	二线	1	17	20	14	10	3	6
	三线	8	15.63±5.32	15.63±2.93	17.38±2.56	9.38±1.77	4.38±2.07	4.13±1.64

续　表

年龄（岁）	线别	人数（人）	教练传播（分）	组织传播（分）	自我传播（分）	社会传播（分）	政府政策（分）	媒体传播（分）
9	二线	2	19±5.66	17.5±3.54	18.5±0.71	10	4±1.41	4±1.41
	三线	30	17.43±3.79	18.43±4.1	18.9±3.79	9.67±1.27	4.73±1.68	4.2±2.22
10	二线	19	18.74±4.34	17.68±4.18	20.47±2.17	10	3.89±1.49	5.32±1.16
	三线	58	18.07±4.49	19.02±4.44	18.86±3.72	9.83±0.92	5.17±2.14★	4.59±1.71
11	二线	13	21.46±4.26	21.62±4.15	22.46±2.4	9.62±1.39	6.92±2.57	5.69±1.03
	三线	55	19.67±3.94	19.78±4.21	19.84±3.57★	9.82±0.95	5.13±2.08★★	4.64±1.69★
12	二线	31	21.48±2.98	21.74±3.59	21.58±3.42	10	7.81±1.8	5.94±2.07
	三线	45	19.51±3.08★★	18.87±4.73★★	19.58±3.44★	9.67±1.65	5.38±1.97★★	4.73±1.97★
13	二线	22	21.59±3.67	21.27±4.36	21.18±3.07	9.77±1.07	6.82±2.48	5.64±1.92
	三线	24	19.63±4.29	21.67±4.87	20.13±3.86	10	6.29±1.81	5.5±1.87
14	二线	55	20.2±4.01	19.53±4.65	20.76±3.04	10	6.78±2.49	5.18±1.82
	三线	27	19.63±3.76	19.74±4.59	18.81±3.22★★	10	5.63±2.27★	4.67±2.2
15	二线	52	20.77±3.43	20.88±3.79	20.21±2.94	9.81±0.97	6.85±2.22	5.13±1.53
	三线	26	20.62±4.46	18±4.42★★	19.12±3.39	9.81±0.98	6.35±2.91	4.5±2.35
16	二线	40	20.9±3.45	19.22±4.17	20.68±2.82	10	7.43±2.25	5.2±1.6
	三线	3	20.33±3.51	18.33±2.89	20.67±4.04	10	6.67±2.31	7.33±2.31

续 表

年龄（岁）	线别	人数（人）	教练传播（分）	组织传播（分）	自我传播（分）	社会传播（分）	政府政策（分）	媒体传播（分）
17	二线	17	18.76±4.04	18.35±4.37	18.88±3.24	9.71±1.21	6.41±2.24	5.71±1.83
18	二线	8	22.63±2.56	20.38±4.6	20.63±3.11	10	5.88±2.53	4.38±2.45

注：★★代表 P<0.01，差异具有极显著性；★代表 P<0.05，差异具有显著性。

表 10　同年龄组不同线别青少年运动员反兴奋剂认知与运动动机情况对比表

年龄（岁）	线别	人数（人）	自主受控动机（分）	任务自我取向（分）	反兴奋剂知识（分）	问卷总分（分）
8	二线	1	5	10	16	101
	三线	8	4.63±0.52	8.13±1.55	14.75±3.41	94±7.56
9	二线	2	4.5±0.71	8±1.41	14.5±9.19	100±1.41
	三线	30	4.73±0.52	7.87±1.53	16.8±4.31	102.77±13.92
10	二线	19	5	8.63±1.34	17.63±4.8	107.37±7.37
	三线	58	4.4±0.88★★	8.17±1.54	16.66±5.13	104.76±13.24
11	二线	13	4.85±0.38	7.92±1.66	22.23±7.01	122.77±15.64
	三线	55	4.51±0.79	8.18±1	16.69±4.52★★	108.25±13.94★★
12	二线	31	4.52±0.72	7.94±1.29	25.87±5.69	126.87±13.97
	三线	45	4.29±0.94	8.18±0.91	17.71±5.12★★	107.91±13.77★★
13	二线	22	4.73±0.55	7.95±0.84	21.36±6.81	120.32±15.76
	三线	24	4.5±0.72	8.33±0.92	20.92±5.58	116.96±15.38
14	二线	55	4.58±0.6	8.42±1.17	20.98±6.35	116.44±12.06
	三线	27	4.04±0.85★★	8.44±0.75	16.07±5★★	107.04±11.76★★
15	二线	52	4.44±0.78	8.21±1	22.13±5.86	118.44±13.82
	三线	26	3.81±0.98★★	8.04±1.15	17.96±6.37★★	108.19±16.45★★
16	二线	40	4.38±0.77	8.35±1.12	19.72±5.68	115.9±13.22
	三线	3	4.67±0.58	8±1.73	17.67±8.08	113.67±15.14
17	二线	17	4.29±1.05	8.35±0.93	19.59±5.43	110.06±7.5
18	二线	8	4.75±0.46	7.88±0.35	23.13±6.83	119.63±15.46

注：★★代表 P<0.01，差异具有极显著性；★代表 P<0.05，差异具有显著性。

ANOVA统计分析显示，不同年龄的自主受控动机组间不存在显著性差异(P>0.05)，从得分看，各年龄段分值也都较高，说明目前上海市青少年运动员，无论二线还是三线在训运动员从事运动项目，多以自主动机为主，受控动机相对较弱，有助于运动员在兴奋剂使用上持回避态度。

从任务自我取向的统计结果看，不同年龄组间也不存在显著性差异(P>0.05)，从得分看，各年龄组分值都相对较高，说明这批运动员对目标的任务取向和自我取向两者间，更倾向于任务取向，而任务倾向的特点是个体更相信体育运动有利于发展自尊、培养合作精神、体验积极情绪等，力求通过个人努力获得成功，更倾向遵守比赛规则，支持体育运动中的道德行为。因此，任务倾向所反映出的行为目的通常与兴奋剂使用态度呈显著负相关，有助于开展各种形式的反兴奋剂教育。

从反兴奋剂知识看，不同年龄组间存在显著性差异，其中8～11岁之间无显著性差异，12～16岁以及18岁之间也没有显著性差异，但两个年龄段之间有显著性差异，其中17岁这个年龄统计结果显示与任何其他年龄组均无显著性差异，提示在反兴奋剂过程中要注意此年龄组的教育。另外从得分看，总分为35分的反兴奋剂知识题目，各年龄段得分普遍偏低，说明以兴奋剂知识为主要内容的培训教育势在必行。

从问卷总分的统计结果看，不同年龄组间存在显著性差异，与反兴奋剂知识一栏呈现较一致的表现，即8～10岁之间无显著性差异，12～16岁以及18岁之间也没有显著性差异，但两个时间段之间有显著性差异。从变化趋势图上看，8岁时分值最低，之后随年龄增长分值提高，到13岁时分值达到第一高点，之后随年龄增长得分反而陡然下降，小幅震荡后，在17岁达到阶段内地点，之后又得到第二高点，说明在14～17岁这个年龄段需要特别注意。

表11　不同年龄青少年运动员反兴奋剂认知与运动动机情况

年龄(岁)	人数(人)	自主受控动机(分)	任务自我取向(分)	反兴奋剂知识(分)	问卷总分(分)
8	9	4.67±0.5	8.33±1.58	14.89±3.22	94.78±7.45
9	32	4.72±0.52	7.88±1.5	16.67±4.55	102.6±13.52
10	77	4.54±0.81	8.29±1.5	16.9±5.24	105±12.1
11	68	4.57±0.74	8.13±1.15	17.74±5.48	111±15.35
12	76	4.38±0.86	8.08±1.08	21.2±6.64	116±16.61
13	46	4.61±0.65	8.15±0.89	21.11±6.11	118.5±15.48

续 表

年龄（岁）	人数（人）	自主受控动机（分）	任务自我取向（分）	反兴奋剂知识（分）	问卷总分（分）
14	82	4.4±0.74	8.43±1.05	19.3±6.39	113±12.8
15	78	4.23±0.9	8.15±1.05	20.85±6.4	115.1±15.42
16	43	4.4±0.76	8.33±1.15	19.6±2.86	116±13.1
17	17	4.29±1.05	8.35±0.93	19.47±5.4	109.9±7.42
18	8	4.75±0.46	7.88±0.35	23.1±6.83	120±15.5

从不同年龄问卷调研总分变化趋势看(图 5)，亦呈现出 8～13 岁随年龄增长分数逐渐增高趋势，在 13 岁达到第一个峰值，随后出现下降上升再下降趋势，在 17 岁达到一个低谷，随后又反弹在 18 岁上升到第二个峰值。从各年龄得分标准差看(图 6)，8 岁和 17 岁间的个体差异最小，11～13 岁、15 岁和 18 岁间个体差异都较大。

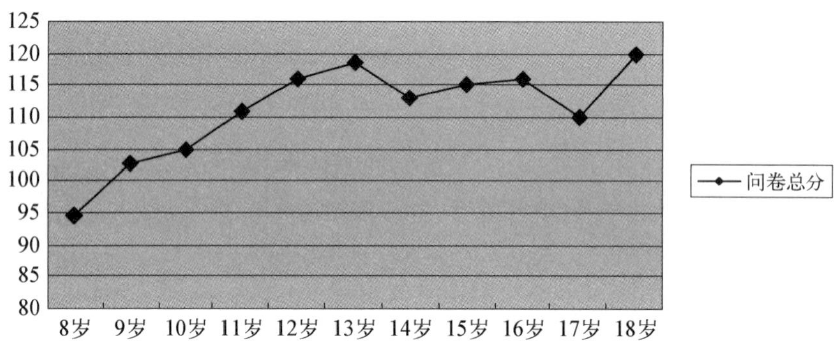

图 5　不同年龄问卷总分均值变化趋势图(单位：分)

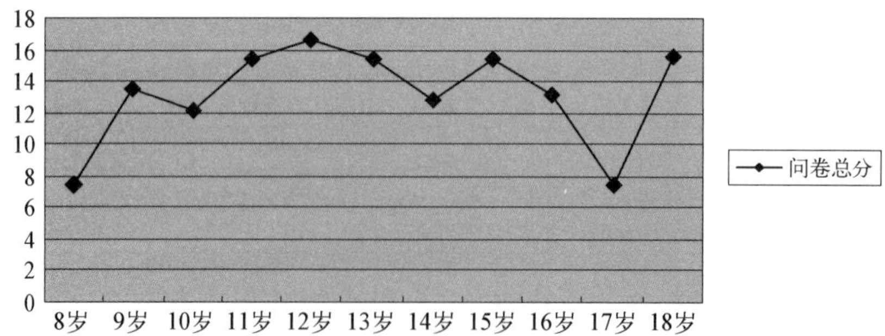

图 6　不同年龄问卷总分标准差变化趋势(单位：分)

为进一步观察不同年龄、不同性别、不同线别对青少年运动员反兴奋剂认知与传播各因素的影响，课题组在 10～15 岁同年龄组中，对线别又进行了男女性别的区分，经过 SPSS 统计学的对比分析，结果如表 12、表 13 所示。

表 12　不同年龄男女二、三线运动员受六大传播主体影响结果对比表

年龄（岁）	性别	线别	人数（人）	教练传播（分）	组织传播（分）	自我传播（分）	社会传播（分）	政府政策（分）	媒体传播（分）
10	男	二线	8	18.50±4.28	16.88±4.58	21.63±2.20	10	3	5.88±1.36
		三线	36	18.72±3.93	18.75±4.48	19.64±3.39	9.86±0.83	5.50±2.05★★	4.53±1.87
	女	二线	11	18.91±4.59	18.27±3.98	19.64±1.80	10	4.55±1.70	4.91±0.83
		三线	22	17.00±5.20	19.45±4.45	17.59±3.96	9.77±1.07	4.64±2.22	4.68±1.43
11	男	二线	5	19±5.52	21.20±3.83	22.20±2.59	9±2.24	6.40±3.51	6.40±1.34
		三线	30	19.70±4.22	19.73±4.07	19.53±4.15	9.83±0.91	5.27±1.87	4.27±1.95★
	女	二线	8	23±2.56	21.88±4.58	22.63±2.45	10	7.25±1.98	5.25±0.46
		三线	25	19.64±3.67★	19.84±4.45	20.20.±2.77★	9.80±1.00	4.96±2.34★	5.08±1.22
12	男	二线	17	21.76±2.73	21.24±3.75	22.24±3.46	10	8.12±1.58	6.82±2.24
		三线	27	19±3.61★★	17.89±4.46★	19.04±3.11★★	9.44±2.12	5.56±2.06★★	4.44±1.95★★
	女	二线	14	21.14±3.33	22.36±3.41	20.79±3.33	10	7.43±2.03	4.86±1.17
		三线	18	20.28±1.90	20.33±4.88	20.39±3.84	10	5.11±1.84★★	5.17±1.98
13	男	二线	11	20.82±4.56	21.82±4.05	21.00±3.44	9.55±1.51	7.36±2.29	5.55±2.12
		三线	9	19.11±5.04	19.33±6.04	20.11±3.98	10	5.78±1.99	5.00±1.23

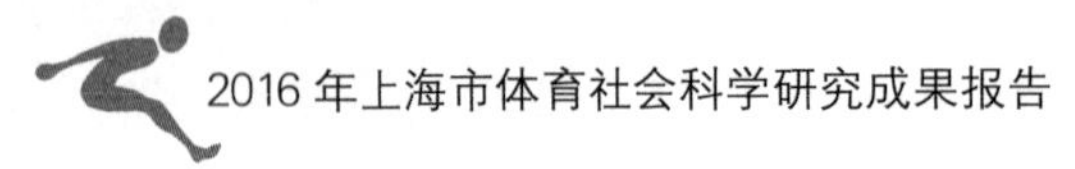

续 表

年龄（岁）	性别	线别	人数（人）	教练传播（分）	组织传播（分）	自我传播（分）	社会传播（分）	政府政策（分）	媒体传播（分）
13	女	二线	11	22.36±2.50	20.73±4.78	21.36±2.80	10	6.27±2.65	5.73±1.79
		三线	15	19.93±3.94	23.07±3.54	20.13±3.93	10	6.60±1.68	5.80±2.15
14	男	二线	30	19.73±4.27	19.50±5.04	20.83±3.24	10	6.53±2.62	4.83±1.78
		三线	16	20.38±3.52	18.13±4.03	18.00±3.14★★	10	5.25±2.18	4.06±2.35
	女	二线	25	20.76±3.68	19.56±4.24	20.68±2.85	10	7.08±2.34	5.60±1.80
		三线	11	18.55±4.01	22.09±4.48	20.00±3.10	10	6.18±2.40	5.55±1.70
15	男	二线	33	20.79±3.56	21.03±3.57	20.24±2.85	9.85±0.87	6.85±2.36	5.30±1.65
		三线	16	20.13±4.19	17.81±4.59★★	19.00±3.35	9.69±1.25	5.56±2.87	4.00±2.53★
	女	二线	19	20.74±3.28	20.63±4.23	20.16±3.17	9.74±1.45	6.84±2.01	4.84±1.30
		三线	10	21.40±4.97	18.30±4.35	19.30±3.62	10	7.60±2.63	5.30±1.89

注：★★代表 P＜0.01，差异具有极显著性；★代表 P＜0.05，差异具有显著性。

表 13　不同年龄男女二、三线运动员在反兴奋剂知识认知和动机方面的结果对比表

年龄（岁）	性别	线别	人数（人）	自主受控动机（分）	任务自我取向（分）	兴奋剂知识（分）	问卷总分（分）
10	男	二线	8	5	9.38±1.06	14.88±3.40	105.13±7.16
		三线	36	4.58±0.69	8.17±1.68	16.78±4.70	106.53±12.34
	女	二线	11	5	8.09±1.30	19.64±4.78	109.00±7.42
		三线	22	4.09±1.07★★	8.18±1.30	16.45±5.59	101.86±14.42
11	男	二线	5	4.80±0.45	7.80±0.45	24.00±7.58	120.80±24.13
		三线	30	4.60±0.72	8.13±1.07	16.30±5.01★★	107.37±15.83

续　表

年龄(岁)	性别	线别	人数(人)	自主受控动机(分)	任务自我取向(分)	兴奋剂知识(分)	问卷总分(分)
11	女	二线	8	4.88±0.35	8.00±2.14	21.13±6.92	124.00±9.06
		三线	25	4.40±0.87	8.24±0.93	17.16±3.89★	109.32±11.50★★
12	男	二线	17	4.76±0.44	8.12±1.50	26.41±6.58	129.47±14.81
		三线	27	4.44±0.75	8.26±1.06	16.81±5.31★★	104.89±13.79★★
	女	二线	14	4.21±0.90	7.71±0.99	25.21±4.53	123.71±12.69
		三线	18	4.06±1.16	8.06±0.64	19.06±4.60★★	112.44±12.80★
13	男	二线	11	4.82±0.41	8.18±1.08	21.09±7.45	120.18±18.10
		三线	9	4.44±0.73	8.22±1.10	19.22±6.96	111.22±16.87
	女	二线	11	4.64±0.67	7.73±0.47	21.64±6.47	120.45±13.94
		三线	15	4.53±0.74	8.40±0.83★	21.93±4.53	120.40±13.86
14	男	二线	30	4.53±0.68	8.47±1.36	20.50±6.32	114.93±12.88
		三线	16	4.19±0.83	8.50±0.82	15.69±4.84★	104.19±11.19★★
	女	二线	25	4.64±0.49	8.36±0.91	21.56±6.46	118.24±10.97
		三线	11	3.82±0.87★★	8.36±0.67	16.64±5.39★	111.18±11.83
15	男	二线	33	4.76±0.50	8.27±1.04	22.42±6.77	119.52±14.69
		三线	16	3.88±1.09★★	8.44±1.03	16.75±5.86★★	105.25±17.12★★
	女	二线	19	3.89±0.88	8.11±0.94	21.63±3.93	116.58±12.33
		三线	10	3.70±0.82	7.40±1.08	19.90±6.97	112.90±14.95

注：★★代表 $P<0.01$，差异具有极显著性；★代表 $P<0.05$，差异具有显著性。

男运动员在10岁时，三线运动员在政府政策方面得分显著高于二线运动员；11岁时，在媒体传播和反兴奋剂知识方面二线得分显著高于三线运动员；12岁时男运动员在二、三线间呈现最明显差异，除社会传播外，其他五大传播主体均显示二线得分明显高于三线运动员，在反兴奋剂知识和问卷总分方面也呈现相同差异；13岁时六大传播主体和其他四项因素统计学上均显示二、三线之间没有显著性差异，是一个比较一致性的年龄时间节点；14岁时在自我传播、反兴奋剂知识和问卷总分三方面二线得分明显高于三线；15岁时在组织传播、媒体传播、自主受控动机、反兴奋剂知识和问卷总分等方面均显示二、三线有显著差异。

女运动员在10岁时，二、三线之间除自主受控动机因素二线显著高于三线外，其他各因素均未呈现显著性差异；11岁时，在政府政策、自我传播、反兴奋剂知识和问卷总分四方面呈现明显差异；12岁时，亦在政府政策、反兴奋剂知识和问卷总分三方面出现二线明显高于三线现象；13岁时，与男运动员不同，在任务自我取向方面呈现出三线得分明显高于二线的现象；14岁时，六大传播主体在二、三线间无显著性差异，但在自主受控动机和反兴奋剂知识方面二线得分明显高于三线；15岁时，女性二、三线运动员在所有十大因素方面均未呈现显著性差异。

提示，虽然从整体上看性别对各因素的影响不大，但在同年龄同性别情况下二、三线间随年龄的变化与单纯对比同年龄不同线别间变化呈现出不同的因素差异，需要加以注意。

(4) 不同项目青少年运动员反兴奋剂认知与传播现状

从不同项目角度看，本次共调研二线13个项目、三线17个项目，根据SPSS软件对二线13个项目的ANOVA分析显示(表14、表15)，在政府政策、媒体传播、自主受控动机、兴奋剂知识和问卷总分方面存在项目组间的显著性差异(表16)，在其他方面各项目间不存在显著性差异。

表14　上海不同项目二线运动员反兴奋剂传播情况一览表

项　目	人数(人)	教练传播(分)	组织传播(分)	自我传播(分)	社会传播(分)	政府政策★★(分)	媒体传播★★(分)
举　重	24	19.33±3.57	19.46±4.02	19.33±2.99	10	7.25±2.36	4.08±1.79
曲棍球	6	21.5±2.26	21±4.69	21.33±3.08	10	7.5±1.38	6.5±1.52
全　能	2	21±5.66	24±1.41	23.5±2.12	10	9±1.41	4.5±4.95
田　径	68	20.46±4	19.99±4.08	21.15±2.98	9.93±0.61	7.24±2.08	5.65±1.76
自行车	21	20.24±3.7	18.76±5.24	19.76±3.11	9.76±1.09	7.14±2.37	4.91±1.22
棒　球	15	22.8±2.65	19.87±5.17	21.67±3.16	10	5.93±2.28	4.93±1.91
击　剑	7	22.14±4.26	15.71±1.89	20.29±2.22	10	4.43±2.57	6.57±1.72

续　表

项　目	人数（人）	教练传播（分）	组织传播（分）	自我传播（分）	社会传播（分）	政府政策★★（分）	媒体传播★★（分）
篮　球	14	21.8±2.89	21.3±4.48	20.64±3.3	9.64±1.34	7.86±2.25	5±1.3
垒　球	13	20.3±3.64	21.5±4.05	20.8±3.47	10	7.08±2.02	5.38±0.96
排　球	35	20.97±3.36	21.14±3.45	20.4±2.75	9.86±0.85	6.06±2.44	5.66±1.16
游　泳	21	20.86±3.31	19.67±4.62	21.52±2.84	10	6.52±2.98	6±2.12
羽毛球	29	19.28±4.42	20.07±4.36	20.55±2.98	9.83±0.93	5.52±2.34	4.9±1.63
手　球	5	22±4.24	20.6±4.39	18.6±4.04	10	8±2.35	5±1.58

注：★★代表 $P<0.01$，项目组间差异具有极显著性；★代表 $P<0.05$，项目组间差异具有显著性。

表15　上海不同项目二线运动员反兴奋剂知识认知与运动动机等情况一览表

项　目	人数（人）	自主受控动机★★（分）	任务自我取向（分）	反兴奋剂知识★★（分）	问卷总分★（分）
举　重	24	4.13±0.9	8.25±1.03	18.46±6.39	110.29±12.52
曲棍球	6	4±0.89	8	24.83±4.36	124.67±9.99
全　能	2	5	8	23±1.41	128±16.97
田　径	68	4.6±0.69	8.52±1.14	20.68±5.87	118.19±12.76
自行车	21	4.29±0.9	7.91±1.41	19.48±5.34	112.24±10.47
棒　球	15	4.67±0.62	8.07±0.88	22.4±6.57	120.33±16.58
击　剑	7	4.86±0.38	8.57±0.98	17.57±5.06	110.14±6.18
篮　球	14	4.5±0.52	7.64±1.5	25.6±4.27	119.36±14.73
垒　球	13	4.54±0.52	8.38±0.51	21.2±3.65	119.08±10.69
排　球	35	4.57±0.7	7.8±1.28	23.4±6.55	119.86±13.43
游　泳	21	4.52±0.68	8.48±0.81	24.33±7.29	121.9±17.16
羽毛球	29	4.93±0.26	8.48±1.21	19.34±6.58	112.9±13.84
手　球	5	5	8.4±0.55	22.8±6.76	120.4±18.93

注：★★代表 $P<0.01$，项目组间差异具有极显著性；★代表 $P<0.05$，项目组间差异具有显著性。

表 16　上海不同项目二线运动员之间不同因素差异显著性一览表

项目	举　重	曲棍球	全能	田径	自行车	棒球	击剑	篮球	垒球	排球	游泳	羽毛球	手球
举重		◆◆ ▲●		◆◆ ■■●		■▲ ●	★★ ◆◆■	▲▲ ●●	◆	★◆◆■ ▲▲●●	◆◆■ ▲▲●●	★★◆ ■■	■■
曲棍球	◆◆▲●			■	◆●	■	★■					■■▲	
全能							★					★	
田径	◆◆ ■■●	■				★	★★	▲▲		★▲	▲	★★■	
自行车		◆●					★★◆	▲▲●		▲●	◆▲●	★■■	■
棒球	■▲●	■					◆	★					
击剑	★★ ◆◆■	★■▲	★	★★	★★◆	◆		★★◆ ▲▲●	★	▲	★▲●	◆	★★
篮球	▲▲●●			▲▲	▲▲●	★	★★◆ ▲▲●		▲	★		★★ ▲▲●	
垒球	★◆			★			★	★▲				★	
排球	★◆◆■ ▲▲●●			★▲	▲●		▲	★				■▲ ▲●	
游泳	◆◆■ ▲▲●●			▲	◆▲●		★▲●					◆■ ▲▲●	
羽毛球	★★ ◆■■	■■▲	★	★★■	★■■		◆	★★ ▲▲●	★	■▲▲●	◆■ ▲▲●		★
手球	■■	■			■		★★					★	

注：★★代表 P<0.01，政府政策在项目组间差异具有极显著性，★代表 P<0.05，政府政策在项目组间差异具有显著性；◆◆代表 P<0.01，媒体传播在项目组间差异具有极显著性，◆代表 P<0.05，媒体传播在项目组间差异具有显著性；■■代表 P<0.01，自主受控动机在项目组间差异具有极显著性，■代表 P<0.05，自主受控动机在项目组间差异具有显著性；▲▲代表 P<0.01，反兴奋剂知识认知在项目组间差异具有极显著性，▲代表 P<0.05，反兴奋剂知识认知在项目组间差异具有显著性；●●代表 P<0.01，问卷总分在项目组间差异具有极显著性，●代表 P<0.05，问卷总分在项目组间差异具有显著性。

由于SPSS软件对只有1个人的项目无法进行ANOVA分析，因此三线17个项目中去除健美操、帆船和水球只有1个人的项目后，对14个项目进行ANOVA分析显示(表17、表18)，在教练传播、自主受控动机、兴奋剂知识和问卷总分方面存在项目组间的显著性差异(表19)，在其他方面各项目间不存在显著性差异。

表17　上海不同项目三线运动员反兴奋剂传播情况一览表

项目	人数(人)	教练传播★★(分)	组织传播(分)	自我传播(分)	社会传播(分)	政府政策(分)	媒体传播(分)
蹦床	4	14±3.92	17.25±2.99	18±3.16	10	4.5±1.92	5±1.41
冰壶	5	16.2±2.86	19.2±3.7	19.2±3.27	10	4±1.23	4±1.87
举重	2	21.5±3.54	17.5±3.54	21±2.83	10	3.5±0.71	5
皮划艇	22	19	19.27±4.31	18.91±3.09	9.55±1.47	4.91±2.07	4.36±2.26
乒乓球	21	19.48±4.4	19.43±3.89	19.38±3.49	9.76±1.09	5.38±1.96	3.81±1.83
赛艇	28	17.29±4.33	19.43±4.7	18.93±3.07	9.82±0.95	5.29±2.99	4.21±2.15
羽毛球	9	16.89±5.86	17.67±3.74	17.89±3.62	10	4.78±2.49	4.78±1.64
射击	5	20.8±4.27	21.2±3.9	20.2±4.03	10	6.2±2.68	4.8±1.1
田径	37	19.32±4.74	17.84±4.79	19.57±3.84	9.87±0.82	6.05±2.31	4.92±1.72
游泳	40	18.95±4.33	20.8±4.51	20±3.55	9.75±1.1	5.98±1.79	5.13±1.68
手球	31	19.52±2.84	18.65±4.49	19.48±4.02	10	4.9±1.94	4.71±2

续　表

项目	人数（人）	教练传播★★（分）	组织传播（分）	自我传播（分）	社会传播（分）	政府政策（分）	媒体传播（分）
篮球	37	20.97±2.33	19.95±4.48	19.16±3.72	10	5.68±1.89	5.19±1.41
网球	16	16.44±2.8	16.19±3.92	17.56±3.63	9.06±2.72	4.69±1.96	3.94±2.59
武术	16	20.75±3.47	20.5±4.62	20±3.8	9.69±1.25	5.38±2.09	4.75±2.6

注：★★代表 P＜0.01，项目组间差异具有极显著性；★代表 P＜0.05，项目组间差异具有显著性。

表 18　上海不同项目三线运动员反兴奋剂知识认知与运动动机等情况一览表

项目	人数（人）	自主受控动机★★（分）	任务自我取向（分）	反兴奋剂知识★★（分）	问卷总分★★（分）
蹦床	4	4±0.82	7.25±1.71	15.75±6.55	95.75±14.52
冰壶	5	4.8±0.45	7.4±1.52	15.4±2.88	100.2±7.43
举重	2	4.5±0.71	9	17±1.41	109±1.41
皮划艇	22	3.77±0.81	8±1.93	17.14±5.36	104.91±13.2
乒乓球	21	4.62±0.5	8.14±0.73	15.9±4.76	105.9±13.96
赛艇	28	4.07±0.9	8.21±1.07	14.86±5.78	102.11±16.27
羽毛球	9	3.89±1.05	7.67±2.06	16.78±3.99	100.33±12.38
射击	5	4.8±0.45	9±1	21.4±7.6	118.4±14.6
田径	37	3.95±1.08	8.05±1.25	16.38±5.03	105.95±13.76
游泳	40	4.2±0.91	8.35±0.95	18.65±4.78	111.8±13.21
手球	31	4.84±0.37	8.16±0.78	17.84±4.29	108.1±11.93
篮球	37	4.78±0.63	8.19±0.78	19.05±6.06	112.97±14.1
网球	16	4.94±0.25	8.13±1.86	14.88±3.74	95.81±11.87
武术	16	4.38±0.72	8.38±0.96	19.25±3.72	117.14±15.97

注：★★代表 P＜0.01，项目组间差异具有极显著性；★代表 P＜0.05，项目组间差异具有显著性。

表 19　上海不同项目三线运动员之间不同因素差异显著性一览表

项目	蹦床	冰壶	举重	皮划艇	乒乓	赛艇	羽毛球	射击	田径	游泳	手球	篮球	网球	武术
蹦床			★	★	★			★●	★	★●	★★■	★★●	■	★★●
冰壶				■■			■	●	■			★●		★
举重	★													
皮划艇	★	■■			■■			■■●		■	■■	■■●	★■■●	■
乒乓	★			■■		■	■	▲	■■	■▲		▲	★●	▲
赛艇					■			▲▲●	★	▲▲●●	★■■▲	★★■■▲▲●●	■■	★★▲▲●●
羽毛球		■			■			■●		●	■■	★★■■●	■■	★●
射击	★●	●		■■●	▲	▲▲●	■●		■▲				★▲▲●●	
田径	★	■			■■	★		■▲			■■	■■▲●	★■■●	
游泳	★●			■	■▲	▲▲●●	●				■■	★■■	★■■▲▲●●	
手球	★★■			■■		★■■▲	■■		■■	■■			★▲●●	
篮球	★★●	★●		■■●	▲	★★■■▲▲●●	★★■■●		■■▲●	★■■			★★▲▲●●	
网球	■			★■■●	★●	■■	■■	★▲▲●●	★■■●	★■■▲▲	★▲●●	★★▲▲●●		★★■▲▲●●
武术	★★●	★		■	▲	★★▲▲●●	★●						★★■	▲▲●●

注：★★代表 P<0.01，教练传播在项目组间差异具有极显著性，★代表 P<0.05，教练传播在项目组间差异具有显著性；■■代表 P<0.01，自主受控动机在项目组间差异具有极显著性，■代表 P<0.05，自主受控动机在项目组间差异具有显著性；▲▲代表 P<0.01，反兴奋剂知识认知在项目组间差异具有极显著性，▲代表 P<0.05，反兴奋剂知识认知在项目组间差异具有显著性；●●代表 P<0.01，问卷总分在项目组间差异具有极显著性，●代表 P<0.05，问卷总分在项目组间差异具有显著性。

三、特点与建议

（一）上海二、三线青少年反兴奋剂认知与传播主要特点

第一，在上海青少年运动员反兴奋剂认知传播中，传播效果最好的是社会传播。其次为自我传播、教练传播和组织传播，传播效果最差的是政府政策和媒体传播，特别是媒体传播；男女运动员受组织传播和自我传播的影响程度略有差异，女运动员受组织传播影响效果好于男运动员，而男运动员在自我传播方面的影响效果好于女运动员；反兴奋剂知识认知方面普遍偏低。

第二，从不同运动水平角度看，二线运动员受教练传播、组织传播、自我传播、政府政策和媒体传播的影响效果均明显好于三线，且在自我受控动机、反兴奋剂知识认知和调研总分上二线表现好于三线，差异具有显著性；二、三线运动员间差异最大的是政府政策和反兴奋剂知识认知方面，而且两者在这两方面的得分均较低；三线群体内部的个体差异普遍大于二线，但在反兴奋剂知识认知方面二线群体内部的个体差异大于三线。

第三，从不同性别角度看，整体上除组织传播方面女运动员得分显著高于男运动员，而自主受控动机方面男运动员得分显著高于女生外，其他八大因素对男女运动员的影响均无显著性差异；在进行线别区分后发现，二线男女运动员间各因素差异较小，只有自主受控动机方面男生得分显著高于女生，其他因素男女运动员间无显著性差异；但三线男女运动员间则出现较多方面差异，体现在五因素上：组织传播方面女运动员得分明显高于男运动员、媒体传播方面女运动员得分明显高于男运动员、自主受控动机方面男运动员得分明显高于女运动员、反兴奋剂知识认知方面女运动员明显高于男运动员、问卷总分方面女运动员得分明显高于男运动员，说明在三线运动员的反兴奋剂教育过程中要适当注意男女运动员因性别差异引起的认知和传播效果的差异，注重对三线男运动员的反兴奋剂教育。

第四，从不同年龄变化曲线图看，在 8～18 岁间随年龄增长变化图上，社会传播、自主受控动机和任务自我取向三方面的曲线变化较平缓，各年龄间无太大起伏；而其他六个因素方面则在生长发育前期即 8～13 岁间呈现出较为相似的变化趋势，即随年龄增长出现各因素得分逐渐上升趋势，并在 13 岁达到第一个峰值，之后部分因素如教练传播、组织传播、自我传播以及知识认知

等方面出现缓慢下降或上下起伏至17岁达到阶段性低谷后在18岁反弹到另一个峰值，而另外一些因素比如政府政策则在13岁后仍随年龄增长到16岁达到峰值之后出现下降，媒体传播则在13岁后出现先下降后上升又下降的趋势；在相同年龄不同个体间，除8岁和16岁两个年龄段个体间反兴奋剂知识认知差异较小外，其他相同年龄个体间呈现出较大差异；问卷总分在8～13岁出现随年龄增长而逐渐增高趋势，在13岁达到第一个峰值，随后出现下降上升再下降趋势，17岁达到低谷后18岁上升到第二个峰值，8岁和17岁相同年龄间的个体差异最小，11～13岁、15岁和18岁相同年龄间的个体差异较大。

第五，从不同年龄在十大因素间的对比结果看，教练传播方面呈现出不同的两个年龄段，分别为8～10岁和11～18岁，两个年龄段间各年龄对比均存在显著性差异，但每个年龄段内部除17岁外各个年龄间无显著性差异；组织传播方面出现8岁和13岁两个特殊年龄点，与其他年龄之间存在较多显著性差异；自我传播方面同样出现8～10岁和11～18岁两个年龄段，段间有明显差异但段内无显著差异，随年龄增长有提升趋势，但17岁出现下降，并呈现出与8～10岁年龄段无显著性差异的现象；政府政策方面出现8～11岁和12～17岁两个年龄段，同样在17岁出现一个特殊年龄点；媒体传播方面出现9岁和13岁两个关键年龄点；反兴奋剂知识认知和问卷总分方面均出现8～11岁和12～18岁两个有显著差异的年龄段，以及17岁这个与任何年龄无差异的特殊年龄点；社会传播、自主受控动机和任务自我取向三方面不同年龄组间不存在显著性差异。

第六，从相同年龄不同运动水平青少年运动员各因素对比分析结果，在13岁时，二、三线运动员受六大传播主体以及动机、取向、知识、总分的影响均未有显著性差异，而在其他年龄段则存在不同因素的不同差异，如：10岁时，在政府政策方面三线运动员得分明显高于二线运动员，而在自主受控动机方面二线运动员明显高于三线运动员；11岁时，在政府政策、媒体传播、自我传播、反兴奋剂知识和问卷总分等方面二线运动员得分均显著高于三线运动员；12岁时，二、三线运动员呈现出最大差异，除社会传播两者无显著性差异外，其他五方面传播主体均呈现出二线得分明显高于三线的趋势，在反兴奋剂知识和问卷总分方面也呈现出二线得分高于三线的现象；14岁时，在政府政策和自我传播方面二线得分明显高于三线，15岁差异递减，只在组织传播方面呈现二线得分高于三线的差异性；14～15岁时，在自主受控动机、反兴奋剂知识和问卷总分方面均出现二线得分显著高于三线的现象。

第七，从相同年龄相同性别不同运动水平角度看，男运动员在10岁时，三线运动员在政府政策方面得分显著高于二线运动员；11岁时，在媒体传播和反兴奋剂知识方面二线得分显著高于三线运动员；12岁时，男运动员在二、三线间呈现最明显差异，除社会传播外，其他五大传播主体均显示二线得分明显高于三线运动员，在反兴奋剂知识和问卷总分方面也呈现相同差异；13岁时，六大传播主体和其他四项因素统计学上均显示二、三线之间没有显著性差异，是一个比较一致性的年龄时间节点；14岁时，在自我传播、反兴奋剂知识和问卷总分三方面二线得分明显高于三线；15岁时，在组织传播、媒体传播、自主受控动机、反兴奋剂知识和问卷总分等方面均显示二、三线有显著差异。女运动员在10岁时，二、三线之间除自主受控动机因素二线显著高于三线外，其他各因素均未呈现显著性差异；11岁时，在政府政策、自我传播、反兴奋剂知识和问卷总分四方面呈现明显差异；12岁时，亦在政府政策、反兴奋剂知识和问卷总分三方面出现二线明显高于三线现象；13岁时，与男运动员不同，在任务自我取向方面呈现出三线得分明显高于二线的现象；14岁时，六大传播主体在二、三线间无显著性差异，但在自主受控动机和反兴奋剂知识方面二线得分明显高于三线；15岁时，女性二、三线运动员在所有十大因素方面均未呈现显著性差异。

第八，从不同项目角度看，二线13个项目仅在政府政策、媒体传播、自主受控动机、兴奋剂知识和问卷总分五个方面存在项目组间的显著性差异，在其他方面各项目间不存在显著性差异，其中举重、击剑、羽毛球项目在上述五方面与其他项目相比具有较大差异显著性；三线14个项目中主要在教练传播、自主受控动机、兴奋剂知识和问卷总分四个方面存在项目组间的显著性差异，其中网球、篮球、赛艇项目相比其他项目差异更显著。

（二）结合认知传播特点进一步加强上海青少年反兴奋剂教育举措与建议

1. 提升认知，增强开展青少年反兴奋剂教育重要性的认识

首先，从目前各类兴奋剂检查结果看，阳性事件陆续在业余训练的各级比赛中出现，反映出兴奋剂使用有向青少年群体蔓延的趋势；其次，从保护青少年身心健康角度看，上海二、三线运动员年龄一般在8～18岁之间，正处于身体发育的重要阶段，亦是道德观、价值观形成的关键时期，不管是主动服用还是被动或误用兴奋剂都会对使用者的身心造成严重危害，甚至影响一生，而且

群体中如出现少数使用兴奋剂现象可能会引发连锁的道德侵害；再次，从兴奋剂防范角度看，由于检测费用较高，因此在很多业余青少年运动员参加的比赛或考试中难以广泛开展，宣传教育则成为预防的关键；最后，从青少年发展认知角度看，从小加强广泛深入的宣传教育，易对兴奋剂使用危害、用药指导、注意事项等相关知识形成系统全面的认识和了解，形成认知痕迹，为成为职业运动员打下良好的反兴奋剂习惯。因此，各方应高度重视青少年运动员反兴奋剂教育问题，充分认识到开展青少年反兴奋剂教育的重要作用和长远意义，从思想源头上杜绝和预防兴奋剂在青少年运动员中的使用和蔓延。

2. 完善体系，发挥各项传播主体的反兴奋剂教育作用

要增强青少年运动员的反兴奋剂意识，提升宣传教育成效，首先要健全完善反兴奋剂教育传播体系，发挥各项传播主体的教育作用。

从发挥影响最大的教练传播角度看，除在整体上要加强二、三线教练员的反兴奋剂教育监管工作外，还要积极引导教练员在团队中发挥反兴奋剂教育主体作用，将反兴奋剂教育纳入区县每年开展的教练员继续教育培训体系；增强对三线教练员的传播主体教育，突出 8～10 岁和 11～18 岁两个不同年龄段受教练传播影响的差异性，注意三线不同项目间教练传播效果的差异，加强对三线蹦床、网球、赛艇、羽毛球等项目的反兴奋剂教练传播。

(1) 从发挥影响次之的组织传播角度看。

对于离家集训、独立能力较差的二、三线青少年运动员而言，除受教练影响最大外，组织和群体的影响也是青少年运动员做出是否使用兴奋剂的重要因素，因此要增强校内、队内反兴奋剂氛围营造，对群体内具有“意见领袖”作用的运动员要着重加强反兴奋剂教育，降低队内使用兴奋剂的群体暗示风险，形成群体内的正面引导；增强三线男运动员间的组织传播影响，在 13 岁前后有上下起伏波动，要持续加强组织传播主体的宣传教育。

(2) 从自我传播角度看。

年龄偏小和运动能力较弱的三线青少年运动员普遍自我传播效果较差，要结合这些运动员特点加强反兴奋剂宣传教育；在不同性别青少年运动员中，虽然自我传播效果差异不显著，但在自主受控动机方面却显示女运动员对所从事的运动项目的兴趣爱好明显低于男运动员，更易有使用兴奋剂的倾向，因此要注意宣传教育。

(3) 从社会传播角度看。

本次上海二、三线运动员中传播效果最好的一项，无论是不同运动能力、

不同性别还是不同年龄、不同项目间均不存在显著性差异，说明上海在兴奋剂事件的舆论环境、兴奋剂市场环境和兴奋剂使用查处情况等方面均呈现出良好的反兴奋剂的社会氛围，但随着里约奥运兴奋剂事件的发酵，下阶段仍要加大社会舆论反兴奋剂力度，依托体校校长例会等形式加强对管理人员等辅助人员的反兴奋剂宣传教育，提升对反兴奋剂工作的管理组织意识，积极营造违规使用兴奋剂人人喊打的舆论环境，严厉打击查处兴奋剂药品买卖行为，时刻不能松懈，继续为青少年运动员反兴奋剂教育提供良好的社会环境。

（4）从政府政策角度看。

上海二、三线青少年运动员对政府出台的《反兴奋剂管理办法》中关于使用兴奋剂的危害、处罚等政策内容普遍存在认知较弱现象，包括在反兴奋剂知识问答方面也呈现出得分较低情况，说明在二、三线青少年运动员的反兴奋剂教育中应着重加强对反兴奋剂法律条文及知识性认知等内容的宣传教育，特别是对于年龄偏小的三线运动员；注意二线运动员中不同项目间存在显著性差异，应加大对二线击剑、羽毛球、棒球等项目在政府政策方面的反兴奋剂宣传教育。

（5）从媒体传播角度看。

作为本课题调研中传播影响效果最差的一项，究其原因可能主要是两方面：一是媒体反兴奋剂传播途径不足，二是青少年运动员主动通过各类媒体接受反兴奋剂的意识较弱。因此，在后阶段的反兴奋剂宣传教育过程中首先应加强对多种媒体途径的开发，充分利用报刊、书籍、电视、网络、手机等多模式平台开辟青少年运动员反兴奋剂教育专栏，拓宽媒体传播途径；其次要在加大集体被动反兴奋剂宣传教育基础上，通过教练、组织、政府等传播主体引导青少年运动员主动利用各类媒体开展自我反兴奋剂教育学习，提升反兴奋剂意识和自我保护能力。

3. 掌握特点，制定多元反兴奋剂宣传教育策略

不同运动水平、不同性别、不同年龄、不同项目间的青少年运动员在反兴奋剂教育的不同传播主体和知识结构方面呈现出不同的认知传播特点，应根据各自实际、综合多方面因素制定不同的反兴奋剂教育策略。运动水平上，除对一线职业运动员开展反兴奋剂教育外，还应加强对二、三线业余训练运动员反兴奋剂宣传教育，重心下移，以承上启下的二线运动队宣传教育为主，同时提升三线运动队的反兴奋剂教育强度，增强业余运动员的自我保护意识；性别上，要注意男运动员群体中的组织传播力度，加大对群体内具有领袖作用的个

别男运动员开展针对性个体反兴奋剂教育，发挥其引导作用，促进形成良好的反兴奋剂群体氛围，女运动员则主要注意自我传播的个体教育和反兴奋剂知识认知的提升；年龄上，要注重 8～10 岁和 11～18 岁两个不同年龄段的认知差异，结合不同年龄段认知特点开展符合年龄特点的宣传教育，对处于 13～17 岁认知上下起伏年龄段的青少年运动员要开展反复教育；项目上，要结合线别对一些传播效果较差的运动项目通过教练、政府、媒体等多种传播主体开展多元反兴奋剂宣传教育，提升反兴奋剂意识。

参考文献

[1] 刘博."中国反兴奋剂之父"杨天乐的体育实践及其启示[J].体育世界(学术)，2015

[2] 向会英.2015《世界反兴奋剂条例》修订的关键变化[J].体育科研，2015

[3] 宋彬龄.2015 新版《世界反兴奋剂条例》个人违纪处罚机制述评[J].武汉体育学院学报，2015

[4] 杨乐.常德市青少年运动员使用兴奋剂情况及反兴奋剂对策的研究[J].才智，2013

[5] 张磊，张国才，程志理.从科技负效应看奥林匹克运动反兴奋剂的艰巨性[J].天津体育学院报，2014

[6] 张妍.对我国反兴奋剂工作中运动员权利保护问题的研究[J].北京体育大学，2013

[7] 王岩玮.多重传播主体影响下的青少年运动员反兴奋剂认知研究[J].沈阳体育学院，2015

[8] 周红梅，吕伟.法律视野下我国青少年体育运动中反兴奋剂问题的探讨[J].军事体育进修学院学报，2010

[9] 阎旭峰，余敏.反兴奋剂过程中运动员的权利及其维护[J].北京体育大学学报，2006

[10] 毛杉杉，潘同斌.反兴奋剂检测的挑战与未来[J].北京体育大学学报，2012

[11] 郑亚平，宫新清.高考体育加试中的反兴奋剂问题研究[J].首都体育学院学报，2008

[12] 陈识.关于兴奋剂危害认知和反兴奋剂课堂开展情况的调查报告[J].青少年体育，2015

[13] 胡雪霏.国际视角下我国体育反兴奋剂斗争的发展[J].学理论，2015

[14] 陈书睿，陈思好.国外反兴奋剂法律规制及借鉴[J].西安体育学院学报，2014

[15] 赵鑫.户外运动兴奋剂治理研究初探[J].学周刊，2015

[16] 史立峰，盛俊林.近 10 年反兴奋剂研究评述与思考[J].成都体育学院学报，2010

[17] 焦陈旺.竞技体育中使用兴奋剂问题的归因与消解[J].搏击武术科学，2015

[18] 贾健.滥用兴奋剂行为犯罪化研究[J].武汉体育学院学报，2015

[19] 丁世勇，黄怀权.论世界反兴奋剂的发展及立法缺陷[J].成都体育学院学报，2008
[20] 邱华丽，张少兴.论兴奋剂对体育可持续发展的威胁[J].才智，2014
[21] 郭树理，黄莹.美国反兴奋剂机构的仲裁制度[J].武汉体育学院学报，2007
[22] 宋彬龄.美国和日本兴奋剂案件独立仲裁程序研究[J].中国体育科技，2014
[23] 罗小霜.浅析反兴奋剂处罚的归责原则——以国际体育仲裁实践为视角[J].浙江体育科学，2005
[24] 何敬愚.青少年反兴奋剂教育探究[J].内蒙古师范大学学报(教育科学版)，2012
[25] 顾建仁.青少年业余运动员使用兴奋剂原因分析[J].体育科技文献通报，2008
[26] 王沛悦，丁磊，尹霓.全球反兴奋剂的现状与进展[J].贵州体育科技，2006
[27] 乔一涓.试论反兴奋剂规则对儿童运动员的适用[J].体育文化导刊，2014
[28] 吴印波.体育运动中反兴奋剂理论研究进展[J].运动竞技体育，2015
[29] 杨瑞杨，文宁，胡玉玲，王静，竹刘欣，邢延一，徐友宣，曹建民.同位素比质谱方法检测兴奋剂福美司坦[J].中国运动医学杂志，2015
[30] 陈佩辉.我国青少年使用兴奋剂的现状及应对策略[J].体育学刊，20081
[31] 刘昕.我国青少年体育运动中反兴奋剂问题探讨[J].体育教学与研究，2009
[32] 姜世波，张奇.新版《国际体育仲裁法典》之修改述评[J].山东体育科技，2015
[33] 李智.兴奋剂处罚与运动员权利保障的冲突与协调[J].成都体育学院学报，2015
[34] 宋彬龄.兴奋剂检测中的未成年人权利保护问题研究[J].体育科学，2014
[35] 邵斯，邹国忠.兴奋剂在校园——校园反兴奋剂使用的教育学视角[J].南京体育学院学报，2007
[36] 汪军，胡杨.血液兴奋剂的使用及检测研究进展[J].中国运动医学杂志，2014
[37] 宋军生.严格责任原则规范下的反兴奋剂逆向处罚研究[J].成都体育学院学报，2015
[38] 马国全，李小唐　张虎祥　杨建文　高玉洲　郭春锋.运动员生物护照在反兴奋剂中的应用分析——基于内稳态的视角[J].吉林体育学院学报，2015
[39] 林俊，李娜.运动员使用兴奋剂态度的测量及影响因素[J].沈阳体育学院学报，2014
[40] 原儒建，孙春晖，赵燕冰.运动员兴奋剂检测模型的建立与分析[J].数学的实践与认识，2015
[41] 黄向宇.中国体育代表团参加国际综合性运动会反兴奋剂工作项目管理研究[J].北京体育大学，2014
[42] 张霞.中国运动员廖辉国际体育仲裁案件述评[J].西安体育学院学报，2015
[43] 赵巧宁，郭琪，李志翔.仲裁制度在我国体育赛事纠纷处理中的作用与范围辨析[J].西安体育学院学报，2015

第3篇

体育产业

上海马拉松赛事的发展现状与对策研究*

陈　丹

一、前言

在最新公布的"上海市国民体质监测公报"中，上海市民体质继 2005 年、2010 年两次"夺冠"后，第三次夺得国民体质"大金牌"。调查显示，跑步已经逐渐成为上海市民锻炼的首选，并取代足球、篮球等传统项目，成为上海市民追捧的第一运动项目。随着全民跑步热的升温，马拉松毋庸置疑地成为现今最火热的群众性体育赛事。

党的十八届五中全会提出创新、协调、绿色、开放、共享理念，体育改革全面展开，全民健身上升为国家战略，健康中国理念的提出都为国内马拉松的发展创造了良好的环境。越来越多的人跑马拉松，越来越多的地区愿意承办马拉松系列赛，这是和经济发展、社会进步同频共振的好事，也从侧面反映了上海马拉松赛事举办的成功。然而随着上海半程马拉松、上海滴水湖马拉松、松江马拉松、青浦马拉松等等上马系列赛的涌现，越来越多的问题和弊端接踵而至。比如：安全隐患、管理漏洞、盲目效仿、供不应求……如何正视问题、归类问题、着手解决问题，是我们应该关心和重视的课题。

因此，本课题以城市马拉松为切入点，选取上海这一具有代表性的马拉松赛事举办城市为研究对象，通过对近三年上海举办的国际马拉松和马拉松系列赛的现状分析，发现和归纳上海马拉松赛事存在的主要问题，最后通过整理访谈内容结合文献资料、问卷调查情况，针对上海马拉松运动如何健康良性发

* 本文作者单位：上海立信会计金融学院。立项编号：TYSKYJ2016041。

展提出可行性的对策和意见。

二、国内外研究现状

近年来,马拉松赛事犹如雨后春笋般在我国各地蓬勃发展起来,据中国田径协会官网日前公布的数据显示,2014年中国各地举办了46场各类马拉松比赛,2015年将近50场,而这个数字在2010年,才仅仅是20场。可见,马拉松赛事在中国确实迎来了"井喷式"的发展。随着马拉松运动的发展,关于马拉松方面的研究也越来越多。打开中国知网,输入关键字"马拉松",共搜索到214篇相关内容的文章。通过阅读归纳发现,截至目前,与马拉松相关的学术研究主要集中在以下两方面:一个是马拉松的赛事运作和市场化研究;第二个是马拉松运动员的训练方法和技战术研究。

在有关马拉松的赛事运作和市场化方面的研究,有关专家学者在《北京国际马拉松赛的社会效益和经济效益分析》中指出,北京国际马拉松赛推动了全民健身运动的开展,提高了群众自身参与和健康意识,拉动了北京体育产业及其他产业的发展,产生了较大规模的广告效应。还有专家学者在《上海国际马拉松赛市场化运作的现状与对策研究》中表明,上海国际马拉松赛的主办单位和赛事组委会在有利于竞赛组织工作以及各方面协调能力的同时,抑制了竞赛的发展活力,赛事推广、产品开发力度不够,要努力将赛事打造成精彩赛事,形成品牌。

在有关马拉松运动员的训练方法和技战术方面的研究,有专家学者在《日本长跑、马拉松训练概况》中指出,20世纪70年代以前的日本,交流经验、互相学习、集训等方法是促进其马拉松运动技术水平不断提高的关键。根据国内气候特点和国际重大比赛任务的需要,把各个时期的训练大体分为三个阶段。在《马拉松比赛的战术》一文中指出,运动员要以均匀的速度,合理分配体能;要有冷静的头脑,按照合理的比赛计划进行;要重视万米速度储备,提高运动成绩。国外专家在《洛杉矶奥运会马拉松冠军K.洛佩斯的训练》中指出,优异成绩的取得需要根据运动员个性特点选择正确的系统的训练方法,进行持之以恒的训练。

综上所述,有关马拉松不同方面的研究,发展完善了马拉松各个领域的研究成果,推动了马拉松赛事的健康繁荣发展。然而,就当前的研究成果来看,目前国内外关于马拉松运动选材、身体训练、技战术要求、身体指标、市场运作、赛事安全等方面的研究较多,而具体阐述城市马拉松赛的发展现状和存在问题等的文章非常少。本课题以上海马拉松赛为具体研究对象,对其发展现状和存在的问题进行调查分析并提出有效策略，为促进上海马拉松赛事的健康持续发展，发挥马拉松在上海全民健身中的重要作用提供一定的理论借鉴和参考。

三、上海马拉松发展现状与分析

（一）基本情况

上海国际马拉松赛是由中国田径协会、上海市体育总会主办，起始于 1996 年，截至 2016 年已连续举行了 19 届。上海马拉松不但是上海传统的重大体育赛事，也是上海城市景观体育之一，是上海市全民健身节的一项重大活动。

研究表明，马拉松与地区经济发展水平呈正相关，马拉松运动在世界的发展轨迹已经证明了这一点。有调查显示，当人均 GDP 达到 5 000 美元时，人们开始更关注健康。目前跑步运动最流行的北上广地区，恰恰都已踏上了这个台阶，人们的生活和运动观念都发生着巨变。马拉松热在全国持续升温，马拉松赛事数量不断增多(表 1)。全年一场大型马拉松比赛对于上海这样的超大型城市来说显然已经无法满足。而通过一些相对规模较小的中小型马拉松比赛来进行参赛者的分流与减压就显得尤为重要。2015 年，上海国际半程马拉松赛在申城落户，开创了国内首个一城双马的赛事体系，与此同时，崇明森林半程马拉松、元旦迎新跑、奉贤海湾半程马拉松等马拉松系列赛也相继落户申城，马拉松和马拉松系列赛的开展打开了上海路跑的新局面。

表 1　2013～2015 年我国马拉松赛事数量统计

年　　份	赛事场数(场)
2013	39
2014	51
2015	134

（二）现状分析

1. 参赛现状

为了了解上海马拉松的报名和参赛情况，课题组特地统计了近三年来上海马拉松的项目设置变化和不同项目的参赛人数情况，具体见表 2。

表 2　2013～2015 年上海国际马拉松参赛人数情况统计表

年份	全程	半程	10 公里	健身跑	接受报名总人数
2013	8 000	10 000	5 000	12 000	35 000
2014	8 000	10 000	7 000	10 000	35 000
2015	15 000	8 000	7 000	5 000	35 000

由表 2 可知，近三年的上海马拉松赛在项目设置上就已见娱乐化的端倪。目前，许多城市马拉松比赛都根据不同的人群和需求分别设置了全程、半程、10 公里跑、5 公里跑以及健身跑、情侣跑等花样繁多、难度各异的子项目供大家选择，旨在吸引各个阶层、各个水平段、各个年龄段的人群前来参赛。20 周年的上海马拉松，还设置了上海马拉松公益组，赛事组委会设立了 200 个全程马拉松的公益慈善名额，每个名额的报名费为 3 000 元，所有报名费都会捐赠给上海市体育发展基金会，并设立上海马拉松专项基金。这是新型的以慈善为主题的大型马拉松赛的做法。公益跑项目一经推出，受到了跑友们的一致好评，在 2016 年上海马拉松中，公益跑的名额增加至 500 个。

此外，除了报名和参赛的人数不减外，赛事组委会根据不断变化的人群需求调整了部分项目的报名人数，比如 2015 年的全马参赛人数由原来的 8 000 人增至为 15 000 人，半马和健身跑则减至 8 000 人和 5 000 人。不同项目人数的调整一方面是为了凸出全马运动的特殊性和标志性，另一方面也是为了更多的满足跑友们的需求。

表 3 显示：从 2013～2015 年，上海国际马拉松的半程完赛率呈递减趋势，由原来的 97.7%减至 96.7%；全程的完赛率在 2014 年增加了将近 2 个百分点，而 2015 年却下降了 6.6%，波动幅度较半程大。调查得知，上海马拉松每年的完赛率均领先于国内同类马拉松比赛。将近 9 成的完赛率也从侧面反映

表 3　2013～2015 年上海国际马拉松半程和全程完赛率统计表

年　　份	半　程（%）	全　程（%）
2013	97.7	94.1
2014	97.0	96.0
2015	96.7	89.4

出上海马拉松雄厚的群众基础，乃至运动人口的比重上升(2015年的上海马拉松有近1.34万人能够完成全程马拉松)。上海马拉松真正成熟，城市运动人口数量的增加，标志着上马逐渐成熟。

2. 赛事服务现状

赛事服务的好坏对赛事举办得成功与否具有深远的影响，一场成功的马拉松赛事往往和优质的赛事服务不可分割。马拉松的赛事服务主要可以分为后勤保障服务和安全保障服务两个方面，后勤保障服务主要表现在：移动厕所、饮水用水、食品补给、志愿者等几方面；安全保障服务主要体现在：医疗安全保障和安保等。课题组对近三年上海国际马拉松的后勤保障服务现状、医疗保障服务现状、医疗保障措施以及安保情况等几方面内容进行了实地和问卷调查，结果表明上海马拉松的赛事服务工作总体来说是比较出色的，而且服务质量呈逐年递增状态，突出表现在每年的两场金标赛事——上海国际马拉松赛和上海国际半程马拉松赛上。

(1) 后勤保障服务情况调查

表4是2013～2015年上海国际马拉松后勤保障服务情况的调查结果。

表4　2013～2015年上海国际马拉松后勤保障服务情况调查表

年份 后勤保障服务内容	2013	2014	2015
移动厕所数量(个)	266	326	起点316+沿途
饮水数量(瓶/人)	3	9	
用水(海绵块)数量(万份)	6.8	9.4	14
食品补给站数量(个)	0	3	3
志愿者数量(人)	500	2 460	约2 700

由表4可知：2014年上海国际马拉松的移动厕所比2013年增加了30%，为326个，增加部分为起点处增设了30个。20周年的上海马拉松仅起点就配备了316只移动厕所，在赛事沿途每2.5公里处设置厕所；饮用水和饮料数量从2013年的3瓶/人，增加到2014年的9瓶/人(运动员将按照人均约5瓶水和4瓶运动饮料，进行补给配置)；用水方面，海绵块在2013年6.8万份的基础上增加了38%，达到了9.4万份，2015年的上海国际马拉松更是从7.5公里起，每5公里配备了用水站，提供海绵块14万份，增幅将近50%。此外，2014

年开始，组委会还首度增设了 3 个能量补给站，为参赛者贴心准备了 5.2 万份能量棒和 2 万份小食补充热量。2015 年沿途设置了 3 个补给站，共准备了 4.1 万份补给。2016 年的上海马拉松补给站增至为 5 个，分别为半程 2 个、全程 3 个。除了这些贴心人性化的服务外，2014 年上海马拉松的志愿者人数也增加了近 4 倍，共有 2 460 名志愿者为参赛者提供存衣、引路、供水、按摩等服务。相比 2013、2014 两年，最近两年(2015～2016)上海马拉松官方赛事补给也将全新升级，饮用水、功能饮料、补给食品的种类也更加丰富。在补给食品上，之前都是单一的欧倍能量棒，2015 年起新增了香蕉和点心。

根据表 4 的调查结果不难发现，2013 年至今上海国际马拉松的后勤保障服务质量在不断地攀升，服务的内容也逐年在创新和衍生。

(2) 安全保障服务情况调查

一是医疗安全保障情况调查。表 5 是 2013～2015 年上海国际马拉松医疗保障服务内容的调查结果。

表 5　2013～2015 年上海国际马拉松医疗保障服务内容调查表

后勤保障服务内容 \ 年份	2013	2014	2015
救护车数量(辆)	19	19	20
医护人员数量(人)	200	210 以上	216
医疗点数量(个)	17	20	25
医疗专业志愿者数量(人)	210	200 以上	652

由表 5 可知：2013～2015 年三年中，上海国际马拉松的救护车辆分别为 19、19、20 辆，变化幅度不大，然而 2015 年的上海马拉松特别增加了 2 辆特种救护车和 21 组骑行“移动保障”队，为上海马拉松的医疗保障增加了“筹码”；表中三年的医护人员数量分别为 200、210、216，人员数量略微有所增加；医疗点数量 2014 年在 2013 年的基础上增加了 3 个，为 20 个，其中赛道沿途 15 个，健身跑、10 公里、全半程起终点 5 个；2015 年在 2014 年的基础上又增加了 5 个，沿途设立 21 个，起终点设立 4 个，两年的增幅分别为 11.1%和 25%；医疗专业志愿者数量三年增幅较大，2013 年为 210 人，2015 年为 652 人，增加了将近 2 倍。

除了对医疗安全保障服务内容的实地调查外，本课题组对上海马拉松的相关工作人员进行了访谈，访谈了解到上海马拉松的现场医疗措施较为全面、细致。调查了解到2013年，上海马拉松组委会为每一位参赛者和所有工作人员购买了保险，为比赛人员的人身安全提供了保障。而在2014年举行的上海马拉松比赛中，除覆盖面广的医疗设施外，在10公里跑终点附近以及半程和全程跑终点前2公里开始，每隔一定距离，安排了两人一组的医疗组，这些医疗组人员手举提示牌，提醒选手在特殊路段加强保护，并对有异状的参赛者及时采取相应措施。2015年，新增了“骑行保障队”和“医疗护跑团”，进行流动的赛道医疗观察。此外，每年的比赛现场组委会为大赛配备了除颤仪、心电监护仪、心电图机等医疗设备和充足的抢救药品及解除肌肉痉挛药品，被指定的相关负责医院同时也在院内临时开通了包括接诊室、心血管病监护室、手术室等在内的绿色通道。越来越科学、多元的医疗救护措施，为马拉松运动员保驾护航的同时也为比赛的顺利进行提供了安全保障。

二是安保情况调查。马拉松的安保工作包括赛前的交通管制执行和赛中的安全保障工作。赛前的交通管制，为赛道清理、赛事的顺利举办提供了基础保障。赛事期间交警、武警安保工作的开展确保了比赛的顺利进行和绝对安全。对于重大活动而言，安保是不可或缺的重要内容。

调查了解到，2013～2015年，上海国际马拉松的安保人员数量从6 500人上升至10 000余人，两年时间，人数增加了将近50%。除了人员数量方面的增加外，上海国际马拉松的安保工作也越来越全面、细致。据悉，赛事期间，交警部门在赛道沿线外围设置交通管制标志，进行预先提醒。为保障市民的正常出行，执勤交警还在不妨碍运动员正常比赛的前提下实施弹性执法，组织非机动车、行人横穿比赛线路。武警方面，每年的上马沿途都要安排大量的武警进行固定执勤，以保证安全，但考虑到警力的分布无法做到更均匀细致，所以2014年，组委会新设立了“自行车武装骑警”，在比赛全程，20名特警两人一组，每组特警前后相隔5～10分钟的车程，分梯队骑自行车全程跟随参赛选手到终点。“自行车武装骑警”是上海市公安局探索完善重大活动安保机制的一项新举措。特警队员荷枪实弹、特殊技能与自行车的灵活便捷相结合，实现了重大活动安保的“零距离”警戒。

（三）存在问题

越来越多的城市主办方只看中了马拉松背后巨大的经济利益，急于通过举办马拉松赛事获取经济利益，然而，举办一场可以比肩国际范儿的马拉松绝不是一蹴而就。上海马拉松在发展越来越成熟、赛事越来越多的背后，也隐藏着一些不可忽视又亟待解决的问题，如何补齐这些短板值得有关方面认真思考。

1. 供不应求

随着社会经济的发展，群众健康意识的提高，马拉松运动在国内受到了普通老百姓的追捧。2015 年，中国田协取消了对马拉松的审批制度，马拉松赛事出现了井喷式的增长。当年，我国共举办了超过 130 场次的马拉松及相关赛事。也就是说，平均不到三天就有一场马拉松赛事在我国举行。特别受追捧的例如：北上广的马拉松。从上海国际马拉松赛组委会了解到，2015 年的 9 月 14 日下午 5 时前，上海马拉松共计预报名人数 97 309 人，有望突破 10 万人大关。上海马拉松的一个名额简直不亚于每年的春运抢票，而中签难度堪比每月抢拍的一张沪牌。

调查发现，上海马拉松如此紧俏，究其原因主要有三：首先是因为赛事本身贴近老百姓生活，赛事规模相对较大，赛道环境优美，有助于激发群众的参与积极性。其次，马拉松这项运动，就其运动项目自身特点来看，不需要特殊的运动器材，对运动场地要求也相对较低，便于普及，能够吸引更多的人参与这项运动，符合全民健身的需求，丰富了大众的业余文化生活。第三，上海作为国际大都市，社会竞争激烈，群众的身心压力大，而马拉松正好为其提供了一个畅通、健康、安全的宣泄通道。

2. 安全隐患

马拉松的安全隐患本课题将其归纳为三个方面：运动员安全、城市安全及食品安全。其中运动员的人身安全隐患尤为重要和突出。2015 年的上海马拉松，一位男性参赛者在跑到龙华中路赛段时，突然一头栽倒在地，心脏骤停，意识丧失，口吐白沫，正在附近的中山医院心外科医生魏来和同伴们急忙赶来，对其进行抢救，20 分钟后终于把他从鬼门关上拉了回来。据守在终点线的东方医院国家应急救援队统计，当天三个医疗点共救治 1 123 名病人，重症患者 32 人。虽然大多数是擦伤、脚底起泡的患者，但也不乏抽筋、扭伤等情况，这样的数据无疑令人感到吃惊：一场马拉松千余人被救治，参与者的人身安全存在着巨大的隐患。其次是城市安全问题，2015 年的富力海口马拉松赛，可谓是一场马拉松瘫痪一座城，比赛期间，海口市滨海大道、世纪大桥、海甸五西路多条路段封路，导致海口多条路段交通拥堵，给市民生活带来了极大的负面影响。此外，食品安全也是举办马拉松赛不容忽视的问题之一，据部分参与上海国际马拉松的跑者反映，大会提供的能量补给食品通常是临近保质期；此外，也有部分赞助的食品或饮水缺乏卫生安全保障和质检说明。

3. 管理漏洞

纵观全国的马拉松赛事，存在着较多的管理漏洞问题。例如：历史最悠久的北京马拉松，曾发生丢失外地参赛者存衣包的负面事件；烟台马拉松，某冠军几乎因为违规被剥夺成绩；杭州马拉松，跑前发放“奖牌”的风波让杭州马拉松饱受争议；上海马拉松首次引入了入围选手需要提交体检报告的规定，但多年来现场核查都流于形式，遭到多方非议。

4. 盲目效仿

自2015年起，上海部分区域和赞助商看到马拉松带来的巨大经济效益和社会效益，纷纷组织具有区域特色的马拉松赛，比如：崇明森林半程马拉松、奉贤海湾半程马拉松、浦东女子半程马拉松等，为了扩大效应，个别区域一味地追求赛事规模和赛事带来的巨大效益，忽略了本地的赛事准备和运营能力，反而给当地的政府和人民带来了不利的影响。

5. 作秀和过度商业化

据悉，每年的上海马拉松赛道上都不乏千奇百怪的作秀军团，他们大多穿着奇装异服，在赛道上各种摆拍，吸引围观者的眼球。马拉松终归是一场赛事，而不是无限拉长的秀场。参赛名额百里挑一，抢票堪比春运，资源如此紧张，应该值得每一个跑者珍惜。此外，随着马拉松赛事影响力的不断攀升，越来越多的精明商家打着“赞助”的旗号加入其中，大到跨国公司，小到餐饮小店，精明的商家通过各种方式植入广告，只为博人眼球。赛道偏离了主题，驶入了功利化的外车道。上海马拉松作为路跑金标赛事，是有影响力的品牌，不该成为企业、单位宣传和炒作的工具。

四、上海马拉松健康可持续发展对策

（一）丰富赛事种类，满足市场需求

要改善上海马拉松一票难求的局面，满足越来越多的热爱跑步的市民需求，丰富马拉松的赛事种类是目前上海马拉松工作的重中之重。增加赛事种类的方式方法分为多种，从距离上来讲，除了常规的全马、半马以外，还可以设

置5公里、10公里、健康跑等项目，来满足不同参赛水平的运动员需求；从参赛对象上来讲，比如“六一”儿童节可举行针对青少年的迷你马拉松比赛、重阳节可以社区或区县为单位举办老年马拉松、情人节可在公园举办情侣跑等，以此满足社会不同群体的参赛需求；从内容主题上来讲，可以结合时下流行的主题，举办特色的马拉松赛，比如：全民健身、奥运年、中国梦等等。此外，除了上海体育局主办的马拉松赛，各区还可以结合地方特点，吸取优秀的马拉松办赛经验，开展别具一格的马拉松系列赛，

（二）杜绝安全隐患，加强安全管理

1. 人身安全问题

可以从以下几方面来落实：一是体检证明。主办方应认真落实核查每一位参赛者的体检证明，重视参赛者的人身安全宣传工作，要让参赛选手看到赛事中存在的潜在风险，教会他们科学参赛，规避赛事伤害事故的发生。二是医疗队伍。完善医疗队伍的建设，包括医疗车、医疗志愿者等。对于猝死者而言，晕倒的前4分钟或前5分钟是抢救的黄金时间，过了这一时间，即使能抢救回来，也会受到严重损伤。因此，一个赛事的组织者，应该平均分布医疗队伍，使得在最短4分钟内可以到达事故现场。三是急救联系人。要求在本人号码布的背后填写紧急联系人的信息，以便第一时间通知亲人。

2. 城市安全问题

相关部门应根据赛事主办方的赛道、交通问题，提前做好赛道的规划、交通管制方案。最大限度地减少赛事举办对城市安全带来的负面影响。

3. 食品安全问题

主办方不要因为食品是免费赞助的，就忽视了食品本身的质量安全问题，应对赞助的企业进行筛选，对赞助的食品进行质量检测。

（三）重视管理漏洞，创新管理模式

上海马拉松的主办单位是上海市体育局，而直接执行者是上海国际马拉松赛组委会，属于政府体育部门下属临时机构。上海市体育局事实上既是赛事的宏观管理者、监督者，又是赛事的微观管理者、组织者。这种管理模式带来的现状是没有一个专门的赛事机构对其进行系统、全面的管理，容易造成管理漏洞，不利于赛事的长远发展。

因此，政府管理部门应该创新管理模式，向西方国家吸取成功经验。例

如：将政府部门与管理部门分开，政府体育管理部门只负责宏观的调控、政策的制定，而具体的组织、决策都由非官方的组织机构自己负责，比如上海田径协会。而上海田径协会的角色就是做好马拉松发展的指引者和服务者，进一步加强政策研究，不断完善马拉松赛事分类管理体系、组织标准体系和注册认证体系建设；协会还应加强对马拉松产业的调研和政策研究，促进马拉松与体育用品、文化、旅游等相关产业的融合发展。

（四）因地制宜，开展具有特色的地方马拉松

不同区域的马拉松赛事要与举办城市的特点相契合，要以举办区域为依托，结合地域特点、比赛时机、赛道环境等，因地制宜地增改马拉松的具体项目，开展富有地域人文、自然特点的地方马拉松系列赛。比如：不同地区可以制定特色赛道，上海的松江、金山、崇明区可以制定特色的自然风光赛道，而黄浦、静安、长宁区等可以围绕特色的建筑、标志性的景观制定人文景观赛道。或者不同地区可以借鉴国内外优秀的比赛项目，推陈出新，完善地区项目设置，保持地区赛事特色。比如以 kiss run 为主题的全国半马锦标赛，首站在南京浦口举行，不但整个赛程为女性提供全线型男一条龙服务，而且在赛道的起终点特设装扮区域，指甲油、假发、彩妆贴、发夹等装扮物品一应俱全；赛道沿线安排了钢琴小提琴现场演奏，另外还特别创设家人等候区，整个赛事受到了女性参赛者的一致好评。

（五）预防竞赛过度商业化，提供人性化服务

商人对赛事的赞助无非想为企业获取利益。赞助企业赞助一届马拉松赛，其企业知名度、美誉度等无形利益固然能得到提高。然而过度的商业化不但扭曲了马拉松的精神文化和运动本质，而且对大众健身造成了一定的负面印象，不利于马拉松的健康可持续化发展。

赞助商应尽可能地为上海马拉松提供优质的后勤保障服务，比如：提供充足、质优的饮料和饮用水，增加能量站食品补给和食品品种，提供赛后的毛巾浴巾，为每一位运动员购买保险等等。另外，赞助商们还可以根据企业优势提供一些个性化的服务，比如在起点增设个性服务点，帮助有需要的选手在号码布上印制名字，让赛道边的志愿者、观众都能喊出名字为参赛者加油。诸如此类的企业赞助服务于赛事，对赛事提供保障，将更好地促进赛事的发展。同时，赛事的发展也将对赞助的企业起到正面宣传的效应。

参考文献

[1] 刘清早.体育赛事运作管理[M].北京：人民体育出版社，2006
[2] 钟天朗.体育经济学[M].上海：复旦大学出版社，2004
[3] 杨茂林.马拉松赛医疗保障工作思考[A]//第一届"全民健身，科学运动"学术交流大会论文集[C]，2016
[4] 张守元.厦门国际马拉松商业化运作的现状及发展对策研究[D].北京：北京体育大学，2008
[5] 石红阳.我国马拉松赛事开展现状分析与发展对策研究[D].开封：河南大学，2013
[6] 段礼贤.我国女子马拉松项目发展现状研究[D].上海：上海体育学院，2011
[7] 王宇红.马拉松运动员医疗安全工作思考[J].体育文化导刊，2010
[8] 杨金田，王海英等.我国马拉松运动的现状与分析[J].南京体育学院学报，2014
[9] 丁一.上海国际马拉松赛市场化运作的现状与对策研究[J].成都体育学院学报，2006
[10] 吴燕丽.马拉松参赛者服务需求现状调查与研究[J].重庆第二师范学院学报，2015
[11] 韦霞，张俊斌.我国城市马拉松赛发展分析[J].体育文化导刊，2014
[12] 田香玲.马拉松火爆的原因、问题及发展路径研究[J].南京体育学院学报，2016
[13] 祝良，黄亚玲，等.城市马拉松赛文化特点的研究[J].体育文化导刊，2014
[14] 王宇红.马拉松运动员医疗安全工作思考[J].体育文化导刊，2010
[15] 石磊，郭鑫，等.天津马拉松赛事发展策略探讨[J].体育文化导刊，2016
[16] 陈俊婷，周海琴.扬州鉴真国际半程马拉松赛发展状况浅析[J].体育大视野，2014
[17] 郑兆云，龚德胜，等.体育竞赛与体育产业开发现状及发展对策研究[J].北京体育大学学报，2005
[18] 冯兆丽，等.我国女子马拉松项目现状及发展对策研究[J].哈尔滨体育学院学报，2008
[19] 李有强.近代上海城市马拉松赛事发展史[J].体育文化导刊，2015
[20] 靳英华、原玉杰，等.北京国际马拉松赛的社会效益和经济效益分析[J].北京体育大学学报，2008

上海体育赛事与城市旅游互动融合研究*

何　丰　王　光　张秀萍　王尧艺　刘　双

一、前言

体育赛事是体育产业的皇冠，更是上海城市发展的明珠。一方面，2014年上海人均GDP达到9.737万元，2015年增至10.31万元。市民对体育赛事的关注和参与越来越多；另一方面，体育赛事的多重平台效应和多维关联效应，使国际性体育赛事争夺日益激烈，门槛不断提高。赛事在给上海相关行业或部门带来红利的同时，承办方却惨淡经营，落入"几家欢乐，一家愁"的恶性循环。只有通过赛事旅游良性互动，进行赛事管理体制改革和组织创新，才能释放蕴藏在赛事旅游市场及其关联产业和区域的消费潜力。体育赛事作为吸引旅游客源的强大磁场，能否实现与上海城市旅游业互动融合？全球著名体育城市实现体育赛事与城市旅游互动融合的模式有哪些？如何促进上海体育赛事与城市旅游互动融合？

2005～2014年，上海共举办国际性赛事445次、全国性赛事626次。F1大奖赛、ATP1000网球大师赛、国际马拉松赛奠定了上海迈向"国际体育赛事之都"的基石。2015年，从赛事规模来看，上海举办国际性体育赛事71项、全国性赛事93项。

从竞技体育绩效来看，在第一届全国青年运动会上，上海运动员获得30枚金牌、19枚银牌和28枚铜牌；在第三届全国智力运动会上，上海运动员获得14枚金牌、6枚银牌和6枚铜牌。从民生体育设施投入来看，上海共建成

* 本文作者单位：上海大学。立项编号：TYSKYJ2016042。

9 905个社区健身苑点、390处社区公共运动场、125个百姓健身房、317条百姓健身步道、37个百姓游泳池。

从全民健身成效和参与度来看,上海市民体质达标率为97.1%,位列全国第一。市民体育大联赛参赛市民达到238万人(上海市统计局,2015),占常住人口的9.9%,相当于每10个上海市民就有1人参加。从体育业态融合创新来看,"虎扑"体育在互联网+体育板块内的影响力、阿里体育2015年落户上海,累积了上海成为"体育科技创新平台、体育资源配置中心"的潜能。

(一)研究背景和理论基础

体育赛事与城市旅游互动融合的理论基础,因研究背景和视角的不同,各有逻辑起点和侧重。《体育产业发展"十三五"规划(2016)》提出大力发展体育旅游,制定体育旅游发展纲要,实施体育旅游精品示范工程,编制国家体育旅游重点项目名录。支持和引导有条件的旅游景区拓展体育旅游项目,鼓励国内旅行社结合体育赛事活动设计开发旅游项目和路线。从发展脉络上看,体育赛事与城市旅游互动融合主要体现为"体育旅游"静态界定观和"体育+"动态融合观两类。

有专家学者认为,前者出于静态比较分析目的,将体育旅游定义为以体育为基础,在有限时间内外出旅游的活动,具有规则性、竞争性、参与性以及趣味性等特征。体育旅游作为新兴业态,能够推动体育产业与文化、旅游、电子信息等相关产业的复合经营(国务院办公厅关于加快发展体育产业的指导意见,2010)。

概念界定是架构体育旅游理论体系的基础和出发点,体育旅游类别划分又是概念界定的现实依据。有专家学者认为,从体育旅游市场细分的角度,可分为休闲体育旅游、健身体育旅游、体育观战旅游、刺激体育旅游、竞技体育旅游等。从体育旅游者行为的角度,可分为参与型体育旅游和观赏性体育旅游。

国家旅游局指出,从旅游资源主体的角度,可分为体育康乐休闲目的地、体育健身场馆、民族传统体育健身活动、赛事与体育节庆。从体育旅游需求和统计分类的角度,分为观赏性体育旅游活动(如观赏体育赛事、体育节、体育表演等内容)、体验性体育旅游活动(如参与滑雪、帆船、漂流、马拉松等运动)、景区体育旅游活动(如户外宿营、徒步骑行、汽车露营等)(国家体育产业统计分类,2015)。还有专家学者认为,从体育旅游理论研究框架体系的角度,涵盖本质内涵研究、市场载体研究、和利益相关者研究,体育旅游的研究范畴应由“体育旅游资源”拓展为“体育游憩资源”,体育旅游规划应细化为体育旅游“专项游憩规划”和“中高端业态规划”。

有专家学者认为,后者出于动态优化分析目的,强调产业链对接、延伸与融合的过程和满足市场需求的结构性调整,“体育旅游”或“旅游体育”并不是两种产业对接的唯一选项。从体育赛事的旅游需求和价值评估角度,超大型体育赛事因规模过大、重赛率极低,会给举办城市旅游业带来负面影响。还有专家学者认为,标志性体育赛事因城市名片效应和定期举办,会给举办城市旅游业带来正向影响。本地居民是体育赛事的重要利益相关者,更是区域性和地方性体育赛事的受众主体,对体育赛事在举办地的可持续发展以及体育赛事与城市旅游业的互动融合影响深远。

(二)文献综述与问题提出

从相关专家学者阐述中了解到,运用指标体系法评估大型体育赛事对城市发展的影响,发现其宏观效应不明显,微观效应在于人均铺装道路面积和人均拥有公共体育设施面积的扩大,以及城市旅游业的阶段性增长。采用配对T检验评估日韩世界杯足球赛,发现体育赛事能够在短期内提高游客对赛事旅游地的形象认知。将体育赛事对城市发展的影响归纳为影响领域众多、影响方式多样、影响时效不一、影响效果不同四个方面。基于共创价值视角分析了政府、企业与消费者在体育旅游创新上的综合作用。

F1大奖赛中国站和网球大师杯等参观类休闲赛事和苏州河国际龙舟赛等参与类景观赛事带动了上海旅游产业融合化、旅游空间一体化、旅游产品衍生化、旅游形象差异化。但上海与国际著名体育城市相比仍存在较大差距,如固定赛事不多、级别不高、本土化不够、职业体育俱乐部实力不强。

还有专家学者认为管理体制的滞后性和随意性制约了上海体育赛事的国际竞争力,需要构建新型举国体制。将制约因素分解为赛事资源优势不清、重点不突出、聚合力不强、开发主体单一、市场化不足等方面。提出以“需求—市场”“资源—品牌”“关联—创意”“产业链—项目”为关键节点的体育赛事与城市旅游长效对接机制。

国内外现有研究注重赛事对旅游业和举办地的综合性影响,“将上海建成国际著名体育城市”需要深化体育赛事与城市旅游业的互动融合研究：一是体育赛事如何实现与城市旅游市场结构、产品结构、产业结构和布局结构的互动融合；二是体育赛事如何实现与城市旅游投融资模式、营销模式和管理模式的互动融合；三是体育赛事如何实现与城市旅游目的地—集散地—延伸地的互动融合等问题。

二、上海体育赛事与城市旅游互动融合机理与困境

上海体育产业和体育消费市场发展有巨大的潜力，但体育产业占GDP的比重偏低、市场主体错位或缺位、体育场馆设施供给不足、产业集聚度和辐射力不强等，导致上海体育产业发展无法满足多元化、多层次的体育消费需求。体育赛事与城市旅游业的互动融合，只有围绕消费需求变化，厘清两个产业全方位交叉渗透与融合发展的整体趋势和内在机理，才能提供两大产业互动融合的优化路径和科学对策。

（一）上海体育赛事与城市旅游互动融合：比较分析和现实困境

2014年，上海体育及相关产业总产值超过420亿元，体育服务业在体育产业中的占比接近50%。到2020年，上海体育产业总规模达到1 200亿元，体育产业增加值达到300亿元，体育服务业在体育产业中的占比超过55%，体育服务业从业人员占体育产业人员总量的80%以上（上海体育产业“十三五”规划，2015）。到2025年，上海体育产业总规模将超过3 000亿元。体育产业增加值的年均增长速度超过同期经济增长速度，体育服务业增加值占体育产业增加值的比重超过60%（上海市政府关于加快发展体育产业促进体育消费的实施意见，2015）。到2025年，上海要建成全球著名体育城市、世界一流的国际体育赛事之都、国内外重要的体育资源配置中心和体育科技创新平台。

1. 在世界城市排名中，上海跃升速度很快，但服务业比重偏低，体育产业比重更低

基于英国拉夫堡大学全球化和世界城市小组的统计，上海在世界城市的排名从2004年的23位，上升至2008年的第9位，2010年进一步升至第7位，前6位依次为伦敦、纽约、香港、巴黎、新加坡、东京。在产业结构上，上海服务业占比为60%，远低于前六位世界城市（表1）。

表1 世界城市产业结构比较

城市	生产总值	制造业比重	服务业比重
大伦敦	2 531.79 亿英镑	3.3%	91%
香港	19 025.65 亿港元	1.6%	93.2%
新加坡	3 455.61 亿新元	19.4%	74.9%
东京都	852 016 亿日元	9%	84.9%
上海	20 181.72 亿元	35.2%	60%

数据来源：香港为2011年份统计数据，数据来源《香港统计数字一览2013》；新加坡为2012年份统计数据，数据来源《新加坡统计年鉴2013》；东京都为2009年份统计数据，数据来源《东京都统计年鉴平成23年》；大伦敦为2010年份统计数据，统计口径是GVA，数据来源Office for National Statistics；上海为2012年份统计数据，数据来源《上海统计年鉴2013》。

除了创意城市指标略高以外，世界城市、宜居城市、世界金融中心和城市竞争力五项指标均落后于伦敦、纽约、香港和新加坡(图1)。欧美国家年人均体育消费远高于我国。英国超过600美元，德国为470.4美元，我国是81.2美元(图2)。体育产业在发达国家和地区经济所占比重较高。据体育器材网统计，2013年，美国体育产业总值为4 350亿美元，占GDP的3%，韩国占2.95%，英国、德国和日本等都在2%以上。2015年，全球体育产业总

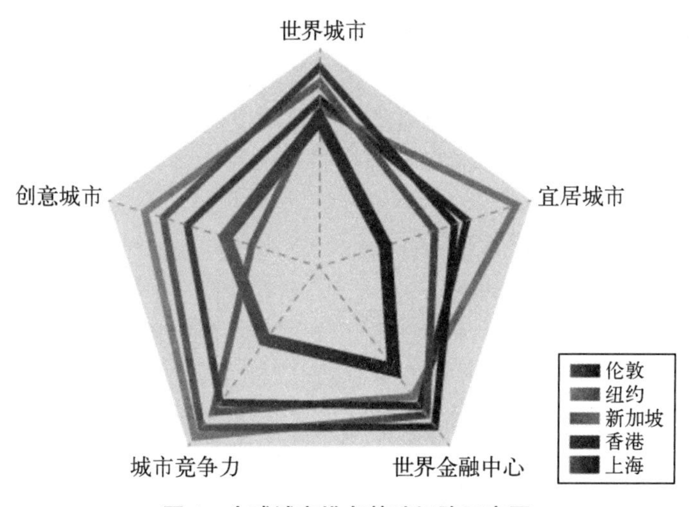

图1 全球城市排名基础矩阵示意图

资料来源：上海市城市总体规划(2015～2040)纲要概要，2016

单位：美元

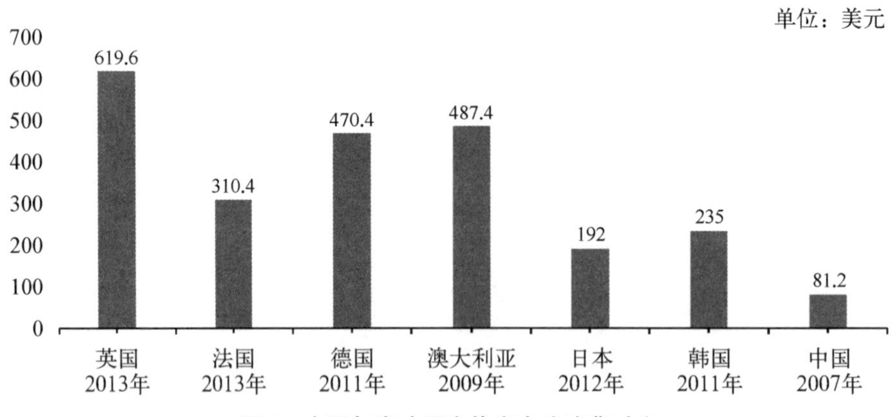

图 2　中国与发达国家体育人均消费对比

数据来源：http://www.chcan.com/about/about.aspx? TypeID=8&ID=41882#pageTop

值为 15 000 亿美元，美国体育产业总值达到 5 000 亿美元，占全球体育产业总值的 1/3。我国体育产业和体育消费市场起步晚，但市场潜能巨大。依据《国务院关于加快发展体育产业促进体育消费的若干意见》(2014)的规划目标，2025 年我国体育产业总值超过 5 万亿元，占 GDP 的比重从 0.5% 要上升到 1.3%。2025 年上海体育产业总规模超过 3 000 亿元，占全国的 6%。

2. 在全国国内旅游流量质量对比上，上海位于高收益、大规模组别，但增速相对放缓

采用 1999～2011 年各省(市、区)国内旅游流“规模位序”的平均值衡量国内旅游流的规模，采用旅游流“流质指数”，即特定地域旅游流所带来的资金流规模与客流规模的比例关系的平均值衡量国内旅游流的效益，对比国内旅游流质量差异(图 3)。

以“流质指数=1”和“规模位序=16”为分割线，依据“规模—效益”两个维度，将各省市划分为四个类型，上海、江苏、浙江、北京、广东属于大规模、高效益组别。这 5 省市居民收入水平较高，旅游需求旺盛，城市旅游、休闲商务旅游、乡村旅游等品类齐全，旅游产品体系成熟、产业关联度较高，具有体育赛事与城市旅游互动融合的市场潜力。从上海旅游流量规模变化上看，2010 年世博会诱发旅客人数急剧增长，但旅游收入自 2012 年以来呈现下降趋势(图 4)，表明上海旅游产业需要与体育赛事互动融合，通过业态创新，拓展产业增加值和范围经济。

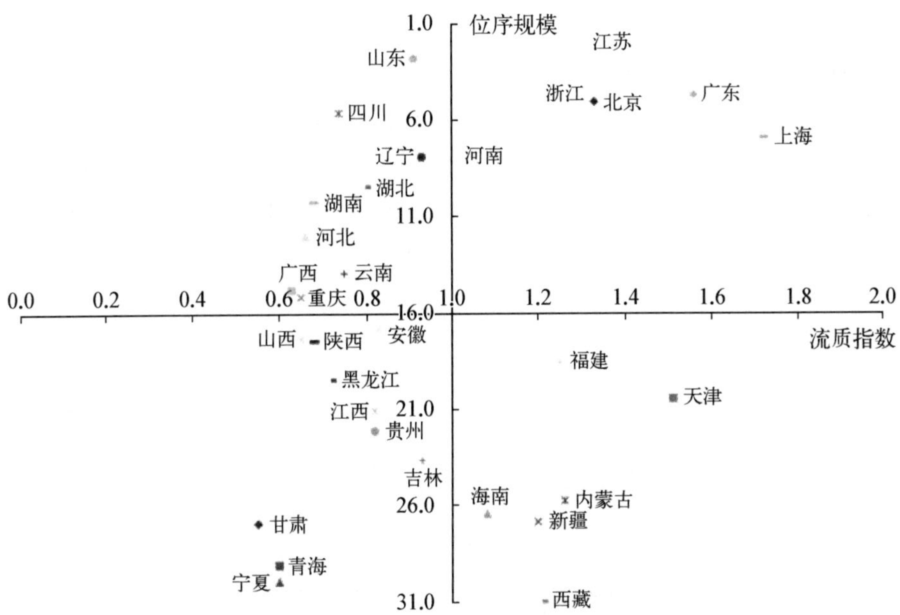

图 3　1999～2011 年四大类国内旅游流质量的省市分布图

资料来源：阎友兵，贺文娟(2013)。

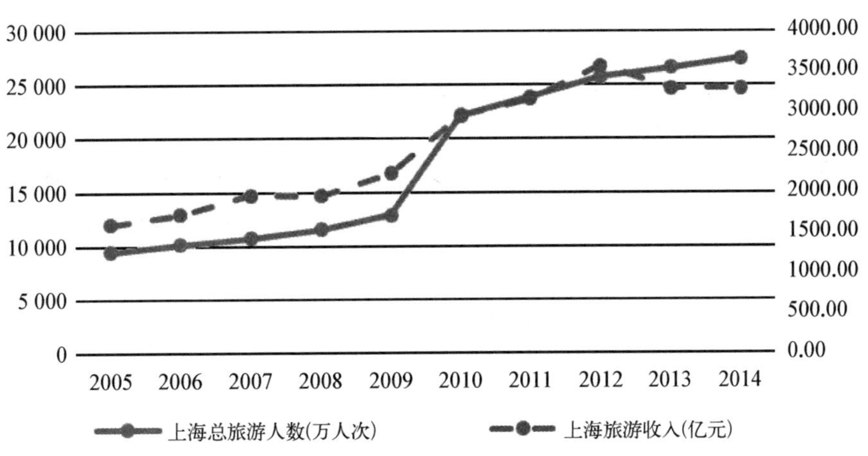

图 4　2005～2014 年上海旅游流量规模变化

数据来源：2006～2015 年上海统计年鉴。

3. 在旅游流量大规模、高收益组别内，上海旅游接待硬件设施供给充足，但体育产业从业人员比重低，体育产业与旅游休闲产业互动融合程度不高

对比图3国内旅游流质量省际分布图第一象限内的5个省市，上海星级宾馆数量仅次于北京，总体规模高于同为旅游中心集散地的杭州市、广州市、深圳市和南京市。但从增长趋势上，上海星级宾馆数量呈现逐年萎缩状态。除了2007年略有增加外，2004～2013年十年间，星级宾馆减少了95个，规模缩水了26%(图5)。

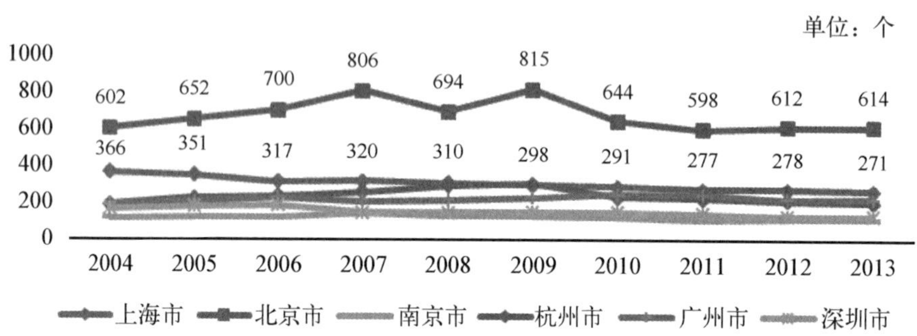

图5　2004～2013年主要旅游中心集散地城市星级宾馆数量变化对比

数据来源：历年各城市统计年鉴。

专业化程度较高的体育产业，尤其是定期举办的标志性体育赛事对举办城市的旅游业和其他相关产业具有正向溢出效应。区位商是衡量地区间产业专业化程度的重要指标，当区位商大于1时，表明该产业是地区专业化部门；当区位商小于或等于1时，表明该产业是地区自给型部门。用地区体育从业人数占本地区城镇文化、体育、娱乐产业单位就业人员数的比重和全国体育从业人数占全国城镇文化、体育、娱乐产业单位就业人员数的比重相除所得的商，计算并比较5个省市的2005～2014年十年间体育产业区位商的变化(表2)。

表2　2005～2014年五省市体育产业区位商对比

城市＼年份	2005	2006	2007	2008	2009	2010	2011	2012	2013	2014	均值
北京	0.470	0.515	0.452	0.514	0.510	0.530	0.507	1.144	1.222	1.218	0.708
江苏	1.263	1.480	1.227	1.316	1.262	1.384	1.289	1.252	1.235	1.180	1.289
浙江	0.870	0.985	0.869	0.970	0.855	0.845	0.799	0.804	0.857	0.750	0.860

续 表

年份 城市	2005	2006	2007	2008	2009	2010	2011	2012	2013	2014	均值
广东	0.923	1.137	1.032	0.936	0.899	0.841	0.938	0.912	1.044	0.630	0.929
上海	0.119	0.137	0.136	0.118	0.118	0.111	0.099	0.104	0.096	0.076	0.111

数据来源：历年各省市统计年鉴。

五省市中，江苏省的体育产业区位商最高，均值为1.29。广东位居第二，2013年以前体育产业专业化程度一直维持在较高水平，但2014年急跌至0.63，十年间的均值为0.93。北京体育产业区位商的均值为0.71，居于第三位，但经过近几年间的飞速增长，2014年已经超过江苏，跃居5省市之首。2004～2011年，北京体育产业区位商仅徘徊在0.46～0.53之间，2012～2014年呈现井喷式增长，2012年激增至1.14，2014年达到1.22。浙江位居第四，均值为0.86，各年间波动不大。相形之下，上海体育产业专业化程度在5省市中排行垫底，均值为0.11，2014年进一步衰落为0.076，表明上海体育产业发展缓慢，难以供给本地体育消费市场需求（见图6）。因广东省数据缺失，对比两省两市城镇居民人均文化娱乐消费支出，上海均值为2 056元，居于首位。北京

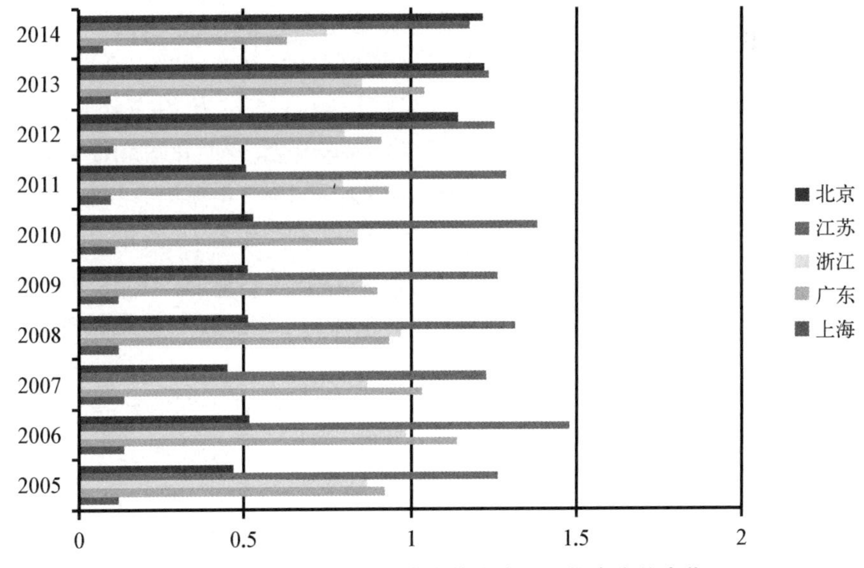

图6 2005～2014年五省市体育产业区位商序位变化

数据来源：历年各省市统计年鉴。

为 2 018 元,居于次位。2014 年上海和北京居民人均文化娱乐消费支出分别是 3 106 元和 3 164 元,远高于江苏和浙江的 1 636 元和 1 272 元,表明上海体育旅游本地市场需求旺盛,消费倾向和支付能力较高,供给方面存在短板(图 7)。

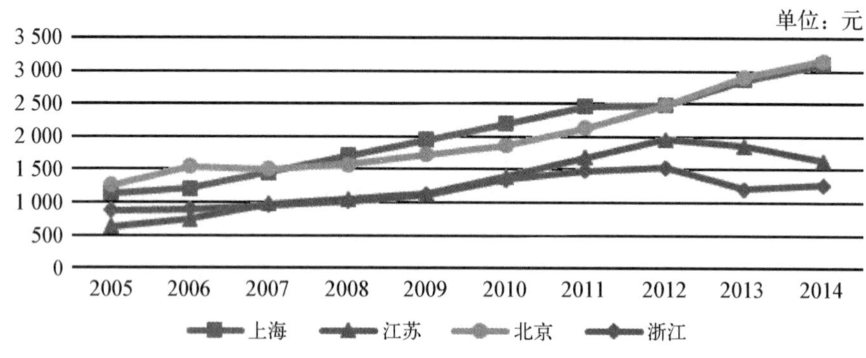

图 7　2005～2014 年城镇居民人均文化娱乐消费支出

数据来源:2006～2015 年上海、北京、江苏和浙江统计年鉴。

(二)上海体育赛事与城市旅游互动融合机理和"市场—产业—布局"结构升级

国内体育赛事产业发展快车道的第一方阵主要包括北京、上海和广州,共性瓶颈问题在于赛事与城市旅游互动发展是单向的、间歇性的。全球最大规模的体育赛事奥运会在"直接—间接—引致"影响路径下,值得借鉴或警戒的模式包括:奥运旅游互动模式,即悉尼 2000 年奥运会;商业化盈利模式,即洛杉矶 1984 年奥运会;景气周期推进器模式,即东京 1964 年奥运会与汉城 1988 年奥运会;亏损无底洞模式,即慕尼黑 1972 年和蒙特利尔 1976 年奥运会,前者因未有效利用现有体育设施,投巨资新建体育场(馆),后者因预算与财务失误。可见,体育赛事与城市旅游互动融合是供需推拉机理、产业关联机理、空间集聚机理共同发生作用的系统。

1. 体育消费市场结构升级是催生赛事旅游互动融合的牵引力

需求结构升级是推动体育赛事与城市旅游互动发展的原动力。"十三五"期间,上海城市旅游需求涵盖居民游憩需求、旅游投资需求、政府拉动经济增长的需求、海外旅游者需求等。2005～2014 年十年间,上海旅游人均消费总额自 2010 年以后呈现整体下降趋势,消费细分结构中,仅门票费和娱乐费不断上涨,其他支出均呈下降趋势。在"十一五"期间,国家和地方政府投入大量资金用于电信和交通基础设施建设，“十二五”期间在经营效率提高和运营成本降低的双重作用下，下降幅度最大的是邮电通信费和市内交通费，2014 年比 2005 年分别下降了 4 倍和 1 倍(表 3)。对比 2005 年和 2014 年上海旅游人均消费构成，购物、住宿和餐饮占据人均花费的 70%。购物消费始终占比最高，接近 39%，凸显了上海商业重镇和“购物天堂”的城市功能。餐饮和住宿在人均花费构成中比重接近，各占 15%左右。长途交通费比重保持在 12%左右(图 8)。

表 3　2005～2014 年上海旅游人均消费支出　　(单位：元)

消费＼年份	2005	2006	2007	2008	2009	2010	2011	2012	2013	2014
长途交通费	176	174	165	156	168	139	128	133	122	132
住宿费	219	211	234	206	224	168	137	145	139	148
餐饮费	220	217	210	212	235	153	146	150	145	148
购物费	553	536	650	609	596	453	519	572	508	406
门票费	96	112	109	99	112	131	123	144	129	131
娱乐费	30	47	46	42	57	42	34	38	39	39
市内交通费	88	94	87	81	81	53	47	48	45	47
邮电通信费	37	35	35	31	27	14	8	8	8	7
总　额	1 419	1 426	1 536	1 436	1 500	1 153	1 142	1 238	1 135	1 058

数据来源：2006～2015 年上海统计年鉴。

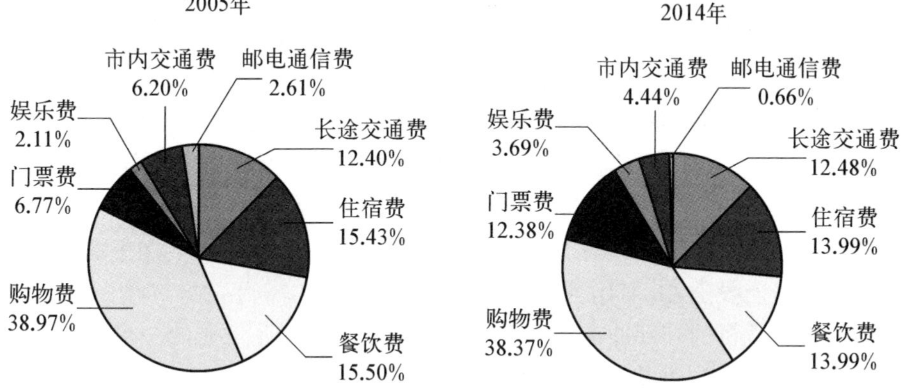

图 8　2005 年和 2014 年上海旅游人均消费支出构成

数据来源：2006 年和 2015 年上海统计年鉴。

供给结构转型是拉动体育赛事与城市旅游互动发展的杠杆力，涉及赛事旅游资源开发、项目建设、公共管理、产业配套、境外供给等方面。在上海举办的大型国内外体育赛事大多是政府牵头，通过财政拨款或利用行政资源，为上海争取到大型体育赛事举办权，城市旅游基础设施建设和旅游资源开发也以市级政府或区县政府为主要供给者。承办大规模重要旅游活动，短期内可能对同类产业产生负面溢出效应。2010年世博会期间，上海体育赛事明显少于其他年份，对体育赛事产生挤出效应(图9)。长期内市场基础培育和旅游接待软硬件设施投入等对体育赛事有挤入效应。世博会后，因城市交通和场馆设施改善和城市名片效应等原因，2011～2014年上海举办体育赛事数量比2005～2009年增加了37%。

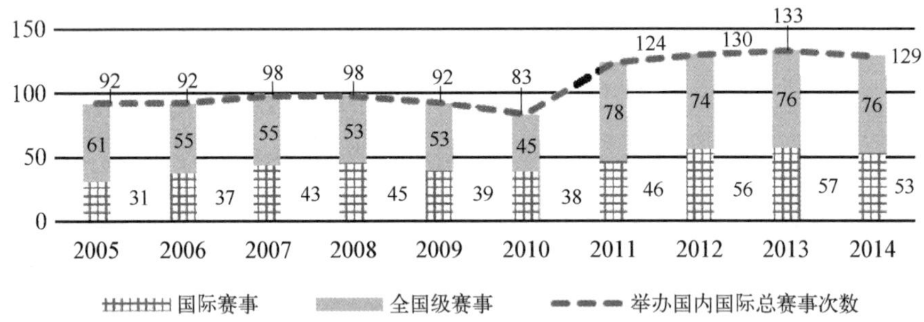

图9　2005～2014年上海体育赛事构成

数据来源：中国知网经济与社会发展统计数据库。

2. 赛事旅游企业空间集聚布局是聚合赛事旅游相关利益群体的向心力

赛事(场馆)、景区(点)、宾馆饭店等接待设施、交通通信等基础设施的有规划兴建和同城化利用，引导赛事旅游组织效率提高、赛事旅游产业融合。图10左侧图中，左侧坐标轴标记体育业、住宿和餐饮业固定投资额，两者整体波动趋势一致，2005年体育固定资本投入8.71亿元，是十年间的最大值；2008年仅投入1.02亿元，为历年最低。住宿和餐饮业固定投资均值是体育业的6～7倍。右侧坐标轴标记交通运输、仓储和邮政业固定资产投资额，2007～2009年均超过800亿元，峰值出现在2009年为873.29亿元。对比右侧图中的铁路运输业固定资产投资，由2007年的3.52亿元剧增至2008年的85.6亿元。为缓解国际金融危机的外部冲击，2008年中央政府投入4万亿元的一半以上用于重大交通基础设施建设。2011年京沪高铁通车，标志着长三角与环渤海城市群的时间距离缩短，区域同城化效应带动了服务业产业链延伸和扩容，为体育赛事与城市旅游互动融合准备了供给结构转型的杠杆。

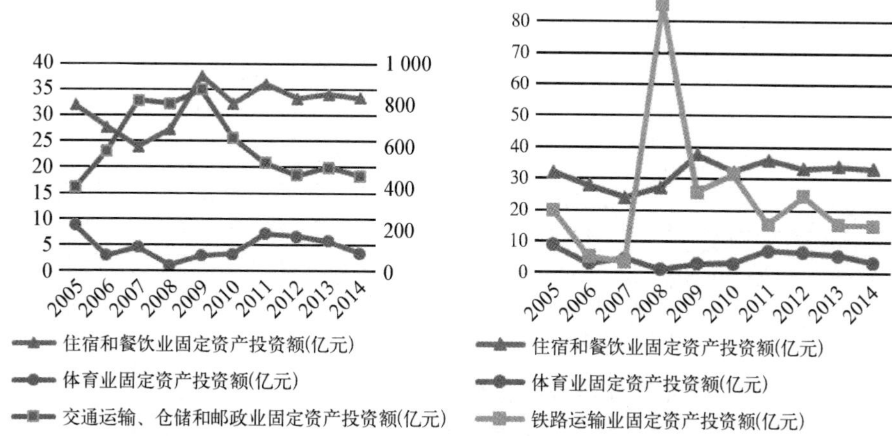

图10　2005～2014年上海固定资产投资结构对比

数据来源：中国知网经济与社会发展统计数据库。

上海赛事旅游企业和相关场馆空间集聚特征明显。为了刻画上海各区县旅游赛事资源的空间分布结构差异，分别计算A级旅游景点数量分布密度和体育场地数量分布密度，前者的计算公式为本区县A级旅游景点占上海A级旅游景点的比重除以本区县面积占上海面积的比重，后者的计算公式为本区县体育场地个数占上海体育场地个数的比重除以本区县面积占上海面积的比重(表4)。

表4　上海各区县旅游赛事资源空间分布密度

区　县	A级景点数量(个)	体育场地数量(个)	区县面积(km^2)	景点/面积	体育场地/面积	A级景区数量空间分布密度	体育场地数量空间分布密度
浦东新区	19	8 504	1 210.41	0.015 697 16	7.025 718 558	1.118	1.157
中心城区	17	11 527	289.44	0.058 734 107	39.825 179 66	4.184	6.558
宝山区	6	1 953	270.99	0.022 141 038	7.206 908 004	1.577	1.187
闵行区	3	3 808	370.75	0.008 091 706	10.271 072 15	0.576	1.691
嘉定区	8	2 095	464.2	0.017 233 951	4.513 140 888	1.228	0.743
金山区	7	1 750	586.05	0.011 944 373	2.986 093 337	0.851	0.492
松江区	7	2 971	605.64	0.011 558 021	4.905 554 455	0.823	0.808
青浦区	10	2 043	670.14	0.014 922 255	3.048 616 707	1.063	0.502

续 表

区 县	A级景点数量（个）	体育场地数量（个）	区县面积（km^2）	景点/面积	体育场地/面积	A级景区数量空间分布密度	体育场地数量空间分布密度
奉贤区	5	2 088	687.39	0.007 273 891	3.037 576 921	0.518	0.500
崇明县	7	1 766	1 185.49	0.005 904 731	1.489 679 373	0.421	0.245
上海市	89	38 505	6 340.5	0.014 036 748	6.072 864 916	1.236(0.957)※	1.388(0.755)※

注：※为上海A级旅游景点数量分布密度和体育场地数量分布密度的均值，括号内为中位数。
数据来源：2014年上海各区县和上海统计年鉴。

表4中，空间分布密度的计算结果表明，上海旅游赛事资源高度集中在中心城区，A级景区密度为4.184，体育场地密度为6.558。体育场地密度明显高于A级景区，原因在于上海中心城区人口高度密集，2014年中心城区平均人口密度为每平方公里26 824人，外围城区中人口密度最高的宝山区仅为每平方公里7 469人（上海统计年鉴2015），体育场地除了旅游会展等商业功能外，也是中心城区居民主要的日常体育游憩空间。在外围城区中，体育场地密度较高的依次是闵行区、宝山区和浦东新区，分别为1.691、1.187和1.157，A级景区密度较高的依次是宝山区、嘉定区、浦东新区和青浦区，分别为1.577、1.228、1.118和1.063（图11）。宝山区、嘉定区和青浦区的景区资源密度高于

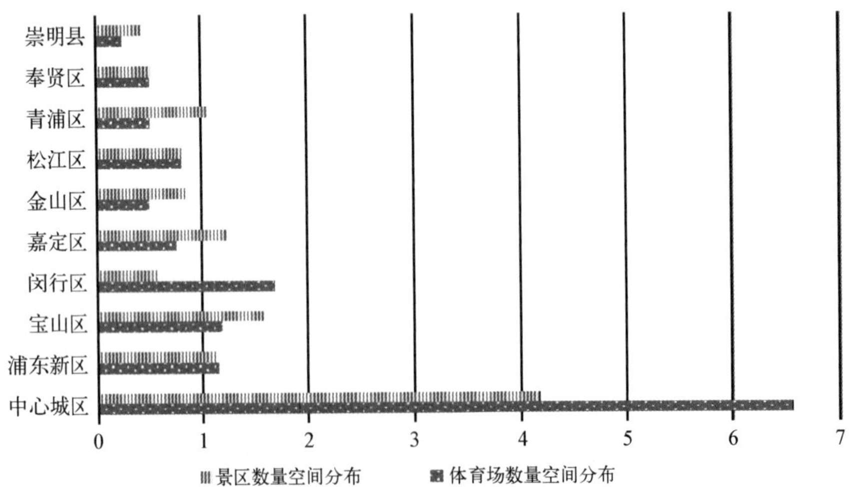

图11 上海各区县A级景区和体育场地空间分布密度对比

数据来源：2014年上海各区县和上海统计年鉴。

体育场地，旅游产业集聚度相对较高。闵行区体育场地密度是 A 级景区密度的 3 倍，体育产业集聚度相对较高。作为高科技园区和金融中心聚集区，浦东新区在上海各区县中面积最大，占上海的 1/5，景区和体育场地资源密度大体持平。在上海土地紧缺、地价和房价飞涨的背景下，具有旅游赛事企业集聚“成本洼地”和“创新融合高地”的战略优势。

3. 产业结构变迁是重组供给结构、匹配需求结构、重塑空间结构的量子力

由于经济联系复杂性日益增强、外部环境的不确定性不断叠加，只有厘清内在机理、区分需求特征，才能引致体育赛事与城市旅游双向互动、融合发展。

首先，从上海标志性赛事与旅游产业的融合路径和程度来看，F1 上海站、网球大师赛、汇丰冠军赛、斯诺克大师赛、国际田联钻石联赛、环球马术冠军赛等品牌赛事，除了观赛门票收入外，直接关联城市公共交通业、铁路、道路、水上、航空运输业、批发和零售贸易业、文化、体育事业和娱乐业、住宿业、餐饮业等部门收益，间接拉动城市固定资产投资、就业率和税收水平。在产业关联和外溢效应上，2004～2015 年，F1 中国大奖赛上海站观赛人数和举办当月上海星级酒店平均出租率的总体变动趋势一致，2008～2009 年国际金融危机期间，F1 中国大奖赛观赛人数下降与当月上海星级酒店平均出租率变化正相关（图 12）。在赛事企业价值链分解和盈利空间上，作为商业体育赛事，F1 中国大奖赛无法获得奥运会或全运会等大型体育赛事的政府行政拨款，也没有足球篮球等单项运动联赛所属协会的资助。以 F1 中国大奖赛和“网球大师”杯的运

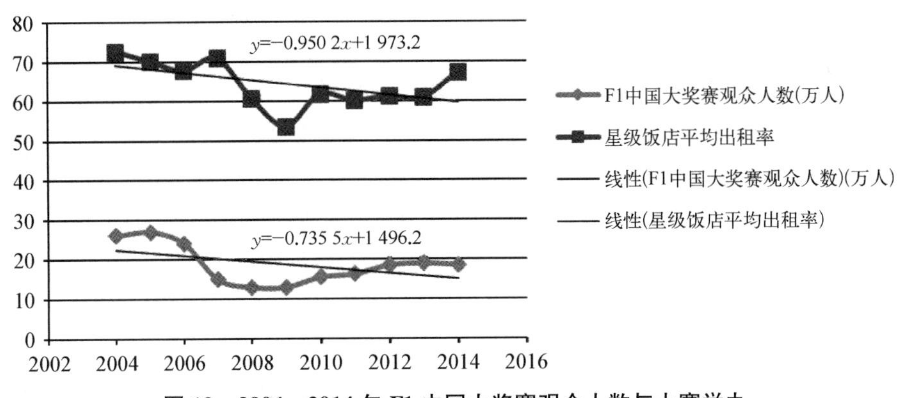

图 12　2004～2014 年 F1 中国大奖赛观众人数与大赛举办当月星级饭店平均出租率相关性分析

数据来源：上海旅游年鉴、上海旅游局政务网和上海久事赛事有限公司。

营方“上海久事国际赛事管理有限公司”2012 年的收入结构为例，两大赛事的票务收入占当年总收入的 28%，其余收入来源于赞助收入占 24%，赛车场场地经营收入占 19%，赛道冠名收入占 9%，电视转播销售权收入占 7%，特许产品销售收入占 3%（江申，2013）。

其次，从旅游产业链延伸和增加值构成来看，旅游产业对其他城市生活服务业具有明显的关联效应。对比 2005 年和 2014 年上海旅游产业增加值，收益率增长最快的是邮电通信业，由 2005 年的 4.58%增长到 2014 年的 41.24%。旅游商业由 17.47%增长到 41.24%。旅游宾（旅）馆业、餐饮业、旅游运输业、园林文化业和旅行社服务业的增加值，因受到自驾出行、自助游和民宿等新型旅游方式兴起而呈现下降趋势（图 13）。

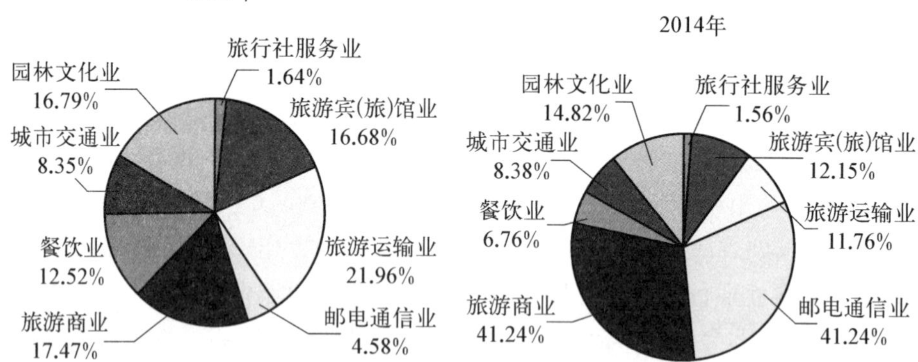

图 13　2005 年和 2014 年上海旅游产业增加值对比

数据来源：2006 年和 2015 年上海统计年鉴。

最后，从体育旅游向体育游憩产业变迁动力上看，上海本地居民休闲游憩需求强劲，旅游人数构成变化叠加消费支出倾向变化，旅游需求变化冲击供给侧短板，诱导旅游供给结构升级。自 2010 年上海世博会以来，上海市民在本市旅游人数明显超过外地来沪旅游人数（图 14）。根据上海市统计局做出的“2016 年市民市内旅游意愿调查报告”，93.3%的受访市民在 2015 年内有市内旅游经历，其中 65.8%受访市民一年内去过几次，21.2%平均每月一次，6.3%平均每周一次。

从本地居民体育游憩资源分类来看，体育场地设施供给与需求之间存在结构型偏差。根据《2014 年上海市全民健身发展公告》和《上海市第六次全国体育场地普查数据公报》的相关数据，上海市体育场地供给数量排名前 10 位

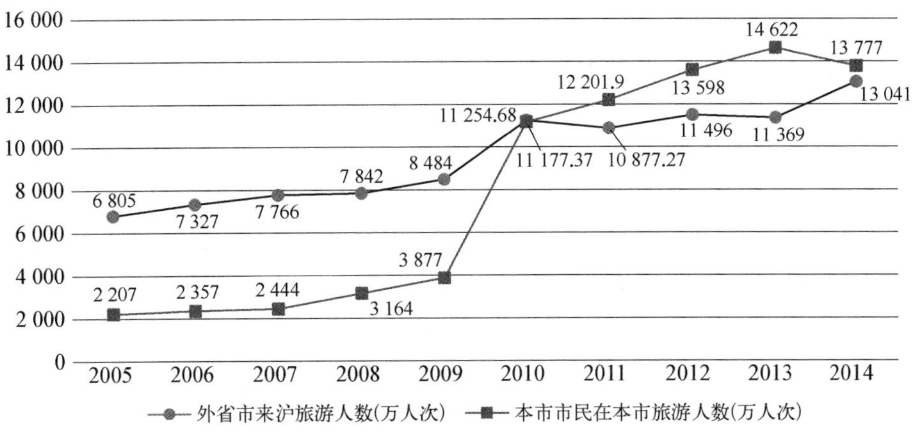

图 14 2005～2014 年上海旅游人数构成对比

数据来源：2006 年和 2015 年上海统计年鉴。

的体育场地依次是健身苑点、篮球场（馆）、乒乓球馆、棋牌房、健身步道、健身房（馆）、小运动场、室外网球场、台球房、游泳馆。市民喜爱并急需的体育场地类型排名前 10 位的依次为健身步道、健身苑点、羽毛球馆、游泳馆、乒乓球馆、健身房（馆）、综合性体育场、多功能体育馆、篮球场（馆）、舞蹈房。从日常体育游憩空间需求弹性和偏好上看，社区体育场地、单位体育场地因距离近和时间成本低，使用频率远高于大型体育场馆、经营性健身会所和其他体育场地。在体育场地共享方面，学校场地开放的时段、时长和场地类型与市民的需求存在差距。一方面，中心城区学校体育场地的教学区域分隔和灯光改造工程实施难度大；另一方面，市民锻炼人群一定程度增加了学校卫生管理负担。在经营性健身会所方面，设施维修状况较好，但场地管理水平和场地交通情况市民满意度较低。从上海市民体育健身组织发育程度来看，团队规模较小，10～30 人之间的团队占到 84.4%。排名前 10 位的有组织健身项目依次是健身操舞（含踏板操等）、排舞、广播操、太极拳（剑）、健身气功、乒乓球、木兰拳（剑、扇）、体育舞蹈、秧歌（含海派秧歌）、羽毛球。中青年人群偏好的球类和路跑类社团或俱乐部，因组织形式较为松散，尚未纳入政府统计序列。

三、上海体育赛事与城市旅游互动融合总体思路与评价体系

国际知名体育城市如纽约、伦敦和墨尔本在体育赛事与城市旅游互动融

合、联动经营方面经验丰富,值得上海借鉴的互动模式包括：一是职业化程度和喜闻乐见度高的赛事规划模式,使本土化程度高的赛事与城市旅游双向互动、兼收并蓄;二是赛事前—赛事中—赛事后的全程运作模式,使娱乐、商业、传媒和赛事旅游浑然一体、相得益彰;三是国际顶级为主的高级别赛事进入模式,使固定赛事和一次性赛事组合搭配,均衡客流、淡季不淡;四是政府支持+专业性私营公司营运的组织模式,使赛事公司与当地的体育场馆、组织、政府、赞助商、观众和媒体,与当地的体育、旅游、商业和公园管理部门分工协作、有效有序。

(一)上海体育赛事与城市旅游互动融合的总体思路

上海体育赛事与城市旅游业互动融合的总体思路概括为“一城、三带、五中心”。“一城”即参照北京“国际重大体育赛事中心”和福建晋江市“全国体育赛事中心城市”的目标定位,参考上海后工业化时代再城市化命题,将上海建成全球著名体育城市和“亚洲体育赛事中心城市”。“三带”即匹配产业层级、空间功能和城市属性,打造沿黄浦江国内赛事旅游集聚带、沿苏州河本地赛事旅游集聚带、沿杭州湾国际赛事旅游集聚带,规划“三沿”各区的特色赛事旅游项目、设施和管理模式。“五中心”即呼应上海四个中心建设,构建五个体育赛事中心：体育赛事举办中心、赛事传播中心、赛事产权交易中心、赛事服务中心、赛事研究和创意中心(图15)。

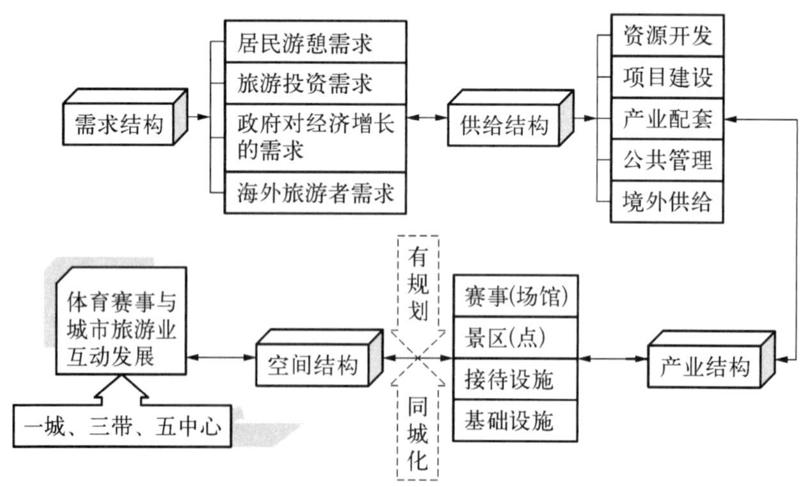

图15 上海体育赛事与城市旅游互动融合的总体思路

（二）上海体育赛事与城市旅游互动融合的评估体系

在体育赛事—城市旅游关联引致的动态均衡模式下，从上海赛事旅游市场系统层和变量层两个层次，从国际知名赛事、国家优势赛事、本地战略赛事三个级别，从“需求结构——供给结构——产业结构——空间结构”四个维度，构建“两层三级四维”评估体系，汇总目标客源的需求特征。体育赛事既是城市经济发展到一定阶段的产物，也是产业结构升级的重要杠杆。局部均衡条件下，体育赛事固定资本投入的边际收益递减趋势，通过与城市旅游互动融合，可以实现规模报酬递增。

1. 上海大型体育赛事举办规模的评价指标

（1）体育固定资产投入比重。大型体育赛事，特别是全国性和国际性体育赛事的举办需要相关体育基础设施的支持，城市对体育固定资产的投入一定程度上，可以反映出城市对体育基础设施的重视程度和体育赛事经济的发育程度。为了剔除财政政策影响的年份效应，鉴于体育产业属于服务业中文化、体育、娱乐业的范畴，运用2005～2014年十年间的上海体育固定资产投资额占全市文化、体育、娱乐业固定资本投资的比重，衡量上海体育基础设施的投入力度指标。计算公式为：

$$\text{体育固定资产投入比重}=\text{体育固定资产投资额}\Big/\text{全市文化、体育、娱乐业固定资产投资额}$$

（2）城市经济发展水平。城市经济发展水平是一个广义的概念，通过GDP指标可以直观地反映出一个城市的经济规模。考虑到上海作为直辖市占地规模大于省会城市，又小于各省的面积，因此运用地均GDP测算上海市经济发展水平，同时反映上海土地集约化利用程度。每平方公里所创造的GDP总量(亿元)即地均GDP越高，说明城市经济发展水平越高，反过来，经济发展水平高的城市拥有更完善的基础设施，更国际化的社会环境，更高的城市知名度等，更易成为高级别国际赛事的举办地。计算公式为：

$$\text{地均 GDP}=\text{GDP 总规模}/\text{上海市行政区划面积}$$

（3）交通通达度。举办大型体育赛事会吸引本地、全国乃至全球游客观赛，举办城市的交通便利度会对赛事举办地的选择产生影响，选取公路和铁路的运输线里程与上海行政区划面积的比值，测算上海交通通达度水平，即交通网络密度。交通网络密度越大，即每平方公里拥有的交通运输线越长，交通通达度越好，交通网络越发达。计算公式为：

交通网络密度＝交通运输线运营里程/上海市行政区划面积

(4) 服务接待能力。大型赛事的城市品牌宣传效应会吸引更多国内外游客集聚举办城市，赛事举办城市对短时间内大量涌入游客的服务接待能力反过来决定了承办大型赛事的规模和频度。表征服务接待能力的指标包括服务质量、服务设施、服务性价比等，考虑到服务设施，尤其是住宿和餐饮，是服务接待能力最基本、更客观的指标，进一步考虑到住宿对游客、参赛运动员、教练员以及其他赛事管理和服务人员是刚性需求，以每百万名游客(即全国和国际游客，不包括本地游客)拥有的星级酒店数量作为服务接待能力的代理变量。计算公式为：

服务接待能力＝全国和国际游客数/上海市星级酒店数量

2. 上海大型体育赛事举办规模的实证分析

体育赛事与城市旅游业的互动融合是拉动城市经济发展的重要引擎，运用2005～2014年上海市统计年鉴、旅游统计年鉴、上海市国民经济和社会发展统计公报、上海体育年鉴和上海市体育局网站的相关数据，筛选影响大型体育赛事举办规模的因素，测算评价指标；通过逐步多元回归，评估国内赛事、国际赛事和总体赛事规模变化率的影响因素。

(1) 国内赛事、国际赛事和总体赛事规模变化率的影响因素

将2005～2014年上海举办的大型赛事数、国际赛事数、国内赛事数取对数后，分别记为$\ln Y1$、$\ln Y2$和$\ln Y3$，作为被解释变量。将体育固定资产投入比重($X1$)、地均GDP($X2$)、交通网络密度($X3$)、服务接待能力($X4$)作为解释变量(表5)，回归结果如表6所示。

表5　变量描述性统计

解 释 变 量	样本	平均值	标准差	最小值	最大值
$X1$：体育固定资产投入比重	10	0.115	0.296	0.085 804 7	0.033
$X2$：地均GDP	10	2.576 4	3.717	0.763 600 3	1.459
$X3$：交通网络密度	10	1.861 9	2.114	0.238 226 5	1.322
$X4$：服务接待能力	10	3.09	4.8	0.968 905 5	1.8

续　表

被解释变量(ln)	样本	平均值	标准差	最小值	最大值
Y1：大型赛事规模	10	3.778 125	4.043 051	0.197 527 2	3.433 987
Y2：国际赛事规模	10	4.119 503	4.356 709	0.196 412 8	3.806 663
Y3：国内赛事规模	10	4.659 212	4.890 349	0.179 029 8	4.418 84

表6　上海体育赛事规模变化率的影响因素

变量	(1)	(2)	(3)
	lnY1	lnY2	lnY3
X_1	1.041 5** (0.188 6)	0.473 2(0.399 1)	1.465 4*** (0.206 1)
X_2	0.825 2*** (0.102 2)	0.534 0* (0.122 9)	1.027 9*** (0.139 3)
X_3	0.282 2* (0.138 6)	0.915 1** (0.188 0)	−0.113 5(0.188 9)
X_4	0.531 7** (0.101 3)	0.440 7** (0.084 7)	0.600 7* (0.137 9)
观察值	10	10	10
R^2	0.920 8	0.866 3	0.927 4

注：(1) 括号是稳健异方差的标准误差；(2) *、**和***分别代表10%、5%和1%显著性水平。

(2) 体育赛事与城市旅游互动融合的经济效应分析

因被解释变量为对数值，按照 e^x-1 解释系数影响。从大型体育赛事整体规模来看，地均 GDP 每增加 1%，上海大型体育赛事规模有望增长 1.28 倍，且显著性水平达到 1%，表明经济发展水平和土地集约化利用程度对上海赛事产业发展起到关键性作用；体育固定资产投入比重每增加 1%，上海大型体育赛事规模有望增长 1.8 倍；服务接待能力每提高 1%的体育赛事增长效应为 70.2%，且显著性水平达到 5%，表明体育设施建设和旅游服务设施建设对上海承办大型赛事具有推动性作用；交通网络密度每增长 1%的体育赛事激励效应为 32.6%，显著性水平达到 10%，表明交通基础设施建设对地区经济增长具有较强溢出效应，对上海大型赛事规模扩张具有辅助性作用。

从国际体育赛事规模变化率来看，交通网络密度对上海举办国际赛事的影响效应最强，显著性水平最高。因国际赛事的参赛方、宾客方、管理方、媒体方和观赛方来自世界各地，空间距离长、时间成本高。依据贸易引力方程，交通便利度高的举办地减少了相对距离成本，相应增强了举办国际赛事的吸引力。地均GDP和服务接待能力分列影响举办国际赛事影响因素的第二和第三位，表明国际赛事对举办地市场潜能和星级宾馆设施有较强依赖性。体育固定资产投入的p值未通过显著性检验，因为成为国际赛事举办地的入选底线是有足够的场馆(地)设施。

从国内体育赛事规模变化率来看，体育固定资产投入比重和地均GDP的影响分列第一和第二，显著性水平达到1%，表明上海作为经济发达地区，对体育设施投入力度较强，成为国内大型赛事偏爱的举办地。服务接待能力的影响位于第三位，显著性水平达到10%，对承办国内赛事有较强影响。交通网络密度的p值未通过显著性检验，系数为负，表明上海人口密度较高，客流量大，密集的交通网络在高峰期面临高昂的拥堵成本。在替代效应的影响下，国内赛事可能向人口密度相对较低的周边城市分流。

四、上海体育赛事与城市旅游互动融合的对策建议

传统举国体制导致行政部门控制赛事供给主体，市场化水平低，可持续性差；僵化管理模式导致赛事旅游资源分割、亮点集聚区域缺乏；金牌至上导致赛事规划对观赏度高、关联度强、群众喜闻乐见的项目重视不够。以上海建设全球著名体育城市、消费需求升级为契机，亟须构建重组赛事旅游存量资源、重燃增量亮点、重塑“同城化”空间的赛事旅游新体系。

(一) 依托上海标志性赛事集聚功能，重组赛事旅游存量资源

建立对体育赛事外部效应的“反哺”机制，定期公开赛事举办目录，以品牌体育赛事为增长极，拓展多层次的赛事体系、多元化的投入机制、多样化的运营模式，打造黄浦江滨江运动休闲带、青浦淀山湖帆船、嘉定汽车运动区和奉贤滨海、佘山登高、临港新城体育休闲等赛事旅游特色集聚区。强化市场机制配置民间资本和赛事资源功能，深化体育赛事分类管理制度改革，催化政府从赛事供给主体到赛事服务平台的职能转换。借鉴国内外赛事旅游互动发展经验，以重塑空间、调整结构、完善功能为主线，以整合旅游资源，加快产业融合，创新赛事产品，提升服务质量，完善产业体系，促进区域联动为路径，构建品牌主题鲜明、管理体制创新、产业要素集聚、规模效应凸显的上海赛事旅游新战略。

（二）依托“互联网＋”产业升级，重燃赛事旅游增量亮点

循序构建上海体育资源配置中心，通过市场机制和产业关联，打造体育产权交易平台、体育赛事资源平台、智慧体育服务平台，提升赛事举办权与承办权、场馆经营权、无形资产开发权的交易功能，构建链接社区、覆盖全市的“智慧体育”服务网络和“体育生活云”。引入体育产业孵化器和赛事旅游加速器，培育体育企业市场竞争力，培养体育产业集团创新倾向，培植体育总部经济，吸引国际著名体育组织、体育集团、体育学校在上海建立运营中心、研发中心、销售中心、教育培训中心。针对不同年龄或收入人群赛事旅游偏好，促进时尚运动与传统体育的差异化发展和互动式融合，一方面，开发路跑、自行车、网球、游泳、帆船、击剑、赛车、航空、冰雪、马术、射击、射箭、极限、房车露营、电子竞技等时尚运动项目。另一方面，推广武术、龙舟、舞龙舞狮等传统体育项目。

（三）依托“三圈三带一岛”的景观布局和“一城、三带、五中心”赛事规划，重塑赛事旅游“同城化”空间

“十三五”时期，上海旅游业的“三圈三带一岛”景观布局聚焦“中心城旅游圈—郊区旅游圈—滨海临江旅游圈”，“黄浦江—苏州河—沿长江及滨海水上旅游带”和崇明国际生态旅游岛。大型体育赛事因赛事特性、地理区位、周边产业特色的不同形成五种赛事旅游“产城融合”模式，包括单核外溢、多核联动、以核带面、能量分层、网格链态等。

以 2020 年上海建成全球著名体育城市为目标，在中心城区，依托上海体育场、东方体育中心、江湾体育场，设立国家级和市级体育产业基地、示范项目，打造以体育赛事表演为主，融合时尚娱乐、会展旅游等的综合性体育城，发挥从单核外溢到多核联动的增长极效应。

在郊区，利用自然资源和区位优势，发挥周末游和自驾游的本地化市场潜能，开发极限运动、水上运动、航空运动、马术运动等户外运动休闲产业，规划建设崇明陈家镇自行车、长兴岛、前滩、南桥、松江等体育主题公园，发挥以核带面的涓滴效应。

在长三角和长江经济带，通过长三角都市圈协同效应整合赛事旅游的人才、场馆（地）、资金、信息和项目，发挥能量分层、网格链态的赛事旅游空间自组织效应。

（四）依托体制、机制、法制、税制、规制五个层面，重构赛事旅游互动融合的配套措施和保障体系

体制保障上，遵循“国际知名赛事—国家优势赛事—本地战略赛事相结合”、“固定赛事与一次性赛事相配合”、“赛前、赛中、赛后相联合”原则，设立基于流程优化和信息集成的赛事旅游管理机构，整体规划、组织协调与城市定位相容、规模和结构合理的赛事旅游群。

机制保障上，上海体育赛事与城市旅游业互动发展需要八大机制保障，即发展规划机制、产品开发机制、宣传营销机制、品牌建设机制、人才保障机制、技术融合与标准融合机制、贸易促进机制、风险防范机制。

法制保障上，梳理现有相关法律法规体系，巩固并进一步规范上海体育赛事与城市旅游业互动发展的法制基础。

税制保障上，以体育赛事与城市旅游业互动融合为契机，在上海设立境外旅客购物离境退税试点、扩大增值税适用范围试点、进行服务贸易出口退税试点等。

规制保障上，体育赛事从门票经济到赛事旅游集群经济、从面子工程到赛事旅游空间体系、从粗放化—政绩化到集约化—市场化的演变，必然推动行政部门从“圈地、扩权、管制”到“融合、协调、服务”，从赛事承办地单打独斗到跨区域联盟的规制变革。

参考文献

［1］ Robert A. Baade and Victor A. Matheson. Going for the Gold: The Economics of the Olympics[J]. The Journal of Economic Perspectives, 2016

［2］ ShiNa Li, Adam Blake, Rhodri Thomas. Modelling the economic impact of sports events: The case of the Beijing Olympics[J]. Economic Modelling, 2013

［3］ 黄海燕.体育赛事对城市旅游业的影响：一个居民视角的结构方程模型[J].武汉体育学院学报，2015

［4］ 江申.久事赛事票务营销策略研究[D].上海：上海交通大学，2013

［5］ 卢长宝等.体育产业与旅游产业对接的长效机制[J].体育科学，2011

［6］ 卢长宝，郭晓芳，王传声.价值共创视角下的体育旅游创新研究[J].体育科学，2015

［7］ 上海市统计局.2015年上海市国民经济和社会发展统计公报[Z]，2016

[8] 阎友兵,贺文娟.国内旅游流流量与流质的时空演化分析[J].经济地理,2013

[9] 杨强.中国体育旅游研究20年:述评与展望[J].中国体育科技 2011

[10] 杨仲元,徐建刚,林蔚.基于复杂适应系统理论的旅游地空间演化模式[J].地理学报,2016

[11] 叶新才.体育赛事旅游产业化路径研究——以厦门国际马拉松赛为例[J].山东体育学院学报,2014

城市休闲视角下上海帆船俱乐部现状与发展研究*

高文倩　王钰涵　周意男　邹凝祥
王　玥　施　奕　嵇　洁

一、前言

人们常常用扬帆起航来形容为理想而奋斗的决心，也常常用乘风破浪来激励并克服前进道路上的困难，帆船运动就是带着这样一种魅力走入人们视野的。帆船运动不仅是运动项目，也是一种生活方式，既能体会有时的轻松航行，也必须面对暴风骤雨激烈搏斗，帆船运动满足了人们需要的各种属性。所以帆船是运动，更是文化。随着社会发展和物质生活水平的提高，人们的运动休闲目标也在不断提升，很多市民开始关注起帆船等一批水上项目，这也为此项运动的发展奠定了良好的基础。

1873 年，"上海杯"帆船赛在上海举办，这也是亚洲历史上第一个帆船比赛，是现代帆船运动在中国有记载的"第一次"。上海东面环海，内有湖，也有风和浪，就有了玩帆船的要素。帆船运动，是水陆结合的休闲消费区域。而随着上海经济、社会和城市功能的不断发展和完善以及建设全球著名体育城市的目标，帆船运动丰富了市民体育休闲的内容，可以促进体育旅游、满足人们城市休闲需求并带动上海体育产业的发展。帆船俱乐部作为普通市民接触此项运动的唯一载体，对其进行调研具有一定的现实意义。

本课题拟在城市休闲视角下，从经营者、管理层、教练员和消费者不同层面对上海的帆船俱乐部在管理、运营、活动、赛事、消费等方面的现状进行调

* 本文作者单位：同济大学。立项编号：TYSKYJ2016058。

查，并在此基础上进行分析研究，为上海帆船运动的普及和发展提供有价值的参考。

二、帆船运动发展历史

（一）帆船运动发展历史

现代帆船运动起源于欧洲，最早对帆船运动的记载出现在 1 900 多年前古罗马人的作品。13 世纪，威尼斯的帆船比赛没有统一级别和规格。15 世纪，欧洲国家在设计帆船方面大有改进，操纵灵活，船速加快，对帆船运动的发展具有重要意义。17 世纪后，随着海外贸易和对外扩张，帆船技术飞跃发展。到了 19 世纪，欧洲帆船领先于世界水平。

18 世纪起，帆船比赛不断增加，帆船协会和俱乐部诞生。1857 年，与奥运会、足球世界杯、F1 相媲美的“美洲杯”帆船赛应运而生。1906 年，英国 B・史密斯和西斯克・史坦尔到欧美商谈帆船比赛的级别和规则并拟建立国际帆船联合会。1907 年该联合会正式成立，拥有 122 个会员国，管理 81 个帆船级别并设国际残疾人帆船联合会。第一届现代奥运会就设有帆船比赛，但由于天气原因未能举行。1900 年，第二届奥运会中帆船比赛设有 7 个级别。随着现代工业的发展，帆船制造业不断发展，制造成本降低，为帆船的普及贡献了力量。

（二）我国帆船运动发展现状

我国在 20 世纪 50 年代开始开展航海运动，1979 年成立了中国船艇协会。1981 年 5 月 11 日，中国帆船运动协会成立，其宗旨是集全国帆船运动的相关人员，推动我国帆船运动普及，提高帆船运动技术水平，促进各国友好交往并组织竞赛和学术交流。1984 年，我国加入国际帆船竞赛联合会，从此更多地参与到国际帆船竞赛与交流中。1996 年 3 月 10 日，中国帆船协会更名为中国帆船帆板运动协会。

我国的帆船运动起步晚，但发展迅速。20 世纪 90 年代，国内开始创办帆船游艇和航海俱乐部，建设会所并购买帆船、游艇等航海设施，对我国帆船产业和俱乐部的发展起到促进作用。

2008 年奥运会后，人们对帆船运动有了更多了解，民间帆船运动快速发展，主要表现在帆船俱乐部数量迅速增加、参与人群不断扩大、公私合营的港口和码头被认可。且帆船运动在学校也受到重视，成为专业课程，私人帆船交流越来越频繁。民间不断出现自费参加航海活动的现象，促进了帆船运动的民间化和社会化。

帆船运动的发展与俱乐部的发展息息相关，从帆船俱乐部数量来看，1997年全国仅有十几家，但到2003年全国的帆船俱乐部已有上百家。从分布的区域看，从沿海的青岛、上海等城市不断向内地武汉、重庆等地区发展，尤其是南方地区的水上运动俱乐部，数量不断增加且发展较好。

在帆船运动发展初期，我国帆船竞赛场地和裁判经验欠缺。通过不断建设与发展，我国已拥有多处帆船竞赛场地，裁判队伍不断扩大，裁判水平不断提高。成功组织了亚洲帆船锦标赛和亚运会帆船比赛。目前我国已有20多个省市和地区，约200多个帆船俱乐部开展帆船运动，参与帆船运动的人数不断增加。

（三）我国帆船场地环境

帆船运动依托于海洋，受地理因素尤其是海洋环境的限制较大，纵观帆船运动盛行之地，在海洋、洋流、海岸线和岛屿方面都有着自身特点。

有关专家学者认为，首先，良好的港湾是一个地区能够进行帆船运动的基本条件，港湾应具备面积大和适宜的深度等特点。其次，海岸线应长并且曲折。再者，帆船运动因具有借助自然力的特点，在水文环境中，要通过洋流和潮汐提供动力。最后，气候特征中，应具备气温适宜、降水量较少以及风力不宜过弱等条件。

目前，国内已有不少城市借助良好的地理环境发展帆船运动，大连、青岛、上海、厦门、深圳和海南等城市都具备良好地理环境资源优势。厦门已成为帆船运动爱好者向往的乐土。

（四）我国帆船赛事

帆船比赛受气象和水文条件等自然条件影响，不同比赛轮次的天气状况不同，无法用同等标准来衡量，因此帆船比赛只有最好成绩，没有世界纪录。

目前，国际上的帆船比赛主要有沃尔沃环球帆船赛、奥运会帆船赛、美洲杯帆船赛、世界帆船巡回对抗赛、沛纳海古典帆船赛、克利伯环球帆船赛、劳力士法斯特耐特帆船赛、欧洲三大赛等。国内的帆船比赛主要有中国杯帆船赛、中国司南杯帆船赛、上海航海节、环海南岛国际大帆船赛、长沙湘江国际帆船赛、“太湖杯”帆船赛等。

青岛多次成功举办沃尔沃环球帆船赛、克利伯环球帆船赛、国际极限帆船赛系列和城市俱乐部帆船公开赛等国际赛事以及2013年和2014年世界杯帆船赛亚洲站比赛。青岛已经成为亚洲地区引入国际帆船赛事最多、赛事类别最为齐全的国际赛事集聚地。

（五）我国帆船教育

目前高校开展帆船运动的学校比较少，尚处于初级阶段，高校帆船约有20多支队伍大都集中在沿海城市，发展较好的城市有青岛、厦门、大连、深圳、香港、台湾、珠海、广州等地区。例如中国海洋大学、青岛大学、中国海军大连舰艇学院、深圳大学、厦门大学等高校，通过学校成立帆船队，可以培养各类人才，提高就业率和扩大学校知名度，这与高校的国际化、特色鲜明的品牌大学的办学宗旨相切合。

有专家学者认为，我国高校帆船运动存在安全、资金，专业教师缺乏等问题，需要通过政策支持、制定人才机制和加强安全教育力度等方式解决这些问题，进而加快大帆船运动在我国发展的速度，进而促进我国南北方以及和各国之间的交流。

综上所述，目前对帆船运动的研究主要集中在帆船的发展历史、地理环境、赛事、教育等。针对帆船俱乐部方面的研究较少，而对俱乐部的研究也仅仅是关于帆船赛事方面的，未涉及管理、运营、活动、消费等方面。

三、上海帆船运动总体发展概况

（一）上海帆船运动发展概要

1873年，“上海杯”帆船比赛在上海黄浦江举办，这是中国记载的第一次现代帆船比赛，也是亚洲历史上的第一次。始建于1953年并于1956年和1973年两次重建的上海划船俱乐部更是新中国第一个水上运动基地，是中国户外水上运动的发祥地与上海船艇运动主要训练活动场所。1958年，国家体委邀请外国专家在划船俱乐部主办为期三个月的教练员训练班，为全国10多个省市培训出40多位教练员。1957年起，划船俱乐部培训的运动员在水上项目的全国比赛、国际比赛中取得了优异的成绩。

近几年来，随着上海姑娘徐莉佳奥运夺冠，以前不为人们熟悉的帆船运动再次走入大家的视野。目前市民主要可以通过帆船俱乐部接触到此项运动。

（二）上海帆船运动水域基本概况

上海地区东面环海，内有河湖众多，水网密布，水资源丰富且风浪小，为开展帆船运动提供了良好的条件。目前上海帆船俱乐部主要分布在淀山湖、滴水湖和崇明以及奉贤海湾。

淀山湖水域，是目前拥有帆船俱乐部最多的水域之一，面积 62 平方公里，可容纳 2 000 条帆船，目前该区域被称为上海国际帆船港。

滴水湖，是近几年新开发的帆船运动场地，于 2003 年建成，湖面呈正圆形，总面积约 5.56 平方公里，非常适合作为帆船运动初级训练场地。

崇明岛，地处长江口，在其北部直面东海处有一段 6.8 公里的江岸线，是上海地区唯一可直接驾船入海的活动区域。

拥有 10 公里海岸线的奉贤东海杭州湾，也是上海可玩帆船的水域之一，这里采用圈水隐堤、沉泥碧水的技术，将浑浊的海水和滩涂变成水清沙细。

（三）上海帆船主要赛事

目前上海的帆船赛事主要有围绕淀山湖上海国际帆船港进行的“美帆系”赛事和在滴水湖举行并以珐伊船艇为主的“珐伊系”赛事。

“美帆系”比赛主要由上海美帆俱乐部主办或承办，已举办的赛事有 OP 家庭帆船赛、国际青少年 OP 邀请赛、博纳多冬季帆船赛等。今年举行的亚帆联杯帆船赛是亚帆联赛历史上最具综合性、最受瞩目、级别最高的职业帆船赛事之一，也是上海承办的最高级别帆船赛事。

“珐伊系”赛事主要由海尚帆友俱乐部组织或承办。已举行的赛事有中国城市俱乐部帆船赛、临港杯帆船赛、珐伊杯国际帆船大奖赛、航海节国际帆船系列赛等。2014 年 9 月在滴水湖举办的中国城市俱乐部帆船赛上海临港站比赛共迎来包括香港地区在内的全国 14 支船队以及 20 000 余名现场观众。

近两年各俱乐部还组织帆友进行 24 小时帆船赛、特色帆船赛、月赛等，比赛涉及不同船型和不同水平的操船者，如红龙、WETA 船、龙骨船等都有相应的比赛。

此外，上海举办的国际游艇展慈善帆船赛始于 2008 年，是上海开展时间较长的赛事之一。赛事以“扬帆起航”为主题，依托上海国际游艇展，致力于服务儿童的公益组织和项目筹募资金。活动开展8年来，已先后为公益组织募款约38万元。

上海的帆船运动越来越受到政府的重视与支持。帆船比赛作为2016年上海市市民运动会，学生运动会比赛项目进入到大家视野中。“绿地集团杯”上海市第二届市民运动会帆船总决赛参赛选手年龄从10岁到70岁不等，充分表现了群众参与的广泛性；青少年组的总决赛共迎来上海及周边地区的125名青少年参赛，更有104条乐观级帆船同时起航，刷新了全国范围内该级别赛事规模的纪录，堪比世界级赛事。此外，2016年上海市学生运动会OP帆船比赛和大学生组帆船比赛也在滴水湖顺利进行。

据悉，首届“太平洋杯国际帆船赛”将于2018年冬季举行，赛事的起点和终点分别设在中国上海及美国洛杉矶，总航程约6 000海里(11 000公里)。赛船为中国帆船，冠军将获得1 000万元人民币奖金。

从上述举办的赛事中可以看出，上海努力在广大市民中弘扬海洋文化、宣传航海知识，正在成为积极响应国家关于21世纪“海上丝绸之路”战略构想的实践者。

（四）上海帆船俱乐部现状分析

1. 上海帆船俱乐部概况

据调查，上海的帆船俱乐部主要有美帆、海尚帆友、君领、瑞欧等，公司背景以船艇销售和房地产开发为主，均为民营性质。但目前美帆和海尚帆友俱乐部占据了上海帆船业的半壁江山。

2002年成立的珐伊船艇公司自2010年起涉足俱乐部运营管理及帆船驾照培训业务，成立海尚帆友淀山湖俱乐部，是上海较早开展帆船运动的俱乐部之一，其前身为上海赛猛船艇俱乐部，并于2014年、2015年分别成立上海海尚帆友滴水湖俱乐部和苏州海尚帆友独墅湖俱乐部等。旨在通过为公众提供优质亲民的帆船培训体验产品，传播帆船文化、普及帆船运动、提倡并实现全球健身。

目前运营中发展势头较好的是上海美帆游艇俱乐部，它已经成为长三角地区规模和影响最大，国际化和活跃度最高的帆船主题俱乐部。2004年，美帆创始人时立宪在国际帆联“扬帆中国”项目的支持下成立上海美帆俱乐部。2007年，前任国际奥委会主席罗格来此考察时肯定了帆船在上海的普及前景，他说"上海作为国际大都市，没有帆船元素是遗憾的"。时立宪从此坚定自己可以将美帆做大、做好并且做成真正适合老百姓的帆船俱乐部。现在，美帆已多年担负为国家输送奥运备选人才的重任，2016 年里约奥运会上 Nacra17 级帆船项目比赛，就是由上海美帆俱乐部组队代表中国参赛，作为民营企业创办国家队参赛也是史无前例的，它的投入和执着同样表达了国人对大海的向往。

从整体来看，大部分俱乐部尚需要母公司不断地投入，且由于消费环境不佳，甚至有俱乐部只在一年中部分时间营业，以缓解亏损的状态。此外俱乐部在相关项目的申报和审批过程中遇到较大的政策瓶颈，由于没有相关的政策法规，导致无据可查，无章可循的尴尬状态，影响了帆船俱乐部和帆船产业的发展。

2. 帆船俱乐部教练员情况

根据访谈，作为帆船俱乐部重要岗位的教练员群体来说，总体处于人才匮乏的状态。目前教练员的来源有专业运动员、对帆船有极高兴趣的消费者、接受培训的大学生，但大学生往往培养多留住少。俱乐部所有的固定的教练员大多在 10 人左右，因此有较大型活动时，往往需要向其他俱乐部商借教练员且教练水平参差不齐，高级专业教练不多。教练的平均基本工资在 3 000～4 000 元左右，夏季繁忙季节可达 7 000～8 000 元，冬季则在 4 000～5 000 元。按照目前上海的生活成本，大部分教练员会以兼职的形式增加收入。

3. 帆船俱乐部消费者情况

(1) 消费者基本信息汇总

调查结果显示，消费者最小年龄为 19 岁，最大年龄为 53 岁，平均年龄为 36 岁；男女分别占 82.2%、17.8%；会员占 56.3%，非会员占 43.7%；在访谈中获知，帆船运动适合的年龄跨度很大，小至六七岁，大到七八十岁，证明帆船运动强大的生命力和广泛的适应性。消费者中男性居多，很多女性认为帆船是男人的运动，另外户外运动的特性也使不少女性的接受度下降，这和大部分女性的认识观念有直接关系。

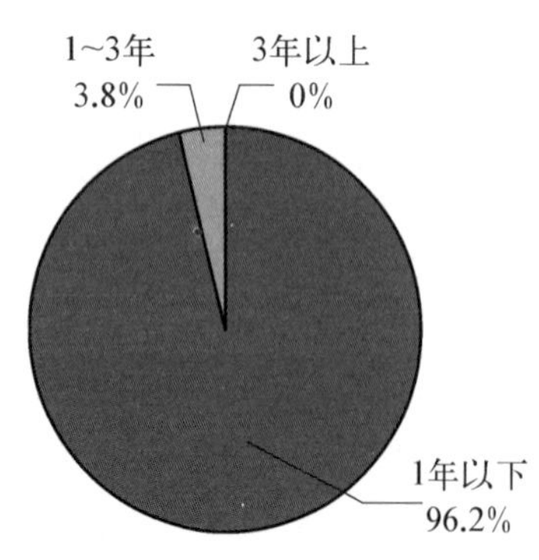

图 1　消费者入会时间调查结果

(2) 消费者入会时间调查

如图 1 所示，会员会龄大多在一年以下，占 96.3%，1～3 年的人仅占 3.8%，而三年以上的会员未有调查到。这表明近一年来会员发展势头良好，直接证明了上海帆船运动发展的可喜态势，越来越多的人开始接触帆船运动，接受并爱上了此项运动。

(3) 消费者月收入情况

如图2所示，消费者中月收入在8 000～1.2万元和1.2万～2.3万元的人较多，分别占34.6%和28.2%，月收入在5 000元以下的人最少，仅占6.4%。根据《2015年冬季中国雇主需求与白领人才供给报告》显示，上海白领的平均薪酬为8 664元，所以这组数据与本调查对象中白领占大多数的情况是非常符合的。白领消费者受教育程度高，观念先进，接受新生事物能力强，且具有一定经济能力和消费能力，愿意为健康为运动消费。

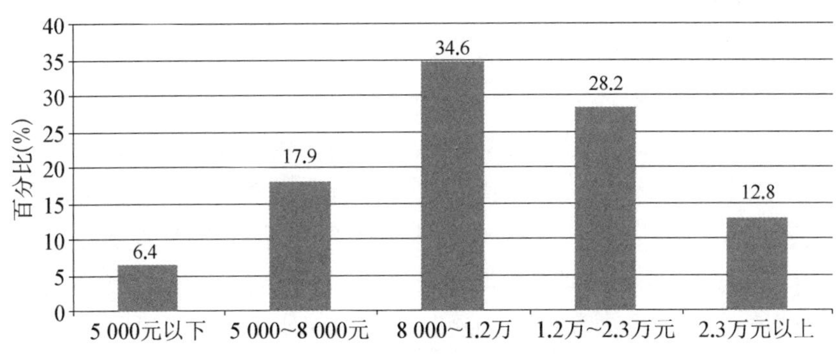

图2　消费者月收入情况调查结果

(4) 消费者选择俱乐部的数量调查

如图3所示，消费者在同一俱乐部进行消费的较多，占76%，在多家帆船俱乐部消费的人占24%。此结果一方面体现出消费者消费的从一性，另一方面俱乐部管理的独立性和地理位置上存在的较大距离并不利于消费者在不同水域活动。而不同地域操控帆船是玩船的乐趣之一，海尚帆友俱乐部已经意识到这个问题，所以正在周边附近扩展活动水域，使会员能一卡通用，以便获得更好的不同驾船体验。

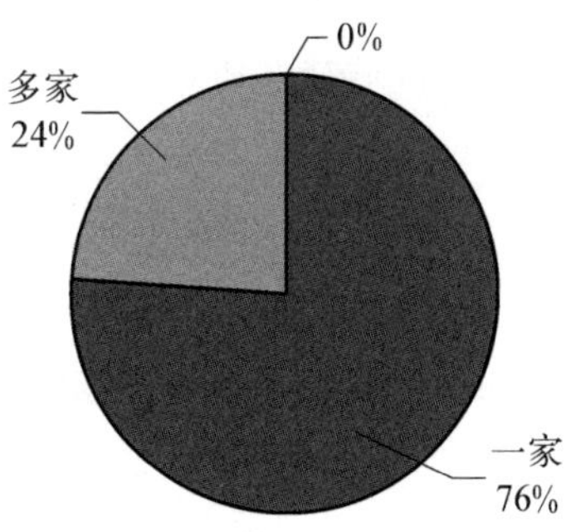

图3　消费者选择俱乐部数量的调查结果

(5) 消费者参加培训课程的意愿

如图4所示，76.9%的消费者愿意参加俱乐部举办的培训课程，仅23.1%的消费者不愿意参加。从中可以看出帆船俱乐部设施、教练、课程的

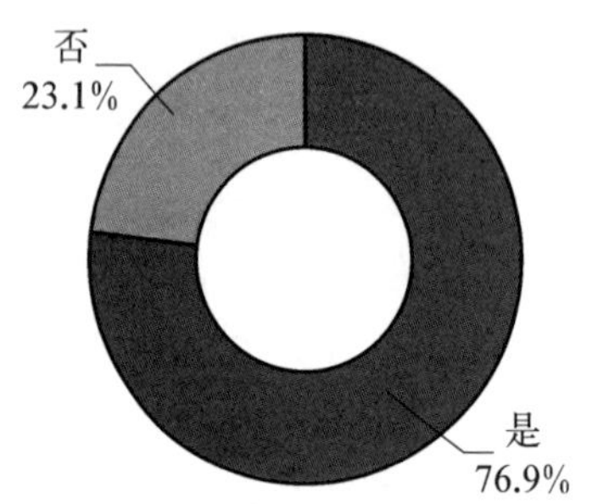

图4　消费者参加俱乐部培训课程意愿调查结果

专业性对消费者具有一定吸引力，大部分消费者希望通过课程培训等方式提高自身操控帆船技术，但是对一些"发烧友"来说，普及性的课程已经很难满足他们的需求，他们的期望值更高、更专业。而目前俱乐部实际拥有的高水平专业教练并不多，有一部分教练是由水平较高的会员兼任，特别是在一些需求旺季或专题活动时，俱乐部是靠相互间教练的调剂才完成任务的。

(6) 消费者的月相关消费能力

如图5所示，消费者每月愿意投入帆船运动的开支在800～1 000元最多，占33.3%，1 500元以上的人最少，占11.5%。据国家体科所在2014年的调查显示，20岁以上人群39.9%有体育消费，人均体育消费为926元。可以看出帆船消费者的消费金额意愿基本符合此项调查数据，但目前大部分消费者的实际支出尚未达到。从了解到的情况来看，目前会员卡年费在8 000元左右，有的送基础培训，有的可全家共用，且在俱乐部内使用小帆船不再收取费用。另外，凭会员卡和本人到场，还可以带朋友一起免费体验帆船运动，因此从消费门槛来说一般白领收入人群基本都能负担。有专业人士指出帆船项目贡献的GDP不亚于房地产项目且依照国外帆船产业发展的状况来看，法国戛纳一个小小的区域就在帆船这个产业链上有几十亿元的产出，因此可预见随着帆船

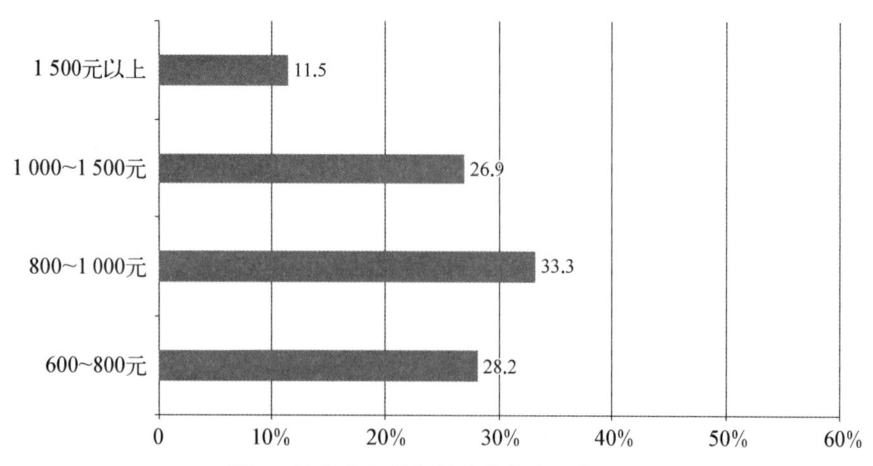

图5　消费者每月相关消费能力调查结果

运动的发展和产业链的建立，中国消费者的消费水平还有很大的提升空间。

（7）消费者参与帆船运动的时间和频率

如表1所示，每周进行1次帆船运动的消费者为94.9%，且参加帆船运动大多在周末占80.8%。据调查，大部分消费者工作繁忙，因此只能利用周末空闲时间活动。帆船俱乐部的地理位置一般离市区较远，加上交通所需时间成本，消费者很难在一周中再增加活动次数。

表1　每周进行帆船运动时间和频率的调查结果

运动时间和频率		百分比(%)
运动时间	非周末(周一至周五)	6.4
	周末(周六、周日)	80.8
	节假日	12.8
每周运动次数	1次	94.9
	2次	5.1
	3次	0

（8）消费者进行帆船运动时的活动伙伴

如图6所示，大多数消费者都是与朋友或同事一起参加帆船运动，分别占47.4%和32.1%。朋友一般年龄相仿、志趣相投，况且帆船的驾驶与操作一般需要多人默契配合，朋友间的交流更容易被接受，和朋友一起玩帆船会使过程

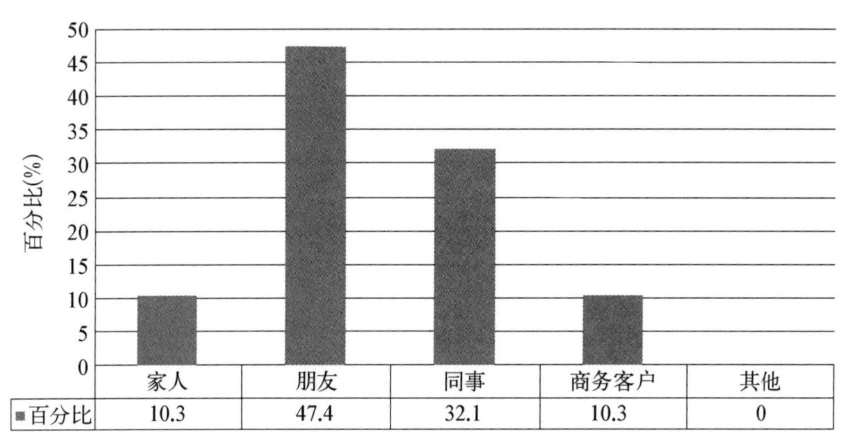

图6　一起参与帆船运动的活动伙伴调查结果

更令人愉悦。而作为其次的同事组合也是工作之余由同事关系向朋友的延伸，现代社会职场如战场，同事很可能就是并肩战斗的战友，因此在工作之余一同享受闲暇时间，既是对工作生活压力的释放也是在工作中产生友谊的一种表现。其余选项中，尚有一定比例是和家人及客户一起进行帆船运动。可以说明，一方面帆船运动正在走向家庭，逐渐成为家庭休闲娱乐的方式，成为一种生活方式；另一方面也可以看到帆船运动是一种良好的交际手段，正出现在部分商务活动交流中。

(9) 消费者参与帆船运动的目的

如图7所示，消费者参加帆船运动以娱乐休闲为目的的最多，占47.4%，以广交朋友为目的的占25.6%，说明在普通消费者眼中帆船的休闲娱乐作用重于它的竞技性和健身性，这也是国外帆船运动发展的一个重要因素和基础。人们经常会在一些发达国家江河湖海的岸边发现很多帆船停泊，并且大部分都是私人拥有，就是由于帆船的休闲娱乐特性使它成为国外很多家庭的一种度假或生活方式。或许在不远的将来，帆船会像汽车一样走入中国普通人的生活，也将成为城市的又一道美丽风景线。

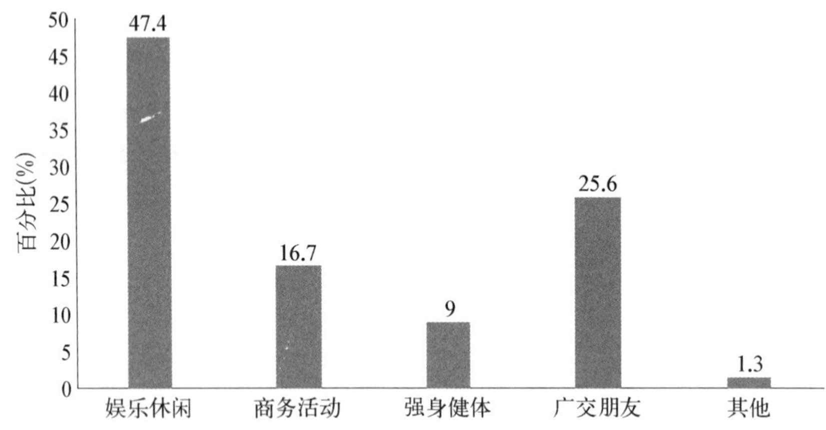

图7　消费者参与帆船运动的目的调查结果

(10) 影响消费者选择俱乐部的因素

如图8所示，俱乐部的价格和环境因素对消费者选择哪所俱乐部活动的影响较大，分别占31.1%和27.3%，其次是交通因素占16.7%。在经济学理论中，价格作为调节供需平衡的唯一因素，几乎在任何产品的购买决策中都是最重要的。对于普通消费者来说帆船俱乐部提供的服务本身也是一种商品。在价格基础上，由于帆船运动所具有的休闲娱乐性，也使部分消费者把来俱乐部活动看作是一种放松度假的形式，因此这部分消费者会注重环境这一给人产生心理舒适度的重要因素。目前，有些俱乐部管理人员已经关注到环境对消费者的影响力，不仅重视俱乐部的主业，也开始注重打造舒适的岸上配套设施，同时保护水环境，提倡绿色环保的理念。

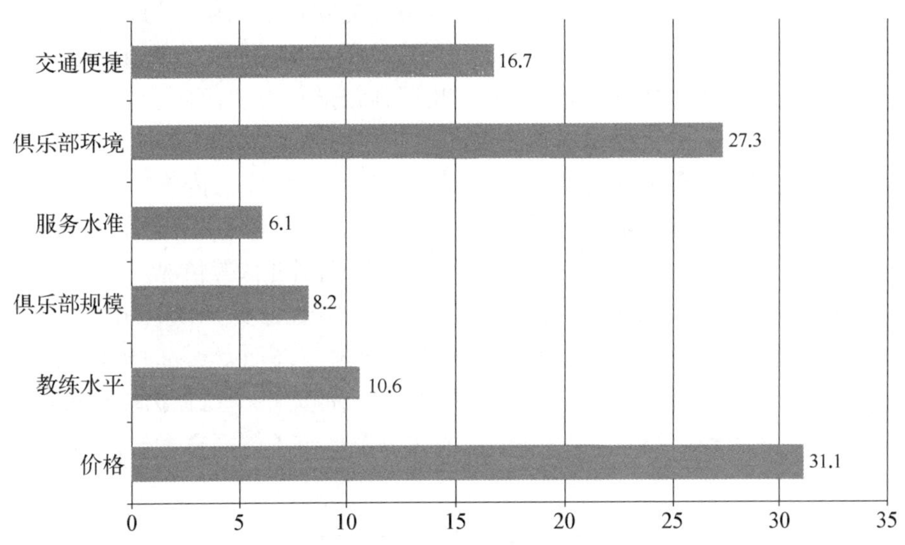

图8 消费者选择帆船俱乐部考虑因素调查结果(单位：%)

(11) 消费者的支付方式

如表2所示，消费者愿意采用消费卡形式进行支付最多，达到60.3%。这种现象说明大部分消费者在消费时是比较理性的，他们既不愿意为没有看见的消费买单，又希望享受消费折扣，因此会选择消费卡这种折中的方式，从而获得看得到的实惠。虽然会员卡可以获得一年内多种形式的免单和优惠，但从消费者角度来说性价比同样是重要的。因此，作为俱乐部主要盈利模式的

表2 消费者支付方式调查结果

支付方式	百分比(%)
现金	14.1
消费卡(可享受一定优惠)	60.3
会员卡(获得会员权利和优惠)	25.6

会员卡销售有很多值得探讨的地方，我们既不可否认在目前状况下此种盈利方式的积极作用，也要在现有状况下积极拓展其他盈利方式，从而使俱乐部的运营进入良性循环状态。

（12）消费者获得信息途径

通过微信或微博以及互联网进行信息传播的方式被称为网络传播。调查发现（见表3），有55%的消费者是通过网络传播获得活动信息的。而其他传统传播方式如电视、杂志、电台、报纸、户外广告的传播总共只占到18.8%。特别是报纸这种纸媒传播仅占到1.3%。此调查结果具有现代社会信息传播途径的明显特征。目前帆船俱乐部主要通过网络营销推广俱乐部产品和活动，同时网络也是俱乐部形象的主要展示窗口。虽然网络营销传播具有互动性、即时性、个性化、传播成本费用低等优势，但是属于"全通道"型的网络传播在大量信息汇聚的情况下也会存在传播效率下降，识别度低等情况。数据中，人际传播仍占到26.3%的比例，这是俱乐部方面需要注意并加以利用的。作为一个刚刚起步的项目且在大多数人眼中帆船仍属于高消费项目的情况下，熟人之间的推广更直接也更有可信性。因此，俱乐部的推广途径仍需拓展与加强，但其核心应是避免俱乐部产品的同质化以及通过了解消费者行为，满足消费者需求。

表3　消费者获得信息途径的调查结果

途　　径	百分比(%)	途　　径	百分比(%)
报　纸	1.3	互联网	26.9
杂　志	3.1	微信或微博	28.1
电　台	2.5	朋友介绍	26.3
电　视	3.8	其　他	0
户外广告	8.1		

（13）俱乐部有待提高的方面

如图9所示，消费者认为俱乐部急需提高的前三位内容是交通、服务水准和俱乐部环境，分别占28.2%、23.1%和17.9%。由于目前上海帆船俱乐部受到水域场地限制，地理位置较为偏远，因此很多消费者需要花费较大的交通成本，特别是对没有自驾车的消费者来说很难解决交通问题，因此也将相当一部分人拦在了门槛之外。而对于具有休闲娱乐特点的帆船运动来说，消费者在俱乐部需要体验周到的服务以及良好的环境也是人之常情。但许多俱乐部在资金、人员不足的情况下很难满足消费者要求。

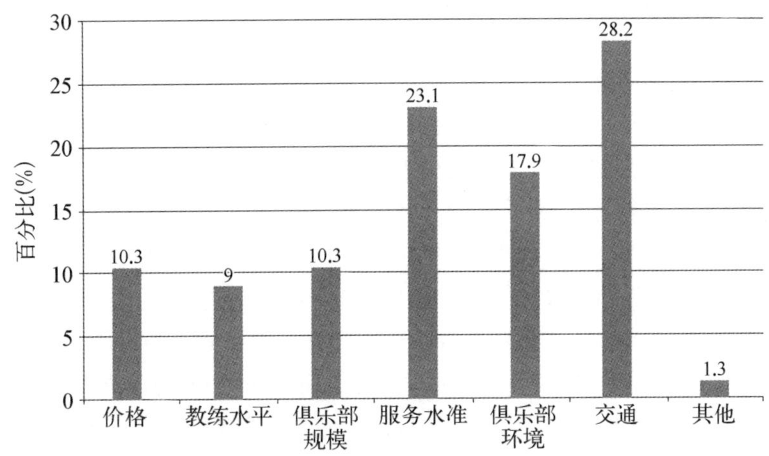

图9　消费者期待俱乐部提高的内容调查结果

(14) 消费者对子女参与帆船运动的支持度

如图10所示，消费者中支持孩子参加帆船运动的人占87.2%。说明大部分家长不仅自己玩船，也非常支持自己的孩子玩船。这批消费者大部分都是70、80后家长，在接受新理念新观念方面完全没有障碍，因此也会间接影响自己的子女。据国外研究表明，从心理学和生理学上来说孩子在6～12岁发育阶段，身体和大脑同时发育，帆船是此阶段培养独立思考能力最好的运动之一。作为青少年OP帆船来说，单独操船过程中需要立即克服困难、解决困难，因此胆量、智慧、坚忍不拔的精神都得到了锻炼。但由于帆船运动是水上运动项目，部分家长有畏水情绪，比较担心孩子的安全问题，因而不能接受让孩子参加帆船运动。

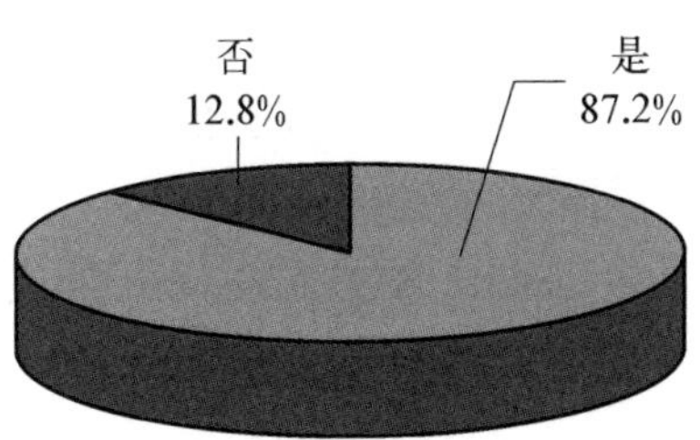

图10　消费者对子女参与帆船运动的支持度调查结果

4. 帆船运动潜在人群分析

大学生特别容易接受新事物，帆船运动的特性符合青年人的喜好，因此也极有可能成为将来的潜在消费群体。调查结果显示，被调查学生中每周锻炼2次和3次及以上的人数分别占30.6%和51.4%；学生每次锻炼时间1小时以上者有38.9%，30～60分钟的人数占48.6%。在锻炼中，有66.7%的大学生经常自发结伴参加体育活动。以上基本情况表明被调查学生大多具有良好锻炼习惯，这也与我们此次调查对象的来源有直接关系。此外大学生参与的体育活动多为慢跑散步、乒羽网、三大球，各占23.8%、17.3%、16.8%，而户外运动为7.6%。可见运动项目仍旧是以传统项目为主，这其中有学校环境的因素，也与这些运动的群众基础有关。因此，帆船运动在高校的开展可以给学生更多的选择，学生也会透过帆船发现水上运动的魅力。

此外，学生对帆船运动了解的有48.6%，不了解的达到51.4%；63.9%的人没有参与过帆船运动。本次培训是上海市教委主办的第二次大学生帆船运动培训，有不少学生正是有了第一次良好的体验而选择第二次继续参加，并且有86.1%的学生表示喜欢帆船运动，90.3%的学生愿意参加学校开设的帆船俱乐部。可见大学生对帆船运动的接受度很高。在调查中还了解到有71%的学生是被帆船独特的航海文化所吸引，征服自然，挑战自然；不安于现状，勇于开拓，不断进取的创新精神，正是当代大学生报效祖国必须具备的优良品质。有47.2%的学生可以承受每年500～1 000元的帆船运动消费，承受每年消费在300～500元和1 000元以上的分别有25%和23.6%。

以上调查结果显示，参与过帆船运动的大学生大多数能接受并喜欢此项运动，并且吸引学生的正是帆船运动带给大家的独特体验。但是大学生群体作为一个无收入人群，很难负担该项运动的活动费用。因此目前君领俱乐部与上海市教委开展的大学生培训计划为大学生接触帆船，了解帆船搭建了一个很好的平台。据了解他们还在周末低价为大学生爱好者提供活动场所和帆船，供学生活动。这样的投入一定会在将来获得回报。

四、积极推进上海帆船运动策略

（一）建立开展帆船运动相关政策和法规，提高政府支持力度

帆船运动是在自然环境中进行的，无论相关设施的建设还是比赛都在规土、水务、海事、环保等部门的管辖范围内。由于国家尚没有相应的政策和法规，造成俱乐部方面在码头建设、泊位停靠、周边配套等项目上的审批难以获得政策性支持，而这些项目对帆船运动和俱乐部的发展有较大影响。就目前上海区域内帆船活动的水域而言，淀山湖已经不属于上海环保部门的管辖，相

关项目的审批需要获得国家环保局的批复。若没有政府的支持，可以想象项目的审批会有多大难度。

《体育产业发展“十三五”规划》提到“要研制出台水上运动产业发展规划，重点打造具特色的体育产业集聚区和产业带”，这样的规划对帆船行业的从业者来说无疑是个极大的信号。一项体育运动要成为产业，必须要有规模，而规模效应下如无相应法规和政策的配套很难保证该产业健康有序发展。在上海帆船运动刚刚起步的阶段，可先依据上海的特点，制订一些地方性法规政策，以保障这项运动开始之初就健康而富有生命力。

（二）建立上海帆船运动协会，有针对性地开展相应工作

上海体育总会下有多个体育项目协会，负责该项目的运动竞赛、竞技水平的提高以及推动群众性的普及活动。目前，上海的帆船项目受上海市船艇运动协会管理。虽然协会性质是社会团体，但从我国的实际来看，协会介于政府与相关行业或组织之间，带有准官方性质。就帆船运动的发展前景来看，今后需要搭建集运动、产业和文化一体的高规格平台，因此需要有一个这样的专门性组织来监督、协调相关工作。将帆船俱乐部纳入协会的管理体系中，可以在俱乐部和政府间建立一个良好的沟通渠道。协会能够担当部分政府的职责，而俱乐部也可以通过协会获得更多的政府支持。

（三）引入高品质赛事，大力推广帆船运动，打造休闲城市名片

帆船俱乐部的管理者普遍认为，目前帆船运动的关注度低，俱乐部的受众面较小，知道的人少，自然玩船的人也少，这是帆船产业发展中急需解决的问题。如何推广这项运动，引入高品质赛事不失为一个好办法。上海举办亚帆赛获得认可后，专业人士认为上海完全有条件承办更高级别的赛事，这个信息非常鼓舞人心，由此美帆俱乐部也有意申办2020年世青赛。高品质赛事的举办，使更多目光聚焦于此，媒体和大众层面的关注可以助推帆船运动发展。

此外，高质量赛事还能满足大众体育欣赏的需求，不仅为上海市民提供高质量的体育文化产品，丰富市民休闲文化生活，还可以带动旅游业、餐饮业、酒店和交通等相关行业经济效益，提升城市影响力。奥委会前主席罗格曾说“一个国家城市发达程度可以数桅杆”，这从一个侧面反映了老百姓的生活水准和城市发达程度。总之，上海作为一个拥有丰富水资源的现代化城市，将帆船运动打造成城市休闲名片，既有地理优势，也有经济优势。

（四）拓展盈利模式，提高帆船俱乐部的经济效益

民营性质的帆船俱乐部要积极探索多种盈利模式，提升经济效益，使俱乐部的发展进入良性循环。目前帆船俱乐部大多处于亏损状态，仅有极个别的俱乐部可以做到基本保平。这对帆船运动和俱乐部的发展都是非常严峻的现实。俱乐部隶属于各自集团公司，受到母公司的资金支持，一旦发生资金问题，仅依靠俱乐部自身的力量很难维持下去。所以俱乐部要在了解消费者需求的前提下，努力改善现有存在问题，比如环境、交通和消费形式等，使消费者获得更好的消费体验。此外，俱乐部要摆脱帆船体验和培训的单一盈利模式，依托现有资源开展多种经营。把水上体验项目和陆上的休闲度假产品相结合，满足不同人群的需求。此外，俱乐部要利用多种途径提高自身和帆船运动的宣传，以获取更多的消费者资源。

（五）建立帆船培训教育体系，大力扩展基础群体

一项运动真正发展起来，需要被大家广泛接受和认可。因此，青少年的培训和普及工作显得尤为重要，决定了此项运动今后的发展高度和潜力。当前俱乐部仅在暑假推出帆船夏令营项目，一般每周一期，一个暑假可达 10 期左右。由于暑假时间和俱乐部规模限制，一个假期的学员统共就几百人。况且由于天气原因，在顾虑环境和学生身体的影响下，寒假无法开班。因此如果只是通过这种方式进行青少年的普及工作，每年的获益者是有限的。由此政府层面可以适时推出一些政策鼓励俱乐部拓展培训方式和时间，特别是和学校课外兴趣培训相结合，最大限度地提高青少年学生的知晓度。

在基础推广阶段，可以采用先理论后实践，先推广后提高，先普及后专业的方式。这方面青岛市在青少年帆船普及方面为各方提供了有益的探索。作为一项规范的培训工作，需要有统一的教材，培训标准和考试标准。而目前各俱乐部都各自借鉴国外培训教程自成一套。因此，要发展好帆船运动必须及时推出适合中国帆船培训的体系，并在实践中加以完善。

（六）发展帆船行业职业教育，提升从业人员数量和质量

依据国外体育产业的发展情况来看，比如高尔夫、NBA 篮球等都有大量专门从业人员，从业人员的质量和数量为该产业的发展提供了规范而专业性的保障。由于中国帆船运动的普及程度低，一方面是帆船行业的专业人士少，

另一方面是提供培训的专业机构、运营公司更少，且我国体育产业人才培养体系尚未形成，导致业内人才储备缺乏长期性和稳定性，这是制约行业发展的一个瓶颈。仅在目前规模下，各俱乐部已经无法依靠本俱乐部的教练员完成一项较大型的活动，由此可见专业从业人员对俱乐部发展的重要性。

相对国外已经较为成熟的帆船产业，不仅是专业教练这个单一的岗位那么简单，在这个产业链中所需要的专门从业人员同样具有多样性的特点。比如帆船俱乐部的管理者就是一个专业性很强的角色。在今后帆船运动普及的过程中，这些从业人员无论在专业技能还是综合技能上都有待提高。

参考文献

[1] 李俊.帆船运动项目历史发展及未来前景展望[J].时代教育，2014

[2] 孙燕峰.帆船运动史[J].海洋世界，2008

[3] 孙振，李凤.中国帆船运动发展简介及存在问题[J].当代体育科技，2014

[4] 王务崇.我国大帆船运动开展现状的调查研究[D].青岛：中国海洋大学，2014

[5] 董启正.谈影响海上帆船运动的地理因素[J].中学地理教学参考，2015

[6] 王惠，黄文新，刘飞飞.厦门市高校大帆船运动的开展现状及对策研究[J].湖北体育科技，2015

[7] 刘波.全球帆船赛事纵览风劲正是扬帆时[J].沪港经济，2015

[8] 姚应祥.试论南太湖流域帆船运动休闲旅游项目的开发研究[J].浙江体育科学，2012

[9] 宋鑫陶.帆船是城市旅游的一种产品[J].商周刊，2012

[10] 精彩赛事开启“后奥运时代”[J].走向世界，2012

[11] “帆船”带来的产业经济[J].走向世界，2012

[12] 谈广言.高校大帆船运动的开展现状及对策研究[J].当代体育科技，2015

[13] 刘长青.海南省高校成立帆船游艇队的可行性研究[J].文体用品与科技，2015

[14] 郑轶.帆船运动风正来[N].人民日报，2016

[15] 梅哲.帆船是运动，更是文化[N].中国体育报，2013

[16] 姚新培，刘峥.帆船运动文化初探[J].体育文化导刊，2011

[17] 黄诚.《帆船比赛规则遵守与利用的技战术案例分析》[J].体育科研，2010

[18] 何东宪.帆船运动促进帆船产业发展[N].经济日报，2007

“十二五”期间上海体育专利回溯研究*

刘　阳　王　磊　陈思同
徐天晴　李　博　唐灵芬

一、前言

有专家学者认为，科技创新是推动人类社会发展的强大动力。在体育领域，我国在过去的十余年中坚持积极推进体育科技创新，体育科技事业取得显著成绩。刚刚过去的“十二五”时期是我国社会实现科学发展、和谐发展的关键五年。国家体育总局“十二五”规划明确提出“科教兴体、人才强体”，要求“牢固树立人才资源是第一资源、科学技术是第一生产力的观念，重视和发挥科技教育、人才在体育事业发展中的关键作用，坚持体育事业发展要依靠科学技术进步，科学技术必须发挥先导作用”。

还有专家学者指出，步入“十三五”时期，我国迎来了全面建成小康社会决胜阶段。这一时期，是体育发展的重要战略机遇期，对促进我国体育全面协调可持续发展，努力实现建设体育强国的目标有着重要的作用。当前，科技创新已经融入了体育事业的各个领域，在知识创新方面产生一批具有指导意义的专著和论文，在技术创新方面解决了一批制约我国体育事业发展的关键技术，在管理创新方面出台了一批有利于科技创新可持续发展的科技政策、制度和法规，极大地推动了体育科技创新能力的提高，推动了我国体育科技事业的快速发展。

作为科技创新的重要组成部分，专利的研发为体育事业的发展注入了强

---

* 本文作者单位：上海体育学院。立项编号：TYSKYJ2016038。

大的活力，也是我国建设体育强国的重要渠道，是实现我国体育事业更高质量、更有效率、更加公平、更可持续的发展的有力支持。有专家学者认为，回顾过去的30年间，我国体育专利的发展经过了三个阶段，现正处于快速发展阶段。在这些发展过程中，国家综合实力较强的城市做出了举足轻重的贡献。上海是我国的国家中心城市。作为我国发展领先的城市，上海在科技创新方面也属于全国一流水平。近五年来，上海每年的专利申请都处于全国前列。当前，上海也置身加快城市体育产业发展的大潮中。专利对体育产业举足轻重，也是一个区域创新发展的重要基础。原上海市市长杨雄曾指出，“体育事业和体育产业改革发展对上海增进民生福祉、塑造城市精神、推进经济转型均具有重要意义”。在未来上海强调发展体育事业的大背景下，体育专利的发展凸显了对上海体育科技创新的重要性，也是未来上海推动上海体育事业和体育产业在“十三五”期间取得突破性进展的推手。

因此，本课题的目的是回溯“十二五”期间上海的体育专利发展状况，对上海的体育专利结构做出系统的分析。同时，本课题的意义在于为今后发展上海体育专利的发展提供决策思路。

本课题研究的基本思路与流程如图1所示。

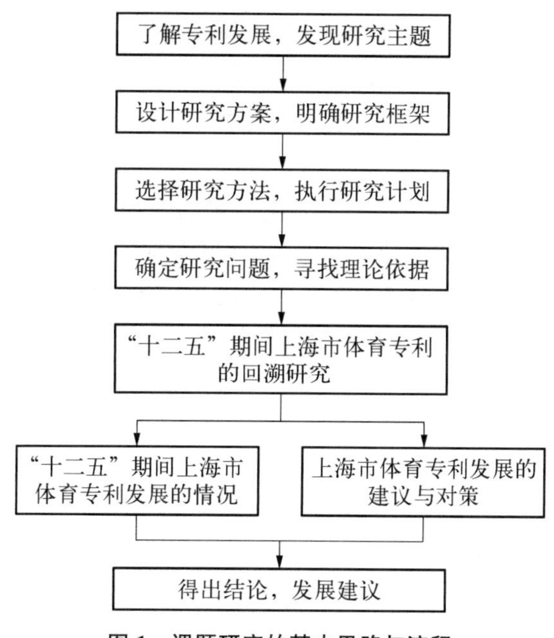

图1　课题研究的基本思路与流程

二、研究现状述评

（一）国外研究评述

“专利”一词来源于拉丁语 Litterae patentes，意为公开的信件或公共文献，是中世纪的君主用来颁布某种特权的证明，后来指英国国王亲自签署的独占权利证书。专利是世界上最大的技术信息源。据实证统计分析，专利包含了世界科技技术信息的90%～95%。

广义上的专利是指专利权人对发明创造享有的专利权，即国家依法在一定时期内授予发明创造者或者其权利继受者独占使用其发明创造的权利，这里强调的是权利。

狭义上讲，专利是指专利局颁发的确认申请人对其发明创造享有的专利权的专利证书或指记载发明创造内容的专利文献，指的是具体的物质文件。

从时间上来看，国外关于专利的研究起步较早，相比于我国也较为领先。但是，关于体育专利的概念，国外研究也无明确的定义。在此背景下，国外研究根据国际专利分类（International Patent Classification，IPC）为研究提供了便准、统一的依据。依据IPC的分类，每一项与体育运动有关的专利技术都能划分得到对应的IPC分类号单位下。随着体育用品市场的全球化进程加快，国外体育专利的发展呈现活跃的状态。有专家学者研究，耐克公司从1974年起，专利的申请数量一直呈现上升趋势，位居全球体育用品公司的前列。同时，耐克公司一直以专利质量高著称。高质量的专利技术，为耐克产品的质量提供了强有力保证，更是耐克公司雄踞篮球鞋全球销量榜首数年的重要技术支撑。世界体育用品产业的另一大巨头公司——德国阿迪达斯公司在体育专利的研发、申请和应用等方面也有着领先的位置。一项关于阿迪达斯体育专利研发的情报研究发现：阿迪达斯体育专利的输出地域向全世界各地扩散，其中以亚洲和北美洲为主。仅2003～2012年，阿迪达斯公司专利申请的地域分布主要在亚洲的伊朗、日本和中国，专利申请262项，占申请总量的59.0%。此外，阿迪达斯在专利发明人的合作方面以及专利合作网络相对较为紧密，这为阿迪达斯公司的技术创新带了人力资源上的优势。

综上所述，国外关于体育专利的研究起步较早，现已经处于较为成熟的状态，在专利的数量、质量以及专利的合作网络等主要方面显现出较强的优势，为其他研究带来了启示性的意义和借鉴。

（二）国内研究评述

1985 年 3 月 12 日《中华人民共和国专利法》颁布，标志着我国专利制度的诞生。我国对专利的定义一般分为两种：一是指发明的首创者所拥有的受到专利法保护的独享利益；二是指取得专利权的发明。在研究中，第二种定义运用的较为普遍。我国《专利法》对将专利分成三种即发明、实用新型和外观设计。

然而，当前我国对“体育专利”并没有明确统一的定义。20 多年来学者不断提及“体育专利”的概念，如国家体委信息所专家学者在《对我国体育情报计算机检索系统发展的宏观思考》一文中提出“体育专利”一词，但并未对其进行界定。

“体育专利”普遍被认为是体育情报的重要部分，然而并未有学者就“体育专利”具体概念进行定义，大多数学者讨论的体育专利对象是国际专利分类法“IPC”中的 A63 类目下的专利文献。例如有专家学者对我国体育专利的分析就采用 A63 类目。该类目在 A 类（农业）下属子类，主题为“运动；游戏；娱乐活动”。

但是从体育的概念入手，凡是与体育相关联的专利都应列为广义的“体育专利”，如体育建筑专利、体育用品（服装、鞋帽、器材、装备）专利等。同时仔细观察 A63 类目，除包含体育器材、部分场地专利外，还包含了玩具、游乐场等不属于传统意义上的体育的内容。有专家学者以《国际专利分类表》（IPC 分类）为研究基础将体育专利按照 IPC 分类中 A63 所涵盖的领域为主进行了相关研究。鉴于我国“体育专利”的概念界定尚不明晰，国内大部分研究都依据数据收集和比较对国内外体育行业的领头公司，如：耐克、李宁和安踏公司进行专利信息及其相关的研究。

还有专家学者研究发现，我国体育品牌公司的体育专利申请的技术生命周期，体育专利研发领域的研发实力、研发人数和学科带头人方面与国外存在差距。有专家学者以运动鞋专利为对象进行研究，认为“国内公司的专利质量不如耐克公司的高；在专利保护上和团队合作上需要进一步加强”。此外，还有专家学者在一项针对我国运动服装专利的研究中，也认为国内运动用品公司主要以实用新型专利和外观设计专利为主，但在专利质量方面明显低于耐克和阿迪达斯公司。总体来看，自 1985 年我国实施专利法以来，我国 A63 专利的申请和授权数量发展迅速，但是专利的质量和国外领先行业相比仍存在差距。

专利的拥有反映了原始创新能力。习近平总书记强调“创新是引领发展的第一动力”。专利对推动经济增长已经得到了广泛的认可。研究表明专利活动对经济发展有强大的推力。同样，体育专利对国家体育科技，尤其是对体育产业的发展产生的作用不可忽视。无论是对于引领发展还是促进经济增长，专利都具有显著的作用。当前，我国社会高度重视体育产业的发展，中央46号文件的颁布正式把体育产业提到了国家战略的高度。无论从战略层面还是产业角度，系统地研究专利对发展体育产业会带来重要的价值。因此，本研究对“体育专利”从两个角度进行界定：一是以A63为基础，筛选出与体育相关性较大的下属分类；二是包含A63之外的，以运动鞋、体育用品或体育场馆等为内容的相关技术分类。

三、“十二五”期间上海体育专利回溯研究

（一）年度申请特征（时间特征）

图2为上海“十二五”期间体育专利年度申请量的数量情况。总体上看，过去五年上海的体育专利申请数量呈增长态势，五年累计申请总量为1 095

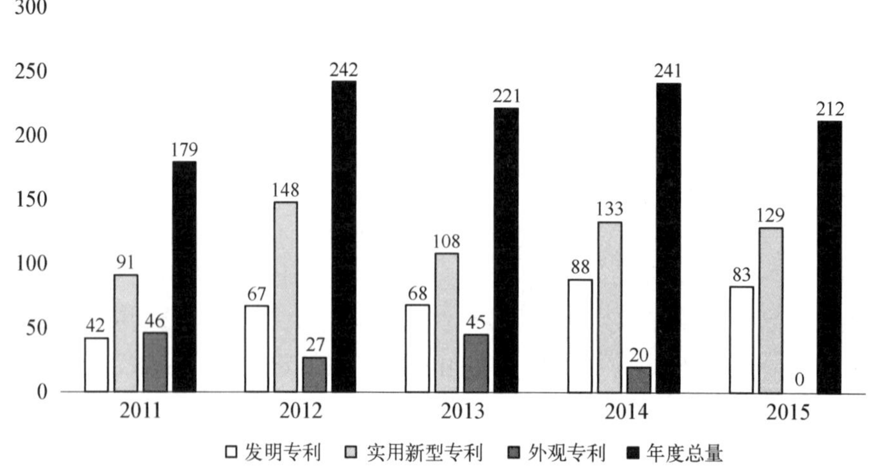

图2 “十二五”期间上海体育专利年度申请量（单位：项）

项，年均219项。其中实用新型专利最多，占到总体的55.6%。有专家学者指出，发明专利的整体比例仍然较低，仅为31.8%，相比于国外在华体育用品企业以发明专利为主(57%)，上海的发明专利数量更需要提高。而外观专利比例为12.6%。值得注意的是，过去五年上海的发明专利的数量呈现增长趋势，由2011年的40多项发展到现在的80多项，在数量上增加了1倍。相比之下，外观专利的数量则大幅减少，2015年甚至没有这一类专利的申请。这说明，上海的体育专利研发更加注重技术含量更好的发明专利，提高科技创新程度。

"十二五"期间上海的体育专利发展呈现了良好的发展势头，技术含量较好的发明专利数量也不断增长。有专家学者认为，这与上海积极探索国际大都市体育产业发展模式，相对较多体育科研院(所)较密集，知识创新团队的力量较强，体育科技投入较高，技术创新资源较雄厚有关。同样，2000～2009年间，上海体育专利数量表现出显著增加的趋势。"十二五"期间则保持了这样的良好势头。因此，可以预见"十三五"期间，上海的体育专利将会继续表现出良好的发展势头，专利数量持续增加。同时，技术含量相对较高的发明专利也会持续增加。

（二）质量特征

以专利类型、技术覆盖面、项均发明人作为三个评价指标，对18个高产专利权人的专利质量进行初步评价。其中专利类型指标对三种类型专利给予不同的分数(外观设计专利1分、实用新型专利2分、发明专利4分)。技术覆盖面，根据专利中包含的国际专利分类号个数给分(发明专利和实用新型专利中，含一项主分类号给1分，外观专利由于不包含技术分类，给予0.1分作为基础分)。项均发明人是指某一机构所有专利的平均发明人个数。三个指标都给予0.33的相同权重，各指标的初始得分通过无量纲化处理后进行加权和相加，得出最终评价分数。无量纲化处理公式如下：

表1　18家机构的专利质量评价结果(计算公式)　　单位：分

机　　构	技术覆盖面得分	专利类型得分	项均发明人	综合质量得分
上海交通大学	3.15	3.80	5.1	0.941
上海理工大学	2.15	3.04	5.6	0.787

续　表

机　　构	技术覆盖面得分	专利类型得分	项均发明人	综合质量得分
上海大学	2.31	3.25	4.9	0.779
上海电机学院	1.63	2.72	5.1	0.655
中国人民解放军第二军医大学	1.75	2.33	4.1	0.552
上海斐讯数据通信技术有限公司	2.00	3.87	1.2	0.550
上海体育学院	1.86	2.67	3.3	0.547
东华大学	2.01	2.09	3.5	0.507
上海工程技术大学	1.78	2.70	2.3	0.467
上海硕信实业有限公司	2.08	2.85	1.0	0.427
上海康龙宝康复器材科技有限公司	2.13	2.25	1.0	0.363
上海市闸北区中小学科技指导站	1.43	2.86	1.0	0.358
李宁体育	1.24	2.04	1.1	0.251
菲特克洛	1.04	2.18	1.0	0.237
万年青	0.89	1.76	1.0	0.173
上海红双喜股份有限公司	0.79	1.72	1.0	0.160
黄旭忠	0.84	1.53	1.0	0.140
钜勋健身器材	0.10	1.00	1.0	0.000

从专利质量评价结果可以看出，专利的质量与数量之间关联性不大，上海交通大学20项专利排名第8位，但其所有专利的技术覆盖面最广（3.15个IPC），发明专利比例高，以及项均发明人数高，其整体专利质量要优于其他机构。

（三）专利权人特征

图3中为专利数量超过10项的专利权人。可以看到，18个专利权人中，仅有1个为个人，而高校和企业占绝大多数。这说明，高校和企业是上海体育专利研发的主力军。上海体育学院在“十二五”期间共申请了78项专利，位列

第一名，远超第二名32项。此外，进入列表的还有上海理工大学、上海电机学院、上海工程技术大学、上海交通大学、上海大学、第二军医大学、东华大学。李宁体育、万年青运动器材、钜勋健身器材等8家高校和企业也进入该列表。1 095项专利共涉及429个专利权人，平均申请2.7项专利。

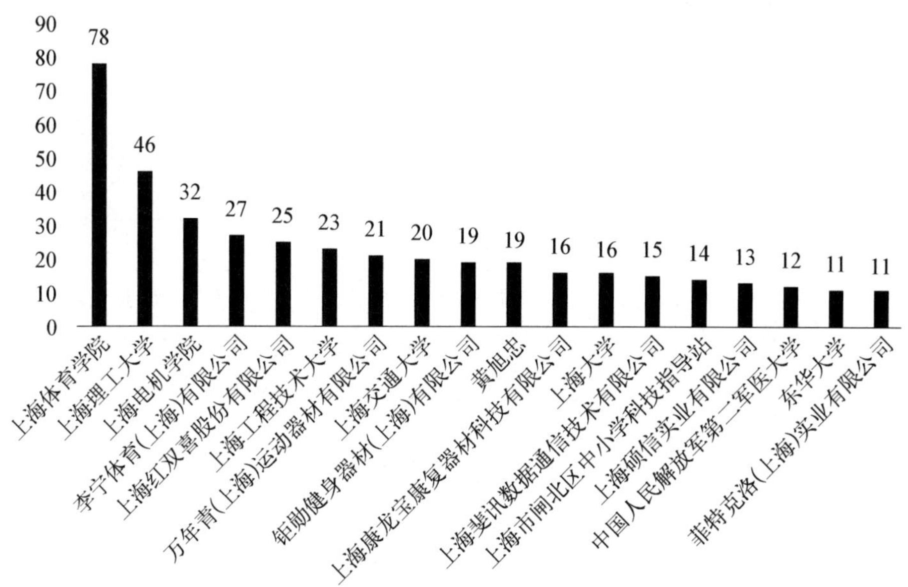

图3　专利申请量超10项的机构和个人一览(单位：项)

总体上说，高校和体育行业公司是体育专利的主要专利权人。高校作为教育、科研一体的机构，在专利的研发上有充足的科研人员保障。上海体育学院作为这方面的代表，在体育专利数量的优势显而易见。作为一个"专业研究型"大学，上海体育学院的科研水平在国内堪称一流，一批学者蜚声国际。与其他高校和企业相比，所属学科的"对口性"和"专业性"以及强有力的科研水平和研究条件促使上海体育学院成为体育专利研发数量的"排头兵"。

表2为不同类型专利的专利权人的聚类。高校、中学等事业单位的发明专利和实用新型专利比例高，而企业则以外观专利为主。上海体育学院(29项)、上海理工大学(24项)和上海交通大学(18项)为发明专利的专利权人的前三位。企业在发明专利和实用新型专利方面数量较多，比如：上海斐讯数据通信技术有限公司、李宁体育(上海)有限公司、上海康龙宝康复器材科技有限公司、万年青(上海)运动器材有限公司。这一数据表明，高校是技术含量相

对较高的发明专利的主要研发人，再次体现了高校高质量的科研能力和科学技术转化能力。

表 2　各类型专利的专利权人聚类　　单位：项

序号	发明专利	数量	实用新型	数量	外观	数量
1	上海体育学院	29	上海体育学院	46	钜勋健身器材（上海）有限公司	19
2	上海理工大学	24	上海理工大学	22	上海红双喜股份有限公司	17
3	上海交通大学	18	上海电机学院	19	黄旭忠	9
4	上海斐讯数据通信技术有限公司	14	李宁体育（上海）有限公司	19	万年青（上海）运动器材有限公司	7
5	上海电机学院	12	上海工程技术大学	15	上海三莳工贸有限公司	6
6	上海大学	10	上海康龙宝康复器材科技有限公司	14	李宁体育（上海）有限公司	5
7	上海工程技术大学	8	万年青（上海）运动器材有限公司	13	季盟健身器械科技（上海）有限公司	4
8	蔡小英	8	黄旭忠	10	张洪丰	4
9	黄彬	8	中国人民解放军第二军医大学	10	上海吉龙塑胶制品有限公司	4
10	上海硕信实业有限公司	6	东华大学	9	上海华森葳教育用品有限公司	4
11	上海市闸北区中小学科技指导站	6	遵义师范学院	8	菲特克洛（上海）实业有限公司	4
12	上海红双喜股份有限公司	5	斯篮搏（上海）体育文化发展有限公司	8	王利辉	3
13	乔山健康科技（上海）有限公司	5	上海市闸北区中小学科技指导站	8	上海体育学院	3
14	上海市格致中学	5	上海凯哲信息科技有限公司	6	香港巴福魅力有限公司上海代表处	2

续　表

序号	发明专利	数量	实用新型	数量	外　观	数量
15	王燕军	4	上海硕信实业有限公司	6	上海尚帝贸易有限公司	2
16	上海市民办尚德实验学校	4	上海斯歌特体育股份有限公司	6	上海巨金体育器材有限公司	2
17	上海市闵行区浦江第三中学	4	上海大学	6	上海玖健康复器材有限公司	2
18	连鑫	4	林春生	6	张舜林	2
19	上海卓易科技股份有限公司	4	上海益升企业管理咨询有限公司	5	斯篮搏(上海)体育文化发展有限公司	1
20	施红	4	上海丹睿琪科技有限公司	5	赵晨	1

（四）专利的技术特征

表3为体育专利的技术大类分布情况，从中可以看出，体育类专利仍然以A63B为主要类目。该目类下，与体育锻炼、体操、游泳、爬山或击剑用的器械、球类、训练器械等相关的体育专利有906项，占“十二五”期间所有专利的82.7%。这一目类下，所涉及的体育运动项目，体育运动器材是日常生活群众锻炼，以及体育竞赛中较为常见的类型。而且，这类运动或器材对技术的要求较高，一定程度也促进了专利的研发，增加了该目类专利的数量。

表3　技术大类的分布情况

序号	IPC	内　　容	数量（项）	占比（%）
1	A63B	体育锻炼、体操、游泳、爬山或击剑用的器械；球类；训练器械	906	82.7
2	A61H	理疗装置，例如用于寻找或刺激体内反射点的装置；人工呼吸；按摩；用于特殊治疗或保健目的或人体特殊部位的洗浴装置	44	4.0
3	A63D	保龄球场地；滚木球游戏；意大利滚木球游戏；保龄球；弹子游戏；台球	17	1.6

续 表

序号	IPC	内　　　容	数量（项）	占比（%）
4	F21V	照明装置或其系统的功能特征或零部件；不包含在其他类目中的照明装置和其他物品的结构组合物	13	1.2
5	F03G	弹力、重力、惯性或类似的发动机；不包含在其他类目中的机械动力产生装置或机构，或不包含在其他类目中的能源利用	11	1.0
6	A61B	诊断；外科；鉴定	11	1.0
7	A63C	冰鞋；滑橇；滚轮溜冰鞋；球场、冰场或类似场地的设计或布局	11	1.0
8	A47B	桌子；写字台；办公家具；柜橱；抽屉；家具的一般零件	10	0.9

表4　技术子分类的分布　　单位：项

IPC	数量	内　　　容
A63B71/06	99	比赛或运动员用的指示装置或记分装置
A63B23/02	96	用于腹部、脊骨、躯干或肩部的训练器械
A63B23/12	69	用于上肢
A63B69/00	59	特殊运动用的训练用品或器械
A63B23/04	54	用于下肢
A63B22/02	40	带有可动的环带专门适用于调节心血管系统和训练运动的敏捷性或协调性的训练器械
A63B67/04	38	模仿室外运动的对人体健康有益的桌上游戏，例如乒乓球
A63B24/00	33	在 A63B 1/00 至 A63B 23/00 各组中训练器械用的电气或电子控制器
A63B47/02	30	挑选用的加工或处理球的装置
A63B21/072	29	哑铃、杠铃或类似物
A63B23/16	26	用于手或手指
A61H1/02	23	锻炼用的伸张或弯曲器具
A63B22/04	23	带有可动踏板专门适用于调节心血管系统和训练运动的敏捷性或协调性的训练器械
A63B22/00	21	专门适用于调节心血管系统和训练运动的敏捷性或协调性的训练器械

续　表

IPC	数量	内　　　容
A63B22/06	21	具有周期性旋转的运动专门适用于调节心血管系统和训练运动的敏捷性或协调性的训练器械
A61H1/00	21	被动锻炼用器械
A63B5/20	19	跳绳
A63B21/055	19	延展元件类型带有或不带有测量装置，不依靠推力而促进或增强人体的肌肉或关节生长的训练器械
A63B21/06	18	被使用者操纵的重物带有或不带有测量装置，不依靠推力而促进或增强人体的肌肉或关节生长的训练器械
A63B23/18	18	用于改进呼吸功能专门适用于人体的特定部位的训练器械
A63D15/00	17	台球；台球球台；落袋台球
A63B63/08	17	具有水平进球口的，例如篮球进球口球类游戏的靶子或球门
A63B49/02	16	网球、羽毛球或类似的球拍的框架
A63B22/08	15	用于腿部训练的周期性旋转的运动
A63B69/36	14	高尔夫用的训练用品或器械
A63B5/11	14	蹦床
A63B49/08	14	具有特别球拍柄结构的
A63B67/18	13	羽毛球、板羽球或具有羽毛投掷物的类似游戏
A63B6/00	13	吸收跳跃、体操或类似运动震动的垫子或类似物
F21V33/00	13	不包含在其他类目中的照明装置与其他物品在结构上的组合
A63B22/20	13	在练习期间使用在地板或其他表面上运动的滚轮、轮子、小脚轮或类似物
A63B69/40	12	用于投掷球的固定排列的装置
A63B69/38	12	网球用的训练用品或器械
A61B5/11	11	测量人体或各部位的运动，例如头或手的震颤或肢体的活动性
A63B21/02	11	使用弹性阻力装置带有或不带有测量装置，不依靠推力而促进或增强人体的肌肉或关节生长的训练器械
A63C17/00	11	滚轮溜冰鞋；滑冰板

续 表

IPC	数量	内　　容
F03G5/00	11	用体力产生机械动力的装置
A63B43/00	10	具有特殊结构的球类
A47B25/00	10	玩纸牌的桌；其他游戏用的桌子
A63B23/035	10	用于肢体，即上肢或下肢，例如同时用于上肢和下肢的训练器械
A63B26/00	10	在 A63B 1/00 至 A63B 25/00 各组中不包含的训练器械

A63B 类目下的特定部位的训练器材、调节心血管系统和训练敏捷性协调性的器材、不依靠推力促进增强人体肌肉关节生长的训练器材、特殊运动用训练器材四个分类是研发最为丰富的四个分类。

（五）创新人才特征

表 5 为高产专利发明人的情况，从中可以看到，排名前三位的分别是上海体育学院的闫坚强(40 项)、上海体育学院的刘宇(30 项)和上海理工大学的徐秀林(28 项)。上海体育学院的两位研发者位居前两位，这也印证了上海体育学院在体育专利总数量上的优势，更体现了上海体育学院高质量的科研水平。进入列表的 20 位专利权人中，所属上海体育学院的有 5 位，所属上海理工大学的有 6 位，且他们的专利数量均位居前列，也就是说上海体育学院和上海理工大学集中了一批高产发明人。需要提及的是，巴布罗布雷萨是唯一一位高产的外籍发明人。这也说明，上海市作为国际化大都市，在体育专利的研发上有一定程度的国际合作。

表 5　高产发明人所属机构

序号	发明人	机　　构	专利数(项)	百分比(%)
1	闫坚强	上海体育学院	40	3.7
2	刘　宇	上海体育学院	30	2.7
3	徐秀林	上海理工大学	28	2.6
4	邹任玲	上海理工大学	26	2.4
5	胡秀枋	上海理工大学	26	2.4

续　表

序号	发明人	机　　构	专利数（项）	百分比（%）
6	楼世和	上海红双喜股份	25	2.3
7	高远雾	上海体育学院	21	1.9
8	余竹生	上海体育学院	21	1.9
9	刘严雄	万年青(上海)运动器材有限公司	21	1.9
10	安美君	上海理工大学	20	1.8
11	赵　展	上海理工大学	20	1.8
12	巴布罗布雷萨	钜勋健身器材	19	1.7
13	黄旭忠	个人	19	1.7
14	张东衡	上海理工大学	18	1.6
15	黄华平	李宁体育(上海)有限公司	13	1.2
16	冯建军	上海硕信实业有限公司	13	1.2
17	简　卓	上海康龙宝康复器材科技有限公司	12	1.1
18	唐志萍	上海体育学院	11	1.0
19	周　详	上海工程技术大学	10	0.9
20	石　艺	上海体育学院	10	0.9

通过对各类型专利的发明人进行聚类，可以看出发明专利的人数相对多，项均发明人 2.55 人(表 6)。发明专利的专利权人拥有的发明人数量也最多，平均拥有 3.54 个发明人。说明发明专利的科技含量较高，需要更大的创新团队作为支撑。相反，外观设计专利所需发明人数相对较少，一共 66 个专利权人(机构或个人)90 个发明人设计了 138 项外观专利，项均发明人 1.24 人。

表 6　三种类型专利的专利权人数和发明人数

类　　别	专利数量	专利权人总数	发明人总数	项均发明人
发明专利	348	171	606	2.55
实用新型专利	609	326	894	2.18
外观专利	138	66	90	1.24

（六）合作发明情况

表7显示了“十二五”期间上海主要合作发明专利的情况。有7项专利是不同机构合作研发而成的。这7项专利权人主要是企业公司。仅有两项专利包含高校，数量甚少。此外，仅有4项专利，涉及三家事业单位和三家企业。一方面说，这说明，专利权人之间的合作太少，专利的研发偏向一方的“单打独斗”。另一方面，这说明，“产学研”合作或“校企合作”的现象还是非常少，可见上海市体育领域的产学研合作模式仍需要大力推动。

表7　主要合作发明专利的情况

专利号	专　利　权　人
CN102327173A	上海交通大学；上海盛蒂斯自动化设备有限公司
CN104667507A	英业达科技有限公司；英业达股份有限公司
CN104258535A	上海永利带业股份有限公司；上海永利输送系统有限公司
CN103157249A	上海市残疾人康复职业培训中心；上海联康假肢矫形器制造有限公司
CN204219708U	上海市残疾人康复职业培训中心；上海联康假肢矫形器制造有限公司
CN203043411U	上海永利带业股份有限公司；上海永利输送系统有限公司
CN202024652U	上海体育学院；上海东华电力装备有限公司

四、上海开展体育专利建议

（一）把握“十三五”开端元年，营造体育专利发展的大环境

2016年是“十三五”时期的开端元年，这为上海的体育专利发展带来了契机。因此，上海的专利研发机构应该抓住有利时期，把握好开端元年的有利局面，加大研发力度，提高申请和授权量，尤其是加强对发明专利的奖励，鼓励更多发明专利的研发，研发一批技术含量水准较高的专利。同时，作为管理机构，政府或相关职能部门，如：体育部门、法律部门、科技部门等应该调整政策，鼓励专利研发机构的研究，提供资金和政策等条件的。总体上，上海想要在未来五年实现体育专利的结构升级，需要相关部门和专利研发者的共同协力，营造体育专利发展的大环境，为进一步提升上海的体育专利质量提供基础

保障。

（二）加强对高校研发专利的支持

目前，上海体育专利的主要研发机构仍以高校为主。高校在专利的数量上、质量上都占据一定的优势。对于未来的发展而言，建议上海优先对这些高校进行资金和人力方面的支持，尤其是资金上。可以考虑建立专项资金，配套专门的管理人员，为科研人员的专利研发提供物质保证，创造满意的科研条件，全心全力投入于专利的研发中。

（三）突出上海体育学院的特色和优势

"十二五"期间，上海体育学院在体育专利方面的优势已经得到认可，这得益于该校体育学学科建设的显著成效。上海体育学院在体育学研究上的特色和优势显而易见，已经得到了广泛的认可。近年来，以刘宇教授等人为代表的学者在专利的发展也值得关注。因此，应该充分发挥上海体育学院的专业优势，继续加大投入，鼓励上海体育学院的研究人员对体育专利的研发，从应用角度切切实实做一些适应时代发展、满足实际需要的有意义的工作，推动专利质量的发展。

（四）加强国际合作，推动专利的国际化进程

"十二五"期间，上海的体育专利研发鲜有国际合作，这对于上海的国际化城市建设显然不相适应。因而建议增加国际交流，研发一批具有世界领先水平专利。对于上海而言，作为国际上重要的金融中心、我国重要的国家中心城市，紧跟国际潮流是该城市的应有之义。对于专利的研发而言，要推动上海体育专利的国际化进程，就必须要加强国际合作。首先以国际视角作为专利研发的基点，搭建国际化的研发平台。其次，进行国际化的合作，和全世界的国际知名学者进行交流。最后，利用国际上先进的技术和手段进行研发，打造具有世界领先水平的体育专利。

（五）加强高校（研究所）或企业之间的合作，提升专利创新水平

专利质量的提升，离不开专利的创新，而专利的创新与科学研究的水平密不可分。现如今，科学研究不再是"一己之力的单打独斗"，而是需要密切的合作与配合。因此，这方面需要上海一些高校（研究所）或企业之间，加强"校校

合作""校企合作"和"企业合作",充分发挥"产学研"模式的优势,提升专利创新水平。通过制度的完善,加强专业技术人才培养、借鉴优势团队的经验、鼓励学校和企业内外部不同人员的交流与合作,构建以专业研发成员为核心,全员参与的可持续、稳定发展的技术创新团队,合作攻关解决专利研发中的重大疑难问题,提高专利的质量,更好地为未来上海的专利发展建设服务。

同时,可以优先考虑专利的优势研发者,如上海体育学院和上海理工大学,这些学校在专利的研发上有着技术、人员的优势,在过去的专利研发上有相对成熟经验,取得了一定的成绩。可以调整专利申请激励机制,设立专利专职管理机构,加大前期评估与后期市场化运作,发展体育产业产学研合作模式,提升我国高校体育运动专利质量。

参考文献

[1] 蒋志学.促进体育科技创新,推动体育强国建设——在第九届全国体育科学大会上的主题报告[J].体育科学,2012.

[2] 殷鼎.我国体育专利发展研究[J].体育文化导刊,2011

[3] 上海市体育局.杨雄:力争到2025年把上海基本建成全球著名体育城市[EB/OL].2016

[4] 明宇,司虎克.我国体育品牌生产企业与耐克公司运动鞋专利研发的对比研究[J].武汉体育学院,2013

[5] 明宇,司虎克.阿迪达斯体育专利研发的竞争情报分析[J].山东体育科技,2014

[6] 张忠友.对我国体育情报计算机检索系统发展的宏观思考[J].中国体育科技,1993

[7] 鲍芳芳,乔凤杰.国外体育用品企业在华专利研究[J].体育文化导刊,2015

[8] 王茜,方千华.体育技术创新水平的时空模式与国家专利战略的路径选择[J].西安体育学院学报,2011

[9] 明宇,司虎克.耐克运动鞋专利研发团队网络结构对技术创新影响的研究[J].体育科学,2013

[10] 陈君,司虎克,王磊.中外体育用品企业运动鞋专利特征及差异[J].上海体育学院,2014

北京冬奥视角下上海开展“北冰南展”的实施现状与对策研究*

许　建

一、前言

我国实行改革开放以后，随着国力的不断增强，体育事业也得到了长足的进步，冬季体育项目也有了显著发展。特别是到20世纪80年代末，我国体育有关部门制定了“北冰南展”的战略，意在经济发达的南方省份也能够发展冰雪运动，建设滑冰馆，建立滑冰专业队，从而使冰雪运动在南北方都能得到共同发展。当时冰雪运动发展背景是由于以冰雪运动发达的省份都在北方，经济方面都相对滞后，没有更多的资金投入到这些运动中来，所以必须寻找新的财源来支持这项运动的发展。因此，国家就制定了这个战略并加以实施，“北冰南展”战略的实施，确实对我国冰雪运动的发展有着十分重要的积极意义，也带动到了南方省份冰雪运动特别是冰上运动的快速发展。

由此“北冰南展”战略，确实在南方省份发展冰上运动收到了很好的成效，上海冰上运动发展也是受益匪浅。特别是2015年7月31日，在马来西亚吉隆坡举行的国际奥委会第128次全会上，国际奥委会主席巴赫宣布北京获得了2022年冬季奥林匹克运动会的举办权，消息传来，举国欢腾，振奋人心，北京创造了历史，北京冬奥会的举行将会使北京成为历史上第一座既举办过夏季奥运会也举办过冬季奥运会的城市。可以想见的是，北京冬奥会的成功申办将会对我国冰雪运动的发展将有一个极大的促进，预计将有超过3亿名群众参与冰雪运动，我国的冰雪运动也将进入到一个快速发展期，这是我们乐见

---

* 本文作者单位：上海出版印刷高等专科学校。立项编号：TYSKYJ2016052。

的一个美好前景。

上海，作为一座国际大都市，又是我国最大的城市，经济实力十分雄厚，它也是世界上最具活力的城市之一，虽然这座城市冬天我们很难见到雪，但是在这座城市发展冰上运动仍然是大有可为，在上海这座城市里，如今已经有拥有四块世界一流的冰场，分别是东方体育中心的“海上王冠”体育馆、上海世博演艺中心、上海大学生体育中心、浦东三林社区体育中心，其中浦东三林社区体育中心冰场就是冬奥会冠军杨扬参与创办的，除此之外，上海还拥有七片常年冰冻的冰场，这里主要是举办以青少年为主的群众性小型赛事，如冰壶锦标赛、花样滑冰锦标赛、冰球公开赛等，这些赛事吸引了不少青少年冰上爱好者热情参与，从冰上运动项目入手，上海初步实现了冰雪运动的落叶生根。

二、上海开展冰上运动具有的优势地位分析

（一）上海经济优势地位

众所周知，上海是我国的经济、金融、贸易、航运中心，国家中心城市、国际大都市，是世界上规模和面积最大的都会区之一，GDP总量位居中国第一、亚洲第二的位置，这些经济方面的优势地位决定了上海在开展冰上运动具有其他城市无可比拟的优势。因为冰上运动是一项烧钱的运动，没有充足的财力作保证很难长期维持运转下去。上海经济实力雄厚，有充足的资金支持开展冰上运动，从而使冰上运动有一个较快速度的发展，所以说在上海开展冰上运动具有十分明显的经济优势，完全不用担心。

（二）上海政策方面优势

上海在建设国际体育强市的过程中，体育产业方面乘势而上，体育赛事精彩纷呈，全民健身蔚然成风，上海2015年7月1日正式出台了《上海市人民政府关于加快发展体育产业促进体育消费的实施意见》，明确了上海体育产业在经济社会发展中的“一个总目标”“四大分目标”以及“四项主要任务”。“一个总目标”：到2025年，基本实现全球著名体育城市的建设目标，努力打造世界一流的国际体育赛事之都、国内外重要的体育资源配置中心、充满活力的体育科技创新平台。“四大分目标”：一是扩大产业规模，二是增强产业优势，三是

优化产业环境，四是巩固产业基础。"四项任务"：一是创新体制机制，二是提升产业功能，三是扩大市场供给，四是优化发展环境。这些实施意见的出台，好似一盏明灯，照亮了上海发展冰上运动的美好前景。

（三）上海基础设施优势

上海现在有四座大型的室内真冰馆，而且每个冰场的面积都很大，可以提供短道速滑、冰壶、冰球以及花样滑冰等各种冰上运动项目的所需要的场馆，这些场馆都可以达到世界顶尖的冰上场馆要求，可以进行国家级乃至国际级冬季项目的大型赛事。如2012年在上海举办的短道速滑世界杯上海站比赛以及中国杯花样滑冰大奖赛。2015年3月国际滑联世界花样滑冰锦标赛在上海举行，开幕式于3月25日17时在东方体育中心海上王冠举行，比赛共设男子单人滑、女子单人滑、双人滑和冰上舞蹈四个项目。另外还有国家男女冰壶队来沪集训备战世锦赛。另外，上海还拥有相当数量的滑冰馆以及商业化的运营的冰上俱乐部，这些都为人民群众参与冰上运动体育优越的场馆条件，所以说上海冰上项目基础设施相当雄厚，让人羡慕。

三、上海开展冰上运动实施现状

（一）上海开展冰上运动场馆建设、承办大型冰上运动体育赛事现状分析

1. 上海开展冰上运动场馆建设现状与调查分析

如今，上海已经建成四座世界一流的冰上体育场馆，这些场馆的建设能够满足承办国内外大型冰上赛事的需要，除此之外，上海还有七片常年冰冻的室内冰场，这些冰场主要举办以青少年为主的群众性小型冰上体育赛事，包括上海市冰壶锦标赛、花样滑冰锦标赛以及冰球锦标赛等赛事，吸引不少青少年积极参与，这些场馆的建设都能够促进上海冰上运动的发展。

（1）东方体育中心"海上王冠"体育馆

体育馆系东方体育中心建筑规模最大、观众容量最多、功能转换多样的综合性体育场馆，场馆由主馆与训练馆组成，可容纳观众1.8万人，是上海座席最多的室内运动场馆，这座场馆可以进行短道速滑、花样滑冰、冰球等多项国内外冰上体育赛事。东方体育中心"海上王冠"体育馆位于黄浦江东侧、济阳路

西、川杨河南以及规划路的西边，轨道交通6号线、8号线、11号线的三线换乘站东方体育中心站位于体育馆附近，交通十分方便。

(2) 世博演艺中心冰场(梅赛德斯奔驰文化中心)

位于梅赛德斯奔驰文化中心的B2层，冰面面积1 250平方米，与美国AEG集团联手打造，由西姆科工业设备公司按照世界先进专业冰球场地质量标准设计建造，是一个具备国际标准冰球赛场地规格的真冰滑冰场，也是上海首家ISU(国际滑联)国家花样滑冰等级测试推广基地。世博演艺中心冰场位于两座桥的中间，黄浦江南边是世博核心区，而北面隔江而望的是世博展览馆，西面与世博公共活动中心相呼应。轨道交通8号线西藏南路站位于世博演艺中心的北侧，交通较为便捷，这座世博演艺中心的冰场的总面积为2 400平方米，能够承担多项国际国内冰上比赛的需要。

(3) 上海大学生体育中心冰场(大学生国际冰球馆)

上海大学生国际冰球馆是松江大学生园区上海大学生体育中心下属冰球馆，目前是上海最大的室内真冰滑冰馆，也是上海唯一可以承办国际冰球赛事的奥林匹克冰球场地，体育馆观众席容量为8 000座，其中固定座位6 000座，可容纳300余人同时滑冰，大学生国际冰球馆上海第一个标准冰球馆，也是目前上海最大的室内真冰滑冰馆。冰面面积1 830平方米，可以承办国际赛事，这里曾经举办过2010年冬奥会女子冰球资格赛及2008～2009赛季亚洲职业冰球联赛。轨道交通9号线位于上海大学生体育中心的附近，还有多条公交线路可以到达体育馆，这座冰场按照国际一流的标准建造。

(4) 浦东三林社区体育中心冰场(飞扬冰上运动中心)

飞扬冰上运动中心坐落于上海浦东新区三林体育中心，毗邻世博园，是中国南方鲜有的专业冰上运动场馆，这座体育馆由国际奥委会委员、中国冬奥会首金获得者、短道速滑名将杨扬一手创办，广为人知的2013年和2014年的上海冰球之夜活动、市青少年冰球联赛、亚太冰壶锦标赛就是在飞扬冰上运动中心举行的。

飞扬冰上运动中心是上海最大的冰上运动中心。这座场馆分为两层：一层为飞扬公众滑冰馆，冰面面积为1 200平方米，全年对公众开放；二层为飞扬国际滑冰馆，冰面建成面积为1800平方米，这是国际比赛的标准场地，看台的观众座席数量为4 600个，这座场馆符合国际滑冰联合会、国际冰壶协会、国际冰球联合会举办国际比赛的标准。轨道交通6、7号线高科西路站位于飞扬冰上运动中心的附近，多条公交线路经过这里，交通十分便捷。

2. 上海承办大型冰上体育赛事现状分析

(1) 短道速滑世锦赛

2012年3月9～11日，国际滑联短道速滑世界锦标赛在上海东方体育中心举办，这是国际滑联短道速滑项目年度顶级赛事首度南下、落户上海。短道速滑世界锦标赛是国际滑冰联盟主办的最高规格赛事之一，参加国家和地区只有在上一年的世锦赛中取得好成绩才能获得3男3女的满额参赛资格，虽然开展短道速滑项目的国家地区不少，但能获得男女满额参赛资格的历史上也仅有中国、韩国、加拿大、美国等少数队伍。

(2) 花样滑冰世锦赛

2015年3月23～29日，花样滑冰世锦赛在上海东方体育中心"海上王冠"举行，这是在当时北京还在申办2022年冬奥会的背景下，为了使全国在许多地方拥有更多的群众基础，并且向外展示中国承办冬季项目大型赛事的能力，2015年花样滑冰世锦赛正式落户上海，这次赛事是最高级别的单项冰上体育赛事首次在中国举办，这也是当时申办2022年冬奥会之前的一次举办赛事能力的充分展示，这项赛事设有男子单人滑、女子单人滑、双人滑和冰舞四个项目。

(3) 国际滑联"上海超级杯"短道速滑及花样滑冰队列滑大奖赛

2016年3月4～6日，一项全新的、以上海城市命名的冰上赛事——国际滑联"上海超级杯"短道速滑及花样滑冰队列滑大奖赛，在东方体育中心海上王冠举行。本次大赛是国际滑联首次尝试举办短道速滑与队列滑联合赛，每天的比赛都设置成短道速滑与队列滑混合编排。短道速滑邀请当年度世界排名前24的男女运动员参赛，设8个小项。

(二) 上海开展冰上运动俱乐部现状调查分析

1. 上海冰上俱乐部营业时间情况分析

通过对飞扬冰上俱乐部、上海冰之魅冰上俱乐部、上海世纪星滑冰俱乐部和上海大学生国际冰球馆俱乐部四家冰上俱乐部调查发现(表1)，前三家冰上俱乐部全天营业时间都比较长，从营业时间分析看，基本上可以满足各种人群的健身需求，到了下午4点以后，这个时间点基本上可以满足大部分上班族的健身需要。上海大学生国际冰球馆冰上俱乐部是季节性营业俱乐部，主要是为了降低俱乐部运营成本，通常在上海炎热的6～9月选择闭馆，而在1～5月、10～12月正常营业，通过调查分析，这主要是为了充分利用场地，减少因季节带来的经济损失，从而维持俱乐部的良性运转，实现其可持续发展，同时还要降低门槛，让更多的消费群体能够走上冰上健身场所，这个确实是上海各家冰上健身场所在经营过程中需要重点解决的实际问题。

表1　上海冰上俱乐部营业时间($n=4$)

时　间	飞扬俱乐部	世纪星俱乐部	冰之魅俱乐部	大学生国际冰球馆
营业时间	10:00～22:00	10:00～22:00	10:00～22:00	13:00～20:00
营业季节	12个月	12个月	12个月	1～5月、10～12月

2. 上海冰上俱乐部经营项目情况分析

上海冰上运动俱乐部选择的经营项目取决于他们的目标群体，这些冰上俱乐部经营项目的设置关系到俱乐部的长远发展，也会直接影响俱乐部的经济效益。如果俱乐部经营项目选择合理，将会有利于俱乐部经济效益的提高；一旦俱乐部经营项目选择不佳，俱乐部经济将会出现亏损情况，甚至关门歇业。从上海冰上俱乐部选择经营项目来看，主要有花样滑冰、自由滑冰、冰球这三项，所以感觉到，上海这些冰上运动场所经营项目较为单一，缺乏吸引力，将会对俱乐部的经济情况产生不利影响，所以要多方位拓展经济项目，吸引群众参与这些运动将是这些俱乐部的当务之急。

3. 上海冰上运动俱乐部定价策略情况分析

定价策略，在市场营销中占有十分重要的地位，而在市场交易中影响成败的最重要的因素就是价格，这也是市场营销中最难确定的因素。企业定价的目的就是为了促进企业较快地发展，获得更大的利润。这就对企业提出更高的要求：既要考虑到企业运行的成本，还要考虑到消费者对价格的承受能力。经过调查显示，在上海冰上运动俱乐部成本定价分析的俱乐部有3家，占总数的60%，还有1家是综合定价，占总数的20%。通过调查分析发现，这些冰上俱乐部的定价策略主要以成本定价为主，这也说明成本定价是决定价格形成的决定性因素，所以，上海冰上俱乐部的成本是冰上运动价格的重要因素。要想使这些冰上运动场所稳定发展，降低企业运营成本是其关键所在。

4. 上海开展冰上俱乐部管理者具体情况分析

通过调查和访谈的方法来研究冰上俱乐部管理者的基本情况，如管理者的性别、年龄、学历、具体工作内容以及从事如今的工作的年限等信息。

表2　冰上俱乐部管理者性别比例($n=40$)

性　　别	频　次　(人)	百 分 比(%)
男	10	33.3
女	20	66.7

通过表2可以看出,上海冰上俱乐部从事冰上运动场馆管理工作的人员中,女性管理者约占总人数的66.7%,而男性管理者约占总人数的33.3%,出现这种女多男少的情况可能与冰上场馆管理工作的特殊性以及繁琐性有关,作为女性,细腻的性格可能更加适合冰上运动管理者的工作。

表3　冰上运动俱乐部管理者年龄、学历、工作内容情况($n=40$)

类　别	项　　目	频次(人)	所占比例(%)
年　龄	20岁及以下人员	6	15
	21～30岁人员	18	45
	31～40岁人员	14	35
	41～50岁人员	2	5
学　历	大学本科以上学历	3	7.5
	大专学历	6	15
	高中或中专学历	18	45
	初中及以下学历	11	27.5
工作内容	体育指导员	18	45
	运动事物管理人员	9	22.5
	冰上运动协会管理人员	13	32.5

由表3可知,一是冰上运动俱乐部管理者的年龄范围大多都在21～40岁之间,共有32人,这个占调查总人数的80%;20岁以下以及40岁以上的管理人员分别占有6人和2人,分别占调查总人数的15%和5%,并且这些人里面有较少部分人员担任着体育指导员的工作,这也说明冰上运动项目的工作群体呈现着年轻化的趋势,另一方面也说明有利于冰上运动项目在上海的大力开展。但如果从其他角度考虑,如果从事冰上运动工作者过于年轻的话,特别是他们当中有些人没有经过专业的培训,专业知识的缺少,必将限制他们的专

业化服务水平，服务水平也将大打折扣。

二是将近 50%的冰上管理者的文化程度为高中或者中专学历，初中及以下的学历在调查的管理者中只有 11 人，占调查总人数的 27.5%，而大专学历在调查总人数中有 6 人，占调查总人数的 15%，大学本科及以上的学历在调查人群中有 3 人，占调查总人数的 7.5%，这一比例非常低。这一数据充分说明，冰上运动管理者学历程度偏低，我们不可否认的是他们当中一些人有丰富的阅历以及工作经验，这虽然在一定程度上弥补了他们学历上的不足，但是如果他们拥有更高学历的话，将会易于对新知识和新观点的接受。所以政府管理部门应该定期对这些冰上运动项目的从业人员进行培训，提高他们的业务水平以及思想认识。

三是通过调查显示，冰上运动项目管理者的工作内容主要为运动事务管理人员的人数有 9 人，占调查总人数的 22.5%。现在冰上运动的各个项目由相关的管理部门负责，如上海松江区的大学生国际冰球馆，是在国家成立单项协会的前提下建成的，主要由上海市教委、上海市体育局以及相关学校共同支撑，由"领先体育"俱乐部统一负责管理经营。现在的大学生国际冰球馆不管是承办大型体育赛事还是给大学生提供上课服务，有专门的部门负责，再加上政府的大力支持，管理工作已经初见成效，可以乐见的是将来也会越来越规范。

（三）上海开展冰上运动俱乐部指导员基本情况

1. 上海冰上运动俱乐部指导员的数量情况分析

在对上海四家冰上运动俱乐部的调查发现，大部分的冰上运动参与者都是初登冰场或者说是接触冰上运动不长的人员，在这种情况下，冰上运动指导员就显得特别重要。这些冰上指导员不仅仅可以对消费者普及正确的冰上运动知识，同时还可以有效地避免或者减少消费者由于不会滑冰造成的运动伤害。通过对上海四家冰上俱乐部调查得知，这四家俱乐部一共有冰上运动指导员 125 人，平均每家俱乐部有冰上指导员 30 余人，并且每个俱乐部也不可能只有三十会员参加，这将导致俱乐部中指导员不能进行一对一地服务。冰上运动指导员的数量较少，将会很难满足人们对俱乐部指导员的需求，这也会在一定程度上阻碍人们参与冰上运动，从长远上来看，对上海冰上运动的发展将会造成一定程度的影响。

2. 上海冰上运动俱乐部指导员年龄情况分析

通过对上海四家冰上运动俱乐部调查发现，上海冰上运动俱乐部指导员的现状不容乐观，从对40名冰上运动指导员调查情况来看，年龄在20岁及以下的有9人，占参与调查总人数的22.5%，21～30岁的有12人，占参加调查总人数的30%，31～35岁的有8人，占参加调查总人数的20%，36～40岁的有6人，占参与调查总人数的15%，40～50岁的有5人，占调查总人数的12.5%。

表4　上海冰上运动俱乐部指导员年龄情况调查表(n=40人)

年　龄	20岁及以下	21～30岁	31～35岁	36～40岁	40～50岁
数量(人)	9	12	8	6	5
百分比(%)	22.5	30	20	15	12.5

通过表4可以看出，上海冰上运动俱乐部指导员的青年(35及以下人员)比例为72.5%，而中青年以上(35岁以上)比例为27.5%，可以看出上海市冰上俱乐部指导员的年龄趋向年轻化，但是太过于年轻的体育指导员即使不缺少专业上的知识，但是也会缺少一定的指导实践经验，因此没有经过一定数量时间与精力专门学习冰上运动技能，当然也就不能给冰上参与者更好的指导，教学效果肯定难以令人满意。

3. 上海冰上运动俱乐部指导员构成情况分析

在调查了上海4家冰上运动俱乐部以后，可以发现，当前上海冰上运动俱乐部指导员主要由以下几部分人组成：体育院校的大学生、具有一定水平的业余爱好者、退役的专业运动员、户外运动人员以及其他人员。

表5　上海冰上运动俱乐部指导员构成情况(n=40)

指导员构成	退役专业运动员	体育院校大学生	户外运动人员	其他人员
数量(人)	5	7	8	20
百分比(%)	12.5	17.5	20	50

从表5可以看出，在上海这些经营性冰上运动俱乐部工作的体育指导员，不乏有曾经是在国家或者地方专业队里训练过的专业运动员，不过退役专业运动员在这四个俱乐部中所占比例并不高，退役专业运动员在总调查人数中只有5人，占被调查总人数的12.5%，而对于各个冰上俱乐部来说，体育指导员对于他们来说都是一样的，不管是专业运动员还是业余运动员，他们所提供

的待遇也都是一样的，这可能多少对于专业运动员来说有点不公平，所以就会导致这些体育指导员占俱乐部指导员总人数的比例不高，而通过上表可知，有50%的为其他人员，这部分人员多是比较喜欢冰上运动的青年，他们一开始学习滑冰，进而又逐渐从事冰上运动指导员的工作。另外我们也了解到，这四家俱乐部在雇用体育指导员的时候没有统一的标准，主要是先了解从业的口碑情况，还要进行短期的试用观察，这部分体育指导员绝大部分都没有冰上运动指导员的从业资格证书，这些俱乐部也没有对他们进行后期的培训工作，因此亟待提高体育指导员的专业水平，达到适应市场的发展要求。

4. 上海冰上俱乐部体育指导员培训情况分析

随着社会进步和科学技术的不断发展，科技成果不断丰富和发展体育学科的知识理论体系的不断完善，人们的知识更新速度明显加快，因此过去那些单纯的体育指导员已经远远不能满足人们对冰上运动指导的需求。所以说体育指导员不仅要找掌握相关的体育知识技能，还要掌握相关的科学知识，如保健学、营养学、心理学、健康学等知识，而体育指导员要获取相关知识最有效的途径就是参加技能培训。

由表 6 可知，上海冰上运动俱乐部指导员 1 个月参加 1 次培训的人员有 5 个人，占调查人员总人数的 12.5%；2 个月参加 1 次培训的人有 9 人，占调查人员总人数的 22.5%；3 个月参加 1 次为 11 人，占被调查人员总人数的 27.5%；而那些不固定参加培训次数的人员为 15 人，占被调查总人数的 37.5%，由此可见，上海市冰上运动俱乐部指导员参与培训情况并不乐观，体育知识更新较慢，所以这些体育指导员还需要加强培训，尽快适应上海市冰上运动发展的需要。

表 6　上海冰上运动俱乐部指导员参加技能培训情况($n=40$)

参加培训次数	频 次（人）	百分比(%)	累计百分比(%)
1 个月/次	5	12.5	12.5
2 个月/次	9	22.5	22.5
3 个月/次	11	27.5	27.5
不固定次数	15	37.5	37.5

（四）上海开展冰上运动专业队伍建设现状分析

随着上海不断承办国际与国家级冰上运动赛事，上海冰上运动专业队伍的建设也如雨后春笋般地发展起来。经过访谈得知，上海冰上运动首支专业队上海市冰壶队于2012年2月9日正式组建，上海市冰壶队采取“体教结合”的培养模式，25名队员由大学和中学的学生组成，主教练是加拿大人道瑞斯·弗兰克，这名教练曾经担任过中国国家冰壶队的陪练，中国教练是张新娣现已转型为一名高校冰壶教师，张新娣原来为中国国家女子冰壶队队员，在参加2009年太平洋冰壶锦标赛中作为替补队员最后夺得冠军，2010年又作为替补队员参加了冰壶世锦赛最终取得了第七名，这支上海市冰壶队还将代表上海参加2016年2月在新疆举行的全国冬季运动会，力争取得不错的成绩。

由表7可知，这支冰壶队的40%的人员都来自徐汇区南阳中学和松江区华实高级中学的中学生，而冰壶队的60%的队员来自松江大学城的上海对外贸易大学，这也说明上海开拓了冰上运动专业队伍的建设的新思路，有强大的知识水平作为基础，在上海市冰壶队成立一年后，就获得了2012年全国冰壶巡回赛上海站第五名的好成绩。

表7　上海市冰壶队成员组成情况($n=25$)

参与学校	频次（人）	百分比(%)
徐汇区南阳中学	5	20
松江区华实高级中学	5	20
上海对外贸易大学	15	60

除此之外，还从访谈得知，上海的短道速滑队、冰球队还有花样滑冰队也是陆续成立，在北京张家口申办2022年冬奥会成功的东风下，上海冰上运动业余队伍也是日渐壮大起来，在国家体育总局注册队伍里已现上海市队员，分别注册了短道速滑、花样滑冰、冰球等项目，上海冰上运动队伍发展态势相当喜人，可以乐见上海冰上运动发展的良好的未来。

四、上海群众开展冰上运动现状情况分析

（一）上海群众冰上运动现状情况调查

1. 参与上海冰上运动群众出生地情况调查分析

众所周知，我国开展冰上运动的地区主要在东北三省，冰上运动竞技成绩

的取得也主要是这三个省份，由表 8 可知，这是参加 2015 年 3 月 23～29 日在上海东方体育中心“海上王冠”举行的 2015 年花样滑冰世锦赛的观赛群众。

表 8　2015 年上海花样滑冰世锦赛观众出生地情况($n=990$)

省　　份	观众人数(人)	百分比(%)
上海本地	464	46.8
东北三省	74	7.5
其他地区	442	44.6

通过调查可知，参与调查的观众中，上海本地观众和其他地区的观众分别占 46.8%和 44.6%，而东北三省的观众却只有 7.5%。这说明上海经过这么多年的发展，上海在开展冰上运动方面已经拥有良好的群众基础，也是有越来越多的上海人对冰上运动产生了浓厚的兴趣，虽然在上海参与冰上运动会有许多的困难，比如场馆不足、参与费用较高、距离较远等等不利条件，但是这些都不能阻挡人们参与冰上运动的热情，现在有越来越多的上海人喜爱和参与冰上运动。

2. 参与 2015 年上海花样滑冰世锦赛观众基本情况调查

通过问卷调查的形式，对 2015 年上海花样滑冰世锦赛的 464 名上海观众的性别、年龄、学历以及参与冰上运动积极性等方面进行调查。

从表 9 可以看到，观看 2015 年上海花样滑冰世锦赛的观众中，男性观众有 198 人，女性观众有 266 人，男性观众占参与调查总人数的 42.6%，女性观众占参与调查总人数的 57.4%。可以看出，女性观众对我国冬季冰上项目更加感兴趣，这与女性人员喜欢冰上运动项目有很大关系。在冬季项目中，无论是花样滑冰还是短道速滑，对于上海这座南方城市都具有很大的吸引力，因此更容易吸引女性观众是可以理解的。

表 9　2015 年上海花样滑冰世锦赛上海观众性别比例($n=464$)

性　　别	观众人数(人)	百分比(%)
男	198	42.6
女	266	57.4

由表 10 可以看出，一是在观看 2015 年上海花样滑冰世锦赛的观众中，大

多数观众的年龄都在20～30岁之间，共有215人，这占被调查观众总数的46.3%；31～45岁之间的观众有64人，占被调查观众总数的13.8%，20岁及以下有107人，占被调查总数的23.1%；而46岁以上观众有78人，占被调查观众总数的16.8%。这显示大部分青壮年观众更具有参加冰上运动的兴趣和机会，而对于年龄大的观众来说，由于参与这些冰上运动可能会带来一定的风险，会造成一定的伤害。而参与冰上运动也不乏20岁及以下的青少年观众，他们对冰上运动也更加感兴趣，也非常认可这项运动，所以说冰上运动重点发展人群是这些20～30岁青少年人群。

表10　参与调查的花滑世锦赛观众上海观众年龄、学历、工资收入等情况($n=464$)

类　别	项　　目	频次(人)	所占比例(%)	排　序
年　龄	20岁及以下	107	23.1	2
	20～30岁	215	46.3	1
	31～45岁	64	13.8	4
	46岁以上	78	16.8	3
工资收入	1 000～2 000元	21	4.5	6
	2 001～3 000元	35	7.5	4
	3 001～5 000元	83	17.9	3
	5 001～10 000元	208	44.9	1
	10 001～15 000元	90	19.5	2
	15 001元及以上	26	5.7	5
最高学历	大学本科及以上	263	56.7	1
	大学专科	97	20.9	2
	高中或中专	64	13.8	3
	初中及以下	40	8.6	4

二是在观看2015年花样滑冰世锦赛的观众中，工资收入在5 001～10 000元的有208人，占调查总数的44.9%；工资收入在10 001～15 000元的有90人，占参与被调查总人数的19.5%；工资收入在2 001～3 000元的为83人，占被调查总数的17.9%；工资收入在15 001元以上的仅有26人，占被调查总数的5.7%；工资收入在1 000～2 000元的有21人，仅占被调查观众总数的

4.5%，这也说明对于参与冰上运动的观众大部分都是工作比较稳定、有固定收入且是有一定自由活动时间的人们。

三是在对学历调查中显示，大学本科及以上的观众人数最多，有 263 人，占被调查观众总数的 56.7%；大专学历的观众有 97 人，占被调查观众人数的 20.9%；高中及中专学历的观众有 64 人，占被调查观众总人数的 13.8%；初中及以下的人数有 40 人，占被调查观众总人数的 8.6%。这些都说明冰上运动的消费对象都是收入在中等以上的消费人群，可见，随着观众群体的学历增高对冰上运动项目的认可度也会不断提高。

3. 2015 年上海花样滑冰世锦赛观众门票来源情况分析

通过调查观众门票来源可以更好地知道人们对冬季项目的热情，从表 11 可知，2015 年上海花样滑冰世锦赛，观众人数几乎场场爆满，这里的观众虽然对花样滑冰项目非常感兴趣，但是个人买门票观看比赛还是占很少的部分，其中由学校发放门票的 245 人，占被调查观众总数的 52.8%；社区发放门票的 32 人，占被调查观众总数的 6.9%；职业团体统一购票的 17 人，占被调查观众总数的 3.7%；个人购票的 170 人，占被调查观众总数的 36.7%。由此可以看出，在上海开展冰上运动的确具备了一定的群众基础，但大部分主要还是靠国家资金的支持，像举办 2015 年上海花样滑冰世锦赛这样的国际赛事，也是在南方地区推行冰上运动的一种极好的方式。

表 11　2015 年上海花样滑冰世锦赛观众所属社会团体的情况($n=464$)

所属团体	观众人数(人)	百分比(%)
学　校	245	52.8
社　区	32	6.9
职业团体	17	3.7
个　人	170	36.7

4. 参与调查群众对冰场需求情况分析

国家在上海实施“北冰南展”战略当然离不开政府的大力支持，也需要建设大量的冰场也满足人民群众的需求，但是为了减少国家的负担，也需要企业的赞助，同时我们也要对群众对于冰场的需求进行调查分析。

由表 12 可知，在参与调查观众中，对于冰场的需求情况中态度是非常需要的观众有 110 人，占被调查总人数的 23.7%；态度比较需要的观众有 124

人，占被调查总人数的26.7%；需求持一般态度的观众有168人，占被调查总人数的36.2%；态度是不很需要以及完全不需要的观众中有62人，共占被调查总人数的13.4%。可以看出，有超过50%的人有对冰场有很强的需要，如果让这些冰上项目真正地走入上海这个大都市，尤其是在北京成功申办2022年冬奥会的东风鼓舞下，要抓住这部分对冰上项目有热情的人们，然后再吸引其他的群众，打好良好的群众基础，为在上海开展“北冰南展”战略铺平道路，可以让更多的人们参与到这项运动中来。

表12 参与调查观众对建设冰场需求情况($n=464$)

态　度	人 数（人）	百 分 比（%）
非常需要	110	23.7
比较需要	124	26.7
一　般	168	36.2
不很需要	47	10.1
完全不需要	15	3.3

（二）参与调查的观众的消费动机分析

根据调查得知，这些上海观众参与冰上运动项目主要动机有以下几点：增进健康水平、调节情绪，缓解压力、娱乐消遣，追求刺激，超越自我、提高运动技术与技巧以及其他方面等等。

表13 对参与2015年上海花样滑冰世锦赛的观众参与目的的调查分析($n=464$)(可以多选)

群众健身目的	频 次（人）	百 分 比（%）
增进健康水平	307	66.2
娱乐身心	147	31.7
追求感官刺激	120	25.9
提高冰上运动技术和技巧	64	13.8
其他方面	42	9.0

通过调查发现，2015年上海花样滑冰世锦赛的观众参与冰上运动的目的

有：增进健康水平以及调节情绪和缓解精神压力。有此目的的观众分别为307人和267人，分别占被调查总人数的66.2%和57.5%。可以看出，人们参与冰上运动的首要目的就是增进健康水平，通过不断参与冰上运动项目的锻炼来使自己的身体更加强健，因此增进健康水平仍然是人民群众参与运动的主要动机。而娱乐身心也不断地走进人们的消费动机之中。要让这些冰上运动俱乐部能够很好的开展下去，就要根据消费者的动机和需求，提供良好的服务作为保证，这样的话上海这些俱乐部才能不断地发展壮大，从而促进上海冰上运动项目的发展。

五、上海开展“北冰南展”对策与建议

（一）配套和完善基本设施

上海在冰上运动场馆建设方面确实给予了巨大的资金支持，因为冰上场馆的建设是推动冰上运动发展的核心，也对相关冰上产业的拉动起到巨大的推动作用，因此在上海建设冰上场馆还要靠国家资金的大力支持，还需要建设更多的具有一流标准大型冰上运动场馆，完善相关的配套设施，来满足人们对冰上项目的巨大需求。

（二）争取多办相关赛事

上海作为国际大都市，除了建设更多的冰上运动场馆以外，还要举办更多数量的国际及国内方面的冰上赛事，将花样滑冰世锦赛、短道速滑世锦赛、国际滑联“上海超级杯”等赛事，纳入“北冰南展”政策范围之内。

（三）大力发展冰上运动专业队

上海在对冰上运动人才的培养方面要依托相关高校，建立冰上培训体系，对冰上相关人员进行较为系统的培训，大力发展冰上运动专业队，参加更高规格的国家及国际比赛，促进冰上运动在上海的大发展。

（四）建立相关的培训系统

充分利用上海相关高校的教育资源，建立相关的培训系统，为上海冰上运动俱乐部提供相关的专业冰上人才，解决上海冰上相关俱乐部体育指导员严

重匮乏的问题。

（五）积极培育冰上后备人才

上海这些大型冰上运动场馆，通过自身的商业化运作，举办各种各样的冰上娱乐活动，吸引更多的人们参与运动中来，还要争取将冰上运动项目纳入上海中小学体育课程，培养上海冰上后备人才，同时也可以降低这些冰上场馆运营的成本。

参考文献

[1] 朱志强.冬季奥林匹克运动及其发展趋势[J].上海体育学院学报，2007

[2] 柳百敏.国外冬季比赛给我们的启示[J].体育科研，2001

[3] 于立强.中国冬季运动项目北冰南移可持续性发展的战略研究[J].天津体育学院学报，2004

[4] 刘福军.冬季竞技体育可持续发展探析[J].冰雪运动，2008

[5] 田雨普.冬奥会战略思考[J].哈尔滨体育学院学报，2001

[6] 李宗浩，肖林鹏，姜达维.2010年我国竞技体育发展战略研究[J].天津体育学院学报，2004

[7] 张新华.对我国冰雪运动发展战略存在的问题分析[J].冰雪运动，2001

[8] 勾小秋.冰雪运动之文化再研究[J].体育教学，2009

[9] 王旋."北冰南展计划"中我国冰上项目专业人才需求矛盾问题与对策研究.国家体育总局体育社科成果

[10] 徐秋士，穆大海，何涤飞，刘伟.我国与国际冰雪运动发展特征的比较分析[J].冰雪运动，1994

[11] 田雨普.冬奥会战略思考[J].哈尔滨体育学院学报，2001

[12] 王欢."北冰南展战略对我国冰上运动发展的意义"[J].科学管理，2009

[13] 鲍明晓.体育产业[M].北京：人民体育出版社，2000

[14] 张新华.对我国冰雪运动发展战略存在的问题分析[J].冰雪运动，2001

[15] 陈海波.对我国冰雪运动发展战略研究的理性思考[J].冰雪运动，2000

上海体育保险发展研究*

张倩倩　胡毛珠　王志萍　秦　伟

一、前言

我国的保险业起步较晚，体育保险起步更晚，体育保险的密度和深度都比较低，特别是专业的保险机构少、险种少，不能满足体育项目的发展需要。目前，国内学术界对于体育保险的理论研究多集中在体育保险的概念和意义、国外体育保险的发展研究、中外体育保险的比较研究等方面，对于上海体育保险产业的发展研究基本空白。本课题研究针对上海体育保险的现状展开调研，并分析国外体育保险的现状和产品供给，尝试探索符合上海体育产业发展需要的体育保险，以及上海开展竞技体育、群众体育、学校体育的过程中，体育保险的现实需求，这对于上海打造全球著名体育城市的建设目标具有重要意义。

二、体育保险发展现状概述

（一）体育保险的内涵

1. 体育保险

体育保险是指在体育领域内，体育保险中介或是保险经纪人向承保人（或单位）收取相应的保险费，并以合同的形式在约定的范围内，承担体育运动风险的一种制度。日常生活中风险无处不在，体育风险的客观存在是体育保险产生和发展的前提条件，没有体育风险就没有体育保险。一般来说，体育的风

* 本文作者单位：东华大学，松江区体育局。立项编号：TYSKYJ2016053。

险越大，对体育保险的需求则越大；反之，对体育保险的需求则减少。由于体育风险具有高频性、多样性、不易测定性、广域性和复杂性，导致事故发生的结果难以预料，特别是随着全民健身运动的普及，一些具有高强度、高标准、高难度的极限运动项目，往往随着极限挑战难度的增加，容易带来更多的意外伤残和死亡，给个人、家庭和社会带来巨大的经济负担。

2. 体育保险制度

体育保险制度是在一个国家或地区范围内，体育保险在经营和市场监管中长期实践所形成的、被依法认可并广泛运用的一种组织管理形式。健全合理的体育保险制度，不仅有效地保护了有关体育组织、运动员、体育工作者以及体育健身者的利益，而且极大地促进了体育产业的快速发展。在发达国家，体育保险制度是国家体育制度的重要组成部分，而且也是各国体育产业快速发展的有利基石。

3. 体育保险范围

体育保险作为社会保险的一个重要分支，是社会保障的重要组成部分。体育保险的范围就是要补偿体育运动中的各种风险损失，是为体育领域内的各种风险提供安全保障的有效解决路径，目的是为了有效规避体育风险。

体育保险从微观层面讲主要包括三个部分的内容：首先是体育竞赛组织方的赛事保险，保障整个体育赛事的安全有序进行；其次是体育场馆设施或产品提供方的安全责任保险，以及资本投入和营收的风险；最后是运动员、观众、工作人员以及所有参与者在体育运动中的人身安全保障等，这也是体育保险最重要的组成部分。

4. 体育保险分类

根据承保对象的不同，体育保险的分类也不同，体育领域范围广阔，险种设计也是多种多样，本课题通过对体育领域的划分来对体育保险进行归类。一般来说，体育分为竞技体育、大众体育和学校体育，因此本课题将体育保险分为竞技体育保险、大众体育保险和学校体育保险，并展开分析和进行深入研究。

（二）我国与发达国家体育保险比较分析

中外在保险总保费，保险深度和密度方面差距明显。

保险深度是保费收入与生产总值（GDP）之比，是反映保险业在整个国民经济中的地位，它取决于国家经济总体发展水平和保险业的发展速度。保险密度是当地人口人均保险费额，反映国民参加保险的程度以及国民经济和保险业的发展水平。

美国体育产业发展迅猛，保险业在国民经济中占有一席之地，这从侧面反映出美国的总体国民经济水平高，保险业的发展相当迅速。据统计，2014年，美国保险市场以1.139 7万亿美元排名第一，日本和英国分列二、三位，我国保险市场达1 630亿美元，居全球第七位。这些经济数据显示美国是世界上保险业最为发达的国家之一。美国的保险深度（2012年）为8.1%，保险密度为4 049.4美元，2014年美国体育产业年产值达到4 410亿美元，约占GDP的3%。我国虽然在总保费上排名靠前，但我国保险深度（2012年）为3.03%，密度仅为209.1美元。

这一方面说明我国的保险业在国民经济中的地位较低，发展速度缓慢，另一方面也说明我国的保险业有很大的上升空间。体育保险是社会保险体系的重要组成部分，我国体育保险在总保费、保险深度和密度上与发达国家相比都存在差距，相对于我国体育保险发展滞后的现状，国外发达国家在体育保险方面已建立了比较完善的保险制度。

1. 发达国家体育保险制度

美国从20世纪40年代开办体育保险业务，其模式经历了由私营公司试办到政府主办，再到政府退出商业保险市场为主的曲折阶段。美国是以政府主导参与型为代表的体育保险制度，通过完善《社会保障法》来为专业运动员提供商业保险。

日本体育保险体系具有政府主导和财政支持的双重性作用，以20世纪50年代发布《体育保险法》为标志，政府通过立法来监督和指导民间保险公司。

英国则是世界保险制度的发祥地，并享有世界保险王国的美誉，英国体育保险最大的特点是市场发达，实行政府资助的商业性体育保险制度模式。

国外体育保险制度可分为以下几种模式：一是政府主导参与型体育保险模式；二是政府支持下的民间体育保险制度模式；三是政府资助的商业性体育保险制度模式；四是政府重点选择性扶持型体育保险制度模式；五是政府垄断经营体育保险制度模式。发达国家的体育保险制度相对比较成熟，政府与市场机制在体育保险经营和监管方面发挥着至关重要的作用。

2. 中外体育保险险种设计比较

美国保险业针对体育活动及其对象的特点设计了多种多样的体育保险险种，大致可归纳为商业运营体育保险、职业体育保险、业余体育保险和学校体育保险四种类型。

日本体育保险对象非常广泛，除面向专业体育运动员及教练员等相关人员，还有面向社会成员，如学生、体育爱好者的保险，而学校体育保险又是日本体育保险最重要的领域。日本体育保险按保障内容不同可以分为四类，包括学校保险、体育安全保险、体育项目专项保险、体育项目综合保险。

英国体育保险涉及范围广阔，从单个比赛项目到比赛全过程，从单一风险到承担一揽子风险的保险服务，满足各个层面和各个环节对体育保险的需求。英国体育保险险种按保障对象不同大致有四个类别，包括个人体育保险、团队体育保险、俱乐部保险、教练员及商业经营保险。

我国体育保险刚刚起步，在竞技体育保险方面，专业运动员的保险主要由政府包揽，因此实际保障赔付额度相对较低，其中只有少数大牌运动员额外有赞助商提供商业保险，并且各类保险机构缺乏深入研究和市场供给体育保险产品，这使得竞技体育保险供需关系矛盾突出。

在学校体育保险方面，保险公司开设的险种与学校体育活动相关的仅有“学平险”以及“校方责任险”，该两款险种提供了学生在体育活动中对于体育保险最基本的需求。在大众体育保险方面，险种设计则更为局限，只有针对个人和团体投保的人身意外险，险种的设计无法满足大众对于群众性体育活动的安全保障需要。随着全民健身理念的深入，体育健身市场将推动体育保险的健康发展，体育保险的险种设计亟待专业机构展开深入的开发研究。

二、上海体育保险发展现状及发展体育保险的必要性

（一）上海体育保险发展现状

1. 竞技体育保险

（1）政府包干制下的运动员保险政策

上海本土优秀运动员目前能够享有的保险保障，包括三份保险：全国体育基金会的伤残保险、上海社会保险的医疗保险以及太平养老保险住院保险三种。长期以来，我国竞技体育都是“举国体制”，运动员的吃喝拉撒以至伤、残、病都由国家包办。政府对于各省市的优秀运动员均采取计划经济时代的包干制。以上三款保险的费用基本由国家财政拨款，但分配到个人头上显得微薄，运动员一旦出现伤残身故理赔，可以获得的保险金大约不超过数十

万元。

在这种包干制下，隶属于国家体育总局的中华全国体育基金会先后向国内两家保险公司投保了两期运动员伤残保险，参保人为 1 400 名国家队运动员。基金会每年缴费 100 万元，运动员每年只需缴纳 40 元至 100 元的费用，保费根据运动项目而定；运动员在死亡和伤残时最高可得到 30 万元的赔偿。保险期从运动员进入国家队开始，一直到国家队生涯结束。从上海市现行的保险制度看，与运动员理想中的保障之间存在着较大差距。

(2) 体育保险新探索

2013 年，上海市体育局与华山医院签署了一份医疗保障协议，它使该院成为上海三大世界赛事(奥运会、世锦赛、世界杯)专业选手的医疗保障定点医院，该院开辟专门绿色通道，有专项基金支持，不仅服务现役运动员，更惠及退役选手。上海市体育基金会在专业选手参加上海基本医疗保险的基础上，采取购买医疗商业保险的方式，对上海籍奥运冠军给予进一步医疗保障。超出个人医疗保险和商业保险范畴的医疗费用仍由本人承担。

上海市体育局此次出台的医疗措施，是上海有关运动员保障工作的一项新举措。此前上海市体育局已为所有市级运动队购买了“上海优秀运动队运动员、教练员综合保险”，并参加中华全国体育基金会的互助保险，探索运动员的安全保障新空间。

(3) 专业体育保险公司匮乏

在国家体育总局的包干制政策下，上海体育保险主要存在的问题是缺少本土专业的体育保险经纪公司。目前国内唯一专业从事和发展体育风险管理以及体育保险事业的保险经纪机构是北京中体保险经纪有限公司，该公司专门从事体育保险业务，开展的保险范围包括体育赛事的风险管控、体育场馆的风险管理以及体育运动如马拉松、登山、搏击和跆拳道等运动项目的人身意外保险。目前该公司的保险业务范围还处于起步探索阶段，保险险种的设计多数是把现有的“人身意外险”格式化产品进行变种推荐给客户，或者是人身意外险的简单延伸，只能作为普通人身意外保险的特例存在，没有根据体育本身的特点开发专门的体育保险产品。同时，这类保险只顾及运动员伤病的医疗费支出的补偿，对运动员康复后的经济损失并没有提供应有的保障。

上海各类商业保险公司目前基本没有针对专业运动员这一特殊群体的专门性的保险产品，也没有在一般的人身意外伤害险种中设立特别的运动附加险种，更没有针对优秀运动员特定的身体部位进行特殊保障的保险产品，上海需要发掘商业体育保险尤其是优秀运动员保险的市场化路径。

目前国家体育总局也在不断地探索商业保险模式，推出内部互助保险，在全国 12 个省市试点，对伤残等级标准不断进行修订和完善，按运动项目伤残风险实行分类缴费。2002 年，运动员伤残互助保险在全国范围内推行。但互助保险并不等同于商业保险，现行的互助保险所支付的理赔金也并不是真正意义上的理赔金，只是一种特殊的抚恤金。它由国家体育总局推出，体育保险公司没有介入，在运动员出现伤亡事件后由国家体育总局根据互助保险细则进行补偿，这种意义上的保险还是由国家在资金上进行补助，而没有进入运动员和保险公司的理赔程序。

2. 学校体育保险

(1) 学校体育保险种类单一

改革开放以来，上海学校体育发展的主要突破点在于开拓性地改革升学考试内容，从"纯文化考试向加试体育"发展、引领体育课程改革等等。在体育保险方面，各保险公司开设的险种中，与学校体育活动相关的是"学平险"以及"校方责任险"。"学平险"是"学生平安意外伤害保险"的简称，它是专门针对学生的一种低保费、高保障的特殊险种，被保险人只需交纳几十元的保费就可以获得包括意外伤害、医疗以及住院在内的多项保障。在险种性质上，"学平险"属于自愿投保的险种。"校方责任险"又称"学校责任险"，是指学生在校园内或学校组织的活动中发生意外事故，学校对学生依法应负的民事赔偿责任为保险标的的保险，"校方责任险"属于校方强制性保险。

(2) 学校体育保险未引起各方重视

首先是学校保险意识淡薄，学生意外伤害事故的处理一般有两种方式：一种是由承保的保险公司对受害者给予全部或部分经济赔偿，另一种是由事故有关各方协商解决，分担赔偿。如 2013 年有名 13 岁少年在体育课上长跑猝死，学生家长向校方索赔百万元，并与学校对簿公堂。这类体育活动产生的伤亡事件极易造成学校和学生家长的对峙状态，处理结果往往是校方赔钱了事。其次是学校体育保险体系不完善，对于学生的体育保险没有相应的一系列投保说明，也就容易造成家长对于给孩子无从投保的误区，对于学校收保险费易产生乱收费的错误印象。然后是体育保险法规不健全，缺乏保险中介也是不可忽视的问题。体育保险法规可以规范学校为学生投保的体育项目，保障学生在投保之后享受相应的权益，保险中介的出现则可以进一步加速体育保险在学校的建立和发展。

3. 大众体育保险

(1) 群众缺乏保险意识

无论是大众热衷的上海马拉松,还是市民运动会这样的大众比赛,老百姓对于自身购买体育保险的意识缺乏。上海各类群众体育赛事中,许多保险公司为了提高自己的知名度,一般会以赞助的方式主动给赛事赠送保险。这种方式虽然无可厚非,但是长期以来却因此造成主办方和运动员的依赖心理,参赛的时候只想从保险公司拉到保险赞助,缺少主动投保以获取风险保障的意识。而保险公司的盲目赞助之举,实际上也不利于自身的风险控制管理,更不利于保险细分服务和险种的市场开发。

(2) 缺少商业性质的体育保险

目前保险市场能够提供真正商业意义的保险产品非常少。由于体育运动的特殊性,各个运动项目的特点不同,风险存在差异,一般保险公司不知道各个项目的风险点在什么地方。体育保险的研发需要既熟悉体育特点、又掌握保险专业知识的人才,需要一些非常专业的运动医学分析人员,分析大众运动过程中的受伤概率,以此来测算投保额度和期限,相关人才的匮乏制约了保险产品的设计和研发。

体育保险需要赢利,靠的是"大数法则",投保的人多了,风险才能够分担。大众产品单买单卖,体育保险价格(保费)自然高涨,高价格反过来又限制了市场购买力,如果群众购买体育保险产品的欲望受限,针对新推出的体育险种无法实现"大数法则",没有精准的数据支持,新的险种设计风险度极高,费率制定就出现困难,因此商业险种推出产品的风险赔率很大。

(二) 发展上海体育保险必要性

1. 发展体育保险既是上海体育经济发展的需要,也有利于调整产业结构

2014年,上海保费收入共986.75亿元,同比增长20.13%。2013年,保险密度为3 569.27元,低于北京的5 070.59元,居全国第二位;深度为3.8%,低于北京的5.1%。目前国内体育产业结构不合理,制造业占比80%,而服务业仅占20%。就上海来说,2014年上海体育及相关产业制造业总产值420亿元,尽管在数值上达到新高度,但结构不合理的状况依然没有得到改善。上海在保险密度深度方面相比发达国家仍有很大差距,体育产业结构亟待优化,例如上海至今没有一家专业体育保险公司。

2. 发展体育保险也是上海体育自身发展的需要

最新数据表明，在竞技体育方面，2011～2014年上海共举办539场国内外赛事，国际赛事约占赛事总数的40%，2015年上海预计共举办130～150次全国级以上赛事，目前上海已培育和形成了以F1大奖赛、田径钻石联赛等"七大品牌赛事"为主体的赛事活动体系。各项顶级赛事陆续登陆上海，但配套体育保险体系却尚未形成。体育保险仍然以公益性的捐赠为主，实质是赞助性质的宣传，保险公司并没有根据具体运动项目量身定制体育保险产品。据悉，伦敦奥运会后刘翔的天价疗伤费是由上海市体育局、国家体育总局田管中心和赞助商三方分摊的，而得到的保险理赔金仅有6 000元。

在大众体育方面，近年来马拉松比赛如火如荼，从2015年年初香港马拉松赛到年底福州国际马拉松赛，陆续发生了5例猝死事件。人们通常认为猝死属于意外伤害保险保障范畴，但目前的意外伤害保险产品已明确将猝死列入免赔范围。

在学校体育方面，高校体育是典型，1982～2013年发生在内地高校(不含台湾地区、香港和澳门特别行政区高校)共151例大学生体育意外伤亡事件。上海市教委宣布2009年上海高校共发生各类安全事故52起，造成24名大学生死亡，自杀和猝死占近80%。在当前普遍是独生子女的家庭中，这种意外伤亡事件给家庭带来的是沉重的打击，这也反映出学校对于体育保险的迫切需求。

三、发展上海体育保险的策略研究

针对上海体育保险的现状来制定发展策略，立足上海体育大环境的基础上具体问题具体分析，同时与发达国家体育保险发展的先进经验相结合，制定富有上海特色的体育保险发展策略。本课题依然从大众体育保险、竞技体育保险和学校体育保险三个部分展开研究。

(一) 上海大众体育保险发展策略

1. 典型案例分析及思考

近年来国内马拉松比赛参赛人数屡创新高，作为一项特殊的大众体育运动，其本身存在一定的风险性，国内外的马拉松比赛均发生过人身伤亡事故，最严重的莫过于猝死，如北京马拉松、上海马拉松、广州马拉松、纽约国际马拉松、香港国际马拉松等等。本课题选取马拉松猝死事件作为典型案例来探讨大众体育保险的发展策略。

（1）案例。

2015年深圳国际马拉松组委会发出公告称，参加半程马拉松的姚某在离终点400米时突然倒地。现场医护人员立即展开急救，发现姚某双眼上翻、牙关紧闭，心电监护提示：室颤，紧急除颤和心肺复苏抢救，15分钟后送达南山区人民医院，经抢救无效死亡。在整个比赛过程中，后勤保障和急救措施是专业、及时和严密的，这也是国内马拉松经过多年的发展日趋成熟的表现。

回顾2008年上海马拉松，参加半程马拉松的李某（在校研究生）在比赛中突然倒地，随后送医院抢救不治身亡。这场马拉松猝死所掀起的舆论矛头直指大赛组织方未能做到及时抢救。现场缺乏专业救护人员和救护车，错过最佳急救时间，导致年轻的生命就此终结。相比深圳马拉松姚某的猝死所掀起的舆论，更多的是赛事组织方的赔偿问题。

各方关注点在于姚某的家庭情况，他的大女儿刚满6岁，怀孕的妻子在意外发生时还有一周面临预产期，他的猝死给家庭带来沉重打击。姚某在家庭保险方面，仅为自己的女儿购买了保险，并未给自己和妻子购买保险。赛会组织方，深圳马拉松由中国平安人寿进行赞助，此次赛事意外险与普通意外险不同，包含了猝死责任，死者姚某可以获得50万元的保险理赔金。

（2）思考。

一是体育风险需要保险公司介入。

在发达国家，体育比赛的事故赔偿通常由保险公司负责，由于体育保险相关法律法规比较健全，所以家属都会走法律途径，基本不会出现家属去赛事组织方讨要说法。国内体育赛事猝死事件抛开情感因素，从法律意义上去探讨猝死事件的责任认定。如果认定赛会组织方的责任，需要有三个前提：一是存在损害事实，二是赛会组织方存在过错，三是造成的损害与组织方过错存在因果关系。第一个很好认定也就是活动造成的死亡结果，第二个和第三个的认定则需要证据材料。据统计在2004年北京国际马拉松发生的两起猝死事件中，由于一名选手为在校学生，因此家属更多地将索赔对象对准了学校，而并没有向组委会讨说法。在2012年首届广州马拉松比赛中，广东农工商职业技术学院大三学生陈杰发生猝死事件后，陈杰父亲将广州马拉松组委会作为被告，要求赔偿100万元。

在国内体育比赛中发生猝死事件，其责任划分相对比较复杂，受害者往往将赛会组织方或者选手单位作为赔偿被告，但是受害者与组织机构或单位相比，基本属于弱势群体，收集证据困难重重。另一方面赛会组织方或单位也通常会出于人道主义考虑，通常用赔偿金来息事宁人，对于选手的身体健康状况或真正死因很难做到全面了解。

在2015年深圳马拉松比赛发生的猝死事件中，其进步之处是在责任的认定方面引入了第三方保险公司，而保险公司的专业介入为死者家属提供了一定程度的保障，同时缓和了赛会组织方与家属的矛盾，为伤亡事件各方：赛事组织方、保险公司、受害者家属提供客观有效的解决思路，并顺利进入理赔程序。这是一个摆事实的过程，需要运用保险保障条款说话，为事件的解决提供三方都可以接受的依据。

随着体育产业的快速发展，体育保险所具有的特殊功能和重要作用已经凸显，"全流程、全方位、全天候、全覆盖"的保险保障服务，决定了上海在健康、快速发展体育事业的过程中，必须引入商业保险对其进行风险分散和专业化运作。上海体育保险事业的细分发展，将是推动上海体育产业快速发展的重要保障。

二是体育保险险种需要创新研发设计。

2005年北京马拉松由中国人寿承保，每位选手都获得一份保额为38.3万元的人身意外保险，承保范围包括所有的专业和非专业选手。与此同时，大会组委会的所有工作人员也将获得一份保额为28.3万元的人身意外保险。但一般的人身意外险是不包括猝死的，猝死虽然看起来发生得很突然，但属于器质性疾病而并非意外。在2015年的深圳马拉松比赛，将猝死包含在意外险之内，这是体育保险的进步。目前国内体育保险险种还比较单一，参赛选手和赛会组织方还没有更多的选择，针对特殊性较强的体育比赛，市场需要专业体育保险公司的介入。这不仅仅是运动过程中的个体保障，也是体育比赛健康发展的重要因素。

三是体育保险需要审核参赛选手的健康状况。

国外马拉松比赛一般要求选手提供三个月以内的体检报告，这是一个强制性规定。国内多数比赛没有这样的要求，专家表示，即使提供体检报告也不能完全避免猝死事件的发生，因为人体的功能性、器质性病变，往往在较大的运动负荷下才能爆发。没有任何一家医院的体检报告能保证选手在参赛过程中避免猝死，也不会出具这样的报告。因此，运动安全保障应该以科学的方法来掌握运动员的身体健康状况，除了体检报告，还可以通过调查，收集运动员的医疗信息，联网个人健康档案数据库等。

2. 政府扶持体育保险健康发展

(1) 体育运动的高风险性、不可预测性

在运动过程中的伤害事故往往产生一系列的严重后果。数据显示，几乎每个人都碰到或大或小的运动损伤，专业运动员有70%以上都存在不同程度的运动伤害情况，除了正常的治疗费用，还有许多潜在隐形的损失，比如失业和养老问题，这导致了相当多的个体健康和经济问题。同时运动损伤也是造成显著发病率和死亡率的重要原因，使残疾和失业人群增多，为政府带来财政负担，影响国民经济的正常发展。上海发展体育保险可以针对体育项目细分保险险种，优先保障参与度高、风险高的运动项目，然后逐步推广，逐步覆盖。

由于体育运动的特殊性和不可预测性，参与体育活动的人都会承担一定程度的风险。运动损害的发生通常会降低受害者的生活水平。在没有公共卫生服务的国家，多数人群无论他们参加体育与否，都有某种形式的个人意外保险。体育保险可以为运动伤残提供一定金额的赔偿，但后续的保障则无法提供，对于受害者今后的生活问题、养老问题、后期治疗等几乎是杯水车薪，因此需要引入商业保险来进行风险分散和专业化运作，为上海体育产业高速发展保驾护航。

(2) 建立健全保险法律体系，提高体育保险自主投保率

保险法律体系是保险消费者权益保护的基础框架。在我国，保险法律体系主要包括法律、行政法规、部门规章、国际条约、司法解释等五个方面。政府部门应该健全保险法律体系，提高人们对于体育保险的意识，促进体育保险的健康发展。发达国家成熟体育保险制度的共同特征之一就是完备的体育保险法律体系，日本陆续出台的《体育安全保险法》、《新保险业法》、《健康保险法》、《体育振兴法》、《日本体育、学校健康中心法》等一系列法律，使日本在体育保险方面一度超越美国位居世界最前列。要加快体育保险的发展，首先必须优化体育保险的法律环境，把体育保险逐步纳入到法制轨道，以便更好地保障体育事业的良性循环和发展。

(3) 为商业性质的体育保险创造良好发展环境

我国体育保险的发展远远落后于体育事业发展的步伐，虽然众多体育赛事都有保险公司的身影，但甩不开赞助性质的宣传，不属于真正意义的商业体育保险。现有的商业体育保险险种少，保障低，覆盖面小。其实体育保险市场很大，但为什么发展缓慢？国外高额购买体育保险和巨额赔付的案例已经非

常成熟，但国内率先突破的案例出现在2016年8月：中国平安将为中国国家队提供14.2亿元保额的“黄金腿”保险，该产品系国内率先推出的足球专业运动失能保险，可为国足健儿提供高额保障、快速理赔及便捷医疗的“一站式”专业保险服务，最高个人保额达1 000万元。高额投保和巨额保障最终达到双方的互惠共赢，上海有关职能部门应该发挥市场宏观调控的作用，利用政策和经济手段为商业体育保险创造良好的土壤环境，使其健康持久发展。

(4) 保护消费者权益，监管体育保险市场

近几年，世界金融危机爆发之后，全球范围内的金融消费者权益保护工作日渐兴起。2011年10月，中国保监会保险消费者权益保护局正式成立，消费者权益保护被提上保险监管的重要议事日程。尽管我国保险消费者权益保护的背景与国际上有所不同，但鉴于保险消费者权益侵害的严峻现实，当前在我国的保险监管机构中，设立专门的部门来负责消费者权益保护工作，正当其时。对于体育保险这一新兴体育产业，上海应该加强监管，维护市场秩序，保护消费者的合法权益，创立保险消费者权益保护的机制框架。

3. 探索适合自身发展的体育保险类型

上海各类体育俱乐部或者单项协会应该探索自身体育项目的风险特征，正确分析本项目的保险需要，积极探索适合自身发展的保险类型。根据英国的体育保险政策，在13个体育项目中，无论是国家还是俱乐部方面，却需要一项强制性保险规则，这使得多数的体育俱乐部成员需要找到适合自己的保险政策。保险经纪人不提倡运动员选择个人意外险，而运动员最终选择的保险应该全面覆盖并且可负担。上海体育保险应根据运动项目风险特征，借鉴发达国家在体育保险方面的先进经验，积极探索适合自身项目发展的体育保险险种。

(二) 上海竞技体育保险发展策略

目前，上海竞技体育保险存在供求矛盾，竞技体育保险提供的险种少，起步晚，缺乏竞争，且学界理论研究薄弱。竞技体育保险险种的高度专业性与复杂性也是影响保险公司供给能力的重要因素。体育项目种类繁多，各项目间的风险相差甚远，同质性很小，各项目的运动参与基数不同，不能达到大数定律的要求。

1. 典型案例分析及思考

(1) 案例

2012年伦敦奥运会刘翔被确认为跟腱断裂，所得到的保险理赔金只有

6 000元，而这 6 000 元已经是他能从国家体育总局拿到的最高等级赔付。按照国家体育总局优秀运动员伤残互助保险暂行办法的规定，保险理赔标准共分为 12 级，刘翔的伤情适用于第 10 级，即肌肉、肌腱、韧带断裂，无功能障碍；该级别赔付金额为 3 000 元。根据规定，曾在世界三大赛事中夺金的运动员在比赛期间发生运动意外伤害事故，保险金额按双倍计，所以他的赔偿金为 6 000元。之前刘翔在美国医院治疗跟腱钙化及康复训练的巨额费用主要由赞助商、上海体育局、田管中心三方分摊，此后四次的治疗与恢复训练所产生的费用，绝大部分由赞助商买单。据悉，伦敦奥运会刘翔高额的医疗费，都由上海市体育局买单。

(2) 思考

作为高知名度的专业运动员，刘翔不用为巨额治疗费用发愁，但是对于大多数的普通运动员来说，情况不容乐观。如何保障普通运动员为自身健康买单是亟待解决的问题。以奥运会为例，我国运动员可以获得的保险有：

一是奥组委为各国运动员提供的人身意外伤害保险和专业运动员收入损失保险，这可以保障运动员在奥运会期间发生意外伤害及损失。

二是国家体育局为出国参赛的运动员购买的国际旅行险，保障运动员在参赛途中及非比赛期间的人身损害。

三是运动员所属单位为其投保的意外伤害保险。

四是运动员还可以自主投保各类商业险，对于一些知名的运动员，赞助商会提供高额的意外伤害保险。

目前国内专业运动员的商业保险缺失，这容易打击他们的运动积极性，缺少可靠的风险保障会影响运动员的竞技状态，并且一旦出现了伤残事故，不仅导致运动生涯终结并且给自己将带来沉重的经济负担。

2. 高风险竞技项目建议推广强制保险

风险大的运动容易急性运动损伤，这是由于不同运动的发病率和损伤程度不同。在瑞典，80%的体育组织会在保险公司为所有运动员上强制性运动损伤险，并且损伤数据都会自动保存在国家数据库。这项研究的目的是通过数据库中存储的 35 项运动中发生急性运动损伤事件的数据，来划分高风险运动。瑞典每年大约有 2 000 起案例和 1 162 660 名注册运动员可用于分析。85%的运动损伤是发生在足球、冰曲棍球、足地板球和手球中。最频繁的伤害事件发生在摩托车、手球、曲棍球和滑冰项目中。在汽车、手球、地板球和足球中，女性的风险较之男性相比更高。高风险与高受伤率存在于冰上曲棍球、足球、手球、地板球和汽车这些运动中。因此这些体育项目首选作为一级风险投保。

上海开展的竞技体育项目可采用类似办法，针对不同的运动项目记录运动员的性别、年龄、运动水平、受伤情况、急性损伤、永久损伤、死亡等数据库，进行大数据研究。总结各项目不同的运动风险，分析急性损伤的相关数据，根据损伤率和损伤等级来设计体育保险的险种，并逐步推进高风险运动的强制性保险，以确保运动员在竞技体育中得到充分的风险保障，免除专业运动员的后顾之忧。

（三）上海学校体育保险发展策略

1. 典型案例分析及思考

(1) 案例

2016 年海口一名大三男生在篮球场上打球时，不慎双脚相绊面朝下栽倒在地，当场出现呼吸困难，随后校医进行了施救，但遗憾的是未能挽回生命，120 到场后宣布死亡。该生 21 岁，系家中独子。死者父母质疑校医现场施救不当，延误了急救时机，致儿子丧命，向学校索赔 300 万元。对此，学校负责人表示，该生是打球时意外猝死，事发突然，校医赶到现场他已濒临死亡，经过长时间心肺复苏仍无力回天，此事并非校方的过错，无法接受家属提出的巨额赔偿要求。双方一直未能达成一致。为此家属在校内拉起横幅，讨要说法。校方表示出于人道主义愿意提供一定的抚慰金，但无法接受家属提出的巨额赔偿。

(2) 思考

一是学生在校园体育活动中发生伤亡事件造成的损失是双方的，需要专业体育保险介入。

从家长的角度上看，由于是独生子，这种伤亡事件对家庭造成巨大的精神打击，家属通常会提出巨额索赔或做出过激举动。从学校角度来说，除去监管不力和体育设施存在安全隐患，校方也很无辜。学校很难去硬性规定学生的体育活动，限制学生自由。并且学生的体育活动本来就是从强身健体的角度出发，校方可以提出体育活动的安全注意事项。据统计，有 75%的校园意外发生后学校被判赔偿，这类事件对于学校的名誉会产生负面影响，校方往往会出于人道主义给予一定抚慰金，但很难得到家长的谅解，双方就伤亡事件赔偿很难达成共识。

这样对峙局面不是学校体育活动开展的初衷，所以专业的体育保险从第三方的角度介入，根据事前签订的体育保险协议，进入理赔程序。校方只需要维护正常的校园秩序，保证体育活动场所和器械设施安全，完成自己的本职责任。保险公司介入协调促进伤害事件的顺利解决。

二是学校体育保险应该分层设计，考虑大、中、小学生的体质差异。

针对承保人群的特殊性，学校体育保险应该具体问题具体分析，制定适合大、中、小学生适合的保险产品。

第一，中小学生实行强制的体育保险，种类集中在校内集体体育活动。目前大多学校采用的是保险公司的学生平安意外伤害保险，这种意外险较为单一，学生一旦受到体育活动伤害，赔偿的金额有限，无法满足不同学生对于体育保险的需要。中小学生所能参与的体育活动有限，发生事故集中在一些集体类活动，大多为学校开课的体育项目，针对各项体育活动开发不同的体育险种，和监护人及学校签订合同，一旦发生意外事件随即进入理赔程序，作为第三方的学校提供的证据也更具客观性。

第二，针对大学生的体质状况和活动项目制定体育保险险种。通过查阅文献，1991～2012年数据，大中学生运动猝死事件78例，其中中长跑猝死人数为36人。大学生已经成年，对于自身的身体状况相对了解，可以针对自己参与的体育活动选择性地投保。

第三，针对大学生中男女生不同性别进行体育保险险种的再设计。1982～2013年发生在内地高校(不含台湾地区、香港和澳门特别行政区高校)151例大学生体育意外伤亡事件。其中男生128例、女生23例，分别占总数的84.77%和15.23%；男女生人数比5.5∶1。说明女大学生在体育意外伤亡事件中所占比例较少，对于体育保险的需求具有特殊性，因此女生的保险种类和额度可以进行特殊化的选择。

2. 学校体育保险的具体策略

体育保险的发展需要从实际出发，通过科学严密的安全防范措施，加上完善的社会保险机制建设，让更多的学生树立保险意识，让更多的学校自主参与到保险中来，最大限度地减轻学生参加体育锻炼时的后顾之忧，既发展了学校体育，又将风险损害程度降到最低，让体育保险为学校体育的发展提供有力保障。

四、结语

2014年8月，《国务院关于加快发展现代保险服务业的若干意见》提出，到

2020年使我国保险深度达到5%。上海也出台了相应的实施意见，建立现代保险服务体系，到2020年保险深度达6%。2014年，国务院发布的46号文件中将全民健身上升为国家战略，把体育产业作为绿色产业、朝阳产业培育扶持。《国务院关于加快发展体育产业促进体育消费的若干意见》明确提出："鼓励社会资本进入体育产业领域，建设体育设施，开发体育产品，提供体育服务……鼓励保险公司围绕健身休闲、竞赛表演、场馆服务、户外运动等需求推出多样化保险产品。"为贯彻落实46号文件精神，上海出台了配套实施意见，这些都为上海体育保险发展创造了良好的政策环境。

我国的体育保险起步晚，保险制度还尚未建立，上海体育保险发展无法借鉴国内经验，而发达国家的体育保险体系一直遥遥领先，上海需要抓住历史机遇尽快建立拥有自身特色的体育保险制度和保险体系。

参考文献

[1] 政府文件.国务院关于加快发展体育产业促进体育消费的若干意见[Z].国务院，2014

[2] 政府文件.国务院关于加快发展现代保险服务业的若干意见[Z].国家统计局，2014

[3] 政府文件.上海市人民政府关于加快发展体育产业促进体育消费的实施意见[Z].上海市体育局，2015

[4] Lyn Jones BSc, MB BS' and Michael McCabe FRCSI. Sports insurance and national governing bodies[J]. Br J Sp Med 1991

[5] M. Åman, M. Forssblad, K. Henriksson-Larsén. Incidence and severity of reported acute sports injuries in 35 sports using insurance registry data[J]. Scand J Med Sci Sports, 2016

[6] 陈志凌，张媛红.构建我国体育保险体系的路径研究——基于美国体育保险发展特征的启示[J].西安体育学院学报，2014

[7] 何祖星.我国举办大型体育赛事体育保险政策研究[J].吉林体育学院院报，2011

[8] 王国军，蔡凌飞.体育保险的国际比较及其对中国的启示[J].中国体育科学，2012

[9] 刘淑华，王东风.中国与发达国家体育保险比较研究[J].北京体育大学学报，2007

[10] 毛伟民，国外体育保险制度模式及其对我国的启示[J].体育学刊，2008

[11] 刘成，刘兰娟，司克虎.我国高校学生体育意外伤亡事件研究[J].体育学刊，2015

[12] 李维安，李慧聪，郝臣.保险公司治理、偿付能力与利益相关者保护[J].中国软科学，2012

[13] 刘玉.对我国经济体育保险供求矛盾的研究[J].阜阳师范学院学报,2007
[14] 沈建华,时维金,齐彬.改革开放以来上海体育发展的突破点与思考[J].体育科研,2012
[15] 熊卫全,马梁.高校体育运动伤害与社会保险机制探讨[J].时代教育,2013
[16] 颜秉峰.国际体育保险体系的比较及其对我国的启示[J].武汉体育学院学报,2009
[17] 方志平.我国体育保险的科学构建[J].体育学刊,2010
[18] 陈慧敏,徐栋.我国学校体育保险现状与对策研究[J].体育教学,2003
[19] 邱晓德.中日学校体育保险管理体系研究[J].山东体育学院院报,2009
[20] 王力军.中外体育保险之比较及我国体育保险的发展前景[J].北京体育大学学报,2002
[21] 曾桂生.大众体育管理[M].北京：人民体育出版社,2013
[22] 苏薇佳."十一五"上海体育保险市场广阔[N].解放日报,2006
[23] 郭荣富.关于发展我国体育保险的思考[J].体育与科学,2005
[24] 邱晓德.加入WTO后中国体育保险市场机制变化研究[J].成都体育学院院报,2004
[25] 凌平.论体育运动的风险与体育保险[J].北京体育大学学报,2003
[26] 陈志凌.美国体育保险特征及启示[J].体育文化导刊,2012
[27] 刘买如.我国体育保险的现状与发展对策[J].体育科学研究,2004
[28] 周兆兴.我国体育保险经纪的现状与发展对策[J].体育与科学,2003
[29] 张陵.我国体育保险现状及发展思路研究[J].成都体育学院院报,2010
[30] 房斌.亚洲日韩奥运举办国体育保险市场制度发展模式的比较研究[J].体育与科学,2010
[31] 王丽娟.对我国学校体育保险的现状与发展的思考[J].湖北体育科技,2006
[32] 陈进良.构建我国学校体育保险机制的研究[J].山东体育学院院报,2010
[33] 邱晓德.关于我国竞技体育保险的现状与对策[J].浙江体育科学,1999
[34] 阎姝.竞技体育保险制度的研究[J].辽宁师专学报,2004
[35] 周爱光.日本学校体育保险现状的研究[J].中国体育科技,2005
[36] 沈建华.上海市中小学学校体育的演进与发展[J].体育科研,2009.
[37] 刘洋.谈我国竞技体育保险的发展前景[J].经济纵横,2008.
[38] 沈建明.体育保险对构建和谐体育与促进体育发展的作用[J].上海体育学院院报,2009.
[39] 曹荣芳.体育保险立法的必要性及现实意义[J].河北理工学院院报,2003
[40] 刘刚.完善我国竞技体育保险制度的对策研究[J].哈尔滨体育学院院报,2009
[41] 吴国栋.体育保险的现状分析与对策研究[J].中国科技信息,2008
[42] 汤起宇.我国体育社会保险制度设计[J].北京体育大学学报,1995
[43] 王伟.学校体育保险发展现状及对策研究[J].四川体育科学,2005

徐家汇地区体育产业发展启示

——徐汇区体育产业发展研究*

肖　萍

一、前言

随着 2014 年 10 月国务院 46 号文《关于加快发展体育产业促进体育消费的若干意见》的颁布以及 2015 年 5 月徐汇区成功申报成为国家体育产业联系点和 2015 年 7 月《上海市人民政府关于加快发展体育产业促进体育消费的实施意见》的颁布，体育产业作为绿色朝阳产业越来越受到徐汇区区委、区府的高度重视，将体育产业定位为城区发展的战略性功能产业、现代服务业的标杆性产业和提升徐汇城区品质的产业。徐汇区体育产业基础良好，徐家汇地区体育产业发展已具备一定规模，通过徐家汇地区辐射带动体育产业的横向发展，北体南拓，成为徐汇体育人重点关注和研究的问题，结合区域体育产业发展现状，尝试探索一条具有区域特色的体育产业发展路径。本课题从徐家汇地区申报国家体育产业示范基地入手，结合体育产业统计工作，开展调查研究，了解徐汇区体育企业名录、运动鞋帽服装企业制造、销售等情况，为提出相应发展对策提供基础实践材料。

二、徐家汇地区体育产业发展现状

（一）徐家汇地区概况

徐汇区地处上海西南部，区域面积 54.93 平方公里，辖区 12 个街道 1 个

* 本文作者单位：徐汇区体育局。立项编号：TYSKYJ2016060。

镇。徐汇区是国家可持续发展实验区、国家公共文化服务示范区、全国科技进步先进区、全国阳光体育先进区。徐汇区常住人口 100.97 万人，户籍人口 91.82 万人。区域经济实力较强，2015 年实现地区生产总值 1 278.1 亿元，区级财政收入 151.1 亿元，位居上海中心城区前列。

徐汇区体育产业发展起步早，基础扎实，是上海唯一的全国体育产业联系点，是全国篮球城市，连续 8 年被评为全国群众体育先进单位。姚明、吴敏霞、谢晖、高磊、沈富麟等一大批体育精英从徐汇出发，活跃在世界体坛。2015 年全区体育产业规模 95 亿元，体育产业税收 6.4 亿元，年税收超过 5 000 万元的体育企业有 5 家，经常性参加体育锻炼人口超过 48%，人均体育消费近 2 000 元。

徐家汇地区位于上海中心城区的西南部和徐汇区北部，紧邻上海交通大学和徐汇区政府办公地，是上海四大城市副中心之一，区域面积约 22 平方公里，涵盖徐家汇商圈、上海体育场区域、滨江板块、漕河泾开发区域等。徐家汇地区是全国唯一在开放性繁华商业中心获得 4A 级景区称号的地区。该区域交通便捷，是集购物、娱乐、办公、商贸、运动、休闲、住宿、餐饮、培训为一体的综合性商业区域，是上海十大著名的商业中心。

（二）徐家汇地区与徐汇区其他地区情况对比

1. 体育企业情况

2015 年，徐汇区各类体育企业、青少年体育俱乐部、社会组织数等 388 家。徐家汇是上海高端商务楼宇集中区域之一，集中了体育企业数近 200 家，占全区总数的 53%。良好的营商环境，使区域内不仅云集了阿迪达斯、滔搏体育、哥伦比亚、斯伯丁等国内外著名体育品牌公司的地区总部，而且集中了三夫户外、上海东方体育用品、深圳好家庭等一批国内体育商贸企业。2015 年，体育产业总规模 85.5 亿元，增加值 19.53 亿元，占区生产总值 1.5%。体育产业税收 5.76 亿元(图 1)。徐汇区体育局、徐汇区商务委等各部门主动对接企业需求，做好体育企业的咨询服务工作，并积极谋求区企合作，共同增强区域体育产业活力。2015 年 4 月携手阿迪达斯和西岸集团，在徐汇滨江打造全国首个全年无休的公益跑步基地，占地面积 180 平方米，内设体验、服务与休憩三大功能区域，为跑步爱好者提供专业培训、全面测试、运动营养和免费服务体验。

2. 体育设施情况

徐家汇地区内汇集了上海体育场、上海体育馆、上海游泳馆、徐家汇体育

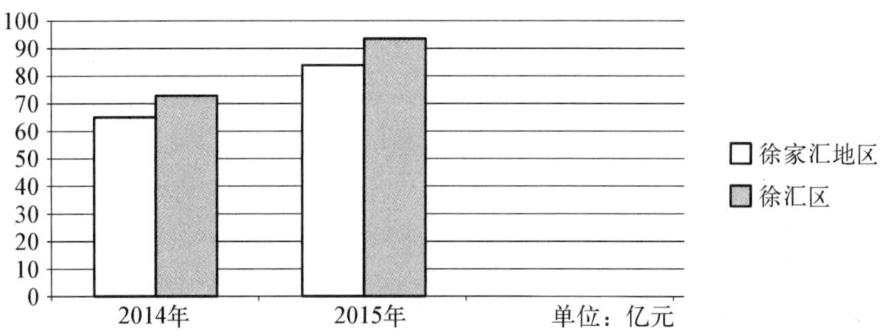

图1　2014年、2015年徐家汇地区及徐汇区体育产业总规模

公园等一批大型体育设施，周边有近30万平方米的室外活动场地和各类配套设施。运动氛围浓厚，是徐汇区体育产业集聚的地区。利用上海体育场、上海体育馆、上海游泳馆等场地资源，开设了篮球、足球、网球、壁球、乒乓球、台球、游泳、羽毛球、攀岩、器械健身、步行健身等十多个全民健身场所和项目，全年开放的时间达到360天以上，全年街道健身的市民在300万人次左右。2015年初在上海体育馆4.8米平台建成了长445米、宽2米的塑胶健身步道，用于市民免费健身，这是目前上海唯一一条建造在场馆平台上的步道。徐家汇地区还遍布了健身苑点45个，室外健身器材数276件。

3. 体育赛事情况

徐家汇区域内的"东亚体育文化中心"是上海知名的地标性城市体育综合体，是国际、国内重大赛事的汇聚地。东亚体育文化中心打造了诸多具有重大影响力和专业示范作用的赛事，包括世界斯诺克上海大师赛、国际田联钻石联赛上海站、上海坐标城市定向挑战赛、中超足球联赛上海上港足球队主场赛事等大型赛事，赛事呈现高端性、经典性、品牌性等特点。每年常规举办国际赛事4项、全国赛事1项以及市级赛事5项左右。除此之外东亚还接待各类体育赛事和群体活动，从职业赛事到全民参与型赛事，从传统精品赛事到新型创新赛事，年接待人次超过300万，年收入过亿。相对于徐家汇地区得天独厚的赛事举办优势，徐汇区其他区域以社区、企业自主举办的中小型赛事活动为主，诸如白领运动汇、学生运动会、菜场运动会等，赛事数量多，但规模等级不及徐家汇地区举办的赛事。2016年徐汇区承办上海市第二届市民运动会市级赛事11项、区级赛事37项，涉及瑜伽、健身气功、棋牌、体育舞蹈、电子竞技、台球、射箭等多个项目，鼓励并指导街道（镇）积极开展三级赛事。截至9月8日，市民运动会徐汇区共开展各级赛事1 741场，参与达到1 503 483人次，排名全市第二。

（三）徐汇区体育产业特色分析

徐汇区立足区域优势，着力发展体育赛事、运动商贸、高端制造等特色行业，形成赛事引领、品牌丰富、商贸提升、“智造”升级的多元发展战略，从而由北向南，辐射带动整个徐汇区的体育产业发展。

1. 赛事引领，体育服务行业快速发展

徐家汇区内以上海体育场区域为中心，充分利用市、区两级场馆资源，承办顶级精品赛事。东亚体育文化中心和西岸滨江遥相呼应，每年举办上海国际马拉松赛、上海国际飞镖公开赛、长三角体育休闲体验季活动等一批在国内外有影响力的大型赛事活动。利用上海体育场区域的赛事影响，徐汇区其他地区的各级各类赛事火热举办，以“一区一品”飞镖赛为抓手，发展一街一品、一校一品、一企一品运动特色，培育体育消费市场。开发“白领运动汇”“百强企业运动汇”“星箭科技运动汇”等特色体育比赛，聚焦飞镖、跳绳等入门快、普及性广的项目，这类针对企业的赛事活动，满足了白领健身运动和企业团队建设的双重需求。

通过各级赛事活动的举办集聚了一批体育经纪、体育中介、体育传媒、体育培训、职业俱乐部等赛事配套企业，进一步推动了体育休闲、体育版权交易、体育服务业等现代服务业的快速发展。2016 年区域内相关体育赛事配套企业有 54 家，达到了体育企业总数 36％的比例。

2. 线上线下，体育商贸行业繁荣发展

徐家汇是上海商业中心之一，汇集了港汇广场、东方商厦、太平洋百货、汇金百货、美罗城、六百等大型购物中心，中高档产品供给一应俱全，长期吸引了大量消费者。徐家汇也是上海最大的电子消费品集散市场，体育类电子产品受到了青少年群体的喜爱。徐家汇商圈大型购物中心的体育用品销售不断增长，为积极适应消费需求的新形势，及时调整业态布局，除了传统的体育服饰、体育器材销售等，还布局了体育培训、健身休闲、亲子互动等运动体验式项目，达到有效聚焦人群的目标，将人群从网上购物吸引到商场里，形成以体验式活动带动其他服饰、餐饮、食品等百货销售的新局面。体育商贸企业在发展实体店销售的同时，积极拓展 B2B、B2C、O2O 等线上销售的新渠道，阿迪达斯、哥伦比亚、三夫户外、斯伯丁等品牌均已开设网上官方旗舰店，根据数据统计，电商平台的销售已达到总销售额的 38％以上。2015 年徐汇区体育用品销售总额近20亿元，同比增长近20%。

3. 扶持创新，体育“智造”行业升级发展

徐汇科技资源集中、信息产业集群、先进制造业发达，徐汇区政府大力推动体育制造业向高端智能方向发展，积极搭建高校、体育企业和投资资源对接的创新平台，鼓励企业实施技术标准和知识产权战略，研发集娱乐、健身、健康、比赛等功能于一体的体育智能产品，支持可穿戴运动设备和智能运动装备的研发、制造和销售。扶持腾讯公司、游族网络、巨人网络等新兴企业开发电子竞技产品，以技术突破树立精品标杆。与腾讯合作，在徐汇区天钥桥路400号设立全国首个将智能和运动结合的市民高科技体育服务体验中心（爱动站），与多家智能健康龙头企业合作，引入智能体温棒、智能心电仪、形趣智能客厅健身私教等一系列智能可穿戴设备、智能健康医疗设备，打造公益运动服务网络。与虎扑体育合作智慧运动场建设。与虎扑体育合作，初步形成智慧体育运动场初步方案，以青少体校篮球场作为试点，以体育互联网＋项目的形式，将线下的全民运动项目互联网化，提供在线视频，引入智能运动硬件等技术手段。结合“互联网＋”创新模式，举办全国电子竞技大赛等赛事，组织参加体育科技创博会、交流会等活动，探索兴趣体感体育活动、体育器械智能联网等体验。深化“互联网＋体育”，利用“大数据”，综合微博、微信、手机APP等渠道，以互联网模式，打造全球发行系统。通过整合上下游产业资源，实现传统体育业务与互联网业务之间的良性互动，打造一个完整的、良性循环的互联网体育生态圈。

4. 辐射渗透，体育关联产业融合发展

体育产业是朝阳产业，更是“动力产业”。徐汇区积极发展体育产业，有力推动了区域其他行业的繁荣。通过体育赛事活动，促进“体旅文”融合，带动了旅游住宿、餐饮、购物消费。徐家汇地区是全国唯一在开放性繁华商业中心获得4A级景区称号的地区，文化底蕴浓厚，为让人们能近距离地亲身感受徐汇人文环境，开发体现徐汇人文、地理资源优势的“漫游慢品武康路”“骑游老洋房”“健身徒步行”“定向挑战赛”等运动休闲项目，从而达到体育健身与文化普及的双重收益。通过培育运动项目文化，促进体育产业与文化创意园融合，提升体育文化品牌。通过支持运动游戏开发，探索体育产业发展新模式。区域内龙头企业游族网络坚持“大IP”“大数据”“全球化”战略，成功推出多款知名游戏产品，其开发的体育休闲手游“马上踢足球”上线后吸引用户下载量上百万次，流水过千万。目前运动康复市场需求旺盛，徐汇区集中了8家三级甲等

医院，结合徐汇区枫林生命科学园区的定位布局，计划以此为中心打造运动健康集聚区，通过健康管理、运动康复普及，充分调动区域临床医疗和研发资源优势，促进体医融合，延伸和拓展生命健康产业链。除此以外，徐汇区体育金融、体育保险起步良好，体育彩票销量在全市领先。截至2016年4月，徐汇区在售体育彩票销售网点共126家，2015年徐汇区体彩年销量2.01亿元，筹集公益金1 092万元(图2)。

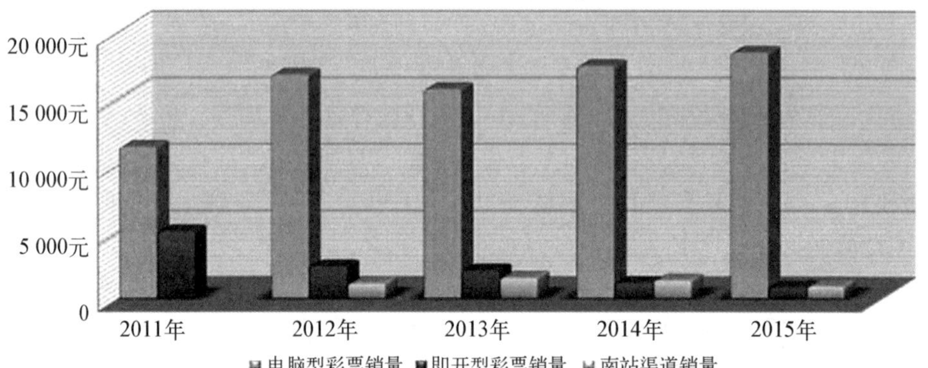

图2　2011～2015年徐汇区体育彩票销售情况

(四) 徐汇区体育产业发展的启示

1. 立体的交通网络体系有利于聚集体育消费人群

徐家汇是上海的商业中心，也是上海重要的交通枢纽。区域内主要道路包括肇嘉浜路、华山路、衡山路、虹桥路、漕溪北路等。内环高架与沪闵高架汇聚于此；地面交通徐闵线、816路、958路、178路、956路等几十条公交线路涵盖此区域；拥有上海轨道交通1号线、9号线、11号线，而徐家汇站是上海地铁中拥有出口最多的地铁站，形成了四通八达、快捷方便的立体交通网络。交通的便利让人群在该地区聚集，从三方面有效推动体育产业的发展：一是有利于扩大体育消费。人群是消费的基础，人群聚集越密集，消费的可能性就会大大增加。交通四通八达的地区，人群大量在此地汇聚，不论是转乘车辆路过还是特地至徐家汇地区购物，都使该地区成了目光之所在。二是吸引赛事落地。观赛文化是体育赛事的重要组成部分。上海体育场又名八万人体育场，是上海最大的室外运动场，每年各大赛事、文艺演出均在此处进行。作为上港足球队中超主场赛场，每次主场比赛，观赛观众搭乘地铁、公交等公共交通便可直接抵达赛场所在地，便捷高效。若逢申城德比大战，赛场更是座无虚席，一票难求，人声鼎沸。三是便于聚集周边地区人群。徐家汇地区，空中交通有内环高架与沪闵高架，长三角周边地区居民驾车通过高速公路接沪闵高架即可到达徐家汇地区，道路顺畅方便。交通的便利和浓厚的体育氛围吸引了今年第三届长三角运动休闲体验季活动上海站活动落户在徐汇区举行，来自江苏、浙江、安徽等省市的200多名运动爱好者在徐汇参加徒步健身、定向体验等体育与人文结合的运动休闲活动，得到了一致好评。

2. 完善公共体育设施有利于夯实体育产业发展基础

目前，徐汇区基本建成了等级、类型完善的公共体育设施系统，各类体育设施的数量、场地面积和用地面积等指标均有了较大的提高，截至2014年底，徐汇区共有体育场地2 585个，人均场地数量为22.98个/万人，在上海16个区排名第二位。尽管徐汇区体育场地面积逐年增加，但由于徐汇地处市中心区域，寸土寸金，区域人口众多，场地资源仍旧相对缺乏，人均场地面积仅有0.88平方米/人，与上海平均水平相比存在较大差距。体育设施结构与群众需求存在矛盾，主要表现为：一是社区级公共体育设施匮乏，种类不够齐全，不能满足社区居民日益增长的需求；二是设施空间布局不均衡，呈现出北多南少的不均衡布局；三是体育场地利用率和开放度较低，设施数量不足、品种单一以及场地狭小等。为了更好地满足居民群众日常健身的需求，培养起长期的健身习惯，从而更好地促进体育产业发展，徐汇区确立了复合利用体育健身设施的策略，坚持全方位、立体化利用土地资源。体绿结合，建设漕河泾开发区慢行系统、桂江路高压绿廊健身带；水陆结合，打造绵延浦江亲水岸线融景观、休闲于一体的西岸跑道公园、水岸篮球场；空中与地下相结合，利用部分商业楼宇的屋顶空间配置150米跑道、篮球场、羽毛球场，利用地下或半地下空间配置相应体育设施。鼓励社会力量建设小型、多样化活动场所，推进企事业单位和学校体育场地向社会开放。目前徐汇区出台了《上海市徐汇区公共体育设施专项规划(2016～2025)(初稿)》，规划到2020年，确保新增体育场地设施面积不少于5万平方米，公共体育场地面积达到6 100万平方米，经常参加体育锻炼的人数占常住人口的比例达到50%左右，学校体育场地开放率达到90%以上，通过集约开发、多功能应用夯实体育消费基础环境(表1)。

表1　计划重点体育产业项目一览表

序号	项 目 名 称	项 目 内 容
1	徐汇体育中心	集体育场、体育馆、游泳馆、运动休闲公园等为一体的综合服务保障与配套设施
2	滨江特色体育休闲带	建设健身步道、体育公园、地下泳池，引进游族等大型体育企业入驻等项目
3	漕开发运动休闲和绿色慢行网络项目（“1+3+5+N”）	1个绿洲商务会所、改建1个室内综合运动馆、增建2个1 000 m^2 室内健身场馆、增建5个200 m^2 室内健身场馆、增建N个mini健身自助屋和串联各园区开放空间及地铁站点间近15.1公里左右的人行步道与自行车道并行的连续绿色慢行网络
4	桂江路高压线绿廊工程	5片公共篮球场、3片7人制足球场、健身步道、自行车道

3. 满足不同消费人群需求有利于扩大体育消费市场

“300指数”是由36项指标组成的集体质监测、健身需求、运动消费等为一体的评估体系。徐汇区通过对区域内1 000户家庭的入户调查，发现各类群体运动消费差异大，存在潜在运动需求和无限体育产业发展空间（图3）。由此，一方面普及推广球类、路跑、健身操舞、健身气功等市民参与度高的项目，满足基础性健身需求。另一方面鼓励以运动培训为突破，引进攀岩、素质拓展、花色足球、电子竞技、网球、击剑、冰壶等新型、高端体育项目，为体育深度消费者群体提供差异化、个性化的VIP运动服务，提高体育运动吸引力，使体育消费迅速上升。

为丰富学生体育活动内容，进一步深化体教结合工作，徐汇区体育局联合区教育局开展新兴体育项目进校园路演活动，包括旱地冰球、花式跳绳、龙拳、搏击、健美操舞、棒球、橄榄球、高尔夫球等，搭建新兴体育项目展示平台，鼓励社会力量投身青少年体育培训。搭建青少年体育活动平台，以阳光体育大联赛为抓手，组织开展各类青少年体育活动；以“2+2训练营”的形式整合多方资源，依托专业优势，利用两天双休加两个寒暑假，开办青少年体育训练营，引导青少年科学参与体育活动；以暑期健身操大赛、三对三篮球赛、新民晚报杯足球赛等为抓手，着力打造青少年品牌赛事。

徐汇区域内各类企业云集，职工体育开展活跃，针对白领上班人士的健身需求，开发白领跑、滨江夜跑、彩色跑、四季跑、垂直马拉松赛等跑步活动，吸引

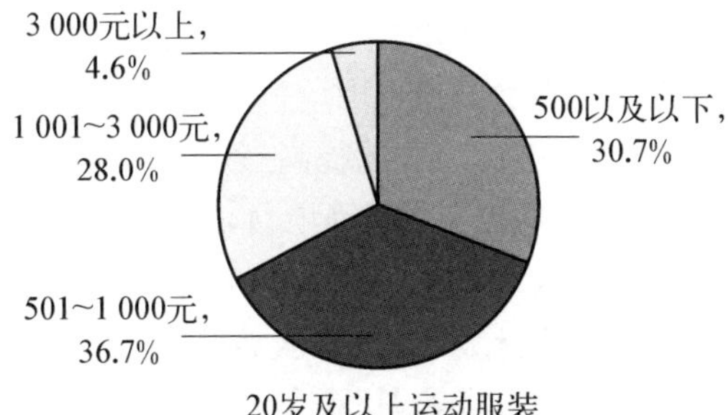

20岁及以上运动服装
年消费额的人数百分比

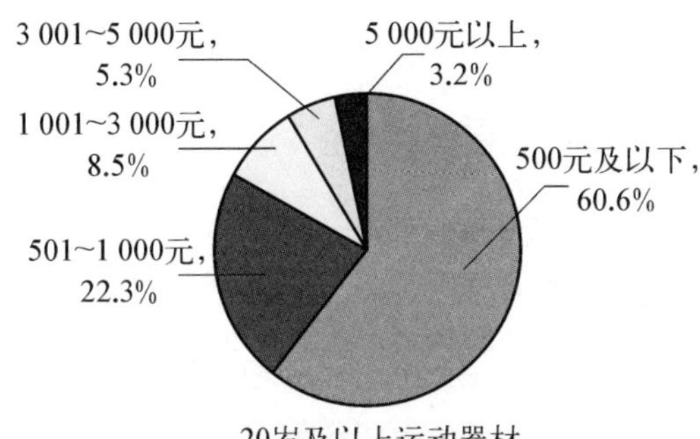

20岁及以上运动器材
年消费额的人数百分比

3 000元以上，
2.4%
500以及以下，
26.8%
1 001~3 000元，
43.9%
501~1 000元，
26.8%

20岁及以上体锻场租及聘教练
年消费额的人数百分比

图3　300指数20岁以上人群体育消费情况

了摩根大通、广汽丰田等知名企业参与，这些活动与科技节、旅游节、电影节、音乐节相配套，将体育活动与会友、健身、休闲相结合，同时满足了白领人群多方面的体验需求。如汇聚1 500多家企业的漕河泾新兴技术开发区，通过成立开发区企业协会管理、协调多个企业的职工体育活动，组织多家企业同场竞技，开展篮球、足球、乒乓球、羽毛球、高尔夫球、象棋、围棋、桥牌、健身跑、电子竞技和拔河等项目丰富、形式多样的体育活动与比赛，形成良好的交流、比赛平台，营造了较浓厚的企业体育健身氛围。

伴随中老年人群的体育健身意识的提高，创设了体现民俗风貌的“黄道婆棉纺操”“家庭筷子操舞”“小鸡吃米操”等项目，项目不仅有健体强身的效果，更具有一定的文化内涵，有效调动了中老年人运动的积极性。近年来每年的“全民健身日”“上海市全民健身节”等重要庆典活动，13 个街道镇通过组织各类展示、比赛、培训、活动、服务，促进社区居民“科学健身促进健康生活”理念的树立，提高社区居民参与体育比赛活动的积极性，促进社区居民身体素质的提升，促进体育消费群体不断壮大。

三、徐汇区体育产业发展的展望

（一）协同配合，形成合力，促进产业融合发展

2016 年建立由徐汇区政府领导牵头、区相关委办局、企业集团共同参加的徐汇区体育产业发展联席会议制度，加强体育、商务、建交、规划、教育、文化、旅游、绿化、财税等相关部门的合作，建立产业网络体系，重点推进产业政策保障、规划布局制定、服务平台打造、产业项目落地，形成体育产业管理上下联动、平行互动、合力推动的有效机制，提高工作推进效率，促进体育产业投资效益最大化。同时协调整合各部门的资源，完善体育产业融合发展机制，实现人才、场地、资金、信息的整合与共享，鼓励旅游、健康、文化、传媒、科技、金融等领域向体育领域拓展，推动体育与住宅、休闲、商业综合发展，发挥体育产业的综合效应和拉动作用，扩大体育产业发展空间。促进康体结合，发展健康管理、健身休闲、运动康复等重点领域，加强体育运动指导，结合运动疗法、营养处方等手段，鼓励社会资本开办康体、体质测定和运动康复等各类机构，开展健身咨询和调理等服务，发挥体育锻炼在疾病防治以及健康促进等方面的积极作用。积极推进体育产业与金融创新的融合发展，加快发展体育金融。引导各类体育产业投资基金落户徐汇，营造有利于体育产业发展的多元化投资环境。鼓励银行、担保、保险、投资基金等机构支持体育产业发展，为体育企业提供综合性金融服务。推进体育产业与文化创意产业的融合发展，加快体育文化创意、体育影视广告、体育传媒、体育竞赛表演、体育动漫网游等业态发展。促进体育产业与信息技术的深度融合，鼓励企业开发智能化、

网络化和互动化的高科技体育产品，发展电子竞技、运动穿戴式电子设备研发制造等行业。

（二）聚焦需求，事前沟通，丰富各类体育设施

一是创新事先沟通机制。徐汇区规划局在进行场地规划时，注意预留体育设施用地，征询区体育局意见，根据场地具体情况安排设置相应的体育项目与设施，将区规划局的场地规划职能与区体育局对于体育项目体育设施的专业认识有机结合起来，旨在确保体育场地设施规划有效落地，设施项目符合居民的实际需求。二是整合各类场地资源。引导社会力量盘活存量，改造可利用的屋顶、地下空间，同时加快推进企事业单位体育设施向社会开放，特别是学校体育场馆的进一步向社会开放，创造条件吸引社会第三方参与学校体育场地管理维护，鼓励经营性体育场馆向社会公益开放。三是完善社区健身设施。结合“一街一品”特色项目，建设小型多样的社区健身设施，鼓励公共体育设施免费或低收费开放。对于人均体育场地面积特别小的地段，可考虑通过综合方式，引导居民到周边体育场地丰富的地方健身。四是加强体绿结合工作。加快推进徐汇体育中心建设，进一步增加体育与绿化结合的新增体育场地面积，扩大徐汇滨江区域的公共开放空间，充分利用多类型的环境特性，提供多样性的体育设施内容，最大限度地满足人们的体育活动需求。

（三）优化布局，北体南拓，营造良好健身氛围

徐汇区北部地区集中了上海体育场区域、徐汇滨江公共开放空间等地块，大批体育公共设施集中，体育赛事举办频繁，而南部华泾、凌云地区运动氛围相对薄弱。为了促进均衡发展，加快培育消费市场，决定实施“北体南拓”工程，扩大体育运动人口数量，激发群众参与体育活动热情，实现南北协调发展，让居民群众共同享有体育发展成果。因此，在对接徐汇区构建“一轴一带七片区”的城市发展格局，发挥特色资源集聚的优势，北体南拓，目标形成“一环一带五园”的体育产业发展基本格局。

一环——徐家汇体育赛事商贸环：利用上海体育场区域，发展体育竞赛表演、中介培训、场馆服务、健身休闲、体育旅游等多元业态。强化“一环”的集聚辐射效应，加强徐家汇高级商务、商业核心区建设，促进体育环境优化和功能提升。

一带——滨江特色体育休闲带：串接起滨江斜土、枫林、龙华、长桥和华

泾，南拓北连，形成总长 11.2 公里的滨江发展带，造滨水体育休闲与文化集聚地。重点加快体育基础设施和重点项目建设，开发利用好“水面—岸线—腹地”资源，统筹兼顾好“地下—地面—天际线”立体空间，积极推进路跑基地、体育公园、健身步道、水上项目、地下泳池等品牌项目建设。

五园——主要包括：衡—复体育文化体验园、枫林体育健康医疗园、漕开发体育信息科技园、徐汇中城体育创意综合园和华泾体育产业创新孵化园五个重点功能区。其中华泾地区是推进徐汇南北均衡发展的重点，定位华泾体育产业创新孵化园，随着国家“北冰南展”战略的实施，带动冰上运动的进一步发展。区体育局引进冰壶项目落户青少体校，建成冰壶运动馆，挂牌国家冰壶训练基地，正式开展冰壶项目的培训，为冬运项目输送人才。未来计划承接中心城区产业辐射转移，以产业升级、环境优化助推体育产业的“北体南拓”，吸引体育类企业入驻，吸引体育人才创新创业，加快“聚运动”基地入驻，提升体育公共服务和体育产业发展质量。

参考文献

[1] 黄海燕.长三角地区体育产业现状及合作机制[M].北京：社会科学文献出版社，2015

[2] 骆雷，施怡娜，邹延.2014 上海市体育产业发展报告[M].北京：社会科学文献出版社，2015

[3] 王振璋，庄舒敏.2014 年浙江省体育产业发展报告[M].北京：社会科学文献出版社，2015

[4] 潘时华，徐光辉.2014 年江苏省体育产业发展报告[M].北京：社会科学文献出版社，2015

[5] 阮伟，钟秉枢.中国体育产业发展报告[M].北京：社会科学文献出版社，2015

第 4 篇

体育法制

青少年体育运动保险相关法律问题研究*

郭捍东

一、导论

根据国家体育总局新公布的《体育发展“十三五”规划》，要加快青少年体育发展，实施青少年体育活动促进计划，进一步加强青少年体育俱乐部、体育传统校和青少年户外体育活动营地建设。广泛开展丰富多样的青少年公益体育活动和运动项目技能培训。国家积极鼓励和推动青少年体育的发展，当今为了改善青少年体质，促进体育运动的发展，不论是学校组织还是青少年主动参与，青少年体育运动正蓬勃发展。然而，体育运动存在与生俱来的风险性，具有客观性及损害性，不管是专业运动员还是校内外进行体育活动的青少年，都存在伤残甚至死亡的体育运动风险，对于从小进行专业运动的青少年还需面对退役后的生活无法得到保障的风险。而就青少年这一特殊群体来说，自我控制、风险预估及风险防范能力相对薄弱，也大大提高了在运动过程中产生意外伤害的可能性。据 2012 年上海市教委统计显示当年小学及初中学生在运动中发生伤害人数共计 398 人，年人次发生率为 13.9%，明显高于美国与德国同年相关报告显示的 6%及 7.7%。体育运动风险产生的因素也有很多，包括运动场地、器材等存在问题、运动参与者生理和心理压力、运动安全教育的缺乏、运动安全管理制度的不健全、青少年及家长运动安全意识薄弱等等，青少年运动者面临着各种体育风险损害的危险，为降低青少年体育运动的风险，保险是一个有效的保障及转嫁风险的手段。

---

* 本文作者单位：上海汉联律师事务所。立项编号：TYSKYJ2016070。

目前，体育运动伤害纠纷的解决方式主要有协商和解，选择上级部门协调解决或通过司法诉讼的途径，无论在何种纠纷解决方式中，保险制度维护各方利益方面起着至关重要的作用。然而，从目前的青少年体育运动保险险种看，我国缺乏全面的专门的青少年体育运动保险，从推广范围看，除沪、广、深几个大城市外，青少年体育运动保险的推广受到非常大的阻力。为弥补上述不足，应鼓励保险公司开发新的青少年体育保险品种，并完善相应的法律法规。

本课题第一部分将通过对青少年体育运动保险进行分类，构建一个较完整的青少年体育运动保险体系，能够全面地、充分地考虑到各方向、各层次的体育运动风险。第二部分将根据上述分类对我国目前的青少年体育运动保险现状及相关法律法规展开调查并进行分析，以了解我国目前青少年体育运动保险及相关法律制度的缺失。第三部分将对日本、美国两国的青少年体育保险现状及相关法律制度进行介绍及研究，通过与国外相同领域体育保险的对比，借鉴学习。第四部分对我国青少年体育保险及相关法律制度的建设提出具有针对性及建设性的方案及建议。

二、青少年体育运动保险分类

根据不同的分类方式，体育保险可分为社会与商业，营利性与非营利性，竞技、学校及群众，人身与财产，单项运动及综合运动等。目前保险行业并未对青少年体育保险设置统一的分类标准，本文从两个角度出发，对青少年体育保险进行分类。

根据青少年体育运动的管理主体及领域的不同，分为青少年竞技体育、学校体育以及群众体育运动。青少年竞技体育保险是指对体育运动员在竞技训练及参加比赛过程中所遭遇的意外伤害、伤残、死亡等进行赔偿的保险；学校体育保险是对学生在校体育锻炼或在学校负有管理职责的设施内遭受的伤害的赔偿；群众体育保险则是对在社区、公共体育场馆、俱乐部或进行登山等休闲体育活动时造成的伤害进行赔偿的保险。

根据体育保险投保标的进行分类，可区分为财产险、人身险、责任险及信用保证险，本文结合青少年体育运动的特点，为全方位地覆盖青少年体育运动，根据投保标的，区分为青少年体育运动责任险、人身险及赛事险，将较少涉及的财产损失及体育灾难等归入其他险种范围内。青少年体育运动责任保险，是以被保险人的民事损失为保险对象，通常的被保险人包括体育赛事主办方、学校、俱乐部等，在被保险人应对他人的损失承担赔偿责任的情况下，由保险公司承担赔偿责任，责任保险需要对被保险人的过失及过错作出评价，在某一程度上限制了对青少年运动伤害的保护；青少年人身保险是指参加体育运动的青少年遭受事故或因疾病等导致伤残、死亡的，保险公司对被保险人给付保险金；体育赛事保险则是对体育赛事顺利开展进行保证的综合保险，包括对全体参赛者安全（意外身故、伤残、医疗、住院津贴等）的保障、因天气原因造成赛事拖延或取消的保障等。以2008年北京奥运会为例，中国人民保险股份有限公司承保的赛事险覆盖了整个奥运会及残奥会的所有活动、人员及财产的保险。根据上述分类，既能明确保险的适用主体、承保范围等，同时能够根据不同的领域及保险种类制定相应的法律法规，避免重复及冲突。

根据上述分类，就青少年体育保险形成了如下体系（表1）。

表1　青少年体育保险体系

险种	竞技体育保险	学校体育保险	群众体育保险
责任险	青少年赛事法人责任险 体校责任险等	校方责任险等	体育运动场馆责任险 体育俱乐部责任险 健身场馆责任险等
人身险	青少年运动员人身伤害险 青少年运动员伤残医疗险等	学生体育伤残险 学生体育医疗险 中小学学生意外险等	体育健身场馆伤害险 体育旅游人身伤害险 青少年体育休闲运动伤害险等
赛事险	赛事环境损毁保险 赛事举办经营保险等	学校重大赛事险 夏令营安全保险等	健身比赛安全保险 俱乐部比赛安全保险等
其他险种		学校体育设施险等	

三、我国青少年体育运动保险现状及法律制度

（一）我国青少年竞技体育运动保险现状

为了最大限度地发挥个人在体格、体能、心理和运动能力等方面的潜力，取得优异成绩，进行科学的、系统的训练和竞赛正是竞技体育的核心。这就意味着竞技体育本身在具备娱乐性和观赏性的同时还具有高对抗性和风险性，

"桑兰事件""上官鹏飞事件""庄朵朵事件"等,运动员伤害事故频发。尤其在我国目前竞技体育职业化、商业化的情况下,比赛难度与所产生的利益越来越大,无论对于参与者还是管理者,对于训练及竞赛过程中所带有的风险的释缓也越来越重要。体育保险正是一种减少损失、分散风险的有效救济手段,我国对青少年运动员从小进行训练并参加各种体育赛事,在竞技体育中对青少年的保护尤为重要,然而我国青少年竞技体育保险在发展过程中仍存在问题。

1. 青少年体育竞技保险制度不完善,缺乏针对性的青少年竞技体育的保险险种

青少年竞技体育保险包括青少年在训练及竞赛过程中的运动伤残险、人身意外险、医疗险、主办方责任险等。然而,我国目前已有的专门针对青少年专业运动员竞技体育保险包括:国家队运动员伤残保险(1998 年)、优秀运动员伤残互助保险(2002 年)、运动员团体意外伤害保险。而相应的已出台的具体法律法规仅有:《国家队运动员伤残事故程度分级标准》《国家队运动员伤残事故程度分级标准定义细则》《国家队运动员伤残保险试行办法》《优秀运动员伤残互助保险试行办法》等。从上述险种和规范来看,目前我国仍无运动员职业险、退役养老险等,所投保的对象一般仅限于现役的国家级或省级运动员。除此之外,如少体校运动员等均无获保也无相关法律法规进行保护,出现伤害事故时,单单依靠社会医疗保险或工伤保险等。政府、协会、少体校或俱乐部在管理日常训练或举办赛事时,为缓解风险,在商业险方面,往往选择购买普通的意外伤害险,为每一个赛事参赛运动员投保并根据保险条款要求提供所有青少年参赛者的身份信息资料,即复杂且缺乏效率。相较于发达国家,我国青少年竞技体育保险投保对象单一,仍未覆盖整个竞技体育全过程且缺乏相应法律法规的依托。

2. 行政意识主导,保险意识淡薄

鉴于我国长期以来的举国体育制度,竞技体育管理模式基本属于行政集约式。虽然,目前正逐步向协会或俱乐部式等多元化模式转换,但从实践来看,行政支配仍处于主导地位,青少年运动员在日常训练及竞赛过程中受到伤害时,往往采取国家救济这种单一的行政手段。除一些知名运动员会另行购买专门的体育保险外,大多数青少年运动员家长或教练员主动购买体育保险的意识淡薄,抱有侥幸心理,往往依靠社保制度代替保险救济,加之由于竞技的高风险性,保险费率偏高,国家宣传力度弱,也是造成投保意识淡薄的原因。

3. 青少年体育竞技保险经营主体少，开发和推广力度低

这不只是青少年体育竞技保险所面临的问题，也是整个体育保险产业的急需解决的问题。我国的保险业与发达国家相比，仍有较大的差距，我国第一家专业体育保险公司——中体保险经纪有限公司于2004年才成立。同时，保险公司的目的在于盈利，而体育运动往往具有不确定性及高风险性，赔付率高，加之国家并无关于体育保险的特殊扶持政策，保险公司对于体育保险险种的开发抱有谨慎态度，从而也导致相关青少年体育保险产品的使用具有较高局限性。

（二）我国学校体育保险现状

学校体育保险是针对学校体育伤害事故设立的保险，教育部颁布的《学生伤害事故处理办法》中指出学校体育伤害事故是指“学校组织实施的校内外体育活动（包括体育课、课外体育活动、体育竞赛、课余体育训练）以及在学校负有管理职责的体育场馆和其他体育设施内发生的，造成在校学生人身损害后果的事故”。这一定义基本涵盖了青少年大部分的体育运动范围。十八大三中全会提出的《中共中央关于全面深化改革若干重大问题的决定》中明确学校要强化体育课和课外体育锻炼。社会各界对学生运动安全的关注度也越来越高，2012年教育部出台的《关于进一步加强学校体育工作若干意见》第八条也提出要“健全学校体育风险管理体制，建立健全政府主导、社会参与学校体育风险管理制度等”。

学校既要积极推进青少年体育工作又要对青少年的运动安全负责，而学生在参加体育运动及活动的各阶段及环节均有可能发生伤害事故，存在突发性及不确定性，因此体育运动存在的风险大大限制了学校体育工作的展开，许多学校管理者不求有功但求无过，学校为了降低风险的发生，减少甚至排除了例如跨栏、单双杠、跳箱、耐力跑等具有较高风险的体育锻炼活动，因噎废食，严重影响了学校体育工作的质量，不利于青少年体质的健康发展。因此，开发学校体育保险并制定相关程序和实施细则以预防和处理伤害事故，降低学校及学生运动风险显得尤为重要。可以说，不管是从政府支持的角度还是社会重视的程度，青少年学校体育保险相比竞技保险及群众体育运动保险来说，已相对普及及规范，但仍存在不足。

2013年9月，北京教育财政拨款700万元投保校方无过失责任保险，即学生在校参加活动的，不论学校是否存在过失或过错（如学生突发疾病、自然灾

害、自杀等)，保险公司均承担赔偿责任，这是我国首次触及无过失责任。

本课题从投保人、保险人、被保险人、保险第三人、保险标的、保险责任范围对青少年体育无过失保险进行论述。

(1) 投保人。投保人是指为了自己或他人的利益与保险人签订保险合同并支付保费的保险当事人。目前的青少年体育责任保险中投保人一般为学校、学校举办者、俱乐部、少体校或赛事承办机构等。本课题认为凡是符合法律规定的投保人条件(即具有完全的民事行为能力，享有保险利益以及有能力支付保费)的组织或机构都可作为青少年体育无过失责任险的投保人。

(2) 保险人。即与投保人签订保险合同，并承担赔偿或给付保险金责任的保险公司。目前我国在青少年体育保险方面还没有专门的保险公司，在已有的保险公司中，如中国人民财产保险、太平洋财保险、平安财险、太平财产保险都可经营该类保险，但无过失责任对于保险公司具有较大风险，目前并无相关推广产品。投保人可通过招标方式选定保险人，有利于以低保费支出获得较高的赔付标准，政府或相关主管部门也可指定信誉较好，实力雄厚的保险人，事半功倍，但容易滋生腐败问题，另外国家体育总局或其他主管部门也可利用自身优势及政府支持注册成立专门的青少年体育保险公司。

(3) 被保险人。被保险人是指其财产或人身受到合同保障并享有保险金请求权的组织或个人，被保险人也可以是投保人。青少年体育无过失责任险的被保险人主要是体育活动的管理方或组织方，在发生体育伤害事故时遭受损失并享有保险金的给付请求权，如学校、少体校、青少年体育训练中心、俱乐部、青少年体育赛事主办方等，这些组织及机构往往具有公益性，且有基本的管理及财务机制，有必要的设施设备及经费来源。

(4) 保险第三人。保险第三人是对被保险人享有赔偿请求权的人。青少年体育无过失责任保险的第三人一般为学生、青少年运动员等。第三人不作为保险合同当事人，无权直接向保险人主张权利，与人身保险中的受益人不同，受益人在保险合同订立时，就其姓名、年龄、性别与被保险人的关系等信息均已特定化，往往在实践中导致无法灵活及时的变更受益人的情况，而责任保险中，保险的第三人在发生伤害时才得以确定。

(5) 责任保险标的。根据我国《保险法》的规定，责任保险标的是被保险人对第三人依法应负的赔偿责任，其中应包括侵权、违约或其他法律规定所应承担的法律责任。而无过失责任，即只要在限定的时间和空间内发生的运动伤害事故，被保险人都应承担赔偿责任，与目前已有的校方责任险的区别在于不以学校或其雇员存在过错或过失为前提，简化了赔偿程序但也给保险公司带来了压力。

（6）保险责任范围。根据我国《保险法》规定，责任保险的赔偿责任包括对所造成的人身伤害和财产损失的赔偿以及因赔偿纠纷引起的诉讼等费用，财产损失一般限定于因被保险人的过错或过失造成的直接财产损失，人身伤害赔偿也限定于因被保险人过错或过失造成的伤害所需医疗费、住院费、护理费、残疾补助金等，保险责任范围相对较窄，现有的校方责任险中，往往出现因财产损失难以认定，保险公司排除对财产损失的赔偿，且因保险人与被保险人责任认定没有统一标准，不能达成一致，从而寻求司法途径解决等问题。

本课题认为保险人可对投保人、被保险人等风险因素进行衡量，根据具体情况设定保险金额，如给予公益机构较低的保费、限定无过失责任的赔偿额度等，创新产品体系，在解除青少年体育运动的后顾之忧同时不损害保险人自身的商业利益。也可通过增加额外保险费的方式将青少年体育无过失责任险作为附加险，限定责任限额，由投保人与保险人进行协商，制定符合各方利益的保险产品。

1. 已有的青少年学校体育保险种类少，覆盖面窄、限制多

2001年上海首次引入校方责任险，《上海市中小学校学生伤害事故处理条例》规定，若学生发生伤害事故，学校有侵权行为的，需承担相应的民事责任，同时规定以各区县为单位组织学校投保，保费由上海市教委承担。

2008年教育部、保监会、财政部联合发布了《关于推行校方责任保险，完善校园伤害事故风险管理机制的通知》，从投保范围、赔偿范围、责任限额等方面进行了指导。一方面，校方责任险适用范围较广且不收取学生费用，由政府或学校买单，很大程度上减轻了学校的负担。但另一方面，首先，校方责任险仍缺乏法律强制性，可变通实施，造成部分地区学生无法得到保障。其次，校方责任险是以学校为被保险人，在保险期间内，在被保险人的在校活动中或由被保险人统一组织或安排的活动过程中，因被保险人存在过错或过失，如教职员工擅离职守、教学设施设备不符合标准、所安排运动超出正常学生生理承受能力等原因，导致注册学生的人身伤亡的，由被保险人承担的经济赔偿责任，保险公司负责赔偿。也就是说校方责任险并不适用于学生脱离学校管理范围以及学校不存在过错或过失的情况，如学生自杀自伤、体质特殊、学生打架斗殴等，学校承担过错责任，而往往如今的学生极有可能在放学后自发组织某些体育活动，也有可能在体育运动过程中产生肢体冲突从而造成伤害或在运动中

突发疾病等，校方责任险对上述情况都无法进行理赔，承包范围过窄，免责条款却过宽。

因在学校发生伤害事故，学生家长往往寻求学校的赔偿和救济，但因归责体系的不完善，保险理赔的不确定性，常常产生互相推诿，出现对簿公堂的情况，对学校和学生来说都存在不利影响。再次，政策不统一，保费的缴纳主体较混乱，地方差异巨大。根据各省市的规定，保费的缴纳主体有政府财政支出，教育主管部门支付，学校或学校举办者自行支付，因缺乏统一的规范，导致个地方各自为政，对于落后边远地区，可能因为经费不足而根本无法落实这一政策。

学生平安险一般在学生入学时即由学校代收几十元的保险费用，承保内容包括意外伤害、意外伤害医疗及住院医疗等，除外条款多、处理程序繁杂。在学平险规定中，被保险人在从事某种活动期间遭受意外伤害的情况属除外责任，若需保险，则要投入特别约定的意外伤害险，且理赔速度相当缓慢，鉴定难度大，耗时长，在体育运动中受到意外伤害并拿过保险赔偿金的学生普遍反映：对保险赔偿金额不满意、理赔过程繁琐、资金到位困难等。

另外，学生只可享受一次保险的权利，也就是说受过伤的学生不能再参加保险，就算旧伤复发，其医疗费都不在赔偿范围。另外，根据《保险法》及《中国保监会关于父母为其未成年子女投保以死亡为给付保险金条件人身保险有关问题的通知》的规定，父母为未成年子女投保以死亡为给付条件的人身保险给付金额对于被保险人不满10周岁的，不得超过人民币20万元；对于被保险人已满10周岁但未满18周岁的，不得超过人民币50万元。也就是说，不管为孩子买了一份保险，还是买了十份保险，不管是在同一家公司购买的，还是分成了不同公司的好几份产品，赔付的金额都是有最高限制的。因此，目前我国现有的关于青少年学校体育运动的保险还是远远不够的，“校闹”现象也时有发生。

2. 管理制度及归责体系不完善

如前文所述，保险的赔偿往往涉及归责问题。尤其是学校责任险，保险公司兑现赔付的前提就是学校有责任。根据郭秀晶在《从203例司法判例看学校体育伤害事故诉讼中的归责问题》对学校体育的归责总结特点如下：一是以适用过错责任原则为主、公平责任原则为辅；二是共同承担责任的比例最高；三是未成年人是最主要的受害主体，学校是最主要的责任承担主体。处理的法律依据包括《民法通则》《学生伤害处理办法》《最高人民法院关于审理人身损害赔偿案件适用法律的若干问题的解除》等，在一定程度上是公正且值得信赖的，但耗时费力。然而，大多数学校已有的各项管理制度中，对于具体解决体育意外伤害事故责任的归属及承担，免责事由、赔偿范围等具体细化的规章制度及体系几乎是空白的，也无相关的法律规范可以参考。

学校作为校园运动伤害事故的主角，多年来缺乏一套有效的关于校园伤害赔偿纠纷的管理救济制度和相关程序，学校体育风险涉及多个方面，包括学校体育教师、运动代表学生、在校普通学生和体育场馆设备四方面。在目前校园体育保险多方位缺失的情况下，学校也应尽可能地主动建立相应的管理及救济制度，如制定并公示体育伤害事故赔偿范围、校园体育场馆及设备使用规范、购买财产险或其他人身意外险等等，多途径多方面来弥补现有不足，尽可能的保障体育运动的有序安全的开展，虽在一定程度上缺乏针对性，但聊胜于无，整体上更需要的是各界的协调配合。

（三）我国青少年群众体育保险现状

与参加赛事及校园内的体育活动相比，群众体育更具广泛性及分散性，项目众多，参与者分属各年龄段，本课题中以青少年主要参与的群众体育运动为研究对象。目前，随着全民健身的热潮，社会上各种体育俱乐部一一建立，其中包含了大量的青少年体育俱乐部，据不完全统计，截至2016年，上海登记为青少年体育俱乐部的组织共计205家，涉及包括游泳、足球、篮球、乒乓球、跆拳道、田径、赛艇、皮划艇、举重、射箭、自行车等在内的各种体育活动和体育夏令营等，种类繁多，分布广泛。鉴于群众体育运动在空间上及时间上的不可预测及控制性，可以说是青少年体育保险中最薄弱的一环。目前存在的主要问题包括：

1. 险种稀缺

目前为公众所熟知且比较有代表意义的群众体育保险恐怕只有游泳场所公众责任保险及其附加猝死意外险，这一保险由中国人保财险、中国游泳协会及中体经纪公司共同开发，是我国第一个行业体育保险，标志着我国群众体育保险的开端。北京中体保险经纪公司曾推出过体育专项运动保险，如网球运动专项保险、登山及户外运动专项保险等，但大众知之甚少，我国的群众体育保险，不管是针对成年人还是未成年人的群众体育运动都停滞不前。

2. 青少年运动参与者及其家长保险意识淡薄

可以说，在竞赛及校园体育运动中，赛事主办方或学校为保障自身及运动者的权益，与过往相比，已有较好的购买商业险的意识，参加俱乐部运动的，俱乐部为防范商业上的风险，往往也会为参加俱乐部活动的青少年购买意外伤害险等，虽然这些保险缺乏一定的针对性且有诸多除外条款，但也起到了一定的保护作用。然而排除上述情况，自主参与群众体育运动的青少年家长很少会想到为孩子购买体育保险，这一方面是体育消费意识的不足，另一方面也体现了我国对群众体育保险的宣传力度弱、产品稀缺；

3. 保险机构积极性低

由于群众体育运动涉及面广、保额少、利润低，造成保险机构对开发这一市场缺乏积极性且困难重重。

（四）我国青少年体育保险相关立法及存在之问题

上文中对我国青少年竞技体育保险、学校体育保险及群众体育保险的现状进行了论述，而不管是从哪个分类进行探讨，关于我国青少年体育保险目前总体存在一个明显的问题，即险种少且缺乏法律法规依托。立法及相关政策的建立是青少年体育运动保险发展的基础。我国的青少年体育运动保险，无论是社会保险还是商业保险都处于初步发展阶段，且不存在专门的直接规范青少年体育运动保险的法律法规，而是间接地适用某些具有一定关联性的法律法规，如《体育法》《教育法》《未成年人保护法》《民法通则》《保险法》《侵权责任法》《学生伤害事故处理办法》等。

自 2002 年始，国家体育总局陆续颁布了《国家队运动员伤残事故程度分级标准》《国家队运动员伤残事故程度分级标准定义细则》《国家队运动员伤残保险试行办法》《优秀运动员伤残互助保险试行办法》《优秀运动员运动伤残等级标准》等部门规章，是我国目前仅有的与体育保险高度联系的法律法规，而国家队运动员伤残保险及优秀运动员伤残互助保险的保险资金大多来自社会或赞助，其本质更偏向于国家抚恤金，且青少年运动员很难达到上述运动员的认定标准，从而无从得到保护。

《中华人民共和国体育法》于 1995 年颁布，并于 2009 年对部分条款进行了修改，《体育法》总则中指出“国家对青年、少年、儿童的体育活动给予特别保障，增进青年、少年、儿童的身心健康”，然而并无对具体保障方式及方法的详细规定，《体育法》的滞后直接影响保险业在我国青少年体育领域的发展速度。

《中华人民共和国保险法》于 1995 年颁布，并分别于 2002 年及 2009 年进行了修订，对保险合同、保险公司、经营规则、保险代理人及经纪人、保险监管等作出了规定。因青少年体育保险的专业性及针对性较强，除对保险本身共通部分的规定，《保险法》对于青少年体育保险的参考借鉴作用有限。

关于青少年体育伤害事故的赔偿相关的法律法规也不够完善。青少年体育责任保险的赔付以被保险人存在过错或过失为前提，这就涉及青少年体育伤害责任归责问题。教育部颁布的《学生伤害事故处理办法》可以说是目前与青少年学校体育保险归责最具关联性的法律法规。《学生伤害事故处理办法》主要规范侵权损害赔偿，也就是说赔偿范围限于在学校组织实施的校内外体育活动以及在学校负有管理职责场馆设施内，由于学校侵权，造成学生的损害后果的。侵权行为人即学校存在违法或过失是损害赔偿的构成要件之一，而这种侵权又存在过失及过错两种情况，学校体育伤害大多数为过失侵权。

对比国内外的体育伤害事故的归责制度，有关专家学者在《学校体育伤害赔偿制度研究》中总结，“美国和英国主要以教育委员会承担赔偿责任；德国的学校体育伤害事故赔偿采用国家赔偿和无过失补偿制度；法国采用国家民事责任和无过失行政责任赔偿制度；日本和韩国采用赔偿社会化、分散化的赔偿制度”。

这些国家的学校体育伤害赔偿制度已大多从侵权法救济过渡到以国家或政府为赔偿主体、国家经费为主、社会保险为补充的形式，也就是说由学校的举办者而非学校承担无过失赔偿责任。而我国，首先缺乏专门的针对青少年体育伤害事故赔偿及归责的法律法规，实践中法院在审理这类案件时，往往结合《学生伤害事故处理办法》《民法通则》《最高人民法院关于审理人身损害赔偿案件适用法律若干问题的解释》《未成年人保护法》及《侵权责任法》等进行责任认定，由法官进行自由裁量，模糊了责任的划分，导致了繁琐的程序及冗长的处理时间。

其次，低估体育运动的风险性，体育伤害事故在无场地设施问题或他人侵权的情况下都有可能发生；再次，赔付标准不明确。种种原因造成了后续保险理赔的困难甚至遭遇拒赔的情况。因此，需要构建适合于青少年体育运动伤害的归责制度，明确赔偿主体，过失责任和无过失责任的划分，以此为依托开发相应的保险产品。

总体来说，我国尚无专门的青少年体育运动保险法，体育保险相关法律法规也不完善，对于责任界定缺乏统一的认定依据，一定程度上限制了青少年体育运动保险的发展。

四、国外青少年体育运动保险概况

（一）日本青少年体育保险概况

日本具有完善的青少年体育保险相关法律制度，以全民保障为宗旨，重视体育保险体系的建立，通过体育保险来解决青少年体育事故的赔偿问题，相关法律法规形成了一个全面的体系，以一般法律为基础，如《宪法》(赋予了国民体育基本权)、《国家赔偿法》、《民法》(处理体育事故经济赔偿的依据之一)，加之专门针对体育及保险的法律法规，如《体育振兴法》(明确国家或社会公共团体在实施体育政策过程中应根据国民的健康状态创造各种条件)、《健康保险法》、《国民健康保险法》、《日本体育学校健康中心法》(指出“日本学校体育委员会、学校健康中心为了振兴体育事业，增强儿童体制及身体健康，对已有的体育设施有效的运行负有妥善管理和修复的责任，对体育教育提供必要支持，对义务教育的各类学生灾害及伤害事故进行全面性和补偿性的赔偿支付”)、《日本体育学校健康中心法实施规则》(具体规定了 14 个等级的伤害事故及赔偿标准)，健全的法律体系为体育保险的发展奠定了基础。

体育保险是日本保险业重要的一环，而关于青少年尤其是学生的体育保险尤其受到关注，对于青少年体育运动安全即受到全国普及的社会保险的保障，也有针对性的体育保险产品，既包括非营利性的强制险，也包括营利性的商业险。如：国民健康保险，具有强制性，涵盖了包括青少年在内的所有参加运动的群众，运动中的伤害事故完成适用于该保险；体育安全保险，由日本体育安全协会设立，保险范围广、项目多，包含了赔偿责任险、意外伤害险以及突然死亡丧葬费用险等，日本足球协会、棒球协会等体育单项协会均是该安全协会会员，被保险人在所属团体内进行体育活动及在途时发生的事故，如中小学生在参加课外体育训练、俱乐部活动过程中或有组织的体育比赛时出现伤害事故的都属保险范围。日本学校体育保险，范围覆盖中小学生、大学生、体育指导员及官员，类型涉及赛事保险、校际重大医疗保险及天气保险等。如日本财团法人内外学生中心设立的学生研究灾害伤害保险对文部省管辖的学生以及留学生进行保障，由国家政府出资。对有学籍的被保险人在学生进行教育研究活动中，由于发生激烈并且偶然的意外事故造成的身体伤害支付保险金，保险范围包含上学及放学途中；日本体育振兴中心的日本学校灾害共济给付制度，专门为幼儿的意外伤害提供保障，在保育所、幼儿园或学校的管理下，幼儿、学龄前儿童、中小学生发生意外伤害的，支付意外伤害共济给付保险金，其中包括医疗费、残疾或死亡慰问金等，该制度缴费低、给付金额高。目前日本几乎所有中小学生都加入了该中心，日常运营费用主要由国家承担，支付基金则由国家、学校及学生按比例筹集，政府大量投入，利用行政力量分担学校的赔偿责任，但该共济给付需以在学校管理下发生的伤害事故为前提条件，以管理人或雇员在履行安全注意义务中是否存在故意或过失为评价标准，这一点与我国校方责任险存在一致。全国市长会设立的学校灾害赔偿及补偿险，赔偿险规定因学校管理上的问题或设施存在缺陷造成学生、儿童或任何第三人身体伤害或财物损失的，由所在市财政给予赔偿，补偿险指在发生学校管理下的体育伤害事故的情况下，无论管理者是否存在过失，所在市财政给予一定补偿，无论过失，学校及国家同时作为经济赔偿的主体，学校作为直接责任主体，国家作为最终责任主体。

综合上述法律法规及现有青少年体育运动保险现状可以看出日本的体育保险具有完整的体系，是一种政府支持下形成的民间体育保险制度，具有实用性，险种选择多、价格低，同时对于义务教育阶段的学生，主要由国家或公共团体承担保费，具有公益性，做到了商业保险和社会保险、意外险与责任险、赔偿与补偿的有效结合。

（二）美国青少年体育保险概况

美国是全世界保险业最发达的国家之一，1935年即颁布了第一部《社会保障法》，至今已形成了全方位的社会保障体系，美国的体育保险以社会保险为基础，以商业保险为主，全面保障各年龄段、各领域的体育运动。美国的体育运动员被视为一种职业，享受包括伤残津贴、死亡抚恤金、医疗统筹保险在内的社会保险。除此之外，涉及体育保险的法律法规还包括《国家保险法》《体育保险合同法》《体育涉外保险法》《国际体育保险法律冲突法》等。美国体育运动保险投保基本属自愿原则，但也存在特例，《国家保险法》规定，国家队职业运动员由政府购买保险；AUU（美国业余体育联合会）应为协会会员、俱乐部、团队或个人会员参加其许可的活动时提供保险。

美国体育保险覆盖了各个领域，包括竞赛、群众体育运动、学校体育运动等，商业保险种类包括一般体育商业保险（健康保险、体育责任保险、赛事天气保险）、职业体育保险（职业体育联盟养老保险、职业及半职业运动队责任保险、运动伤残保险、国家队体育保险)、业余体育商业保险(AAU自保计划、美国体育发展协会业余体育保险)、学校体育保险(学校重大医疗保险、中小学生意外保险、中学体育保险、大学体育保险、大学橄榄球比赛、中学全明星比赛保险、学生集训营保险及校际比赛保险)等。以美国学校责任保险为例,加州在1923年就将学校责任保险纳入法律规范内,学校被强制购买体育责任险且对因其过错导致的伤害承担赔偿责任。美国学校责任险的投保方式与我国(各级教育主管部门统一组织学校进行投保)相似,即由学区统一投保并缴纳保费,学校责任险的承保范围广泛,包括因学校建筑物、设施设备管理不善造成的伤害事故、管理者或雇员责任造成的伤害事故、各学区管理委员会所辖组织管理工作及举办活动导致的伤害及在校园行驶的车辆造成的伤害事故等。学校责任保险相关法律法规的颁布,明确了学校的责任范围、事故处理办法等,大大减少了学校与家长、学校与保险公司之间的摩擦,并且根据学校及学生的需求,保险品种不断的详细化、丰富化。当然,对于一些高风险的运动,如蹦极、户外攀岩、潜水等一般属于除外责任,在这种情况下,通过学生意外险进行补充。

以美国为例,学校体育保险就包含校际重大医疗保险、大学橄榄球比赛保险、中学体育保险、中小学学生意外保险、大学生体育保险等,种类繁多、基本从社会和商业角度覆盖了整个学校体育保险。而我国目前已有的校园体育保险险种主要包括两种,即校方责任险和学生平安险。对于这两个已有险种,也有一定程度的使用限制。

美国体育保险覆盖极其广泛,保险机构众多且涉及不同类型及性质,包括营利性与非营利性、商业保险与社会保险、专门及兼营等,意外险与责任险相互补充。整个行业纵横交错,竞争激烈,促进了体育保险的发展。另外,值得一提的是国民体育保险意识强,要形成如此的体育保险意识需要强有力的宣传、长时间的影响即整个社会风气的改变。总体来说,美国体育保险具有丰富的险种,且民众具有很强的保险意识,自觉自愿购买体育保险,促进了保险行业的良性发展。

(三)结论与建议

通过对中国现有青少年保险体系及相应法律法规的分析及对比日本、美国青少年体育运动保险,进一步反映了我国体育保险存在的不足,包括:险种少,没有专门的体育尤其是青少年体育运动相关保险,已有的险种主要集中于意外伤害险及责任险，意外伤害险免责条款众多且不具有灵活性，责任险以被保险人存在过错或过失为前提，且归责制度不完善，不能进行全面的保障；并且缺乏相应法律法规的支撑；同时在意识上，公众为青少年购买体育保险的意识淡薄，保险公司及相关机构等对于体育保险的宣传力度薄弱，政府的支持力度低，种种原因又导致了保险公司缺乏开发相关保险产品的积极性等。

鉴于上述存在的问题，我国首先需要建立完善的青少年体育保险体系并制定相关法律法规，为青少年体育保险行业的发展奠定基础，使整个行业能够自主有序的运行起来，从而带动青少年体育保险产品的开发、宣传以及国民体育保险意识的建立。

五、对青少年体育运动保险相关法律建议

（一）建立完整的体育保险体系

根据上文中对青少年体育保险分类建立的体系，丰富体育保险险种，开发符合我国国情的青少年体育保险产品。

1. 社会险与商业险相结合、人身险与责任险相补充

社会保险是确保民众最低生活水平的社会保障制度之一，不需要投保人与保险人签订合同而是由单位缴纳保费，保障较低，社会保险的资金主要来自财政拨款及企业和个人缴纳的保费。而商业保险则是由保险人及投保人自主决定，签订保险合同，由投保人自行缴纳保费。本文认为要建立完整的青少年体育保险体系，在推行全民健身的今天，应通过社会保险确立最基本的青少年体育运动伤害保险，加之各个种类及领域的商业保险，全面地保障青少年体育运动。

人身险以被保险人的身体及生命为保险标的，当被保险人受伤或死亡时，由保险人理赔，赔偿金额根据被保险人伤残程度和死亡给付。根据《保险法》的有关规定，除父母外的投保人不得为无民事行为能力人投保以死亡为给付保险金条件的人身保险，为防止道德上的危险，父母为子女投保也有金额的限制。而责任险属于财产保险一种，以被保险人对第三人的经济赔偿责任为保险标的，责任险的赔偿限额以被保险人对第三人承担的赔偿责任为限，可以说人身险直接保护青少年的利益，而责任险通过保护被保险人（学校或其他机构等）间接的保障了青少年的权益。两者互相补充，进行全面保护。

2. 开发青少年体育运动无过失责任险

责任险承保的是被保险人的赔偿责任，目前的责任险如校方责任险都以被保险人存在过失或过错为前提，单单依靠目前的责任险，仍有无法覆盖的部分。在现实的青少年体育运动中，许多伤害事故的发生可能完全是因为意外或青少年自身原因，依据现有保险产品，被保险人及保险人虽然理论上在这种情况下不承担赔偿责任，然而事故一旦发生，被保险人作为管理者或组织方不可避免地牵涉其中，于是就产生了“校闹”等现象。诉至法院后，法院也会从公平角度出发，判决管理者或组织方承担一定的责任，即使未涉诉，这种现象也往往以政府或被保险人支付一定数额的抚恤金为结局，不利于社会影响及青少年体育运动的展开，青少年体育无过失责任保险正可以解决这一问题，在很大程度上缓解了学校的压力，并且有效解决了受害人可能存在的举证不能的窘境，合理的保护了弱势群体。

（二）完善青少年体育运动保险相关立法

我国目前缺乏明确统一的青少年体育保险法律制度，国家重视体育产业的发展，群众体育运动意识也在不断增强，尤其针对未成年人，发生运动伤害的可能性相对成年人更高。完善青少年体育保险相关法律制度已是一个亟待解决的问题。因青少年体育保险的特殊性，要完善相应的法律法规需要结合体育、教育、保险等领域及行业，本课题认为可从以下几方面来进行完善。

1. 提高法律效力及层级

如上文所述，目前我国与青少年体育保险较有关联性且适用性较强的规定有教育部颁布的《学生伤害事故处理办法》、国务院颁布的《关于加强青少年体育增强青少年体质的意见》，加之一些地方政府陆续出台的关于中小学生伤害事故处理的规定等，仅限于部门、地方政府规章及国务院文件，而没有专门的全国性的青少年体育保险法律法规，《保险法》《体育法》中也未直接涉及，而地方规定也不一致之处，适用容易出现偏差。因此，要规范目前青少年体育保险中的投保主体混乱、承保范围狭窄、责任归属不清、保费缴纳不明确等情况，应提请人大对现有《保险法》或《体育法》进行修订，或由国务院制定统一的行政法规等，就投保主体资格、条件、责任范围、理赔程序、争议解决、保险合同、监管机制等进行规范，提高青少年体育保险的效力及层级，使之具有权威性、统一性及强制力，为地方体育保险工作的展开提供法律依据。同时，对相关法律的制定应遵循保险法及体育法领域的基本原则，平衡市场效益及社会效益。

2. 对青少年受害者给予倾斜保护

保险涉及保险人、被保险人、投保人、受益人等多方利益。为避免因一方当事人违背合同约定给任何一方造成损害，应将所有保险当事人的行为和活动规范化、法制化。保险法的立法目的在于为保险当事人从事保险活动以及执法监督机关履行职责提供法律依据。青少年体育保险的立法同样涉及投保人、保险人、被保险人以及受害第三人，从事体育运动的青少年既有可能成为被保险人也有可能作为受害第三人，相对其他角色，青少年受害者处于弱势地位，应在立法时采取倾斜保护的价值取向，通过各种有效合法手段进行协调，比如在责任保险合同中，赋予受害第三人能够突破合同相对性，直接向保险人主张权利。又比如以较低的保费获得较高的赔偿，完善及简化青少年体育保险的理赔程序及方式，使青少年得到更有效的保障。

3. 学校或相关管理机构保险及理赔制度的建立，减少体育运动伤害带来的影响

青少年体育运动伤害造成的影响波及整个家庭、学校、管理机构、政府机关等，带来的不只是高额的医疗费的支出，还对青少年的心理健康造成巨大且深远的影响，而作为体育运动的组织者或管理者，如学校、俱乐部等，一旦发生事故，也需要面对赔偿，以及来自家长和社会的压力，而政府及主管部门，有时为平息事态，稳定社会，往往需要出面进行协调并制定赔偿方案。学校与体育运动其他组织及管理机构应建立有效的保险制度，有利于青少年体育伤害事故的解决，缓解社会矛盾，明确各方权利义务及责任，分担风险，促进青少年体育健康的有序发展。

在建立健全我国青少年体育运动保险的过程中，本课题认为构建青少年体育运动保险体系及完善相关法律法规是重中之重、是基石所在，在打好基础的前提下，再通过保险公司及社会各界的商业运作，解决资金问题，明确实施细则，培养相关人才，如加强政府机关在青少年体育保险体系中的作用及职能、给予行政支持、协调各方关系；进行体育保险意识宣传教育；采取多样化的保险资金筹集方式（政府财政补助、设立青少年体育保险基金等）；完善保险经纪人制度（进行有效的青少年体育保险市场调查、保险推销、风险评估、提供咨询服务及跟踪服务、协助进行理赔及保险险种的设计及修改）等，虽然我国目前在青少年体育运动保险领域仍存在很多缺失，但基于国家对青少年体育的

重视以及体育产业的飞速发展，对青少年体育运动保险相应法律法规的设立和完善将指日可待。

参考文献

[1] 学生校园体育运动伤害事故的处理机制研究[Z].上海市教育委员会，2014
[2] 体育理论教材编写组.体育理论[M].北京：高等教育出版社，1986
[3] 周爱光.我国体育保险的现状及对策研究[J].体育与科学，2012
[4] 周爱光，柴红年，杨晓生，陈惠敏，朱佳勇，杨文敏.美国体育保险的研究[J].中国体育科技，2002
[5] 周爱光.日本学校体育保险现状的研究[J].中国体育科技，2005
[6] 周爱光.中日两国体育法的比较研究[J].体育学刊，2004
[7] 陈慧.学校体育纠纷的法律责任和保险管理[J].科技信息，2009
[8] 郭秀晶.从 203 例司法判例看学校体育伤害事故诉讼中的归责问题[J].中小学管理，2011
[9] 李怡.中外体育保险业政策法规比较研究[J].武汉体育学院学报，2007
[10] 陈志凌等.美国体育保险特征透视及优化我国体育保险体系的路径[J].成都体育学院学报，2012

第5篇

体育管理

政府购买体育公共服务供应商选择研究*

杜 梅

一、前言

在20世纪70年代末西方国家的新公共管理运动中产生了新公共管理理论和新公共服务理论，西方主要发达国家的体育公共服务改革孕育而生，并被广泛接受。受全球化和信息化的影响，政府购买公共服务的模式于20世纪90年代中期传入我国后也渐渐得到认可。尤其是随着推进全民健身成效的日益显现，近年来社会公众体育公共服务需求多元化趋势愈加明显，政府单一化供给模式已经不能满足社会公众的需求，也不利于政府职能转变的有效实现。

2013年9月国务院颁布的《关于政府向社会力量购买服务的指导意见》指出政府购买公共服务是政府将原来由自身执行的提供公共服务职能转交给社会力量。2014年10月国务院颁布《加快发展体育产业促进体育消费的若干意见》，进一步明确要推行“政社分开、政企分开、管办分离”，发挥市场作用，吸引社会资本参与提供体育公共服务，可见，在“十三五”时期，政府实现自身职能转变，增加体育公共服务供给，创新体育公共服务提供方式，将更多精力放在构建服务型政府，缓解体育社会中“人民群众日益增长的体育文化需求同落后的体育资源供给”这一基本矛盾仍将是政府体育工作的重点。在2016年5月国家体育总局颁布的《体育发展“十三五”规划》中，第(八)项“加快政府职能转变”和第(三十二)项“扩大体育产品供给”都指出政府购买体育公共服务相关内容，并明确提出“进一步健全政府购买体育服务体制机制”，“放宽市场准入，

* 本文作者单位：华东理工大学。立项编号：TYSKYJ2016080。

发挥政府购买服务等支持作用，进一步丰富体育服务供给”。可见，政府向市场部门、体育社会组织购买体育公共服务已是必然趋势。

有关专家学者指出，在政府购买体育公共服务的具体实践过程中也面临着一些亟待解决的问题，比如买什么、向谁买、怎么买？尤其是政府体育行政部门根据什么标准、如何去选择、管理体育公共服务供应商的问题令政府和学界深受困扰。还有专家学者认为，迄今为止，学界的研究还比较局限于理论层面的探讨，对于指导政府体育行政部门的具体实践尚有较大的距离。本课题试图在现有制度和既有研究基础上，运用IFS理论，将市场部门供应商选择的评价方法引入政府购买体育公共服务的供应商选择中，构建体育公共服务供应商选择机制，以期通过科学的评估与选择为政府体育行政部门选择合适的供应商提供方法。

二、体育公共服务的供给主体及其相对比较优势分析

（一）体育公共服务供给主体分析

有专家学者研究，体育公共服务是由政府和体育行政部门主导，体育营利性机构、非营利组织和社会个人共同提供的，为满足大众对体育的需求而供给的公共体育产品和服务的总称。还有专家学者认为，政府及体育行政部门是体育行政管理的主体，可分为两种类型：一种是专门的体育行政单位；另一种是非专门的体育行政单位。前者在体育公共服务体系建设中属于决策领导机构，主要负责政策方针、制度法规等宏观领导职能，后者指设置在教育部、国防部等部委中的一些体育行政部门，主要负责本系统内部的体育工作。

再有专家学者指出，营利性体育组织提供的体育公共服务，适合于具有市场规律作用突出、进入壁垒较高的项目，如体育场馆租借、大型体育文化庆典等。我国营利性体育组织受体育管理体制的影响，其职业化、产业化和市场化程度较低，体育组织内部没有完全建立产权清晰、权责分明和科学管理的现代企业制度。非营利体育组织主要包括各类体育社团、体育类民办非企业单位、未登记或转登记的体育组织等等，它们通常为获得自身在政治上的权威和经济上的支持，竭力帮助政府及体育行政部门创新供给方式和提高供给效益，具有追求供给更全面的体育公共服务的内在动力。

社会中个人在某些场合里也能够成为体育公共服务的承接者，一些体育

专业技术人才在一定范围和特定领域内以志愿性或公益的方式提供体育公共服务，实践中很多社会体育指导员在小区域体育活动范围内以自己的专业知识和职业技能为大众提供服务性指导和培训，充当社会体育中“教练”的角色，自身增强体育技能的同时并传授和指导基本体育服务，营造全民健身氛围。

（二）不同供给主体相对比较优势分析

1. 政府及体育行政部门安排和供给

有专家学者认为，体育公共服务具有两个方面特征：一是非排他性，即无法排除他人从享受体育公共服务中获利；二是非竞争性，指消费者的增加并不引起生产成本的增加，即每个消费者引起社会边际成本为零。体育公共服务对象的广泛性，决定了政府部门提供公共服务是更具普遍的无差异的公益性服务。政府及体育行政部门会制定和颁布相应的体育服务法律法规来规范体育公共服务各类供给主体行为，保障供给过程中的公平正义，以创造优良的体育公共服务供给发展环境。相对于市场组织，政府部门供给模式可以弥补“市场失灵”，避免市场供给模式中的“搭便车”和外部性问题；相对于社会组织及个人供给，政府部门更加具有社会权威和经济上的保障。

综上所述，本课题认为政府组织提供体育公共服务的流程可分为“政府决策”“财政资金保障”“部门生产”与相关部门监管等环节，即使一些环节可交给市场和社会组织承担，但此供给模式无疑有着更加系统和全方位的优势特征。

然而在我国长期以来存在着政企不分、政事不分和垄断经营的现象，政府组织既是运动员又是裁判员，集决策、管理、生产、监督和服务于一身，政府承担了体育公共服务所有责任和风险，体育公共服务的数量和价格由计划决定而不是由市场需求决定，消费者没有选择权，公共体育资源无法得到有效配置且易造成浪费，供给成本相对较高，供给效率低下。与市场部门和社会组织相比，政府组织也无法及时感知基层微观群体的体育公共服务需求，供给模式和服务内容相对因循守旧。

2. 营利性体育机构等市场组织安排和供给

营利组织作为市场经济的重要载体，曾经在很长一段时期里被排除在公共服务供给的领域之外，体育公共服务供给也不例外。公共产品理论的不断发展、公共产品和公共服务供给方式的不断创新，都使营利性体育机构提供体育公共服务成为现实。首先，营利性体育机构更加关注投入产出比即投资效益的问题，具有追逐低成本，高产出的特性，供给效益相对较高。其次，营利性体育组织由于在市场需求方面的敏感性和职业素养，其更加深入了解公众需求，所以在体育公共服务领域供给上会更加具有针对性、创新性，可以更高效地实现有限的公共体育资源优化配置。最后，结合我国当下经济体制的发展态势，市场化的体育公共服务供给模式的作用将会更加明显。

然而，营利性体育组织供给模式同样存在着“市场失灵”，首先，由于体育公共服务的服务对象的广泛性和复杂性，使得没有购买体育公共服务的人同样可以享受某些服务，即“免费搭便车”现象，那么市场组织缺乏提供体育公共服务的动机。其次，营利性体育组织的“逐利性”本质特征使其较少关注体育公共服务供给中的服务质量和长远社会效益，同时缺乏战略性规划，服务过程中忽视一些社会弱势群体的服务需求，容易出现过多关注当下短期的经济利润的现象，造成不良的社会影响。

3. 非营利体育组织等第三部门安排和供给

相比以上两类供给主体，非营利体育组织更了解公众的需求，能及时反映大众对体育公共服务的动态需求。非营利体育组织不拘泥于官僚束缚，在组织结构和运营上相对灵活，且有着公益性志愿者的免费劳动，加上内部成员自身的对体育的热情和具有一定知识储备，组织成员对公众有更强的回应性。另外，非营利组织恰好能过填补政府组织和市场组织的服务领域空白，较全面的关注社会弱势群体对体育公共服务的诉求，使体育公共服务供给对象覆盖更多领域的同时体现社会公平正义。由于非营利体育组织为了自身的发展壮大和得到公共权威部门的支持，其具有不断追求创新服务方式和提供服务质量的内在动力，可以说，体育非营利组织的发展程度，是衡量一个国家社会体育发展水平，体育公共服务社会化程度的重要标志之一。

然而在实践中，我国非营利体育组织面临较多困境。由于我国体育发展长期受“举国体制”惯性力影响，很多非营利体育组织带有明显的“官民二重性”，主要表现在民间与政府对非营利体育组织的双向推动，民间与政府的组织交叉，服务与管理功能的错位(卢元镇，2010)。使得非营利体育组织在提供体育公共服务过程中较多依赖政府，缺乏活力和足够的社会公信力，同时加上自身服务意识与服务专业水平有待提高、组织建构不健全，社会资源有限，专业化程度不高等固有缺陷，因此很大程度上妨碍了非营利体育组织服务功能的发挥。

4. 个人志愿性服务安排和供给

体育公共服务的个人志愿性供给相比较其他供给主体很大程度上展示了

志愿者自身较好的体育参与意识和乐于奉献的品质，展示了自身社会存在感和社会责任感的迸发，有利于扩大社会体育参与，营造全民健身氛围。公民在提供体育公共服务过程中，不但可以服务大众，宣传体育知识和教授体育技能，也能愉悦身心、锻炼身体，培养自己的社会参与能力。很显然公民自身所提供的体育服务是有限的，虽然其服务性质类似于非营利体育组织，但是无法形成规模效应，只能在特定区域内服务小部分居民，也没有明确的组织形式，毕竟个人精力，财力和能力有限，所以这种服务是补缺型服务中的个体非制度化参与。

三、政府购买体育公共服务供应商选择与管理困境

通过对各供给主体的比较分析可见，单一主体的供给模式存在固有的弊端，不能满足公众对体育公共服务的需求，要想实现体育公共服务供给的高效率，发挥四大供给主体相对比较优势的多元合作模式更具说服力。而政府购买的形式就是体育公共服务供给侧的一次结构性改革，政府购买过程中，其作为体育公共服务的主导者，市场营利性机构、社会组织甚至个人是体育公共服务的直接生产者，实质上是政府下放社会管理权力，积极响应政府“简政放权”的号召，更多地充当“守夜人”和“授权者”角色，将体育公共服务的生产与供给职能分开，政府以购买的方式获得体育公共服务，然后提供给人民群众。有专家学者认为，这种供给模式的创新将会减小政府及体育行政机构的财政资金投入压力，提高体育公共服务供给的有效覆盖率，开放一切可利用社会资源并且提高资源利用率来提升政府组织供给能力，从而为体育公共服务的长足发展奠定基础。

政府购买公共服务面临着“买什么”“向谁买”“怎么买”的问题，本课题要着力解决的就是“向谁买”的问题，即政府如何选择购买体育公共服务供应商，目前主要存在以下困境。

（一）缺乏供应商选择评价标准

政府购买体育公共服务过程中，确定了向社会力量购买的某一环节或者内容（即购买对象）之后，就会以公开招标或者其他方式向社会公布具体事项，可能存在多家供应商有承接此项体育公共服务的意向，对于政府来说就会有一个选择的过程。有专家学者指出，实践过程中我们比较成熟的评价标准多

是针对企业采购，这与政府购买有着本质的区别，政府购买不具有商业性、不以营利为主要目标。在政府购买公共服务的实践中，虽然已有关于政府购买公共服务的评价指标体系，但多数没有考虑到体育公共服务的特殊性，并未具体到体育公共服务领域的供应商选择标准，多是整体的概括性的政府购买中供应商选择评价标准。另外，在现有研究中，多是一些体育公共服务质量评价标准和体育服务成果评价标准，然而，在研究服务质量和服务绩效之前，摆在我们面前的更棘手的问题是如何去选择政府合作的供应商，如何去选择更高效、更符合多方利益达成共赢的供应商。因此，确保政府购买体育公共服务的有序运行，供应商的选择与管理十分重要，供应商必须能够严格按照政府的要求提供符合相关价格标准、数量标准和质量标准的体育公共服务。

（二）缺乏供应商选择系统量化评价方法

除了缺乏上文所述的供应商选择评价标准之外，对与其相配套的供应商选择方法更是缺乏研究。政府通过制定相应的评价标准，即以硬指标的形式筛选符合标准的潜在供应商，然而在具体购买体育公共服务的操作中政府最终合作的供应商只有一家或少许几家，这就涉及在符合资质的供应商当中进一步选择的问题，传统的做法要么相对主观，要么采用相对简单的“价低者得”的方法，缺乏系统量化的方法，无法保证最终选择结果的合理性和公正性。

国外专家等人通过 AHP 方法对潜在供应商进行排序，还有的研究者通过将评价指标体系中的每个指标赋予线性权重的方法最终计算出一个最符合政府部门要求的供应商。然而，从这些选择方法的研究中，大部分忽略了一个政府购买公共服务中的现实情况，就是领导者的作用，实践中多是通过硬性指标筛选出几家潜在供应商后，最后敲定的部分通常是政府部门领导者完成的，选择方法和决策程序只是领导者针对每家供应商的各项资质和标准做出程度性评判，这种模糊性可能导致选择有失公正，影响在体育公共服务供给中政府及体育行政部门的决策科学性。

（三）存在寻租腐败风险

有专家学者认为，缺乏选择指标和选择方法的困境可能进一步导致政府在选择服务外包供应商的过程中面临寻租和腐败的风险，因为政府及体育行政部门是供应商选择过程的最终敲定者，拥有供应商选择的决定权，而这个过程中，政府会在很多环节直接接触供应商，这样就会为一些政府官员为谋求个人私利进行钱权交易提供机会，滋生寻租和腐败等行为，破坏政府及体育行政部门公正公开公平地进行供应商选择程序。例如，在公开资质挑选过程中，政府官员可能已经通过个人权力从某家供应商手中获得灰色收入，他就会考虑这家供应商的资质标准甚至是唯一标准最终纳入供应商评价指标体系，在最后选择中加入个人的主观决策扶持这家供应商的上台，看似是一种公开的选择程序，其实是政府及体育行政部门一些腐败官员使出的“障眼法”，其目的就是为了获得追求非生产性的经济利益。

因此，本课题认为，为了有效避免以上政府购买体育公共服务中的不良行为，政府及体育行政组织在选择体育公共服务供应商中应尽可能依据科学地评价指标，采取客观、科学的量化方法对供应商进行评价、比较和选择。

四、政府购买体育公共服务供应商选择评价指标体系的建立

（一）政府购买体育公共服务供应商选择评价指标

目前，国内学界很少有专门研究来界定体育领域内政府购买服务供应商选择评价指标，国外对于企业采购中供应商选择研究相对成熟，供应商选择评价指标的制定也相对丰富，学界存在较少争议且比较权威的指标是由美国学者提出的23个指标，所考虑较多的是质量、交货期、生产设备与产能等因素，毋庸置疑，此研究成果给后者对供应商评价指标体系有巨大借鉴作用。有专家学者从服务链管理视角提出生产性服务供应商评价应当包含服务质量、价格、柔性、能力、合作能力和发展潜力六方面指标。还有专家学者提出了培训服务外包承接商的评价标准的企业文化、管理能力、市场认知、技术水平四维度模型。国内不少专家学者根据各自研究的服务外包内容提出了评价指标。相比而言，国内对政府购买公共服务供应商选择的研究起步较晚，有专家学者提出除了服务质量、能力、价格等必备条件外，应加入制度、社会组织身份和注册地等更具体的影响指标。还有专家学者对政府购买公共就业服务的研究提出了服务成本、能力、质量、市场认知、合作能力和创新与应变能力的六维度结构。

本课题综合相关学者的研究发现，邀请到8位体育公共服务领域专家及研究学者对初选指标进行筛选，剔除得分相对较低的指标，并考虑到各类供给主体的自身特性最后总结出以下6个一级指标和15个二级指标(表1)。

表1　公共就业服务外部购买的供应商选择评价指标体系

	一级指标	二级指标
政府购买公共体育服务的供应商选择评价指标体系	服务质量 *C*1	服务承诺实现程度 C11 服务后群众满意度 C12 群众投诉比例 C13
	服务成本 *C*2	人均服务价格水平 C21 同比平均价格优势 C22
	服务能力 *C*3	员工服务意识 C31 综合服务资源拥有情况 C32 服务流程设计的合理性 C33
	社会认可度 *C*4	行业地位和市场占有率 C41 社会口碑和组织信誉 C42
	创新与应变能力 *C*5	满足群众多元化需求能力 C51 响应群众需求变化速度 C52
	合作能力 *C*6	价值观匹配程度 C61 沟通和协调能力 C62 服务资源整合能力 C63

1. 服务质量

质量是政府购买公共服务最先考虑的因素之一，体育公共服务领域更是如此，由于体育公共服务的服务对象是广大人民群众，具有广泛性和复杂性，如果供应商不能保证所提供公共产品和服务的质量，政府及体育行政组织也会将其排除在外。因此选用服务承诺实现程度，服务中投诉比例和服务后群众满意度作为二级评价指标，以保证服务质量具有延续性，这也是出于民众切身利益的考虑。

2. 服务成本

政府向社会力量购买体育公共服务的目的之一就是出于降低其财政投入成本的考虑，政府及体育行政组织选择供应商时，会通过询价、招标和谈判等方式将更多的体育公共服务供应商纳入考虑范围之内，而服务成本即政府投入资金多少将是重要考虑因素之一，为确保公共资源的有效利用，政府也追求以最小的投入获得最优质的服务，所以政府会考虑供应商的价格优势以及考虑服务人群规模的人均服务价格水平。

3. 服务能力

在服务能力这个一级指标中，首先要求的是人力资源水平，由于政府购买体育公共服务的规模性，必然要求供应商有足够的人力、物力、财力为保障，即供应商应拥有良好的经济基础，丰富的体育资源占有量和相应的专业化程度，提供更专业且更具针对性的服务；同时服务过程中应保证良好的秩序合理实施服务，以上主要通过员工服务意识，综合资源拥有情况，服务流程设计合理性体现出来。

4. 社会认可度

社会认可度首先体现在行业中的认可度和市场占有率，此类供应商往往拥有与政府合作的经验，体育公共服务过程中可提高合作效率，便于政府工作的开展；其次体现在供社会公信力和组织信誉度，此类供应商在合作过程中会增加政府对其信任程度，给予供应商足够的自由和机会去发挥其最大效率，因此，政府在选择体育公共服务过程中，应充分调查和收集潜在供应商的大众口碑和组织信誉，在充分响应民意的前提下选择人民大众所信赖和支持的供应商。

5. 创新与应变能力

政府服务对象的广泛性和复杂性也要求供应商必须具备创新与反应能力，政府在选择多元主体供给时正是考虑到它们能较全面并且及时察觉到大众对体育公共服务需要的状况，所以各类供应商应具备对大众多元化体育需求的敏感度和快速反应能力，创新供给内容和模式，适应大众的体育服务需求动态变化的过程，以减少资源浪费和提高有限体育资源的利用效率。

6. 供应商合作能力

供应商的合作能力首先体现在政府及体育行政部门与供应商的价值观匹配程度，政府提供体育公共服务的初衷即满足大众体育需求，而供应商一味地以经济利益为导向则影响体育公共服务的安全性；其次需要考察供应商的沟通与协调能力，合作双方要及时针对合作过程中出现的问题和隐患协商解决，供应商则须积极配合政府及体育行政部门的工作；最后供应商应具备体育公共服务资源的整合能力，充分利用现有公共体育资源并开发新资源，提高资源利用效率。

（二）政府购买体育公共服务供应商选择评价指标的权重赋予

本研究在完成指标筛选的基础上，采用层次分析法对指标权重进行赋值。首先运用 Yaahp10.3 绘制层次模型，生成评价指标两两比较问卷，请邀请到的 5 位体育服务领域专家和 3 位公共服务研究学者对指标的相对重要性进行判断。回收数据输入 Yaahp,运算得出一级指标权重表(表 2)。

表 2　政府购买体育公共服务供应商选择一级指标权重表

	$C1$	$C2$	$C3$	$C4$	$C5$	$C6$	w_j
$C1$	1.000 0	2.000 0	4.000 0	3.000 0	9.000 0	8.000 0	0.392 9
$C2$	0.500 0	1.000 0	3.000 0	4.000 0	6.000 0	8.000 0	0.291 5
$C3$	0.250 0	0.333 3	1.000 0	2.000 0	3.000 0	5.000 0	0.132 1
$C4$	0.333 3	0.250 0	0.500 0	1.000 0	3.000 0	6.000 0	0.108 1
$C5$	0.111 1	0.166 7	0.333 3	0.333 3	1.000 0	3.000 0	0.048 6
$C6$	0.125 0	0.125 0	0.200 0	0.166 7	0.333 3	1.000 0	0.026 8

$CR=0.047\ 3<0.10$,通过一致性检验,即一级指标权重具有合理性。以相同方法算出二级指标对应权重并通过一致性检验,最后汇总得出政府购买体育公共服务供应商选择评价指标权重(图 1)。

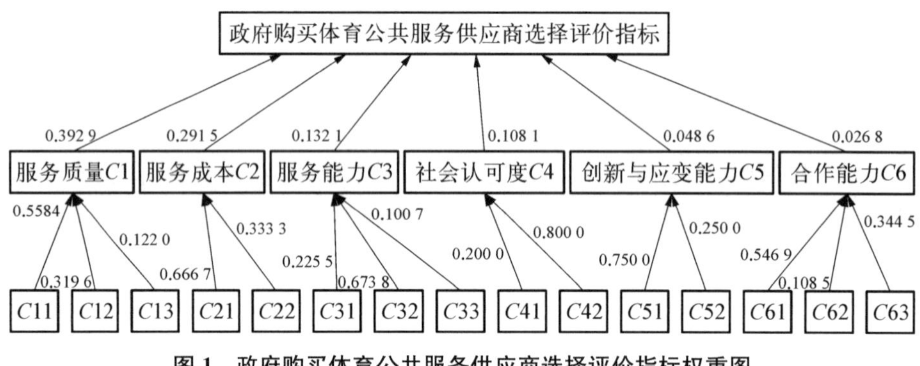

图 1　政府购买体育公共服务供应商选择评价指标权重图

五、基于 IFS 理论的政府购买体育公共服务供应商选择模型

(一) IFS 及其应用原理

1. IFS 基本知识

保加利亚学者 Atanassov(1986)提出直觉模糊集理论,该理论是对前人 Zadeah 等模糊集理论的补充和拓展,同时考虑了隶属度(支持)、非隶属度(反

对)和犹豫度方面的信息,通过隶属函数 $\mu_A(x)$ 和非隶属函数 $\gamma_A(x)$ 更能客观地反映事物的模糊性。设 X 是一个非空论域,称 $A=\{<x, \mu_A(x), \gamma_A(x)> \mid x \in X\}$ 为直觉模糊集,其中隶属函数 $\mu_A(x)$ 和 $\gamma_A(x)$,分别表示 X 中 x 属于 A 的隶属度和非隶属度,即:

$$\mu_A(x): X \to [0, 1], x \in X \to \mu_A(x) \in [0, 1]$$
$$\gamma_A(x): X \to [0, 1], x \in X \to \gamma_A(x) \in [0, 1]$$

并且在 A 上所有 $x \in X$, $0 \leqslant \mu_A(x)+\gamma_A(x) \leqslant 1$ 都成立。此外 $\pi_A(x)=1-\mu_A(x)-\gamma_A(x)$, $x \in X$,表示 X 中元素 x 属于 A 的犹豫度或者不确定度。

2. IFS的应用原理

通过上文定义得出,如果任意一个直觉模糊集能够用(μ_A, γ_A, π_A)来表示,那么直觉模糊集中的任一元素都可以用三维空间中的一个点(μ_A, γ_A, π_A)表示,由此得到直觉模糊集之间距离的定义即为三维空间中两点的距离,得出:

$$d_H(A, B)=\mid IFS[\mu_A(x)]-IFS[\mu_B(x)] \mid /4+ [\mid \mu_A(x)-\mu_B(x) \mid + \mid \gamma_A(x)-\gamma_B(x) \mid]/4$$

政府购买体育公共服务过程中,会存在多个备选供应商和多层次评价指标,决策者怎样去评价潜在供应商资质就是一种多属性模糊决策。基于IFS理论来进行政府购买体育公共服务供应商选择,也就是研究代表各供应商资质水平的直觉模糊值,通过量化的形式甄选出最能够接近政府期望值、资质最佳的体育公共服务供应商,可以有效避免在最后决策阶段个别决策者对供应商选择的干扰。

(二) 基于IFS理论的政府购买体育公共服务供应商选择模型

本课题基于IFS在模糊的群决策环境下的作用,运用5级评价尺度表示决策者的主观程度性评价,通过引入正理想解量化所有备选供应商的综合最佳水平,再量化各供应商自身资质,对比他们与综合最佳水平的差距,选出最合适的供应商。

1. 对各供应商的二级评价指标打分

首先,确定决策者评价尺度。出于反映决策者的模糊评价即犹豫程度的考虑，本课题将决策者对供应商的程度性评价定性为 V_1=不好，V_2=一般，V_3=好，V_4=很好，V_5=非常好，且赋予各级别的分数为：1、2、3、4、5。据此可以得出隶属函数集合 $[\mu_A(x),\ \upsilon_A(x),\ o_A(x),\ \pi_A(x),\ \lambda_A(x)]$ 就表示 V_1 到 V_5 这五个等级上分别投票人数占总人数的比重。

其次，邀请决策者对各供应商的二级评价指标打分。为便于统计整理，以问卷的形式列出15个二级指标并对应5个得分级别，决策者只需对各供应商的二级评价指标所对应的得分级别打分，综合各决策者的打分情况整理后得到每位供应商的二级指标得分表。此评价过程建立在充分提供各供应商相关资料的基础上，并结合具体的体育公共服务类型对相应评价指标做出补充性说明。

2. 通过直觉模糊集正理想解确定供应商最佳水平

正理想解即对应供应商资质的最佳水平，表现为所有备选供应商二级指标得分的最大值。具体做法是相加5个得分级别内各供应商的二级指标投票数，得到所有备选供应商的二级指标得分汇总表。从二级指标每个得分级别的最大值作为对应6个一级指标的得分，引入一级指标权重后得出一级指标的加权得分表并进行规范处理(规范得分=得分数/总数)，即正理想解的得分为 $F_{A^+}=(F_{A^+}^1,\ F_{A^+}^2,\ \cdots,\ F_{A^+}^n)$。定义模糊集 A 的关于第 i 个指标的得分值可表示为：$F_A^i=\mu_A(x_i)V_1+\upsilon_A(x_i)V_2+o_A(x_i)V_3+\pi_A(x_i)V_4+\lambda_A(x_i)V_5$。

3. 计算备选供应商到直觉模糊的正理想解的距离

首先计算每个供应商的直觉模糊值，即通过各供应商二级指标原始得分表算出一级指标各得分级别的加权得分表，以一级指标"服务质量"1分的投票数为例，假设其对应的三个二级指标投票分别为1、2、3，引入其二级指标权重得出加权得分为：(0.558 4×1+0.319 6×2+0.122 0×3)=1.56，然后再通过规范得分运算后得到每位供应商的直觉模糊值。

最后通过直觉模糊距离(即三维空间两点距离)并考虑每个一级评价指标C1—C6的权重 w_1-w_6，则可以推算出每个供应商 A_i 到直觉模糊正理想解的距离公式为：

$$d_{i,\ A^+}=\sqrt{\frac{1}{5}\sum_{j=1}^{n}(w_j(F_i^j-F_{A^+}^j)^2)}$$

4. 计算备选供应商的综合评价指数

定义综合评价指数 $K_i=\dfrac{1}{d_{(i,\ A^+)}}$。可看出，当 K_i 值越大时，其所对应的供应商水平到直觉模糊正理想解的差距就越小，也就是说该供应商最接近综合最佳水平，即政府选择过程中的最佳方案。

六、案例分析

为进一步明确直觉模糊集理论结合本文所构建的政府购买体育公共服务供应商评价指标体系的应用，本文以案例形式进行具体说明。比如体育局为解决某公共体育场馆运营管理的问题，拟在资质合格的市场机构中选择出一家供应商来运营该公共体育场馆。假设体育局通过组织相关领导和专家对有意向的供应商进行基本资质筛选，选出了资质基本合格的五家备选供应商，分别为 $A1$、$A2$、$A3$、$A4$、$A5$，现根据本研究提出的直觉模糊集供应商选择模型，需要确定最佳的供应商。本研究将供应商评价指标体系的 15 个二级指标以问卷形式提供给 5 位决策专家打分，并通过量化计算确定最佳供应商。具体步骤如下：

（一）得出五家供应商得分汇总表

根据问卷的决策者对供应商原始打分（投票数）汇总出五家供应商的得分（表 3）。

表 3　五家供应商原始得分汇总表

二 级 指 标	1分	2分	3分	4分	5分
服务承诺实现程度 $C11$	2	4	6	7	6
服务后群众满意度 $C12$	1	3	6	6	9
群众投诉比例 $C13$	0	3	5	7	10
人均服务价格水平 $C21$	2	3	5	6	9
同比平均价格优势 $C22$	2	5	5	5	8
员工服务意识 $C31$	4	3	5	6	7
综合服务资源拥有情况 $C32$	0	2	6	7	10
服务流程设计的合理性 $C33$	2	3	5	7	8
行业地位和市场占有率 $C41$	3	4	4	5	9
社会口碑和组织信誉 $C42$	1	5	6	7	6

续 表

二 级 指 标	1 分	2 分	3 分	4 分	5 分
满足群众多元化需求能力 C51	3	3	5	6	8
响应群众需求变化速度 C52	5	6	5	4	5
价值观匹配程度 C61	1	3	6	9	6
沟通和协调能力 C62	2	2	4	10	7
服务资源整合能力 C63	4	4	3	9	5

（二）一级指标最大值得分表

根据前文正理想解的解释，取各一级指标的最大值$\max_i$，因此通过五家供应商原始得分汇总表得出一级指标最大值得分表（表 4）。

表 4　一级指标最大值得分表

一 级 指 标	1 分	2 分	3 分	4 分	5 分
服务质量	2	4	6	7	10
服务成本	2	5	5	6	9
服务能力	4	3	6	7	10
社会认可度	3	5	6	7	9
创新与反应能力	5	6	5	6	8
合作能力	4	4	6	10	7

（三）一级指标规范得分矩阵

将各一级指标权重代入到表 4 可得出一级指标的加权得分表（表 5）。

表 5　一级指标加权得分表

一 级 指 标	1 分	2 分	3 分	4 分	5 分
服务质量	0.785 8	1.571 6	2.357 4	2.750 3	3.929 0
服务成本	0.583 0	1.457 5	1.457 5	1.749 0	2.623 5
服务能力	0.528 4	0.396 3	0.792 6	0.924 7	1.321 0

续　表

一 级 指 标	1 分	2 分	3 分	4 分	5 分
社会认可度	0.315 3	0.525 5	0.630 6	0.735 7	0.945 9
创新与反应能力	0.243 0	0.291 6	0.243 0	0.291 6	0.388 8
合作能力	0.107 2	0.107 2	0.160 8	0.268 0	0.187 6

对每个一级指标的得分进行规范化处理，即：规范得分＝得分数/总数，得到标准化后的得分矩阵(表 6)。

表 6　规范得分矩阵

一 级 指 标	1 分	2 分	3 分	4 分	5 分
服务质量	0.069 0	0.138 0	0.207 0	0.241 4	0.344 8
服务成本	0.074 1	0.185 2	0.185 2	0.222 2	0.333 3
服务能力	0.133 3	0.100 0	0.200 0	0.233 3	0.333 3
社会认可度	0.100 0	0.166 67	0.200 0	0.233 3	0.300 0
创新与反应能力	0.166 7	0.200 0	0.166 7	0.200 0	0.266 7
合作能力	0.129 0	0.129 0	0.193 6	0.322 6	0.225 8

（四）根据最后得分对各供应商进行排序

根据上文模型对正理想解的计算公式可得出：

$F_A^+=(3.66,\ 3.56,\ 3.53,\ 3.47,\ 3.20,\ 3.39)$，此等式可作为符合政府及体育行政部门所要求的资质及标准的最佳水平，即这五家体育公共服务供应商的最理想水平。

根据每家供应商的原始二级指标打分表，同上文的运算步骤计算出各自的得分矩阵，需要指出的是这里的一级得分矩阵不再是根据二级指标的最大值，而是根据二级指标得分及其对应权重经同理运算得出的标准得分矩阵。这里假设：

$$F_{A1}=(3.86,\ 3.65,\ 3.76,\ 3.84,\ 3.73,\ 3.69)$$
$$F_{A2}=(3.96,\ 4.05,\ 4.16,\ 3.94,\ 3.99,\ 4.11)$$
$$F_{A3}=(3.36,\ 3.45,\ 3.46,\ 3.29,\ 3.20,\ 3.65)$$

$$F_{A4}=(4.16,4.36,4.28,4.34,4.23,4.09)$$
$$F_{A5}=(3.88,3.96,3.86,3.94,3.93,4.03)$$

根据上文直觉模糊集的正理想解距离公式 $d_{i,A^+}=\sqrt{\frac{1}{5}\sum_{j=1}^{n}(w_j(F_i^j-F_{A^+}^j)^2)}$，再根据每个一级指标所对应的权重 w_j 代入公式，于是得出每个供应商到正理想解的距离为(具体运算步骤省略)：

$d_{(1,A^+)}=0.154$，由此得到 $K_1=6.494$

$d_{(2,A^+)}=0.213$，由此得到 $K_2=4.694$

$d_{(3,A^+)}=0.213$，由此得到 $K_3=10.526$

$d_{(4,A^+)}=0.318$，由此得到 $K_4=3.145$

$d_{(5,A^+)}=0.158$，由此得到 $K_5=6.330$

从而可以对这 5 家供应商进行排序，$K_3>K_1>K_5>K_2>K_4$，此排序说明 $A3$ 供应商是这几家中最好的，体育部门应该选择 $A3$ 来承担该公共体育场馆运营管理。

七、结论

政府购买体育公共服务是体育公共服务供给侧的一种有效性改革，结合各类供给主体的相对比较优势，在满足人民对体育公共服务需求的同时扶持了营利性体育组织、非营利体育组织和社会个人的综合性发展。由于我国政府购买体育公共服务模式仍处在探索阶段，为确保政府购买体育公共服务的有序运行，摆在政府面前亟待解决的是如何选择合适供应商的问题，政府选择过程中应严格按照供应商选择评价指标体系，通过科学系统、客观量化的供应商选择模型选择出资质最佳的供应商。本文运用层次分析法构建了政府购买体育公共服务供应商选择评价指标体系，并基于直觉模糊集理论，构建了供应商选择评价的量化模型，以期帮助政府体育行政部门客观公正的选择出能够严格按照政府的要求提供符合相关价格标准、生产能力标准和质量标准的体育公共服务供应商，一方面创造良好的体育公共服务供给环境，一方面帮助政府部门规避主管决策所带来的风险。

参考文献

[1] 曹可强.论体育公共服务供给主体的多元化[J].体育学刊,2010

[2] 陈斌,楚俊峰,陈福集.基于直觉模糊多属性决策的政府购买公共就业服务供应商选择研究[J].中国管理科学,2012

[3] 陈斌,韩会君.公共体育服务外包的政府责任及实现机制论析[J].天津体育学院学报,2014

[4] 陈启杰,齐菲.供应商选择研究述评[J].外国经济与管理,2009

[5] 陈文娇.我国体育公共服务的供给模式研究——基于北京、上海、广州的实践[D].北京体育大学,2013

[6] 郝艳艳.体育公共服务多主体供给分析[J].体育科技文献通论,2010

[7] 胡伟.论我国政府购买体育公共服务制度的完善[J].体育与科学,2016

[8] 金园春.完善上海市体育公共服务供给机制的研究[D].上海：东华大学,2013

[9] 蓝国彬,樊炳有.我国体育公共服务供给主体及供给方式探析[J].首都体育学院学报,2010

[10] 李荣日,刘宁宁.体育公共产品服务外包：风险识别、监管与规避[J].武汉体育学院学报,2016

[11] 刘玉.我国体育公共服务社会化系统运行理论、困境及路径[J].上海体育学院学报,2013

[12] 卢元镇.体育社会学[M].北京：高等教育出版社,2010

[13] 齐超.体育公共服务政府购买的价值演变与制度选择[J].体育科研,2014

[14] 任蕾,寸晓宏.在培训承包方选择中的应用分析云南[J].农业大学学报,2008

[15] 宋丹霞,黄卫来.服务供应链视角下的生产性服务供应商评价[J].武汉理工大学学报,2010

[16] 汤伟伟,孙剑平,高朋.培训外包供应商选择的模糊多属性决策模型[J].技术经济,2008

[17] 王新驰,姜军.基于灰色理论的人力资源外包供应商评价[J].商业研究,2011

[18] 魏来,石春健.体育非营利组织的界定[J].体育学刊,2005

[19] 杨文静,蔡萌.基于供应商选择理论的政府购买公共服务问题研究[J].市场研究,2015

[20] 张瑞林.体育管理学[M].北京：高等教育出版社,2015

[21] 周俊.政府如何选择购买方式和购买对象？——购买社会组织服务中的政府选择研究[J].中共浙江省委党校学报,2014

[22] Atanassov K T. Intuitionistic fuzzy sets[J]. Fuzzy Sets and Systerns, 1986

[23] Dickson G w. An analysis of vendor selection systems and decision[J]. Journal of Purchasing, 1966

[24] Gao Zhen, Tang Lixin. A multi-objective model for purchasing of bulk raw materials of a large-scale integrated steel plant [J]. International Journal of Production Economics, 2003

[25] Peng Li. Intuitionistic fuzzy decision-making methods based on grey incidence analysis and D – S theory of evidence [J]. Grey Systems: Theory and Application, 2012

[26] Weber C A, Current J R, Benton W C. Vender Selection Criteria and Methods[J]. European Journal of Operation Research, 1991

上海建设全球著名体育城市可行性策略研究*

贺 蕾 张子翔

一、前言

伴随着改革开放，中国的经济一直持续着快速发展，城市化的水平也不断提高。随着城市现代化速度的加快和人民对生活质量要求的提高，体育和城市之间的联系也越发紧密。体育赛事的运营和体育产业的开发对于推动城市现代化的发展和城市全球影响力的提高都有很大的帮助。而随着中国体育事业的蓬勃发展和中国体育健儿在奥运会等国际赛事上的优异表现，我国城市体育软文化建设也迫在眉睫。上海作为中国的一线城市，在举办体育赛事方面有着丰富的经验，在 2016 年拟举办 115 场体育赛事，并打造了上海“十二大”精品赛事。上海拥有姚明、刘翔等具有国际知名度的世界一流运动员，并具有一批高水平的体育设施，已经有了进一步发展的条件。

2015 年 7 月 1 日，上海市政府正式出台《上海市人民政府关于加快发展体育产业促进体育消费的实施意见》。9 月 21 日，上海市政府召开新闻发布会，对这份实施意见进行了介绍，明确指出到 2025 年上海体育产业总规模将超过 3 000 亿元，人均体育场地面积将达到 2.6 平方米，经常参与体育锻炼的人数达到 45%以上，上海将基本实现全球著名体育城市的建设目标。并提出了扩大产业规模、增强产业优势、优化产业环境、巩固产业基础的分目标和创新体制机制、提升产业功能、扩大市场供给、优化发展环境的主要任务。

本课题想要探讨的是上海提出建设“全球著名体育城市”目标的原因与基

* 本文作者单位：上海体育学院。立项编号：TYSKYJ2016071。

础，这个目标对上海这座城市和市民而言的意义所在，同时本研究对国际上对于“世界著名体育城市”的指标体系，现有的“世界著名体育城市”的共同点和可借鉴的方法进行分析，并在此基础上为上海全球著名体育城市的建设目标提出可行性建议。

二、目的意义：增进民生福祉提升城市软实力

针对上海提出建设“全球著名体育城市”目标的原因，上海市政府在《上海市人民政府关于加快发展体育产业促进体育消费的实施意见》指出加快发展体育产业，是党中央和国务院的重要战略部署，是主动适应经济发展新常态、培育新的经济增长点的内在要求，是提升城市软实力、增强全民身体素质和健康水平的重要举措。

上海市体育局局长黄永平表示，建设“全球著名体育城市”目标的提出具有充分的依据。上海的经济实力在全国处于领先地位，拥有庞大的消费市场，经过多年发展，已经拥有市场潜力巨大的“消费文化”；而在竞技体育方面，上海拥有姚明、刘翔等世界级运动员，体育文化建设也颇有成果；每年上海都会举办诸如上海网球大师赛、F1上海大奖赛等多个世界级的体育赛事，在全球都拥有较高的知名度；而上海巨大的发展潜力也使得上海的体育产业建设拥有良好的发展前景；上海目前在世界体育城市排名中处于中上游的位置，此时提出十年建设全球著名体育城市具有完全的可行性。

而原上海市委副书记、市长杨雄则认为，体育事业和体育产业改革发展对上海增进民生福祉、塑造城市精神、推进经济转型均具有重要意义。体育事业对于上海的政治、经济、文化都有良好的促进作用。体育是上海创新发展的重要方向。推动体育的发展，能够提升居民的生活满意度，提高市民参与体育活动的能力与热情，促进城市体育健康资本的发展。

关于上海在此时提出建设“全球著名体育城市”的原因以及它的目标对城市和市民的价值和意义，体育学界的研究者也纷纷提出以下各自观点。

上海之所以在此时提出这样一个目标有几个原因：上海目前正处在转型发展的新时期，政府对城市发展的宏观调控和布局都进行了调整，这对上海建设世界知名体育城市来说是利好消息；上海每年都会定期举办上海网球大师赛、F1上海站、上海马拉松等大型赛事，这提高了上海在世界的知名度，让上海在国际体育界的地位上升；近年来，健身成为民众间的热门话题，上海市民

本身日渐浓厚的体育氛围也可以推动上海体育城市的建设；国家当前对长三角地区的建设和上海地区领头羊的地位也有良好的促进作用；网络技术的发达，信息时代的到来促进了体育媒体的发展和体育新闻报道水平的提高，这也带动了上海城市体育的发展。

体育是文化的一种表现形式，城市的文化实力通过体育可以展现出来，在城市中对各种形式的体育活动进行推广，有利于建设正确健康的城市精神；而大型赛事的承办，对城市本身也是一种推广和营销，有利于提高知名度；在竞技体育中成绩优异的运动员也可以成为城市的代表人物和文化符号象征；对体育场馆的建设有助于建设新的城市中心，引导消费，使体育场馆成为市民活动的集散地；而市民体育活动参与度的提高对市民的自身健康和城市文化建设有促进作用。

而就举办大型赛事对城市的推动作用，有专家学者认为，体育盛会所带来的效应是超越城市自身需求的，体育盛会能够给城市发展带来全方面的推动，能够造成城市发展的突飞猛进的飞跃，它能够帮助城市获得更丰富的资源从而反哺城市发展；体育盛会对城市发展来说是一次巨大的机遇，它可以帮助政府对区域资源进行整合，提高城市各方面的实力，从而提升国际竞争力；体育场馆的建设可以使得政府从宏观上对城市空间布局进行调整，从而对城市规划进行升级，推动城市体育基础设施在数量和质量上的提高，并以此进一步促进了整个城市的发展。

还有专家学者总结了大型体育赛事对城市文化传承的作用。认为大型体育赛事在城市体育文化建设中起着越来越重要的作用，它提供了一个具备广度和深度的平台，它在空间上促进了不同区域文化的融合，展示了城市的个性和共性。同时它在时间上也推动了对历史文化的继承，并对其进行延续和发展。整个城市的文化生态也因此得到了极大的提升。

对于城市公共体育设施的建设对城市发展的影响，国内专家学者总结认为：对经济而言，城市体育设施的建设能够推动经济的发展，对城市产业的升级和调整也起着正面作用。在社会管理方面，能够提高政府的社会治理水平，有利于促进城市公共部门服务的提升，并能够推动城市稳定的发展。而对于城市环境而言，体育设施建设能够促进环境治理，推动城市布局升级和塑造新的城市发展中心。

有专家学者在总结了当下世界各级各类城市在利用体育来促进城市发展的例子后指出，体育的发展可以打造城市名片从而提高城市在全国甚至全世界的知名度和影响力。同时在经济上它可以推动城市经济发展模式的转型、推动体育相关产业和旅游业的发展，从而吸引全国乃至全世界的人才。而对城市居民而言体育的发展既可以增加就业机会，又可以提高居民的日常生活水平，增加市民的生活满意度。

再有专家学者以体育的群体性为切入点，分析了上海创建"世界著名体育城市"对上海青少年学生的影响，认为青少年与体育之间存在着共生的关系，创建"世界著名体育城市"有利于上海对各项资源的开发利用，最大化的提高资源利用率，并因此增加青少年对参与体育活动的积极性。

综上不难看出，政府和体育研究学者关于上海 2025 年建设"世界著名体育城市"的目标都持有积极的看法和预期。

本课题认为上海市政府提出这样的目标具备深远的战略眼光，是配合国家"十三五"建设计划的一个战略部署。对于城市发展和市民生活具有重要的价值与意义。

上海作为国内的一线城市，经济基础好，人口基数大，且体育基础设施较好。拥有虹口足球场、八万人体育场、上海国际网球中心、卢湾体育馆等多个优秀的体育场馆，每年承办大量的国际国内赛事。并在中超、CBA 都拥有球队，在发展体育方面有良好的基础，拥有了"世界著名体育城市"的雏形，并具备了与墨尔本、伦敦、芝加哥等排名前列的城市竞争的潜力。

推进城市现代化建设是我国社会主义建设的一项主要任务，而发展体育对城市化的建设有很大的推动作用。体育产业本身作为经济产业的一种，具有很大的发展潜力，每年的中超、CBA 比赛，上海网球大师赛、F1 上海大奖赛等都具有很高的商业价值，发展体育产业可以有力地推动上海的经济发展和产业结构转型，并能为城市居民增加就业机会，对上海的交通业和旅游业也有很大的帮助。

目前国家强调"全民体育""全民健身"，而"全球著名体育城市"的建设也有利于提高上海市民的健身意识和居民运动的开展，有助于推动城市体育基础设施的建设。并且它对校园体育也有很大的促进作用。总的来看能够有效提高市民的生活质量和身体健康程度。一直以来提到上海的文化都是"海派文化"，而体育城市的建设能够对上海的城市文化进行重新解构，在原有的基础上取得新的发展，赋予更多的时代气息。对新时期上海的城市形象建设也有很大的裨益，有助于提高提高上海的国际影响力和知名度。对于上海体育传媒界，也提供了很好的发展机会。

此外，体育城市的建设也有助于城市竞技体育的发展，对城市竞技体育成绩的提高和知名运动员的培养有很大的促进作用。有利于加强竞争意识，完善从非职业到职业运动员的培养链。总的来说，上海建设“全球著名体育城市”对于上海的促进是全方面的，在经济、文化和市民个人层面都给予了提升的机会，如果能够把握住机遇，可以推动整个城市的转型与发展。

三、评价标准：全球著名体育城市指标体系

（一）学界和专业公司对体育城市的评价标准体系

对于“全球体育城市”的定义，在学界也没有一个统一的看法。有专家学者等曾在研究中，从世界城市理论的角度对“国际体育城市”做过分析、界定，认为国际体育城市可以理解为体育赛事举办、体育文化建设在世界上都名列前茅，并在体育方面对周边区域甚至全世界有很强的辐射作用的城市。体育赛事的承办数量和体育文化建设是世界著名体育城市的两个重要方面，也是其主要特色。

而对于“国际体育城市”的评价标准，有专家学者等提出从美国体育城市的评价标准来看(表1)，比较注重体育的竞赛作用，注重体育与生活、与城市整体环境的融合。

表1 美国体育城市的评价标准

指 标	内 容
基本资格	一个城市必须要在美国四大职业体育联盟(NBA、NHL、NFL和棒球大联盟)拥有至少一支球队，要由一所大学的球队进入美国大学体育联合会(NCAA)橄榄球、篮球甲级队。
主要标准	1. 球迷忠诚度； 2. 举办大型体育赛事的数量、级别与吸引力； 3. 体育媒体种类与数量； 4. 体育俱乐部的种类与数量。
次要指标	1. 举办体育赛事的体育场馆周边的景观。要求体育场馆周边要有良好的自然景观，能够给人们以美感； 2. 城市夜生活环境。要求比赛结束后15 min，人群不是马上散去，城市不会变得空寂，人们有交往的需要和环境。

还有专家学者则认为，全球体育城市(Global Sport City)是指对全球的体育建设和推广有着决定性的重要作用的城市。它们拥有丰富的体育赛事资源，推动了综合性及单项体育赛事的运营和发展，在体育运动发展中具有举足轻重的作用。全球体育城市拥有完整的、成体系的体育赛事制度，具备操作性和可持续性、体育场馆数量众多并达到世界一流水准，竞技体育具备竞争力并且从政府到市民都对体育有足够的重视程度。这种城市往往具有丰富的赛事承办经验和优秀的承办能力、多样化的体育资源、能够以科技带动创新，从而促进体育产业发展的转型。

再有专家学者认为，国际体育城市的特征为：市民体育活动开展的质量较高，群众参与体育活动的人数、次数、积极度都领先于其他城市，社会体育活动的组织密度高；竞技体育具备世界领先的实力，个别项目或运动员拥有着世界级的影响力；具备成功举办世界级大型综合体育赛事的能力；体育产业发达，发展潜力巨大，体育相关经济在城市经济发展中起着重要作用；体育场馆和体育基础设施建设完善，符合世界级的标准。

有专家学者将国际体育中心城市界定为推动着世界体育运动发展，在体育产业和体育活动中起着领导作用，并成为世界体育发展的重要连接点的，具有重大的国际声誉的，竞技体育和市民体育发展程度较高且前景良好的城市。认为国际体育中心城市的主要特征是以下几点：城市体育资源丰富，每年每季度都会有大型的世界级体育赛事，具备世界范围的知名度，体育场馆建设走在世界前列，经济发达，体育相关产业蓬勃发展。市民体育开展情况良好，群众参与体育活动的热情高。传媒产业发达，体育新闻报道具有世界水平并具备自身特色。

在相关研究成果的基础上，像国内体育管理学、体育社会学等体育理论领域的专家、学者进行前后两轮的调研，最终建立起了由8个一级指标、29个二级指标和69个三级指标组成的国际体育中心城市评价指标体系(表2)。

表2　国际体育中心城市评价指标体系

一级指标内容	二级指标内容	三级指标内容
竞技体育	教练员队伍	国家级教练员人数比例；高级教练员人数比例
	运动员队伍	国际级运动健将人数比例；国家级运动健将人数比例
	裁判员队伍	国际级裁判员人数比例；国家级裁判员人数比例

续　表

一级指标内容	二级指标内容	三级指标内容
竞技体育	竞赛成绩	运动员获世界三大赛奖牌数;运动员获亚洲三大赛奖牌数
	场馆设施	高水平体育场馆数量;国家级高水平后备人才训练基地数量
体育产业	体育产值	体育产业增加值地区总值;人均体育产值
	体育产业结构	体育服务业产值体育产业总产值;体育服务业产值体育用品业产值
	资源指标	体育场馆数量万人及人均体育场馆数量;体育产业就业总人口;体育经营组织数量的多少;举办国际体育赛事数量以及城市品牌体育赛事数量
	体育消费	年人均体育消费;年人均体育消费人均可支配收入
社会体育	经常参加体育锻炼人口	经常参加体育锻炼人口数量地区总人口;地区国民体质合格率
	体育组织化程度	拥有社会体育指导员数量/千人;社会体育组织数量/万人
	保障条件	人均社会体育活动经费投入;人均体育场地面积
学校体育	体育教师队伍	体育教师与学生的比例;体育教师的学历达标率
	体育课	体育课满课时开课达标率
	课外体育锻炼	学生每天平均体育活动一小时达标率;班级课外体育活动的次数/周;
	课余训练与竞赛	学校运动队数量/年;校内体育竞赛次数年;中小学生参加区级以上体育竞赛次数/年;大学生参加市级以上体育竞赛次数/年
	经费设施	学生人均体育活动经费投入情况;学生人均体育场地面积与体育器材设施情况
职业体育	职业体育俱乐部	职业俱乐部种类;职业俱乐部数量;职业俱乐部成绩;球迷对俱乐部的忠诚度
	职业体育比赛	职业体育比赛的精彩程度;职业体育比赛的门票价格

续 表

一级指标内容	二级指标内容	三级指标内容
体育国际化水平	体育国际影响力	拥有国际单项体育组织总部数量；拥有跨国公司总部或区域性总部数量；拥有国际组织总部数量
	体育国际交流交往水平	体育系统出访人次/年；外籍常住居民占本市人口的比重；高等教育在校留学生比例；专业体育电视台、广播电台数量；体育专业报刊、种类
体育科技	科技保障	体育科学研究经费占体育总投入的比例；体育科研机构数量；国家级重点实验室数量
	科技队伍	体育科技人员数量；在读体育学研究生数量
	科技成果	体育专利申请数量；获得国家级科研奖项；省部级以上科研立项数
体育素养	体育知识	接受体育教育的层次
	体育技能	专项运动技术与各种体育活动能力
	体育意识	对体育的兴趣；参与体育活动的欲望
	体育行为	参加体育活动次数；观看体育比赛次数
	体育道德	公平参与比赛；文明观看比赛

国内专家学者等通过国内、外学术文献分析，并在考察国际上相关实践的基础上，结合体育城市建设动力机制的考察，认为国际体育城市评价指标体系是以城市综合实力为基础，以体育城市综合影响力为特征，包括城市综合实力、体育城市综合实力、体育资源及品质、体育产业实力 4 个二级指标和 34 个具体指标组成的综合指标体系。

还有专家学者认为，体育城市是当今城市的一种发展模式，少数经济发展情况较好的城市或是一些城市发展需要转型的城市，会以体育作为城市发展的主要特色，以体育为核心促进城市发展。将体育作为塑造城市文化，带动城市经济发展，提高城市国际知名度的手段。体育城市往往伴随着发达的体育产业和群众基础深厚的体育文化，对世界的体育发展也起着很大的作用。根据这一概念，总结了体育城市发展的支持条件(表 3)。

表3　体育城市形成与发展的支持条件

支持条件	支持条件特征
体育文化	深厚的体育传统、浓郁的体育文化氛围、热爱体育参与体育的文化价值取向等
体育产业	市场体系完善、体育消费活跃、产业特色鲜明、当地经济增长的支柱产业等
社会体育	完善的体育活动场所、健全的体育组织网络、积极参与体育锻炼的习惯和热情、广泛的体育活动群体等
竞技体育	具有影响力的高水平职业体育俱乐部、具有承办国内外重大体育赛事、特色赛事的能力与水平等
体育形象	体育传媒(电视、报刊、网站)发达,完善的城市体育形象营销战略等
体育实体空间	标志性体育场馆建筑体、功能齐全的体育赛事场馆、结构合理的体育场地设施等

而在国外的研究中,有专家曾经以欧洲标准来评价世界范围上体育城市的“世界顶级体育城市”评价标准。欧洲的评价标准的核心内容是围绕着城市体育赛事相关内容展开的,所以被评为“世界顶级体育城市”的城市,体育赛事氛围浓厚,市民融于体育乐趣当中,体育赛事已经成为市民生活不可或缺的组成部分,真正实现了赛事生活化,生活赛事化(表4)。

表4　世界顶级体育城市评价标准表

评价指标	基　本　内　容
赛事举办及影响	周期为8年(考评时间点前后4年间)大型赛事(国际、洲际和国家级)数量和影响力,及赛事安保成效
国际体育组织	是否为国际体育组织总部所在地,国际单项体育联合会的数量及影响力
基础性设施	体育赛事的交通便利性、住宿的舒适性、酒店数量和价格等
政府支持	重大体育赛事申办成功,政府支持力度,是否设立专门官方机构运作赛事相关事务
遗产规划和影响	城市如何在赛事申办中建立体育遗产
安全性	在平时和评选阶段是否有安全危机?是否有具体的安全规划

续 表

评价指标	基　本　内　容
生活质量	赛事举办时的天气和气候状况，城市生活标准状况，举办赛事期间旅游的舒适度
公众参与	体育赛事公众支持率及参与服务情况，大型体育场馆运营状况
网络发展和营销	体育网站是否清晰？与用户关系如何？是否有负责城市体育专职人员？专职人员是否一直坚持为城市体育发展努力工作？他们如何推介自己？

综上可知，全球著名体育目前并没有形成统一的评价标准，但从现有的各类体育城市评比和现有的研究可以看出，尽管没有统一的标准，但是还是存在一些大体的标准和规则，这些评价标准和规则基本集中在城市经济能力和体育产业水准、政府支持度、体育场馆建设和承办大型赛事能力、城市体育基础设施建设、城市竞技体育成绩和国际影响力、全民体育活动参与度以及媒介对于体育活动的宣传力度。而体育经济产业水准和承办大型体育赛事的能力是其中最关键的部分，这也是上海未来建设“世界著名体育城市”的发展方向和必须要提高的方面。

四、他山之石：国际上著名体育城市建设经验

（一）全球最佳体育城市墨尔本建设体育城市经验

2015年4月20日，在瑞士举行的“2016年世界终极体育城市评奖”活动的14个奖项中，有着澳大利亚“体育之都”之称的墨尔本夺下包括“十年来全球最佳体育城市”在内的3个奖项，入围了8个奖项，这是墨尔本第四次获得这一殊荣。而墨尔本对“体育城市”的建设对上海而言也有可借鉴的意义。

有专家学者等对大型体育赛事城市个性实现途径研究后认为，墨尔本市以其得天独厚的地理位置作为体育城市发展的出发点，结合了长久的城市历史文化，重点发展橄榄球、网球等群众参与度高、基数大的体育项目。在竞技体育层次上，职业化与市场化的程度高并相互促进，各项赛事开展程度较好。它将体育赛事与大众传媒、旅游业有序的结合在一起，既推动了经济发展，又提高了自身的体育文化辐射能力，最高程度地对资源进行了有效利用。

还有专家学者指出，墨尔本在宏观上具备全局性的发展管理理念，它将旅游业与体育赛事紧密地结合起来，两者相互促进。墨尔本充分利用便坚持拓展体育资源，并以此推动旅游经济的发展，而旅游业的兴旺又反过来促进了体育赛事影响力的扩大。墨尔本在世界体育发展中拥有重要地位，澳大利亚网球公开赛、F1 大奖赛等都是世界知名赛事。这些赛事在墨尔本本地有相当广泛的群众基础，又因为专业的赛事经营部门对比赛时间的合理安排使得墨尔本当地在全年都拥有浓厚的体育氛围。

再有专家学者通过对墨尔本体育赛事进行梳理与总结，认为墨尔本已经形成了其在体育赛事运营和体育相关产业开发上的独到之处，它的发展模式既具有持续性又具有可操作性。首先它将竞技体育与市民体育有效的结合起来，既重视对具有重要影响力的国际大型赛事的举办，同时又积极调动市民对业余体育活动参与的积极性，并大力普及体育相关知识，在城市中培育体育消费文化。在宣传上市政府将体育作为城市的名片，对外报道时尽力突出城市的体育特色。在城市的布局规划上，墨尔本市政府将体育作为重要的考虑因素，完善了体育场馆周边交通建设，并建造相应的体育基础设施。在体育与经济的结合上，墨尔本使用了旅游业与体育的融合，以体育赛事提高知名度和旅游收入，将体育赛事作为墨尔本旅游的重点项目和卖点。

国内有专家学者对墨尔本举办体育赛事的模式进行分析后认为墨尔本体育赛事发展的成功经验中，有两点值得关注：一是它对体育与经济结合的发展方法使用了体育旅游这一新的探索模式，它以体育为核心卖点吸引游客，以良好的体育赛事服务拉动经济增长。它将体育赛事的意义超越了其自身，使其不仅是体育元素更是经济元素、文化元素。二是它对体育产业的管理充分的利用了市场的因素，建立并完善了一个管理体制，由政府和各方进行共同管理，它监控了体育赛事的整个过程，包括前期的规划，比赛时的各项服务，赛后的保障等。这提高了资源的使用效率，使得体育资源能够被充分利用，避免了浪费。

有专家学者总结了墨尔本承办澳大利亚网球公开赛的成功经验，认为主要有几个方面：政府和市场进行了紧密的合作，政府进行宏观调控，为体育赛事的发展提供达到国际标准的公共服务，而市场则负责处理各种细节事务，充分利用城市的各项资源，并对墨尔本进行大力宣传。政府和市场这种精密的分工互不干扰又产生联动，保证了游客对墨尔本产生良好的影响，进而影响新一轮的口碑传播。同时墨尔本各项赛事的组织者不仅将其当作体育比赛，更多的是把它当作是一项文化符号来经营，它将体育赛事本土化，将澳大利亚和墨尔本本身的文化元素融入体育赛事中，引导游客和本地居民，达到狂欢的效果，从而使大型的体育赛事成为墨尔本一年一度的节日。

（二）纽约等其他著名体育城市建设体育城市经验

有专家学者对纽约和印第安纳波利斯等美国城市体育的发展进行研究，指出印第安纳波利斯充分利用了体育赛事资源进行城市发展转型，相比于美国其他大城市承办世界级的大型体育赛事，印第安纳波利斯走的是业余体育的路线，通过对各项业余体育赛事的举办，成为区域的体育中心，从而提高了城市的影响力，吸引了更多的游客。而纽约则凭借它自身的经济优势和区位优势，承办了大量的国际级体育赛事，具备全球性的影响力。同时纽约也重视对市民体育潜力的开发，呼吁更多的市民参与到体育相关活动中。纽约创建体育城市的特点可以总结为以下几点：形成了完善的体育产业链，体育相关经济发展态势良好；体育高度商业化，经过开发后成为文化符号，同时将体育文化推广与传媒业紧密结合，将体育文化融入市民文化、城市文化；将竞技体育与市民紧密结合，培养体育迷的城市认同感和荣耀感。

还有专家学者对英国曼彻斯特进行研究后指出，曼彻斯特以体育为发展核心促进城市经济发展模式转型，曼彻斯特曾经申办过奥运会，虽然最终失败，但申办的过程推动了曼彻斯特城市基础设施的发展，造成城市结构的升级，改善了曼彻斯特的经济发展环境，提高了市民的归属感和生活满意度。而曼彻斯特市政府曾经多次出台文件，拟通过体育加快城市经济前进的步伐，同时将体育与城市文化结合，从而提升曼彻斯特在英国、欧洲甚至全球体育界的影响力。

国内专家学者分析英国南安普顿依靠地理优势发展的体育城市的案例指出，南安普顿是海滨城市，拥有丰富的海洋资源，这是该市发展水上运动的利好条件。同时多个水上运动协会都位于南安普顿附近，也推动了水上运动在该市的传播。市政府依据地理条件和历史、文化因素，也创办了多项水上运动的赛事，将南安普顿打造成世界水上运动重要的休闲区和赛事举办地，并以此推动旅游业的发展，从而使该市将体育与休闲娱乐融为一体，并从中获得裨益。

（三）国际著名体育城市建设经验共同点

通过对国际上主要体育城市形成发展的原因和经验进行梳理和分析，本课题认为这些城市能够形成体育城市有几个共同点：

首先，是对世界级的大型体育赛事的承办。无论是墨尔本的六大赛事、曼彻斯特申办英联邦运动会、纽约举办的“纽约马拉松赛”，还是南安普顿举办的各项水上运动比赛，对这些城市的经济、文化发展都起到了很大的推动作用，增加了城市在本国甚至世界的知名度，也推动了旅游业的发展。

其次，是政府对城市体育的大力支持和有效的长期规划。墨尔本、曼彻斯特、南安普顿等为了以体育为切入点，将体育发展与城市发展相融合起来，都出台了长期规划并以此形成了以体育为核心的链式结构。

再次，是对城市竞技体育的支持与发展。墨尔本本地的澳式橄榄球比赛职业化程度相当高，纽约有纽约洋基队、纽约尼克斯队等多只在美国体育大联盟有着悠久历史和辉煌战绩的球队。印第安纳波利斯也有印第安纳波利斯小马队和印第安纳步行者队这样的高度职业化的球队。竞技体育的高度职业化促进了市民体育意识的发展，也促进了城市体育产业的繁荣。

此外，这些城市都十分重视对市民体育、业余体育的发展。印第安纳波利斯被称为“业余体育之都”，墨尔本十分注意推广市民对体育活动的参与，南安普顿大力推广市民参与水上运动。这些措施都加强了城市的体育氛围，使得体育成为城市基因的一部分。同时无论是墨尔本、纽约还是南安普顿都十分重视对城市体育文化的发展，力求将体育与城市文化合二为一，将体育变成生活的方式。总的来看，对大型赛事的承办、政府的支持、体育文化的培养、体育产业的高度开发、体育与旅游业的融合、竞技体育和市民体育的分头并进，都是上海在建设“世界著名体育城市”的过程可以借鉴的经验。

五、立足本土：上海建设全球著名体育城市可行性策略

（一）政府要有基于本地实际长远发展规划

建设全球著名体育城市是一个十年规划，属于长期发展目标，需要相关配套措施的整体运行，因此需要政府有关部门出台相关法律法规和政策，以一份切实的、具备操作可能性价值的长期规划作为核心思想，打造既具有中国特色、又具有国际化的体育城市。并且这份规划并不是孤立的，它要与国家的整体相关规划以及上海对本地经济的长期发展计划相结合，做到体育与经济、文化的相融，使得体育能够促进经济的提高，产业的转型以及文化的发展。对

此，上海可以从曼彻斯特和印第安纳波利斯的发展中吸取经验，这两座城市都是依靠政府的正确规划成功实现了经济的大发展和城市的转型。

（二）国际性体育赛事与上海城市文化有机融合

文化对城市的发展有着不可忽视的作用，上海想要建设“全球著名体育城市”，就必须发展具有本土特色的体育文化。上海作为我国对外开放较早的城市，具有包容性的特征，对西方文化就比较高的接受程度。因此本文认为，上海应当以自身的“海派文化”为基础，坚守传统文化的阵地，同时海纳百川，吸收西方体育城市文化中不相抵触的部分，从而形成上海特色体育城市文化。这需要上海积极打造体育文化产业园区，同时培养高校体育文化方面的专业人才，提高体育文化研究学术水平。

上海目前已经承办了包括F1上海大奖赛、上海网球大师赛、射箭世界杯赛、环球马术赛等多项国际级赛事。但在赛事与城市的联系程度上还稍显欠缺，赛事的本土化程度与纽约、墨尔本等知名城市相比还略有不足。因此上海在继续承办大型赛事的同时也应当融合本地文化打造“上海特色”，类似上海国际马拉松赛不应当成为个案，而是被推广开来。不仅仅是把其当作一场比赛，而是上海文化展示的舞台、上海人民狂欢的节日，这样能够吸引更多的本地市民参与进赛事中，防止因新鲜感流失造成的赛事热度降低。而参照巴塞罗那的经验和上海目前的经济实力，上海可以申办一次奥运会、男篮世锦赛级别的体育盛会，大型的综合性赛事对城市经济发展的帮助是巨大的，以此可以促进整个城市的转型和产业的升级。

（三）提高竞技体育发展水平打造有国际知名度的竞技队伍

一个城市竞技体育俱乐部的成绩及其是否具有国际知名度和影响力是衡量该城市是否是著名体育城市的重要标准。上海目前拥有上海绿地申花、上海上港、上海哔哩哔哩等多支职业俱乐部，且在国内都拥有一定的知名度，但在国际上还是鲜为人知。因此本课题认为，上海市政府可以出台相关政策，推动上海本地职业俱乐部在竞技体育成绩上的进步，从推动城市发展的角度，扶持职业俱乐部的发展，做到行政化与市场化的相结合。统筹资源向俱乐部适当倾斜，吸引高水平运动员向上海的迁移。

对于职业化程度不够高的竞技项目，如排球、乒乓球等，市政府相关部门可以出台政策大力吸引投资，推动其在商业化方向的发展。此外在竞技体育方面应该推行“引进来”与“走出去”相结合的战略，多与国际知名俱乐部，知名选手进行交流，提高自身的国际知名度和影响力。同时积极打造本地的“明星运动员”和“明星俱乐部”，以点带面，促进整个竞技体育事业的发展。

（四）发展社区体育提高全民身体素质和健康水平

增强民生福祉是上海建设全球著名体育城市的预期目标之一，在这样的目标预期下发展全民体育实现全民健身是必行之策。利用各种力量加大宣传，形成全民健身的氛围，形成业余体育运动的热潮。比如时下流行的健身和跑步，就可以进行适度的推广，举办各种类型的体育公益活动或者是业余健身性质的比赛，开放运动场所，在不增加市民经济负担的前提下，提供给群众更多的体育参与机会，大力进行招商引资，吸引各行业的投资，将政府提供的公益性健身体系与由市场提供的营利性健身体系结合起来，构建完善的全民体育公共服务体系。并且依托如今的大数据体系，政府有关部门可以联合相关高校、医院打造一套适合时下中国人的健身方案，提高市民的健身水平。

（五）改造升级体育场馆完善基础体育设施

体育场馆数量和质量也是衡量体育城市的重要标准，目前上海拥有足球、篮球、网球、赛马、高尔夫等多项体育项目的比赛场地，在大型体育场馆的数量和种类上有较高水准，但如卢湾体育馆、浦东源深体育馆等场馆存在着容量较小、功能较单一的问题，因此难以满足承办大型体育赛事的要求，因此上海想要对城市体育进行进一步的升级，就必须对相关体育场馆进行改造。场馆改造应与整个城市规划相结合并与城市交通体系相配套，使其能够成为区域中的标志性建筑，在周边发展购物、餐饮、旅游、娱乐业等，从而起到辐射扩散的经济作用。同时对于体育场馆在没有赛事时的利用问题也应当成为考虑的部分，要充分发挥体育场馆的公益性作用和经济作用，可聘请专业的赛场运营管理人士，将场馆做到集比赛、训练、休闲、娱乐于一体。

城市的基础体育设施也需要进行升级和改造，随着近些年的建设热潮，上海建立了相应的建设设施，但远远不能满足市民日益增长的需求，因此本课题认为上海应当建设诸如健身步道、自行车道、休闲健身器材等体育基础设施，方便市民在早晨、下班后或周末进行健身。同时上海也应当建设更多的诸如黄兴体育公园、浦东体育公园等特色体育公园以满足市民的需要。对于校园体育设施，诸如高校体育场馆、中小学体育场馆，上海也应当进行合理规划，在周末或假期向普通市民开放校园体育设施来缓解社会体育场地不足的问题。

（六）大力发展校园体育完善青少年体育培养体系

想要形成良好的城市体育文化，形成全民体育的氛围，对中小学生校园体育活动的开展就必不可少。上海教育部门应做出妥善安排，保证中小学生每周在校的运动时间，并敦促学校聘请专业的体育老师进行教学指导，定期开展区域性中小学运动比赛，鼓励中小学生对体育的兴趣以推动校园体育发展。同时校园体育也可以与职业体育相结合，职业俱乐部可以与中小学开展合作，对于那些热爱体育并拥有一定运动天赋的中小学生，进入俱乐部青少年队进行培养，保证学生的学业和运动之间的平衡，以此完善职业运动青训体系，繁荣上海城市体育水平，促进上海城市体育发展。

（七）进行城市环保建设加强环境治理

城市的环境是评估体育城市资格的重要标准，它衡量的是一个城市是否适宜运动、是否有符合专业运动员和普通市民进行运动的条件。而上海目前的空气环境并不理想，时而会有严重雾霾的状况，这一点值得警醒。因此需要上海市政府拿出切实的治理方案，对环境进行系统性整改，保证空气质量、水质等，打造宜居城市，适宜运动的城市。

（八）充分利用多种媒介宣传全球体育城市建设目标

上海与墨尔本、伦敦等世界著名体育城市之间的差距便是市民对体育知识的了解不够，体育意识较为淡薄，因此需要媒体对体育相关内容的宣传，形成完整的营销战略。这不仅是官媒的任务，上海本地的都市报、新闻客户端、广播电视、城市 LED 屏等都应当加入其中，不仅是对体育赛事、体育明星的介绍和宣传，还有对体育场馆以及日常体育运动尝试、个人健康护理等方面知识的宣传。全媒体时代，新闻媒介拥有了较大的主观能动性，在受众基础知识较为淡薄的体育方面，甚至可能达到“魔弹论”的理想效果，因此需要媒体在线上线下的通力合作，以互联网＋的思维进行议程设置，新闻客户端、微博、微信公众号进行联合宣传，增强趣味性、接近性，以实现最大的宣传价值。

在赛事举办期间，新闻媒体能否做到实时报道，能否挖掘赛场内外最新、最有价值的新闻、人物专访的质量以及赛后分析、深度报道的水平也体现了一座城市是否有资格成为世界著名体育城市。因此对于体育新闻人才的培养也是重中之重。这需要相关部门出台有关规划，与上海及其周边高校新闻系院形成通力合作，给予新闻专业学生大量的实践机会，并邀请专业人才去各高校作讲座，以此加强高校学生的专业性和实践性，并可以借鉴国外对体育新闻人才的培养模式，取长补短，从而补上专业人士缺失的空挡。

六、结语

上海作为中国的一线城市，具备相当的经济实力和文化实力，在赛事承办、俱乐部运营、场馆建设方面都走在中国城市发展的前列，拥有建设世界著名体育城市的基础，而上海市政府在此时出台实施意见，要求在2025年建成"世界著名体育城市"，既是一份机遇，也是一份挑战。

上海目前每年承办大量体育赛事，并有"十二大"精品赛事，拥有较好的国际声誉，同时竞技体育和全民体育随着近些年职业化和市场化的运行也得到了蓬勃发展。体育城市的建设对于上海来说可以促进体育产业的发展和转型，吸引投资，推动产业结构的调整。能够提高上海承办、运营和报道世界级赛事的能力，改善体育场馆的建设和运营现状，促进体育基础设施、城市交通和社区体育、业余体育的发展，推动城市体育文化的建设。在城市层面和市民个人层面都有着积极的作用。

而从国际上对于体育城市的评价标准体系来看，上海和现有的国际著名体育城市如墨尔本、伦敦、南安普顿仍然有着不小的差距。在大型赛事融合本地特色，进行本土化运营、竞技体育俱乐部职业化管理、市民体育推广、体育意识传播、体育文化构建以及体育和旅游业的相互融合方面，这些城市都有着上海可以借鉴的经验。

因此，本课题认为，上海市政府既然提出建设"世界著名体育城市"的目标，就要紧紧围绕这"体育"这一概念出台长期规划。发挥上海城市文化中"包容性"的特征，在建设过程中既体现出国际化，又富有上海本地"海派文化"的特色，以此为契机，推动竞技体育职业化，运动员影响全球化，体育场馆运营市场化，体育新闻人才专业化，健身体育全民化，赛事建设本土化，体育报道全媒体化，并在此基础上将体育真正融入到城市血脉中，共同成长。

未来的十年对上海来说是快速向前发展的十年，是围绕这国家政策规划腾飞的十年，本文也希望上海能够围绕着实施意见协调发展，为我国体育事业和城市发展书写新的篇章。

参考文献

[1] 艾水说.2025：上海基本实现全球著名体育城市目标[J].上海人大月刊编辑部邮箱，2015

[2] 上海市人民政府关于加快发展体育产业促进体育消费的实施意见[J].上海市人民政府公报，2015

[3] 刘朝晖.2025上海：全球著名体育城市[J].新民周刊，2016

[4] 孟群舒.2025基本建成全球著名体育城市[N].解放日报，2016

[5] 肖焕禹，李文川，方立.上海建设国际知名体育城市研究[J].体育科研，2010

[6] 汤立许.城市体育对城市软实力的提升及路径选择研究[J].山东体育学院学报，2010

[7] 梁佳.从体育的盛会到城市的盛会——体育盛会推动城市发展经验探讨[J].广西城镇建设，2014

[8] 邱婷，柳鸣毅，姜韩.大型体育赛事与城市文化传承的关系研究[J].广州体育学院学报，2016

[9] 姚燕军，苏延林，马赛敏.公共体育设施对城市发展的影响[J].甘肃科技，2014

[10] 鲍明晓.论体育在促进城市发展中的作用[J].南京体育学院学报，2010

[11] 刘宏森.大都会中的青年——关于把上海基本建成全球著名体育城市的思考[J].体育科研，2016

[12] 黄海燕.上海建设全球著名体育城市的若干思考[J].体育科研，2016

[13] 张玉超.上海市建设国际一流体育大都市发展战略研究[J].南京体育学院学报(社会科学版)，2011

[14] 宋忠良.国际体育中心城市评价指标体系理论与实证研究——以北京建设国际体育中心城市为例[D].福州：福建师范大学.体育教育训练学

[15] 陈林华等.国际体育城市评价指标体系的构建研究[J].体育科学，2014

[16] 许月云.体育城市形成与发展的逻辑路径与构建维度[J].泉州师范学院学报，2012

[17] 唐文兵等.中外体育城市评价指标体系的对比研究[J].武汉体育学院学报，2014

[18] 邱婷等.大型体育赛事与城市文化传承的关系研究[J].广州体育学院学报，2016

[19] 沈佳.赛事之都墨尔本的战略经营管理[J].环球体育市场，2008

[20] 骆雷.体育赛事与墨尔本城市发展的互动与融合[A]//第六届全国体育产业学术会议文集[C]，2012

[21] 张颖慧.上海体育赛事发展的国际比较——以与纽约、伦敦、墨尔本的比较为例[J].体育科研，2010

[22] 邵炎.墨尔本与苏州体育赛事旅游产品竞争力的比较研究[D].苏州：苏州大学：旅游管理

[23] 王成等.美国体育城市的类型特征、创建成因与本土启示[J].体育科学，2015

[24] 陈珊等.上海建设全球著名体育城市的国际准则——基于在沪外籍人士的访谈报告[J].体育科研，2016

第 6 篇

体育文化

体育构建上海形象的途径及机制研究*

李荣芝　钟　飞　李　坤　杨　皓

一、前言

在相互依赖日渐深入的全球化时代，城市形象问题愈加凸显其重要性，已经成为城市可持续发展的重要议程。城市形象之所以引起各界重要关注，在于它直接关系到其在其他地区的城市及组织以及公众视野中的看法和态度，进而影响着城市规划与发展。良好的城市形象是国内外交流、扩大其影响力、区分其他城市的独特标示及"脸面"，其不仅能形成一种强大的凝聚力、辐射力，体现城市魅力及吸引力，而且是城市重要的无形资产，能够使无形的精神财富内化为有形的物质财富。

古今中外，体育往往与国家强弱、民族荣誉等相关联。在全球经济全球化的当下，其被承载了更多的内容，它常常与眼球经济、品牌、影响力等字眼紧密相连。上海在中国是首屈一指之城市，其在世界经济中的地位愈加凸显，作为一个新兴的国际大都市，运用体育发展城市显得尤为重要。2008 年奥运会在北京的盛大举行，体育以它前所未有的影响第一次受到中国社会的巨大关注。大型体育赛事因其巨大的国际关注度及影响力，对城市举办地产生重要冲击，更为重要的是，赛事在主办城市形象传播上产生了非常积极的作用，越来越多的城市加入国际知名赛事的举办权争夺中，以期获得城市新的不可多得的发展良机。

上海早在《上海市体育事业发展十五(2000～2005)计划》中就已明确提出

* 本文作者单位：上海体育学院，同济大学。立项编号：TYSKYJ2016087。

“积极申办具有世界一流水平体育赛事”的大赛承办方针。这一方针在“十一五”期间得到进一步强化和落实，Fl中国大奖赛、网球大师杯、女足世界杯、特殊奥林匹克运动会等陆续在上海成功举办。在刚过去的上海“十二五”规划中，政府同样把体育赛事作为重点发展对象。上海在利用举办大型体育赛事作为媒介，提高城市形象，宣传城市品牌已经迈出了坚实的一步，积累了一定的经验与教训。因此，通过体育对上海城市形象构建具有独特的视角和难以取代的作用，其具体途径及机制也被提上重要议程。近些年，随着我国政府对上海城市发展的政策支持以及上海城市经济实力的综合提升与增强，上海在世界的地位、作用和影响力逐渐彰显，城市形象构建目标几经更迭与调整。在此前提下，本课题意欲研究上海继续积极推进经济、社会、文化发展的背景下而探索一条符合时代发展的体育构建城市形象道路。

二、研究目的与意义

（一）研究目的

目前国内外由于城市发展与体育关系的相应研究，关于赛事对城市经济的影响研究在数量上占据绝对优势，而关于上海体育发展与城市形象传播研究仅有少数论著问世。本研究主要探讨上海城市形象传播建设过程上海的体育如何发挥积极作用，采取何种方式及途径，使上海为世界关注焦点，切实塑造及提升上海城市形象。

（二）研究意义

从理论层面上而言，有助于丰富和完善现代上海城市形象的研究内容和理论体系，充实我国城市形象的历史研究，从城市形象的历史角度，其城市形象建设具有阶段性的历史特征，只有充分研究上海城市不同历史阶段下的形象状态，才能深刻理解其城市形象的产生根源及其实际产生的影响力及其效果。

从实践层面来讲，上海城市的现代形象，可以说是上海城市发展的迫切问题，也是关系到其可持续发展的最根本的问题，如果能解决此难题，许多其他的瓶颈可能迎刃而解或有径可循。因此研究体育如何构建上海城市形象问题，也将为当前中国城市形象具体建设提供了一个有益的新视角。

三、上海国际化城市理念及目标

(一) 国际化城市概念

“国际化城市”早在1951年就由英格兰的一个城市规划师特里克·格迪斯提出，其称之为“世界城市”(World City)。检索相应资料，可以看到国际化城市相关研究主要集中于20世纪80年代，知名的地理学家、规划师彼得·霍尔认为，国际化城市是指对全世界或大多数国家在经济、政治、文化影响中产生和发挥重要作用的中心城市，它们往往通常是一个国家乃至世界的焦点与轴心；从人群富裕程度来讲，是多数财富持有者人口的大集中；目前，随着制造业贸易的纵深推进与扩张，娱乐业高歌猛进，正成为世界城市的主要产业部门之一。米尔顿·弗里德曼学者提出了七项衡量世界城市指标，包括金融中心、交通枢纽、国际财团集团总部所在地、世界主要制造业中心、人口数量等。

国际化城市通常要求一个城市在软硬件设施方面，国际化的整体环境方面，生活环境方面，以及历史文化环境方面，当然包括政治、经济、科技等，都需要在世界具有出类拔萃的竞争力，而且与世界大多数国家保持密切联系与高度合作。总之，全球化程度越高，国际化城市其综合规模及功能相随之增大。

在20世纪90年代，萨斯基亚·萨森“全球城市”(Global City)概念，其解释为全球城市是作为国际服务公司的所在地参与全球经济，如法律公司、通讯公司等。通常在使用过程中，世界城市和全球城市有不加区分的滥用，但实质上两者还是有着一定性质的区别。全球城市是全球服务性质，而世界城市，在注重其商品生产者性质。就空间对比而言，世界城市不像全球城市受限于地理制约，其内涵更为广泛，本课题研究对象更多指向国际化城市。

(二) 上海的城市国际化目标

时下的中国，比任何时候都渴望国际化，我国在过去的30多年的发展中，坚持国际化就顺利，不坚持国际化就倒退，国际化是我国发展的必然选择，关乎中国的大国崛起与繁荣昌盛。当今世界的发达国家，都借助国际化获得生机，从而确立领先优势，奠定了发达国家的优势地位。新中国自成立60多年来，积极主动加入国际体系队伍，不断提升国家竞争能力，同时加大对国际社会的各种力所能及帮助与支持，为维护全球体系做出了重要贡献，其在国际体系的影响不断延伸。

目前我国政治稳定，经济增速强劲，对外文化交流活跃，国内市场开拓空间巨大，科技进步明显，这些有利的国内环境为我国城市国际化发展作好了厚实的铺垫与支撑，我国长期执行的对外开放国策在国际交流方面提供了有利的制定及政策保证。此外，我国还出台特殊政策，鼓励部分城市优先发展，在各方面提供大力支持，包括经济特区等的设立。

随着我国对外关系的扩大以及与其他国家经济交往的加深，国际交往与合作成为政府当下的重要议程。2001 年 10 月 10 日，随着我国加入世界贸易组织，我国城市发展得到快步提速，我国优良的内外环境及硬件设施，吸引了世界越来众多的外国跨国公司和金融集团在我国扎地生根，创办企业，增设机构，这些都有效地促进了我国城市的经济大发展。包括国内大型集团企业的不断成立和国外合作合资创办的公司企业，这些都为我国城市的进一步发展提供了基本保证，目前我国城市发展不再局限于小范围，而是全球战略，无国界地跨越到全球。

上海，旧称“上海滩”，解放后，经历几代国家领导人的高度重视与优先发展策略，城市规模与面积已经扩大好几倍，而且还有继续扩大的趋势，在我国经济、交通、科技、工业、金融、航运等方面已经处于绝对核心地位。目前上海有全世界第一的港货物吐量与集装箱吐量，国际知名的几乎所有的艺术和文化活动都曾经在上海上演。上海从先天条件、历史文化及资源条件来看，具备成为我国最早的国际化城市及国际上知名的国际化大城市，解放以来，其国际化城市发展步伐一直高速平稳进行，到 2020 年成为国际金融和航运中心成为上海的“十三五”规划重要目标。

经过多年长期的不断拼搏进取，目前上海国际大都市的“硬实力”已经具备了较强水平，未来发展目标就是以此为基础，打造文化大都市，强化四个“中心建设”“科创中心建设”，向国际超一流、卓越的全球城市迈进，如何利用好现有的物质条件，使得硬件设施与相应的城市功能诸多载体协调一致，发挥聚合效益，“软环境”建设势在必行，但建设难度可想而知。软环境主要体现在以下八个字：法制、诚信、文明、活力。讲好上海故事，通过适宜途径，讲究不同方式，大力弘扬先进，有效传播正能量，必须要将上海在软环境方面建设取得的进步和成绩传播到全世界，不仅要讲好，更要讲得生动，要激起外界对上海的兴趣与认同。

四、上海“体育大事件”与上海城市形象

（一）“大事件”对城市形象的影响

好的城市形象来源于较高的城市发展水平，适宜的、立体的、全方位的媒体城市必不可缺。由于公众获取信息的渠道普遍成为大众传媒，所以，媒介构成、传播效果对城市形象的影响巨大。在激烈的同质化竞争中，越来越多的城市通过发掘自身特质，利用不断演进的传播策略推广城市形象以及通过制作城市宣传片、广告片等形式进行品牌传播，也有很多城市不仅局限于在国内，开始走出国门传播形象。在这些充满中国元素的广告片中，往往充斥着符号，难以看到真正具有人文吸引力的内容，这说明城市本身在“讲故事”方面缺乏素材，或者说，没有很好的利用素材。

“大事件”所引起的全球瞩目、世界轰动效应及成为现代城市形象建设常用的战略工具。这里的重大事件指具有全球的广泛影响力和巨大新闻价值的事件，如奥运会、世界博览会等。在信息时代，大事件，特别是美誉度较高的大事件形成的传播效果，被誉为“可与19世纪工业革命相媲美的发动机”，对当下的城市品牌经营与形象的塑造极为重要，也逐步成为提升竞争力的有效途径。

一个典型的代表是美国肯尼迪表演艺术中心，在美国，甚至在全世界，这都是一个非常独特的组织，因为这是唯一一个纪念馆同时兼具国家级表演艺术机构职能的组织，也是美国最大的表演艺术中心。由政府总统直接任命其董事和理事。在类似等级的艺术机构中，做过很多长期的艺术项目规划。比如20年前开始做的关注世界上最缺乏关注地区的艺术创作，邀请非洲44个国家的中的艺术家合作，2005年邀请900位中国艺术家在艺术中心举办中国艺术节等等。通过多种研究选择最好的合作方，保证艺术节的影响力符合城市的定位，由25万人参与了北欧艺术节，40万人参与印度艺术节，在线项目和教育活动观众人数也覆盖到百万人。艺术节通过文化的视角让人们了解及认识历史，重围历史原貌，品味文化饕餮大餐，这也是举办艺术节的目标。虽然我们总是用割裂的观点进行历史的审视与分析，但这实际上忽略了历史的连贯性。对于艺术来说，重要的事情是打破陈规，同时突出美感。例如在南非艺术节的策划之中，美国相对于欧洲，呈现了更为突出的与外界隔绝的状态，非

洲在美国人心中的印象也是刻板而且固化的，所以肯尼迪艺术中心花了4年时间对非洲艺术节进行市场营销和观众培养。对于这种长期的战略，只有政府层面或者大型社会组织才有承担的基础，也正是因为这一特点，这类的组织用独特的工作完成了城市魅力中最具创造性和吸引力的一环。

（二）“体育赛事”对上海城市形象的影响

体育文化有着极其丰富的内涵及功能，其特殊价值已获得共识。一个没有体育的城市，一定是缺乏活力与精彩的城市，一座没有体育的城市，也是缺乏魅力、更缺乏品质的城市。“体育，可以让城市更美好”。体育作为上海近年来着力打造的一张城市名片，取得了令世人瞩目的巨大成就，代表着上海城市形象的体育事业已成功地树立起自身的良好形象。体育赛事是体育的皇冠，从近代竞技体育发源开始，赛事就是体育的核心与灵魂，大型体育赛事是真正的万众瞩目“大事件”，早已成为世界各国际化城市开发利用的“常规武器”，当下世界公认的全球国际化大都市，无一例外都在打造浓郁的城市体育氛围，大型体育赛事在聚集全球人才、技术与信息资源，提升城市在全球网络中的地位，方式独特，作用巨大，具有其他活动难以比拟的优势。目前，上海的大型体育赛事一浪高过一浪，规格也一个比一个高。

上海借助“有容乃大”的胸怀与气概，是我国现代体育的发源地，综合性运动会及单项体育赛事频繁在此地开展，20世纪80年代后，体育发展得到提速，国内外大型体育赛事遍地生花，几乎周周有大型体育赛事活动，月月有国际体育大赛。截至到目前，上海已经成功举办过包括F1中国大奖赛、网球大师杯赛（2009年开始承办上海ATP1000大师赛）、国际田径黄金大奖赛、国际马拉松赛、国际高尔夫球冠军赛和世界斯诺克上海大师赛，而且这六大赛事现在业已成为上海大力推崇的品牌赛事，成为上海推销自己的“城市名片”，当然，环崇明岛女子国际公路自行车赛、国际体育舞蹈公开赛、中国羽毛球公开赛和世界沙滩排球巡回赛、国际自由式轮滑公开赛、国际极限运动挑战赛等城市景观体育赛事及各区县精品赛事也如火如荼展开。

据相应资料表明，2005～2014年的短短10年间，上海共举办了1 071次的大型体育赛事，其中全国性比赛626次、国际比赛445次。而在2011～2015年，国内赛事、重大国际赛事在上海总计举行了680次之多。现今的上海，举办的国际、国内赛事一浪高过一浪，数量逐年攀升，基本稳定在每年近100场左右，其中奥运项目的国际国内赛事占三分之二。这些数据都充分有力地说明了上海在承办国际大赛所具备的能力及基础，也显示了上海后续举办更多高规格赛事的潜能与吸引力。目前上海的体育赛事已经从关注单个赛事到关注赛事群转变，引进方式也随之变化，采取有选择性筛选处理。

五、上海体育构建上海城市形象路径

（一）探索新理念，强调政府引领作用

良好的城市印象来源于公众对城市主题进行的品牌建设及其理念正确传播、多元传播、有效传播基础上的各种感知与认识。城市形象核心在于城市的知名度和美誉度水平，政府作为城市建设与形象塑造的行为主体，响应主导地位，做好主导作用，引入先进理念与方法，借鉴其他管理与传播经验，多元化途径提高城市的知名度与美誉度。由于政府在城市整体资源配置方面的主导地位，城市形象建设既是政府的责任，也是政府的义务与和职责，其具体建设需要政府的最终贯彻与实际实施。因而塑造和传播城市形象必须依靠政府主导，研究新的理念与方法，探索不同路径，塑造城市新形象。

从上海市政府执念来讲，创新与发展是其突出的实践风格，协调发展是政府一贯努力的方向，“共享城市美好”，为建构“创新、协调、绿色、开放、共享”的多元体系，上海市政府秉承开放发展的优良传统，近年来更加关注民生，积极创新政府公关服务机制，努力向更加亲民和更加务实的方向发展，从而城市形象建设有了政府强大后盾保障。

（二）以体育实力地位培育城市形象领导力

“最景观”、“最热情”，是上海体育赛事最显著的特点。上海正在努力从“品牌化、专业化、市场化”等多个维度入手，着力培育和打造与国际化大都市相匹配的群众体育，不断拓展全面健身的新内涵。上海市政府近来大手笔地采取了一系列切实可行的策略与措施，包括增设场馆公益开放时段，从源头上重视全民健身，加强各类体育资源整合，公共体育场馆设施建设经费年年不断增加。同时对大型体育设施及建筑进行改造、整修，新建了很多大型专业场馆。市民健身中心根据市民需求，主要面向“草根”，通过降低锻炼门槛，设立专项资金，用于发动更多社会资源、民间力量，一起参与公共体育事业，让“大体育”成为实在行动。一个城市民众的健康素质是否提高、生活品质有无提

升，体育是一个重要的衡量指标。近年来上海全市朝气蓬勃的全民健身景象，是城市“软实力”的最好体现，是城市形象的最佳代表。

国际大赛在上海落地开花，让体育这张上海的名片熠熠生辉。2015年花滑世锦赛首次来到中国，来自40多个国家与地区的滑冰运动员齐聚上海，9场赛事共吸引8万多人次到现场观赛，场场爆满，座无虚席，同时精彩赛事也吸引了媒体的重大关注，来自18个国家和地区的130家媒体机构、542名记者和电视转播人员现场解说与综合报道。2016年上海国际马拉松3.8万人同场开跑，服饰各异，如花团锦簇，壮观异常，众多参与者纷纷留言：“中国运动健儿，通过‘上马’，跑向世界”，“世界各国友人，通过‘上马’，了解上海，了解中国”。

从上海已经承办的国际国内重大体育赛事来看，吸引了包括中国其他城市以及世界其他国家城市的眼光。上海的地缘优势和历史优势，使得上海体育实力快速崛起，大型体育赛事在上海的开展，其承载了上海的城市精神，烘托了上海的活力与魅力，也再一次带动我国成为世界体育文化的重心，并且在推动我国其他城市的体育发展上发挥了巨大的作用。其“海派文化”的独特魅力吸引着我国包括东亚各国及世界其他国家，在全世界产生了重要的影响，影响着当地群众的日常生活整体状态与健康水平。

（三）走形象建设下的体育赛事战略发展之路

在决策规划上要着眼更大的视角，以发展城市重大战略目标为引领，正确看待体育赛事。作为国际化大都市，上海正全面致力于构建国际体育名城的蓝图，并已做了许多积极的探索：如进一步推进上海汽车产业发展、打造嘉定汽车城在某种程度上给F1赛事举办的决策制定增添了不少砝码；上海网球大师杯赛的申办与2010年上海世博会的成功举办息息相关；崇明岛环岛自行车赛的持续开展为促进崇明的生态建设和崇明经济的良性循环发展做出了很大贡献；去年伊始的“市民运动会”，与促进健康生活，弘扬高生活品质有关，这些事例从 战略角度出发，体现了赛事的选择与城市的发展高度契合，并形成良性互动发展趋势。

在经营管理层面，要把体育赛事及其运作作为城市高端服务业新的增长点来培育，实现服务水平一流、赛事管理机制灵活、结构合理的目标。在引进赛事上，应着眼于提前计划、预先考察、运作精细及处理好国际国内体育赛事的关系，在赛事的举办中，应合理规划四季度赛事安排，避免赛事密度太大，过于集中扎堆现象的产生。在赛事的层次性及多样性上，应既有级别高、影响广、规模大的体育赛事，也应有传统民俗性、群众性的体育赛事；在赛事的管理上，应破旧革新，建立赛事产权交易中心、完善投融资机制，充分发挥市场作用，对政府相关扶持政策进一步扩充，提高赛事承办方的社会效益和经济效益；在赛事保障方面，统筹好安保、交通、餐饮、物流等各方服务工作，创造一个有序、安全、和谐的环境。

要致力于打造具有本土化特色的品牌赛事。对比其他国际大都市，上海的体育赛事品牌特色还不够鲜明及突出。上海作为我国新一轮的经济改革试点区及全国经济发展的引擎，具有“海纳百川，开明睿智，追求卓越，大气谦和”的城市精神，符合现代体育赛事所需要的整体环境与条件。一方面，上海要发展符合城市全局战略和特点的体育赛事，比如高尔夫、F1、网球等；另一方面，也应广泛开展群众基础良好、百姓喜闻乐见的赛事。要努力构建本土赛事世界化、外来赛事本土化的一体融合机制，经过几个周期的改革完善和发展，使部分赛事规格高、市场效益好、影响力大及群众基础雄厚的赛事真正融入上海城市及百姓生活，成为城市形象标志及文化传播载体。

大型体育赛事的举办涉及诸多方面，有与国际体育组织及联合会的密切合作，与城市赛事举办相关部门的沟通协商等。国际体育组织能够调动大量的赛事资源，因此需要加强本国国际体育官员的培养并积极参与国际体育事务，保持与国际体育组织良好沟通与对话，逐步掌握大型体育赛事举办地及举办时间选择的话语权；要开阔思路，积极促进上海周边城市间的协同合作，实现共享资源，提高场馆运营效益，进而提升赛事运作能力；各部门、各行业之间应当长期合作，建立较为完善的协调机制，共促城市整体发展。

（四）以体育产业经济接轨巩固城市形象凝聚力

1978年以后，顺应改革开放的浪潮，上海最先在体育产业上进行探索，斩获多个第一次。如：1993年的东亚运动会第一次摆脱了“所有赛事依赖政府”的历史，通过赛事多方融资成功举办了东亚运动会；1997年，中国首家体育经纪人公司“希望国际”于上海成立，随后，“希望国际”体育经纪人培训班首次在上海交通大学开班等，上海为体育产业的发展提供了肥沃的土壤。历经二十多年的呕心培育，体育产业在上海目前前景一片看好，潜力巨大。

一是体育产业规模逐步扩大。在2014年，上海市体育产业及其相关服务业拥有高达420亿元的产值，尤其体育相关服务业已成为体育产业的最重要分支，占总比近50%。

二是赛事品牌建设成效显著。一批具有世界影响力的、高规格的、欧美国家推崇的国际顶级赛事落户上海并扎根下来，不仅赛事品牌得以凸显，城市形象无形中得到传播与呈现，2016年的大师赛门票空前火爆，开赛前两个月基本售罄，赞助商更是蜂拥而至；F1比赛期间上海赛车场人气爆棚，全年度其场地利用频次超过350场次。

三是产业发展活力不断增强。休闲健身服务业方兴未艾，球类(乒、羽、网、足、篮、排)、击剑、游泳、跆拳道等不同性质类型的俱乐部如雨后春笋般涌现出来。体育市场的职业化进程不断加快，“篮球、排球、足球”率先在上海实行了职业联赛改革，并迅速紧跟国际化模式。上海作为中国的经济中心吸引了大批体育产业骨干企业，如东亚集团、东浩兰生赛事等，此外，力盛赛车也已成为国内赛车项目及其文化传播的领头羊，发展势头十分迅猛；在互联网+体育板块上，虎扑体育的冲击力日益增强；在帆船运动的市场拓展及项目推广上，美帆俱乐部的进展神速；2016年9月，随着阿里体育正式在沪注册成立，体育产业进一步成为市场发展竞相争夺的“香饽饽”。

在上海自贸区新一轮改革引擎的驱动中，上海愈渐成为国内各地区乃至世界经济发展更加活跃的参与者和推动者。作为我国最具活力的经济体，上海体育产业已经形成了一种以上海的资本和生产技术对中国内陆、东亚地区乃至全世界转移为主要表现形式的体育产业间的贸易发展模式。上海以丰富的劳动力资源及广阔的市场空间为依托，通过制造产业相互衔接、紧密联系，成为“许多区域供应链(区域生产网络)的集散地，进而推动了整个区域经济整合的进程。”目前，上海利用海外体育跨国公司的资本、技术、高技术输入，以及将初级产品和自然资源能源进口，由上海进行再制造、加工以及组装成最终体育产品出口欧美等发达国家。就是通过这样一种模式引领以及整合了区域体育产业经济的增长进程。

(五)以体育文化交流提升上海城市形象感染力

一个国家的形象的感染力源于文化的魅力，一个城市的形象同样如此，体育文化的魅力只有在体育文化的传播和交流之中才得以体现，所以体育文化交流机制的建立、体育文化交流空间的拓展以及体育文化交流内容的发展是提升上海城市形象感染力的有效途径。

在国际体育对话融合发展的趋势下，多元体育参与城市形象建设的路径得以拓宽。特别是当跨国交流被地方性事务所局限时，通过体育及赛事举办展现城市形象，传播城市文化是一种更为便捷的方式。换言之，体育可以通过以下途径参与上海城市形象建设。

1. 打造国际友好体育城市

体育作为一种媒介和平台，是城市开展对外交流活动、传播城市形象的主要路径，它包括地方政府的外交事务活动和公众的公共外交活动。目前，上海已与52个国家和地区的72个城市建立了友好城市关系，并从之前的双边合作发展为多边对话合作，合作内容也从政治、经贸深入到教育、人才、城市建设、城市文化、环境保护等多个领域，有力地促进了各国城市间合作与交流，加深了与世界的了解与友谊。

体育从诞生伊始，就是和平友谊、公平竞争的象征，在国际城市发展的历史中，体育及文化交流一直扮演着推动城市发展的重要角色。从历史上看，在1955年到1976年美国纽约与日本东京开始建立友好城市项目，体育因此成为两城市文化交流的主要项目。棒球赛、马拉松长跑赛等成为体育交流最为博取眼球的重戏。在1959年，英国伦敦的齐捷斯塔与法国的沙特莱城市交好，其主推的“体育友好1988”也获得空前反响。2014年，上海在友好城市交往方面，修改完善上海与英国利物浦、西班牙巴塞罗那、斯洛文尼亚卢布尔雅那、德国汉堡四城市友好合作备忘录体育部分内容；与荷兰鹿特丹、法国罗阿大区、德国北威州、日本大阪等国家地区在排球、乒乓球、射击等项目上进行交流合作；安排上海女排赴印尼参加雅加达建市纪念排球赛。

全球化背景下，体育作为现代社会无可替代的“传送带”，在城市交流与形象构建过程中，发挥了巨大作用。体育交流已经成为现代交流的主要方式，人们在欣赏运动的同时还能享受在运动中交际、娱乐及休闲。因此打造上海成为国际体育友好体育城市，让上海尽显现代城市魅力，是城市形象的重要途径。

2. 加强体育制度建设，建立多元畅通的文化交流机制

上海承办的大型国际赛事，诸如国际马拉松、钻石联赛、高尔夫球赛等，对塑造上海城市形象及传播城市文化有突出贡献。文化交流能够得以顺利的实现，发挥其应有的效用，有赖于政府和非政府等各机构统筹协调机制的建立。一般说来，国家对外文化交流的程序是自上而下的，政府在对外交流之中起着主导作用，非政府部门以及学术机构发挥协调配合作用。在提升城市形象感染力方面，应建立有效可实施的文化交流机制。文化交流内容的丰富性、涉及领域的宽泛性，应该建立可以专门整合各种体育文化资源协调各部门进行文

化交流的机构或部门。

此外,媒体是文化交流的重要工具,很多时候公众对于一个城市形象的认知大多是通过新闻媒体等媒介而获得的,因此建立健全媒介机制对体育文化信息交流具有重要的传播作用。上海正逐步深化媒介机制的改革,无论是在宣传内容以及与外部信息交流等方面有了显著的提高,但是与西方国家的国际传播能力相比还有很多不足。上海媒体在"走出去"的同时也要把外面媒体"请进来",在确保信息报道的真实的基础上,向国外公众展现出客观的上海形象。

3. 拓展体育文化交流空间

灵活有效的体育文化交流机制应当产生于广阔的现实文化交流空间中。传统的空间概念是以地理空间为依托,然而信息技术革命将互联网带入人们的视野,地理因素不再成为阻碍人们交流的重要因素,而只是体育文化交流不可或缺的部分。在科技通信、信息网络发达的条件下,体育文化交流的空间得到拓展,不再局限于一时、一地、一事之上,任何体育文化交往都可以成为全球性活动,渗透在不同种族、宗教、传统生活的方方面面。

世界各民族、区域都具有独特的民族和宗教信仰,在文化上既有很多相同点,又带有各自地域和风俗的独特烙印;中西文化的融合,又使得各自体育文化有了新的优良因子。因此,上海在与世界各地及城市举办主题年以及各种体育交流活动增进了解和感情的同时,还可以联合不同城市之间的民族体育文化资源,利用网络建立一个以体育文化交流为主题的系统库,公众可以通过此平台进行互动以增进彼此熟悉,世界人民都可以透过网络资源库知晓懂得上海的体育文化。同时要注重扩大公众交流平台机制的建立,定期举行民间体育文化交流活动,让更多的公众参与并加入其中,使体育文化交流成为一种大众性的交流平台,扩大体育文化交流的区域。

4. 发展体育文化交流内容

一个城市的体育文化是否具有感染力的评判标准,在于其体育文化交流的内容是否具有亲和力、吸引力及感召力。中国的体育文化传统在交流过程中也面对着各种具有不同吸引力的优秀文化挑战。在上海,"有容乃大"的胸怀使得上海很容易吸纳全世界不同国家、地区、城市的流行体育项目,体育文化交流的内容已经超越领域、飞跃古今、跨越国界,传统体育文化内容的时代价值已成为上海体育文化交流亟待深入发掘的重要部分。

在官方主导的体育文化交流的过程中,由于民俗文化、民间体育文化不仅与生活息息相关，而且还具有强大的吸引力的亲民性，应适当地融入上海民间风俗等特色的体育文化内容，因此，在体育文化交流时，应将我国及上海传统体育文化与现代元素相融合，通过简单易懂的大众方式，将传统体育文化及城市民俗民间体育文化的价值内涵尽情演绎，全盘展现。

体育文化具有强大的感染力、包容力和渲染力，是国家“软实力”建设的重点，通过体育文化交流可以实现“硬实力”无法取代的政治及经济利益。在世界各城市纷纷确立自己“体育文化战略”“体育文化外交”的过程中，上海也应积极地建设具有独特魅力的体育文化战略，重视体育文化机制建设，确保核心价值观，通过开展丰富多样的体育文化交流，塑造良好的上海城市形象。

六、结语

“十三五”期间的上海，体育工作要实现“做大做强体育产业，深入推进全民健身战略，建设全球著名体育城市”，这将促进上海城市形象建设的步伐。搭建上海体育传播的延伸体系，建立长效体育文化交流机制，拓展体育文化交流空间及内容，挖掘上海城市体育文化精神，对内建构城市体育主体文化，对外形成良好声誉，前瞻性探讨体育提升上城市形象的实际策略，借助多方资源，上海市城市形象才能更加有效传递，城市文化精神也将更为深入人心。

参考文献

[1] 何国平.城市形象传播：框架与策略[J].现代传播，2010

[2] 李鹏，邹玉玲.体育赛事型塑城市特色[J].首都体育学院学报，2009

[3] 于涛，徐素，杨钦宇.国际化城市解读：概念、理论及研究进展[J].规划师，2011

[4] 刘东峰.谢菲尔德市利用大型体育赛事塑造城市形象的战略及启示[J].上海体育学院学报，2011

[5] 李川，杨志俊.体育文化传播与城市形象构建研究[J].西安体育学院学报，2013

[6] 黄海燕.体育赛事与城市发展[J].体育科研，2010

[7] 陆晨，黄海燕.体育赛事与举办城市的形象契合[J].体育科研，2014

[8] 张林，李南筑，姚芹，张颖慧，陆林飞.上海市体育赛事发展定位研究[J].体育科研，2010

[9] 江申.久事赛事服务营销策略研究[D].上海：上海交通大学，2013

［10］ 李亚慰.区域体育经济产业布局与结构研究——以长江三角洲地区为例［D］.苏州：苏州大学，2014
［11］ 窦丽娟.长三角16城市体育产业现状及对策研究［D］.苏州：苏州大学，2012
［12］ 郭群.扬州鉴真国际半程马拉松赛事综合效益分析［D］.扬州：扬州大学，2011
［13］ 焦敬伟，郑丹蘅.休闲体育对上海城市发展的文化价值［J］.体育文化导刊，2014.
［14］ 刘永红.试论国际化城市规划建设的指南体系构建［A］//多元与包容——2012中国城市规划年会［C］，2012
［15］ 丘伟昌，王才兴，杨惠民.上海体育赛事组织管理发展对策研究［J］.体育科研，2007
［16］ 高杰荣，李新卫，丁蔚.上海国际友好城市体育交流研究［J］.体育文化导刊，2015

编 后 语

2016 年上海体育工作取得了新成绩、新进步。主要有“政府、社会、市场”三轮驱动，全民健身公共服务供给方式不断创新；不断优化体教结合工作机制，青少年体育工作的基层基础进一步夯实；市委、市政府联合印发《上海市体教结合促进计划(2016～2020 年)》；崇明基地一期项目整体有序推进，自行车馆建设项目提前；推进徐家汇体育公园功能提升和改建工作，启动临港帆船帆板基地项目；瞄准上海“打造世界一流的国际体育赛事之都”的目标，体育赛事影响力不断提升，各区“一区一品”自主品牌赛事蓬勃发展。各项工作成绩振奋人心，这些成果也促使体育理论界学术研究非常活跃。

我局在 2016 年共收到申报课题 166 项，其中有 95 项获得立项，87 项课题按时结题。经审核，73 项课题符合要求进入年度评选范围。经专家评审，共评出优秀课题成果一等奖 3 项，二等奖 7 项，三等奖 10 项。现将 20 项优秀课题成果汇编成册出版。

我们对课题评审组专家及参与、支持体育社会科学研究的各界人士以及为本书封底提供照片资料的上海市体育局网站、上海大学出版社对本书出版给予的大力支持，表示衷心感谢！

本汇编的课题涉及内容、观点等由作者自负。限于篇幅，在不影响文章整体质量的前提下，我们对部分课题作了一些删节、修改或增加部分标题并作了排版格式的技术规范等编辑工作。

编　者

2017 年 3 月